MANAGEMENT

管理学

（第四版）

新结构、新深度、新观点

郭跃进 著

经济管理出版社

ECONOMY & MANAGEMENT PUBLISHING HOUSE

图书在版编目（CIP）数据

管理学/郭跃进著．—第四版．—北京：经济管理出版社，2016.6
ISBN 978 - 7 - 5096 - 4335 - 8

Ⅰ.①管…　Ⅱ.①郭…　Ⅲ.①管理学—教材　Ⅳ.①C93

中国版本图书馆 CIP 数据核字（2016）第 069765 号

组稿编辑：谭　伟
责任编辑：张巧梅
责任印制：黄章平
责任校对：张春青

出版发行：经济管理出版社
　　　　　（北京市海淀区北蜂窝 8 号中雅大厦 A 座 11 层 100038）
网　　　址：www. E - mp. com. cn
电　　　话：(010) 51915602
印　　　刷：三河市延风印装有限公司
经　　　销：新华书店
开　　　本：787mm×1092mm/16
印　　　张：21.25
字　　　数：518 千字
版　　　次：2016 年 6 月第 4 版　　 2016 年 6 月第 1 次印刷
书　　　号：ISBN 978 - 7 - 5096 - 4335 - 8
定　　　价：49.00 元

前　　言

　　光阴似箭，岁月如梭。转眼之间距离笔者编著的《管理学》修订版最后一次印刷的时间已经有十余年了。十多年来，笔者除了继续坚持一个知识分子的喜好——读书＋思考之外，也更加广泛深入地参加了行政管理实践。在这十多年中，笔者担任过省级工商行政管理部门的部门副职、地级市政府的副市长，目前就任省级政府一个组成部门的行政主官。这些管理岗位，尤其是行政主官岗位上的管理实践历练，让笔者对什么是管理、如何做好管理工作有着更深切的体会；对管理的真谛有更深入的认识；对如何开展管理创新有更准确的把握；对理论联系实际以及理论指导实践的作用和方式有更多的收获。这也是笔者之所以将之前的拙著《管理学》修改之后再出版的重要原因之一。

　　由于知识分子的习惯使然，当自己在直接面对要解决的各种各样的管理问题时，尤其是管理难题时；在做出较为重要的决策前，总要先从理论上说服自己（当然也是为了更好地引导下属，统一思想认识，凝聚共识），想清楚了再干。所以，由于具备较为扎实的系统理论功底以及能够正确地运用理论指导，才使多年的管理工作基本上没有走什么弯路，在不同的岗位上都还取得了较为满意的成绩，有些成效还比较显著。由此本人更加坚信：管理理论的价值不容否定，要不断获得管理的成功必须要有科学的理论指导。同样是知识分子出身的习惯使然，笔者在积极亲身参与管理实践的同时，总是会自觉地向周围的同事尤其是那些优秀的同事学习，不断思考和总结他们管理成功的经验；也总结自己的管理实践，这是经常做的功课。如此十多年的管理实践总结也就形成了一些笔者认为有价值的体会与结论，并觉得有必要将这些体会与结论贡献出来供理论界的同仁们批评，其目的就是更快地推动我国管理学理论向纵深发展；同时也与从事管理实际工作的同志们分享总结实践的快乐。

　　总之，笔者过去编著出版的《管理学》主要是在学习运用有关理论、观察与间接地总结他人实践的基础上形成的。今天奉献给读者的这本《管理学》，绝大多数创新的内容（包括对管理学教材体系结构的调整、管理职能对应的本质内容等纯理论的探索等）都是经过作者自己的理论思考与亲身实践总结所获得的，笔者认为这样一种教材编写的路径对于我国管理学的理论研究与实践探索可能会有特别的价值。

　　与作者过去编著的《管理学》以及当前大多数管理学原理教材相比，本教材从体例结构，职能内容以及管理的共性领域问题等方面都做了大胆改革的探索。本书在体例结构上分为上、中、下三篇十八章。上篇为基础理论篇，共六章。该篇着重讨论了管理以及管理学发展的历史进程；管理学的假定与基本定律；组织理论、管理环境与管理者自身认识理论等问题。中篇为职能理论篇，共八章。鉴于管理职能对应着管理者的职责，所以每一项职能的理论更加突出与管理实际工作相对应的内容。下篇为共性管理内容篇，共四章。

也就是讨论在所有的组织中要开展的目标管理、预算管理、质量管理以及信息化管理的问题。这些内容是职能理论所涵盖不了可又是管理实践中必须要做好的工作内容。这应当属于管理学原理研究的内容，所以笔者将其单列一篇来讨论。

比较而言，本书具有如下五个方面的特点：

第一，更加注重一般管理理论特色。在本书中，笔者力求从社会组织管理共性的立场开展理论探讨与研究，而不是局限于企业这类组织的管理。因为管理学原理不仅要为企业管理提供理论支撑，同样也应当为其他非企业组织的专业化管理提供理论支撑。这是管理学原理应当具有的特色或者说本质规定。笔者在本书中坚持了这个方向，体现了管理学原理教材的特色。

第二，就管理学基础理论开展了探索性研究。笔者认为，建立具有科学意义并带有原理性特点的管理学，阐述基础理论的内容是不可缺少的。以管理职能范式构建的管理学之所以被部分学者套上不是科学的重要原因之一就是基础理论研究的不足。例如，作为社会科学的管理学理论体系中的论证、推演以及结论等其依据的假定是什么、管理职能必须遵从的基本定律是什么等问题在过去被忽略，至今仍然缺乏深入的研究。为此，作者在这些方面做了尝试性的探索，其中最具创新的就是提出了管理学的四大假定和六条基本定律。

第三，首次提出了"提升"职能。管理职能的划分过去就一直存在不同的观点。譬如在法约尔职能划分基础上的"五职能"与"七职能"之争等。笔者认为基于法约尔职能划分的"五职能"与"七职能"之间并无本质区别。于是笔者将基于法约尔职能划分的职能列出了六项，分别是计划、组织、用人、领导、激励、控制。此外，笔者结合自身的管理实践与观察，发现所有的优秀组织与优秀管理者，在一个计划周期结束、新的计划周期开始前，都要进行总结、表彰、培训与改革。这些都是法约尔时代所没有的重要管理活动，其内容也是法约尔的职能所没法涵盖的。笔者将其概括为"提升"职能。"提升"职能不仅对当今普遍开展的总结、表彰与改革等管理实践进行了归纳与凝练，而且使得管理职能理论与当今实践呼应得更加准确，也使职能理论体系更加完整。所以笔者坚信，随着管理实践创新的不断深入，"提升"职能将为理论界所认识与接受。

第四，对组织与组织职能有了更全面的认识。笔者认为，做好管理工作，首先必须对作为管理对象的组织有一个全面深入的结构化认识；其次是对作为管理职能的组织职能有一个全面准确的把握。本书将组织的静态与结构分析作为管理基础理论的内容，主要从组织的个体、群体、文化与结构等方面进行了讨论。从作为一种管理职能的立场来看，笔者将沟通作为组织工作的一个应有的组成部分。对于管理者来说，沟通不仅是一种自然存在的社会现象，而且是管理者掌控组织运行必须主导建立的一种机制。所以本书的组织职能共有两章的篇幅，是所有职能理论中所用笔墨最多的。笔者认为这是符合管理实际的。

第五，对理论与实践相结合有了新认识与新尝试。过去，大多数学者认为管理学的理论与实践相结合就是案例描述与教学。笔者通过实践深切地认识到，案例与案例教学仅仅是理论结合实际的一种方式；管理学的理论与实践相结合还应当更加注重如何教会学生在理性思维指导下选择合适的实际操作方法。管理学作为一门致用之学，需要教会学生们理性思维的方法与理论，但是也必须指导学生如何将理性的思维用于认识实际和实际操作的共性技能与技巧。笔者体会，理论与实际的结合不仅是管理工作者的要求，同样也是对管理学理论研究者的要求。所以对管理者职责的职能理论，本书重点突出的是带规律性的实际管理操作内容，而不仅仅是描述存在现象的概念。

　　本书的写作中参考了多部国内外出版的管理学教材，参考借鉴了国内外管理学研究的许多成果，其中一些成果使笔者受益匪浅。由于各种原因对于成果的完成者难以一一列出作者姓名，谨在此一并表示感谢！

　　笔者在管理学方面的研究长期以来一直都得到经济管理出版社谭伟主任的大力支持，尤其是对作者过去拙著中存在的诸多不足与缺陷予以包容，支持出版，给予了笔者莫大的鼓励，极大地增强了笔者深入研究管理学的信心，在此特对谭伟主任表示深深的敬意！

　　在这里尤其要感谢我的妻子向宇飞女士。几十年来她对我的工作大力支持默默奉献；对于我学术研究爱好更是鼓励支持；本书的完成包含着她的巨大心血：不仅对部分章节进行了细致审读，校对错别字；而且还富有才华地润色了许多关键之处，使得行文更加顺畅，意思更加明了。在此特向爱妻表示深深的谢意！

　　最后要说明的是本书无论在体例结构安排上还是在内容观点方面都带有很强的探索性，不论是理论思考还是实践探索得出的一些观点都只不过是笔者一家之言，限于眼界与才华，不足之处不可避免，某些缺陷可能还十分明显，笔者真诚希望广大同仁予以批评指正。

郭跃进

2016 年 3 月于武汉

目　　录

上 篇

第一章 管理的产生与发展

一个单独的提琴手是自己指挥自己，一个乐队就需要一个乐队指挥。

—— ［德］卡尔·马克思

第一节 管理活动的产生

一、现实的启示

为什么需要管理？看似一个最为简单的问题，回答清楚却并不容易。下面两个例子在相当程度上说明了为什么需要管理。

首先来看一个反面的例子。这就是广为人知的中国民谣："一个和尚挑水吃，两个和尚抬水吃，三个和尚没水吃。"三个和尚在一起结成了一个组织，为什么会没有水吃？我们可以找出多方面的原因，不过笔者认为最为重要的原因就是这个组织缺乏管理。

我们再来看一个正面的例子。小明是一个听话的孩子，已经读小学五年级了且学习成绩优秀。奶奶、妈妈和姐姐都很喜欢他。一次爸爸出差给小明带回一条新裤子。拿到裤子小明高兴极了，因为这是他一直想要的一种流行款式。可一试穿发现裤腿长了大约 2 公分。于是晚饭时小明请妈妈将裤子改短一点，剪去 2 公分，妈妈说晚上要加班，来不及了；于是小明去找奶奶，奶奶说要准备全家人明天的早餐，暂时没有时间改裤子；最后小明去求上大学的姐姐帮忙，姐姐着急上晚自习，也没有时间改裤子。小明只能带着失望的心情睡觉了。奶奶做完家务活之后，想起孙子的请求，于是拿起新裤子，将裤脚剪去了 2 公分，并缝好放了原处；妈妈下班后，想起儿子的请求，愉快地将裤脚也剪去了 2 公分，并缝好了放在原处；姐姐晚自习后回家，心情很好，想起弟弟的请求，于是拿起裤子，将裤脚又剪去了 2 公分。

第二天小明起床，拿起新裤子，高兴地穿上去，可是……

在这个案例中，奶奶、妈妈和姐姐的积极性是值得肯定的，都是好心，可结果为什么事与愿违？如果展开分析，可以找出许多方面的原因：如信息沟通不够，责任心不强；没有明确主要的责任人……众多的原因可以归结为最重要的一点就是：无论什么样的组织，无论组织成员有多么强的向心力和积极性，管理同样也是必不可少的，同样是组织生存与发展不可或缺的要素。

基于这两个案例我们断定，不论组织的成员是谁，有着怎样的素质，管理都不可或缺。其实在现实中，人们已经意识到，管理是有益且必要的，也是重要的，并且在人们有组织的活动中是无处不在无时不在的。

二、分工与管理活动的产生

1. 人类文明与管理活动的产生

管理在何时产生？管理学界已经形成的共识是人类进入文明状态时就已经产生管理。可问题是为什么人类社会一进入文明状态就随之产生了管理呢？潘承烈教授认为是人们追求有序的社会生活所致。① 这种观点不错，但是我们认为这并不是最终的原因。最终原因是由人的基本特性和管理的本质所决定的，特别是人类社会进行有组织的劳动分工所决定的。人与动物之间最根本的区别是人的社会性，即相互之间要结成一定的社会关系。无论这种社会关系是简单或是复杂，都意味着人与人之间要进行一定形式的合作。这种合作能否产生，就看合作各方是否能够接受合作的目标；合作能否持续下去，则取决于合作者是否遵守合作的规则。为了保证这种对部落成员有利的合作顺利地进行下去，就必须协调合作者的行为，对合作进行一定的控制，以保证合作的目的的实现。换句话说也就是需要一定的管理。缺乏管理，失去控制，人类社会是无法存在的，更不用说发展了。所以，人类社会一进入文明的状态，结合成有机的整体，管理也就随之产生，并且还随着人类社会的发展而同步地发展。

2. 人类活动中分工的形成与管理的必要性

分工是一种值得深入研究的现象，不仅人类活动尤其是大规模活动需要分工，只要是群居的动物界，它们的一些活动在一定程度上也存在分工，例如非洲草原上的狮群在围捕猎物时，狮子之间就存在分工，有的尾追驱赶，有的侧面逼近，有的迎头堵截。不过这些都是一种自然的分工。人类活动的分工是一种有意识有组织的分工，即根据所组成的社会组织要实现的目标任务，按照组织制度规定进行的分工。这样一种分工显然是在人类认识世界、组织以及个体自身基础上产生的自觉分工。

有组织的分工是在什么时候形成的已经很难准确考证，但是可以肯定的是，有组织的分工的产生是人类历史演进中生产力的一次巨大进步，因为有组织分工的产生和形成扩大了组织的规模，缩短了成员学习新技能的时间，强化了人类组织化社会化的程度，快速提高了整个组织的效率。

分工虽然可以提高效率，但由此带来的最为迫切的问题就是有序的合作问题。人们分工之后需要的合作可以通过两种途径来解决，第一种就是自发合作，也就是分别承担不同活动的成员自发合作，偶然性、小规模、短时间的合作通常具有这样的自发性。但是在一个具有较大规模的组织中，长期稳定的合作就必须通过一定的规则和制度来约束。从自发合作进化到有序合作，这就是第二种解决方式。可以肯定的是，经过了相当长一段时间来实践的，这个实践过程也就伴随了管理的产生。所以我们说，管理是伴随着分工也就是解决分工带来的问题而产生的。

3. 管理活动产生的理论总结

综上所述，管理作为人类的一种社会实践活动，是同人类社会（指达到一定的文明

---

① 《振兴中国管理科学》，清华大学出版社 1997 年 10 月出版。

程度，人类与动物界已经有明显区别的社会）一起产生，并随之发展而发展的。早在以血缘关系构成的家庭氏族和胞族部落的原始社会时期，虽然人们还根本没有管理的概念，但由于部落狩猎这样有组织实践活动的推动，就已经开始了对参与者进行自觉的劳动分工；对猎取的食物按照一定比例在部落成员间进行分配；为支配和管理部落的财产和其他资源选举掌握一定权力的首领……诚然，人类早期社会的管理处于一种自发状态，还十分原始。可就其本质而言与今天的管理无二，差别仅仅在管理的内容、思想、方式、手段等非本质的方面。

三、管理活动独立于作业活动的积极意义

一个正式的社会组织，其内部活动可以划分为两大类：其一是直接实现组织使命的活动，我们称之为组织的作业活动，如企业的生产经营活动、学校的教学工作、医院医生门诊为病人治疗和在手术室给病人动手术等；其二是在组织内部为保证业务活动开展而进行的成员角色分配、协调分工中出现的合作问题，对目标任务实现的过程进行监督检查等活动，我们称之为管理活动。管理的产生在组织内部实际也就是指管理活动独立于作业活动的过程。管理活动独立于作业活动之后产生的积极意义，主要有如下几个方面：

第一，保证组织有序运行。正式组织是由人组成的组织，组织成员都有自己的思想、追求、个性特点和人生目标，相互之间存在差异，甚至是很大差异。如果没有管理，这些差异就必然导致人们的行为多样化，无法统一，自然无法为完成组织的目标共同努力。有序性是一个正式组织必须保持的一种局面，在这样的一种局面中，每个人都是整体的一分子、一个组成部分，按照组织管理分配的角色，完成总目标中的一部分。这就是有效性、有序性的表现。

第二，组织成员按照既定的角色完成各自任务。组织成员不是抽象的，而是与既定的岗位，以既定的角色存在的组织成员。成员应当扮演什么角色，角色作用发挥到什么样的水平，如何与组织的其他成员形成一个有机整体，发挥出整体与个体的最大潜力，都需要通过管理来决定。所以管理是必需的。没有规则，没有角色管理，一群人就只是一盘散沙，不可能长久稳定存在，更毋庸说发展了。

第三，提高组织运行效率，更好地实现组织目标。自愿加入某个组织的成员，显然在一定程度上是接受组织目标的，并愿意为实现这个目标而做出自己一定程度的努力。但是个人努力的最大化并非一定能使组织整体活力与效果的最大化。实现组织整体活力与效果的最大化，达到"1＋1＞2"的效果，管理不可或缺。

四、市场经济实践与工业化：管理从自觉走向科学

(一) 早期文明时代的管理

如果将今天的管理与人类社会初期的管理作一比较，会发现虽然二者之间本质上没有什么不同，但是在许多方面还是存在着巨大差别的。可见管理的发展是惊人的。简单地回顾管理实践的发展，对理解管理发展规律有帮助。

1. 史前文明时期的管理

史前文明社会是人类进入文明社会之后的第一个阶段。这一阶段，社会生产力水平十分低下，以血缘关系维系的氏族以及后来的部落既是一个社会组织，也是一个经济组织，

只不过规模十分狭小。这种组织不存在层次结构，人们的角色定位基本上取决于血缘关系；刚刚脱离动物界的人类无论是对自然界的认识，还是对人类社会自身的认识几乎是一片空白。人类的实践活动还不可能有科学理论指导。这一时期的生产力水平决定了当时的管理具有如下几个特点：

（1）管理处于一种自发的状态；

（2）管理还不是一种独立的职能，与作业活动没有分开；

（3）管理者依照血缘关系自然地形成。

到了史前文明社会末期，这种状态就开始有所改变。随着部落规模扩大，部落与部落之间开始一定的剩余产品交换和战争，对部落的管理比对氏族的管理要求要高得多，复杂得多。此外，部落内部形成一定的层级结构；部落生存与发展的压力迫使其不得不改变依血缘关系产生部落首领的惯例，因此通过会员大会选举出有能力的人出任部落首领制度诞生，制度化的权力开始形成，管理者与被管理者之间的界限日益变得明晰起来。在这种实践的推动下，有关管理的思想才逐渐地萌芽。

2. 奴隶制社会时期的管理

社会生产力进一步发展，原始社会解体，奴隶制社会诞生，从此阶级形成并在此基础上建立了国家这一新型社会组织。国家这一组织机构与氏族部落之间有着本质的区别，一切权力都制度化了。在规模最大、层次最高的国家内部，不同层次的社会组织也相继建立起来，如军队、教会、学院、政府等。人类社会实践活动走向多样化和差别化。这一时期的管理有如下几个特点：

（1）管理职能作为一种独立职能与作业活动分开，独立的社会管理者阶层形成。

（2）管理内部开始分工，在社会管理中，一些专门管理如国家的行政管理、军队管理、教会管理、学院管理等管理活动各自成为独立的管理活动。如在我国商代，就已经对国家的行政管理作了详细划分。据《尚书》记载：当时国家的政事分为"八政"，分别是食、货、祀、司空、司徒、司寇、宾、师。用今天的语言来解释就是农业管理、物品交换管理、宗教活动管理、建设管理、教育管理、社会治安管理、外事管理和军队管理。

（3）管理理论有了一定的发展，尤其是在世界几大文明古国，管理思想和各种理论获得了空前发展；中国春秋时期各种管理思想形成了"百家争鸣"的繁荣局面就是一个典型代表。

但是，该时期的管理仍然还没有褪去较为原始的特色。管理思想虽然十分丰富，仍然没有形成独立的管理理论，除了治国管理之外，其他方面的管理仍然在经验的统治之下；管理实践的重点仅仅是国家的行政管理，要解决的是治国问题。

（二）农业文明时期的管理

社会生产力进一步发展农耕文明取代了奴隶社会。由于生产力的发展，经济活动逐渐为人们所重视。以农耕文明为特征的经济中，基本的生产资料是土地，基本的生产力是人力，所以从事经济活动的组织仍然以家庭为主，其内部分工依据的是自然人规律，例如男耕女织，加上规模狭小，成员靠血缘关系维系，谈不上有多少自觉的管理。可是由于国家规模扩大，尤其是高度集中统一的封建国家形成，从宏观上对经济的管理已经开始。如通过发行货币、制定合理赋税等来调节社会生产，控制社会经济活动，维持国家的管理机构已成为封建王朝统治者实施经济管理的主要手段。当然，由于农耕文明的社会化大生产仍不发达，分工协作的范围极其有限，国家经济管理的职能虽然已经产生，但在国家管理活动中依然不居主要地位。如在组织化程度最高的军队中，冲锋陷阵的是将军，最后甚至是元帅，用今天的眼光来看也就是军队的管理者，士兵们却只在后面摇旗呐喊，战斗的胜负主要不是取决于指挥者的智慧，而是取决于将军的武功。在这里冲锋陷阵就是军队的作业活动，而不是管理活动。所以我们说农耕文明时代的管理从总体上看仍然是十分落后的。

概括来看，农耕文明时期的管理具有以下这样的特征：

（1）管理思想有了进一步的发展，特别是关于宏观和微观经济活动的管理思想发展得较快，并在一定的范围和程度上指导着管理的实践；管理实践逐渐由自发转向自觉。

（2）国家机构以及在此基础上形成的行政管理体系基本定型，管理的分工进一步深化。

（3）经济管理特别是宏观的经济管理实践有了很大的发展。

（三）市场经济与工业文明：管理由自觉走向科学

管理学界已经公认，泰罗的《科学管理》与法约尔的《行政管理与一般管理》这两本著作的问世标志着管理科学的诞生，也可以说是管理实践由自觉走向科学的标志。为什么身在美国、出任企业工程师的泰罗与身在法国、就任一家大公司总经理的法约尔会在同一个时代思考管理的科学化问题？答案只有一个，那就是时代的使然，时势造英雄，实践出真知。市场经济与工业文明的双重拉动，现代管理自然应运而生。

如果把经济运行机制与生产力演进分开考察，我们发现，市场经济萌芽得比工业文明要早得多，因为有了消费剩余就有了交换，有了货币则剩余产品就有了市场价格，有了人口集聚的城堡就开始形成了市场，城市一词实际上是城墙围成的空间与市场的结合体。但是零星的生产交换对于管理的发展并没有产生太大的作用，只是在资本主义取代封建社会，市场经济成为一种经济体制之后，才推动了管理的快速发展，人类的管理才由自觉走向科学。

市场经济的出现使得一种全新的组织——企业大量产生。与过去其他组织不同，企业是为利润在市场上生存的经济组织，效率是这类组织的外在压力与内在冲动。这种压力是过去任何组织都没有遇到过的。因此如何在组织内部提高效率成为每一个企业必须思考和解决的难题。作为市场主体的企业追求利润的动力和外在竞争的压力使得组织对于效率的追求远远超出过去的时代。因此对管理的需要也比过去任何时代都更加迫切、更加重要，更加显得有特别的价值和意义。

在人类历史上，工业文明的诞生与市场经济的形成可以说是一个事物的两个方面。进入工业文明社会之后，社会化大生产迅速发展，工厂、公司等建立在机器体系和劳动协作的生产组织形式诞生，并逐渐随着工业取代农业成为主导产业而成为社会生产力的基本单元。这种经济组织不仅依据的技术基础与传统的农业家庭有本质不同，而且还具有规模大、劳动分工细化、协作方式复杂等一系列特点。以工业技术为基础的生产对生产过程的科学管理提出了要求，传统的经验管理必须淘汰。另外，追求价值的资本家为了提高生产的效率、获得更多的利润，也不得不重视对企业的科学管理。正是在这样一个历史背景下，人们开始探讨科学的企业管理。在企业管理实践的推动下，以研究企业管理为主的管理科学开始萌生并随之成长。

正是在市场经济和工业文明的历史作用下，泰罗制效率方法理论和法约尔的管理职能理论就应运而生，标志着管理由自觉演进为科学。

进入工业文明时代，在企业这样一种新型经济组织内部，管理明显地具有以下几个特征：

（1）管理从劳动中分离出来，专门的管理人员从事着企业的计划、组织、领导和控制等管理工作，管理的职能已经比较清楚，管理人员也在按照管理职能进行管理分工，管理效率也因此而大大提高。

（2）在管理实践推动下，独立的管理理论开始形成，管理成为一门科学，并且直接指导着管理实践，管理实践在管理科学理论指导下迅速发展；反过来又为管理科学发展提供了丰富的研究内容，进而推动了管理科学的发展，管理科学在发展中不断完善，最终成为了一门年轻但是具有光明前景的新兴学科。

（3）管理的手段和方法在技术进步和科学发展的推动下越来越先进，管理创新与科技创新一样，越来越受到重视，管理创新速率越来越快，创新成果越来越多。

第二节　管理的概念

一、管理的四要素

1. 管理的定义

管理，若从字面上解释，管是主其事，理是治其事，管理即是管辖治理的意思。在管理学中，管理的定义直到今天仍然是众说纷纭。有人认为："管理就是对人的管理"；"是组织他人去完成一定事务的活动"；有人则认为："管理是实行计划、组织、指挥、协调和控制"；也有人认为："管理就是决策"。分析这些表述各异的定义，不难发现都从某个侧面揭示了管理的特质，大同小异。我们认为，管理学中所指的管理与人们日常生活中所指的管理是不同的。人们日常生活中所指的管理包括对个人事务的管理，如个人的生活计划、时间安排等。这样一些活动可以在完全与他人无关的环境下进行，如孤岛上的鲁滨逊需要对自己的活动进行计划、控制，这些活动不是管理学所指的管理。管理学所指的管理是在一定的组织中实施的，目的是实现组织的目标。所以我们认为"管理是指在一定的环境中，由组织中的管理者运用一系列职能，采取一定的管理方法与管理手段，调动组织内的各种资源尤其是人力资源去实现组织目标的实践活动"。据此可以看到管理有如下几个特征：

（1）管理是在一定环境中进行的。任何一个组织都有一定的生存环境。对于管理者来说，环境既提供了机会，也构成了威胁。外部环境是组织管理者所不能左右的。但又是可以认识并加以把握的。管理活动在一定意义上讲也就是使组织适应环境的工作。全面、正确地认识环境是做好管理工作的重要前提。特别应当注意的是，环境不仅是做好管理工作的外部约束条件，而且也是评价管理者管理成效的重要依据。因为一切管理成效都是在一定环境约束下取得的。

（2）管理是在确定的组织中进行的。伟大的思想家马克思说过："一个单独的提琴手是自己指挥自己，一个乐队就需要一个乐队指挥。"在一个组织中，为实现组织的目标，成员的活动必须协调一致，组织的规模越大，这种协调在保证组织目标实现过程中的作用也就越大。没有协调行动，多人的组织就不过是一群乌合之众；没有协调，多人的结合就不可能产生"1+1>2"的效果，"三个和尚没水吃"的古谚就是这种现象最直观的描述。所以说，有组织就必须要有管理，管理也是在一定的组织中进行的。

（3）管理要通过一系列职能体现出来，管理是对各种具体管理活动的抽象概括。在现实生活中，存在的只有具体的管理工作，没有抽象的管理。具体的管理活动表现为管理者执行各种管理职能，如计划、决策、组织设计、人员配备、沟通、激励、控制等。离开了具体的管理职能，管理就只剩下空洞的概念。

（4）管理的对象是组织中所有的资源。一个组织最重要的资源是人，因此人是管理最主要的对象。但是任何一个组织的生存与发展，仅仅只有人是不够的，还不可缺少物质资源，充分利用这些资源是实现组织目标的必要前提。管理就是要使人尽其才，物尽其用，财尽其力。所以说，组织内的一切资源都是管理的对象。当然，其中最重要的是人力资源。因为人是所有的资源中最活跃、最具有主观能动性的资源。正是在这种意义上，才有人说管理就是对人的管理。不过，对人的管理与对物的管理二者是分不开的。

（5）管理的目的是实现组织的目标。管理不仅要在组织中进行，而且还要服务于组织的目标。管理的最终目的是要实现组织的目标。离开了这一点，管理就失去了意义。保证组织目标实现，就要求管理有效率，就要求提高管理人员的管理水平和管理能力。这一方面需要管理者深入管理实践，不断地总结管理实践的经验和教训，另外，还要求管理者努力学习管理的科学理论，不断地更新管理的观念，提高管理能力与水平。

2. 管理的基本要素

（1）权力。所谓权力指的是正式权力，也就是组织授予的权力，尤其是奖惩与分配组织资源的权力。管理必须以管理者拥有正式权力为基础。没有正式权力为基础对他人的支配，只能说是影响，不是管理。所有的管理者都是被授予组织权力的成员，没有相应的权力，管理者作出的决策将难以执行，计划将无法实施。管理者是依照法定的程序和规则取得组织的合法权力的人。尤其是对人支配的权力。因为管理的特点就是运用组织的权力让他人按照自己的意志去实现组织的目标，而不是自己亲力亲为地去完成各项作业活动。

管理者的权力是通过正式授权获得的权力，获得的过程一般都应当有相应的形式和程序，如公司聘任一位总经理，总经理任命一位部门经理，其形式要么是召开大会，要么是下达任命文件，或者二者兼具。

权力是管理的首要构成要素，但是对于管理者来说，应当正确地认识权力，只有在正确认识权力的基础上，才可能正确使用权力；正确使用权力，管理才可能取得成功。为实现组织的目标而使用的权力，不是给管理者实现个人利益，尤其是偏离组织目标的权力；如果管理者运用这种权力谋求私利，就是以权谋私。

（2）服从。从现代权力观点来看，权力以对象的服从为标志。如果没有权力行使对象的服从，权力就失去了实质意义。服从的形成可以产生于强制，也可能出于被管理者自愿。对于管理来说，二者都是必要的。强制的服从有利于维持秩序，自愿的服从有利于提高决策实施的效率。管理的效果以被管理者的执行为标志，如果管理指令得不到执行，管理就只是徒具其表。

一个科层制的组织需要形成一种以服从为标志的执行文化。对于一个正式组织而言，执行和服从是组织有序的表现，是保证组织目标得以实现的前提。当然，对于一个管理者来说，应当关心服从，但是更应当注意服从的原因，从而不断改善服从的机制。

这里的服从并非指在管理中不得存在不同意见，而是指在决策之后，在职责任务明确之后，不得以任何借口不予执行，不履行自己的职责。服从不是顺从。它指的是在充分表达意见，实行民主集中决策制度上对于决策执行的要求。发表不同意见应当在决策之前，而不是在决策的执行之中。

（3）责任。责任也是管理不可缺少的要素。这里的责任主要指管理者的责任。也是管理者的任务。管理者一方面掌握一定的权力，另一方面也就是愿意承担与此相应的责任。责任是管理的必然内容。如果管理没有责任，就是一种支配和管制。

责任也包括责任的落实。管理的一个特质就是在管理对象之中合理有效地分配任务和责任。但是应当清楚的是分配任务和责任并不是转嫁责任。管理者的责任是转嫁不出去的。因为执行者承担的责任是管理者分配和确定的。但是二者的责任不是简单的数学对应。管理者的责任应当大于执行者的责任。对于执行者而言，任务的落实是执行者责任的落实。所有成员的责任应当落实，只有所有成员都具有责任意识，组织的任务才能够在所有成员的共同努力下圆满完成。

（4）明确的角色定位。正式组织与非正式组织之间一个重要的差别就是正式组织的成员按照组织分工有明确的角色定位，而且这个角色定位与分工是组织成员认可和接受的，在组织的活动中将会按照这个角色开展活动。非正式组织的成员却没有如此明确的分工与角色定位。

二、管理活动的四大特性

（一）由管理者主导，具有目标性

管理活动将组织的成员分成管理者与被管理者。因此二者之间也就形成了主导与从属的关系。管理活动可以肯定地说是由管理者主导的。所谓管理者主导就是由管理者发起，管理者提出，管理者控制。虽然随着以人为本管理理念的兴起，民主管理实践兴起，被管理者与管理者的关系在发生变化，被管理者在管理过程中拥有越来越多的话语权和决策参与权；即使如此，管理者在管理活动中的主导地位仍然没有发生根本性变化，也不可能发生根本性变化。

我们指出，管理者在管理活动中居于主导地位，还有一点就是强调管理者应当具有主体责任，必须具有担当意识，不能尸位素餐。

管理者主导的第二层意思就是管理者与被管理者之间不是交易关系，是内部的指挥与服从的关系，从理论上讲对管理者的决策、分配的任务，被管理者是没有讨价还价的权力的。这也是组织内行政管理控制下的合作与市场上的交易合作的本质区别。

（二）具有规律性，必须讲究科学

管理学是不是一门科学？决定着管理是否具有科学性。不少人否认管理学是一门科学，甚至美国著名的管理学者德拉克也认为管理只是一种经验，还不是一门科学。笔者坚持认为，管理是一门科学。

与人类的一切实践活动一样管理活动有自身的规律。在对这些规律认识的基础上形成的管理理论再形成管理科学。按照管理理论再开展管理就是管理必须遵照的原则。

　　管理的科学性首先指有效的管理、成功的管理必须有科学的理论、方法来指导；要遵循管理的基本原理、原则。一句话，管理必须科学化。管理由传统走向现代，也就是由经验走向科学的过程。时至今日，人们通过总结管理中的大量成功经验、失败的管理教训，已经归纳、抽象出了管理的一些基本原理和原则。这些管理原则，较好地解释管理过程中涉及的两组或多组变量之间的关系，遵守这些基本的原理和原则，对管理效率的提高有着直接的意义。美国著名的管理学家孔茨说"医生如果不掌握科学，几乎跟巫医一样。高级管理人员如果不具备管理科学知识也只能是碰运气，凭直觉，或者照老经验办事"。孔茨教授这句话十分精准，对管理学理论作用的描述也十分到位。凭直觉、凭经验的管理长此以往是必然会失败的。

　　其次，管理的科学性是指管理学是一门科学。自工业文明生产方式诞生以来，在管理实践的推动下，管理学形成了自己的系统原理、原则和方法论，它们构成了管理学的基本框架。近几十年来，在管理实践和管理理论工作者的推动下，管理科学正在蓬勃发展。管理学作为一门独立的学科存在和在实践中所起的不可替代的作用，已经成为人们的共识。当今，管理学已经成为大学里一门重要的课程，通过管理学教育，社会各个方面的管理水平都将大为提高。

　　质疑管理科学性的人们认为管理还没有建立起如数学、物理学那样严格的理论体系。的确，一直没有学者对管理学的公理、假定进行深入并具有开拓性的研究，所以使得管理学的结论更多是经验的总结。笔者认为，管理学一样能够总结出公理，一样有独立的理论假定，有一套原理体系。演绎的科学方法在管理学的研究中同样适用。当然，管理学适用的更多是归纳的科学，这同历史学、考古学一样，都是归纳的科学。历史学、考古学作为科学是不存在任何质疑的，为什么对管理学作为一门科学则要质疑呢？

　　（三）具体管理活动具有艺术性

　　所谓艺术性在这里指的是创造性的方式、方法。管理的艺术性是指一切管理活动都应当具有创造性。管理没有一成不变的模式，没有放之四海而皆适用的灵丹妙药。管理的艺术性是由这样两个因素决定的：其一，管理总是一定环境中的管理，并在环境中实现自我发展的目标。而管理环境是不断变化的。前面已经指出，管理的目的最终是使组织适应环境。环境又在不断地变化发展。所以就不可能有一成不变的管理模式，不可能有适应一切环境、解决各种环境中所发生问题的管理良方。其二，是由管理的主要对象——人具有的主观能动性和感情所决定的。人的主观能动性的基础是人能够积极地思考，能够自主地做出行为决定。他们不同于无生命的物质。管理工作者只有充分利用这种主观能动性，才能够将人的积极性和创造性调动起来，使他们自觉地为实现组织目标去努力工作。此外，人还富有感情。感情是最难数量化、模式化的东西。它的变化确有一定规律，但是又带有相当的戏剧性。一个人感情的变化受多种因素影响。如不同的个人对同一种管理方式可能会做出截然不同的反应，会有完全不同的行为；在不同的环境中，管理者处理同样的问题就必须采取不同的方法才能够收到相同效果，达到管理的目的。所以，管理原理及基本原则必须与现实结合、灵活地运用。这里的现实就是指具体的管理环境、管理对象。

　　管理的艺术性表明，学习书本上的管理理论是必要的，但仅仅只有这一点又是很不够的。只能熟记管理原理、原则条文的人不可能成为一个成功的管理者。只有学会熟练地运用科学的原理与原则，学会深入地把握实际，总结经验，因势利导，理论联系实际，才可能成为一位成功的管理者。

管理的艺术性还与管理者的性格有关。实践表明，一部分人有成为管理者的欲望，在性格上很愿意做与人有关的工作，视与人的沟通为乐趣；而另一些人恰恰相反，他们可能宁愿少与人打交道，少管人，更情愿做业务性的工作。显然具有不同性格的人在管理活动中发挥出的创造性就会有很大差别。因为一个人的基本性格是较难改变的。

管理具有艺术性与管理的科学性之间并不矛盾。管理需要科学的理论作指导，管理艺术性的发挥必然是在科学理论指导下的艺术性发挥。离开科学的理论基础就不可能有真正的艺术性，管理活动是如此，其他一切带有艺术性的活动都是如此。但是，管理理论是对大量管理实践活动所作的一般性概括与抽象，具有较高的原则性。每一项具体的管理活动都是在特点的环境和条件下展开的，它要求管理者结合实际情况进行创造性的管理，这样才能够将理论服务于实践。可以说，管理学理论并不难理解，与其他科学理论比较起来，管理学理论显得更通俗易懂，但是将这些简单的理论灵活地运用于实践，难度却又相当大。成功的管理者与失败的管理者之间的差别也就在这里。成功的管理者能够掌握管理的艺术性，而失败的管理者可能仅仅只知道管理的原理而不会灵活地应用。

管理的科学性与艺术性的统一还表现为，管理的艺术性是对管理科学理论的合理发挥，而管理艺术性、创造性的结果在普遍适用之后就必然归纳、抽象成为科学的理论。显然，科学性与艺术性是相互作用、相互影响的。只有真正精通了管理的原理，把握了管理理论精髓的人才可能在管理实践中得心应手地实现创造性管理。当然，把握管理理论的精髓与阅读过大量的管理学著作，二者之间不能简单地画等号。在管理学理论的学习中，最重要的是阅读的质量，要读进去，更要读"出来"，才能够真正掌握管理的精髓。

（四）管理工作为作业工作服务，具有服务性

1. 管理工作与作业工作的区别

（1）工作性质不同，作业活动直接体现组织的功能，如工厂生产出产品的活动，学校对学生开展的教学活动；管理活动则是间接实现组织的功能，在一个工厂里管理虽然不直接生产产品，但是保障产品生产所不可或缺的。

（2）要处理的关系不同。在作业活动中，要处理的主要是人与物的关系，是人力资源与物力资源之间的匹配关系，在管理工作中，要处理的主要是人与人之间的关系。

（3）完成作业工作是组织的最终目的，完成管理工作只不过是保证作业工作顺利完成的一个手段；管理工作应当服务于作业工作。

（4）完成工作所需的技能是不同的。完成作业工作所需的主要是专业技能，一般来说，作业人员的专业技能越高，就越称职；而完成管理工作所需要的技能除了专业技能之外，最为重要的还有人际技能和组织技能，人际技能越高，管理人员的管理工作才会越有效。

要注意的是，管理工作与作业工作之间的界限不是绝对的。因为有许多工作，从不同的角度看会将其归入不同的活动中。如一个企业的会计核算人员，从企业整个活动来看，相对于车间生产工人的工作而言，他所从事的工作显然属于管理工作，因为它是为企业生产经营这一作业工作服务的；但是在企业的财务会计部门，这种活动显然又属于作业活动，因为在企业这个大系统中，财务会计部门最主要的工作就是做好财务管理和会计核算工作。因此，我们说管理工作与作业工作之间的区分是相对的。

2. 做好管理不能完全脱离作业活动

管理活动是从作业活动中分立出来之后成为组织的一种独立职能的。为作业活动服务是管理工作的内在规定。管理活动与作业活动对于任何一个组织来说都是必不可少的。但是，管理工作必须为作业工作服务。在一个组织中，管理活动在性质上有别于作业活动，但是管理人员与作业人员并不一定截然分开。有一些管理者也可以同时是作业人员，他或她在承担管理任务的同时也可能完成一定的作业任务。如医院院长亲自为病人看病，学校校长到课堂给学生上课等都是管理者完成作业工作的范例。实践证明，管理者承担一定的作业工作对搞好管理有积极作用。管理者通过从事一定的作业工作，可以更好地了解作业工作对管理的要求，况且，管理者有能力很好地完成作业工作，完成得越好，就越容易树立专家影响力，这些对做好管理工作都有极大的帮助。所谓"外行可以领导内行"的说法显然是不科学的，外行的管理效率不可能很高，有的甚至产生相反的结果。不过，对一个管理者来说，最重要的是做好管理工作，而不是作业工作。无论是时间上还是精力的安排上都不能本末倒置。

在一个较大的组织中，组织将会分为一些等级层次，从而使得管理也分为不同的层次。那么在不同的组织层次上，由于管理目标和任务的差异，管理工作与作业工作联系的紧密程度是不同的。具体来看，越是处于组织较低层次的管理工作与组织作业工作的联系也就越紧密；而越是处于较高层次的管理工作与特定作业工作的联系就要相对少一些。

三、管理的对象

管理的对象也就是管理的客体，指的是管理过程中管理者所作用的对象。不少人认为，管理的对象仅仅是人。我认为这种认识有些偏颇。管理的对象应当是组织中所有的资源，只不过人力资源是其中最重要的管理对象而已。作为管理对象的组织拥有的资源主要包括如下几种。

（一）人力资源

人是人造系统中最重要的要素。首先，在一个社会组织中，人力资源是最为重要的资源。因为人是一种活的要素，具有创造性，具有很大的潜力。如果这种创造性能够发挥出来，潜力被挖掘出来，就能够产生极大的工作能量。其次，人是具有感情的，其工作效率、生产积极性的发挥都受感情因素的影响。而感情因素是最难以定量化、模式化的因素。由此决定了人是一个组织中管理难度最大，也最能够体现和需要管理艺术性的管理对象。所以说，人力资源是管理的首要对象。正因如此，现代管理才特别强调要以人为本，以人为中心。管理的首要任务就是要充分开发、利用组织内的人力资源，积极争取组织所缺乏的外部的人力资源。不过要指出的是，现代管理思想的主张是：组织人力资源的开发利用不仅仅是劳动能力的运用。在现代的管理中，不断地提高成员的素质、积极地对员工进行培训提高，是人力资源管理更为重要的任务。传统的人力资源的管理的目标是人尽其才，今天的人力资源的管理要在人尽其才的基础上，还要使员工的才智、才能不断增长，使人与组织共同成长。

（二）物力资源

物力资源是人们从事社会实践活动的物质基础。任何一个组织的生存与发展都离不开一定的物质基础。对组织的物力资源管理的要求是：遵循客观事物发展规律，根据组织目标和组织的实际情况，对各种物力资源进行最优配置和最佳的利用，开源节流、物尽其用。

要注意的是，随着知识经济时代的到来，一个组织的物力资源不仅指组织的有形资产，还应当包括无形资产。而且在这些无形资产中，有相当一部分是与人力资源紧密结合着的。所以，物力资源的管理与人力资源的管理在今天已经紧密地结合起来。

做好物力资源的管理工作，最为重要的目标是要提高物质资源的投入产出率。随着物质资源的稀缺性越来越明显，如不可再生的矿产资源的耗尽，可持续发展观念的普及，无论是一个国家，还是一个企业，都不能够长期靠高投入来维持高增长。提高投入产出率是管理中的一个最基本的原则。

（三）财力资源

在市场经济中，财力资源既是各种经济资源的价值体现，又是具有一定独立性和运动规律的特殊资源。虽然资金、资本等财力资源是在利用物质资源的基础上产生的。但是财力资源的分配和合理使用，反过来会对物力资源、人力资源的合理运用产生直接的影响。在市场经济中，一个普遍的现象是资源价值形式的运动引导着物质或者说实物的运动。这种现象对管理的作用就是：组织财力资源的运用效率决定着组织的其他资源的运用效率。所以，任何一种组织都可以从财力资源运用的角度来考察其管理的水平、成效，对于工商企业来说就更是如此了。

管理财力资源，目标就是要实现财尽其力，在市场中盈利的组织还必须通过聚财、用财而不断地生财。

（四）信息资源

信息是物质属性和关系的表征。宇宙中的万事万物都是通过各自的信息来显示其固有特征的。在一个社会组织中，信息就更是不可缺少的构成要素。随着信息时代的到来，信息在社会经济、政治、文化等方面的作用日益重要。今天，没有信息的组织不仅不可能生存，也肯定会被淘汰。建立完善的信息系统，及时掌握必要的外部信息，在组织内部实行信息共享已经是决定一个组织竞争力强弱的关键。在管理过程中，管理者的计划、决策、控制等职能的完成都必须以一定的信息为前提；必须以一定的信息传递到被管理者一方去；被管理者执行决策的情况也必须通过信息反馈才可能为管理者知晓。

组织中的信息资源指的是各种消息、情报、数据、资料等。对信息资源管理的主要任务就是要根据实现组织目标的要求，建立起完善高效的信息网络，保证管理所需要的各种准确、完整、及时的信息；在组织内建立起合适的信息共享网络，为平等、互动、交流的新型管理提供条件。

随着信息时代的到来，信息管理对于一个组织来说就显得比过去任何时候都更加重要。信息管理不仅是决定组织管理效率高低重要的基础之一，也是组织价值构成的重要组成部分。信息资源的管理不仅于决策，而且于组织的秩序、成员价值观念的稳定、外部竞争力量的控制等，都有着越来越重要的作用。

在具体的管理过程中，上述四种管理一般是由不同的管理职能部门来完成的。大多数组织都应当结合上述四个方面的管理要求建立起相应的管理职能部门。

第三节　当代科学管理的要求

一、科学管理的含义

简单地讲，科学管理就是按照科学化的要求开展的管理。科学管理有各个层面的要求。总体上看，科学管理有时代的特点，也有一般性的要求。二者是关联的。管理的科学化程度是一个历史性的概念，在 19 世纪中叶，泰勒的理论与方法可以说就是最为先进与科学的了。但是如果今天某个企业的管理还只是停留在运用泰罗制的水平上，显然就落后了。所以说科学管理是历史性的概念。

进一步看，科学管理不仅只是一种理念，而且是一种衡量管理水平高低的标尺，应当可以具体把握。也就是说，从一个组织所建立的管理制度、应用的管理方法、使用管理工具等这些外在的表现，可以判断其管理的科学化程度。依据这个逻辑，我们认为当代科学管理的水平主要可以从以下五个方面来把握，也就是管理的制度化程度与水平、程序化水平、数量化程度与水平、人性化程度与水平、信息化程度与水平。由于信息化自当今管理中的普遍应用以及发展的迅速，本书最后将有一章讨论。这里仅就前四个方面进行讨论。

二、当代科学管理的四大特征

1. 制度化

制度一词，《汉语大词典》是这样解释的：制度就是要求大家共同遵守的办事规程或行动准则。可见，制度的外延相当宽泛，包括了所有与人的行为标准有关的规定，如各种工作与管理标准、程序等。但是我们这里主要指狭义的制度，即在一个组织中所明确规定的成员的行为准则。

制度按照其表现方式可以分为成文制度和不成文制度。成文制度是指那些按照组织制度的程序与原则制定，并经权力机构批准，公开颁布，要求所有成员知晓并遵守执行的制度。在组织的制度中，成文制度占据着主导地位。

成文制度明确、清楚；权威性强，是维持组织运转和组织秩序的主要制度。一个组织的大多数活动都必须以成文的制度来规范和维持。

不成文制度又称惯例、习惯，它是为组织内一定的群体所认可，自愿接受的规定或者是规则。不成文制度的形成没有经过法定程序，也没有具体的形式，缺乏权威保证，只是靠自愿接受来保证效力。严格地说不成文制度是一种俗称，不是真正意义上的制度。但是，在组织的一些非正式权力影响占主导地位的活动中，不成文制度发挥着重要作用，应当在管理中给予高度的重视。不过，我们下面所讨论的主要是成文制度的有关问题。

就制度所规范的活动领域来看，制度的类别多种多样。如人事制度、会议制度、作息制度、工作制度、检查考评制度、奖惩制度等。

所谓制度化就是组织的制度应当覆盖组织活动的各个方面、各个层次，通俗地讲，就是制度管理纵向到底、横向到边。组织内的一切活动都有制度规范、规章可循。制度化管理或者说管理的制度化，就是在一个正式组织中，通过制定、公布、推行成文的制度，对组织活动的各个方面进行严格管理的一种方式。

可见，制度是一个组织的必备要素，没有制度，就没有行为准则，组织成员之间也就没有角色划分，组织内部也就不可能形成秩序，组织的分工与协作效能也就没有可能发挥出来。所以说，一个组织的存在，制度是基本的保障要素之一。

制度化管理的内涵应当包括：

第一，成文的制度是制度化管理的依据，成文制度的系统性、合理性与可行性代表着制度化管理的水平。

第二，组织的所有活动都应当有成文的制度规范，任何事情都有章可循；按照制度规定办事成为一种习惯。

第三，制度的权威性高。组织中的每一个人都应当受到制度的约束，制度面前人人平等；制度得到全面的执行。

从更深层次上看，制度化管理的实质不在于是否制定了制度，而在于制度执行得怎么样。可以说，有制度而不执行比没有制度更糟。因为制度是权威的体现，制度得不到很好的执行，权威就会失去本来的意义，久而久之，形成一种习惯，成员就会认为权威无所谓，认为制度是可以执行也可以不执行的，对于制度的敬畏就会淡化，长此以往不仅组织会变得自由散漫，队伍的战斗力也将严重削弱。所以说，制度化管理的关键是制度的执行。管理者的重要任务之一就是要保证制度的执行，维护制度的效力和权威。

2. 程序化

简单的解释程序就是事情推进的先后次序，是对事情过程在时间上的规定，当然相应的规定内容还包括每个环节上的工作。在管理中，一套完整的程序实际上就是在作业工作与管理工作中应用的一种工作流程，工作各个环节前后顺序、各个环节责权、标准、要求等。

管理的程序化，就是指对于能够规定明确先后顺序和时间要求的工作，制定严格合理的程序并且严格按照程序开展工作的管理方式。程序化管理是现代管理的基本特征。管理的程序化含义就是在管理实践中，要坚持程序优先于实体，依靠程序保证结果，常规的活动必须按照程序开展。

实现管理的程序化，具有如下几个方面的积极作用：

第一，程序化管理有助于工作的计划性，程序与计划是高度关联的。因为程序的规定已经包含的时间要求，自然倒逼成员按照程序要求和时间先后安排工作。程序首先是按照事物的进展规律对工作先后顺序的规定。任何事物的进展都有其时间规定性，有时间上的先后次序。当然，这些特性有的是由事物的自然特性所决定的，如农业生产中农作物的生长规律，工业生产中产品的生产加工规律等就对在这些领域中的作业活动形成了时间先后的自然约束，做出了先后顺序规定，因而比较容易为人们所理解和接受。但是有些特性则是由事物的社会特性所决定的，如管理工作中的活动进展。其程序的规定受制于人们对管理工作的本质、目的、效果评价的影响，程序的科学性认识因人而异，因此也不易为人们所接受和执行。

第二，程序是对权力滥用的一种制约，程序还是一种基本秩序的体现。能够更好地落实权力与责任。程序化是对流程中各个环节工作人员职责的明确和要求。无论是作业工作还是管理工作，划分不同的工作环节，各个环节分别由不同的人员承担，不仅是为了更快地掌握各工作环节的技巧，保证工作的效率，更重要的是要明确各个环节的权责。每一个环节的工作都必须达到所规定的工作标准，都必须严格把握前一个环节所提供的产品的质量是否符合要求，经过本环节的产品是否符合质量要求，是否有跨环节，省掉必要环节的现象发生。程序化之后形成的权力分散，特别是在管理工作中的权力制约目标的实现，就是靠各个环节的工作人员的责任心来保证的。如果一个组织能够在实现明确程序要求下顺畅地推进和完成各项工作，无疑表明该组织管理的科学化水平很高。

第三，程序化是对工作的一种规范，是构建有机组织的一项重要基础工作。组织内部分工之后的协作，实质上就是按照一定的程序来完成的。在高度程序化的组织中，只要形成了详细、规范的程序文件，每一个岗位上的工作人员就可以十分清楚自己的职责，自己岗位与哪些岗位和部门相关，相互之间沟通的时间和内容是什么，本职工作的职责权限是什么，应当解决什么问题。这样，工作就达到规范化的要求。

大量实践证明，科学的程序是预期目标的保证。在我国的管理实践中，程序化可以说是最不受重视的一项基础性的工作，不重视程序、不执行程序规定的现象比比皆是，"条条大路通罗马"被视为真理。因为在我们相当一部分人的思想上认为，不论过程如何，结果是最重要的。重结果、轻过程就成为我国日常管理中的一种常见现象。我们认为，这样一种思想与现代管理的趋势是不相适应的。

科学理论与大量实践证明，过程与结果是不可分离的一对现象，二者之间有着高度的相关性。一定的结果有最优的过程，只要按照最优的过程，就必然可以获得预期的结果。现代管理学指出，在可以预见的环境中，一定的过程决定着必然的结果。要获得预期的效果，就必须掌握决定结果的科学过程，将科学的过程明确为必须遵守的程序，只要程序得到遵守，外部环境不发生突变，就肯定可以得到预期的结果。这就是为什么现代管理十分重视科学的程序管理的原因。不按照科学的程序，也有可能获得预期的结果，但通常是一种侥幸和偶然，不能够作为科学管理的普遍原则。

最有代表性的实践是当今世界在质量管理控制上的探索。产品质量管理发展到今天，我们可以将经过的发展阶段划分为产品检验阶段、生产流程控制阶段、质量管理工作程序控制三大阶段。最早的是以产品检验为主的质量管理工作阶段。在这个阶段，人们通过对已经生产的产品进行一定的合格检验，剔除不合格产品，放行合格产品。这样一种质量管理模式是典型的结果管理模式。后来人们认识到，这样的管理模式虽然控制了不合格产品出厂，但是并没有真正控制不合格产品的发生。于是，一种新的质量管理理念提了出来：质量不是检验出来的，而是生产出来的，因此质量管理的重点转移到了生产阶段，管理的中心也就放在了生产环节的控制，就是质量管理发展的第二个阶段。这个阶段依赖的主要是生产工艺、设备、材料等要素来控制产品质量。这样一种质量管理模式虽然在前一种模式上有了长足的进步和发展。但是其仍然存在不足，那就是仍然没有对不合格产品的预防性。

进一步的理论探索和实践发现，决定产品质量的因素在于对产品形成的全过程和全方位的管理。因此，质量是管理的结果而不是生产的结果理念开始形成的。但是，事后抽检与现场质量控制都是管理，进一步发展的重点是什么？在程序与期望结果之间存在对应关系的原理指导下，人们发现，这就是要把产品生产的各个环节控制质量的工作程序化，或者说实行程序化的质量管理。于是，以程序化为核心，以标准化为内容现代质量管理体系诞生，这就是众所周知的 ISO9000 质量管理系列标准。该标准在全世界推行的经验表明，只要严格按照这个质量控制工作标准，认真地按照程序做好每个环节的质量工作，企业最后生产出来的产品（包括无形的服务）的质量符合要求。

程序化管理要求工作的进展严格按照实现规定的环节推进，因此在一些人看来，程序带有僵化、不灵活的缺点。撇开具体环境，程序化的确就是一种先后顺序的制度规定，是必须经过的各项环节。这个规定能够最大限度地减少盲目灵活性可能给组织带来的损失。在现实生活中，许多失误特别是给组织带来灾难性打击的失误，相当一部分就是不按照制度规定，不经过规定的程序所造成的。

3. 数量化

管理数量化指的是在管理工作中普遍运用量化的指标，对工作的要求与标准予以说明，并据此对员工的工作进行考核和奖惩的管理方式。管理数量化的基本特征是建立一套数量指标体系，覆盖一切可以覆盖的作业工作和管理工作，强化管理，提高绩效。

管理数量化或者说量化管理具有如下几个方面的积极作用：

（1）更好地发挥员工的自主性，调动其积极性。工作标准量化有助于员工更清楚地知道自己应当努力的方向和程度、工作的成果状况。因此更容易提高员工的工作效率。定性的指标往往只能够指明应当努力的方向，但是努力到什么程度，努力的效果怎么样，员工可能不清楚。因此，员工在工作中往往难以及时获得成就感，难以把握进一步努力的方向和要求。工作标准的量化或者说具体化，形象地说就是给了员工一把可以自己进行度量工作成果的尺子，据此员工可以及时掌握自己的工作进展，完成任务的程度，合理安排自己的工作，体现员工的自主性，自然容易调动员工的工作积极性。

（2）更准确地评价员工的贡献，为更公平地奖惩，持续调动员工的积极性奠定基础。调动员工的积极性就是要做到奖惩公平。理论研究已经证明，员工的积极性更多地受奖惩的公平程度影响。做到公平的奖惩，准确考核、评价每一个员工的贡献就是必需的前提。评价员工的贡献实质上就是对员工所做的贡献进行度量。显然，最为准确的评价就是运用科学的量化指标进行度量。在一套科学量化指标下，考核工作变得相对简单。人为因素的影响降到最低的程度，管理数量化可以使员工在工作结束之后，就已经清楚自己是应当受到奖励，还是会受到处罚。当员工个人能够形成一个相对准确的初步评价时，一旦与组织的评价以及奖惩一致，员工就自然会认为工作的环境是公平的，就容易保持积极性。

（3）减少模糊评价造成的逆向攀比，有助于员工的考核评价不仅决定对员工的奖惩，进一步看还影响受奖惩员工之间的关系。奖惩公平，获奖者自然理直气壮；反之，受罚的员工就会愤愤不平。因此，考核指标体系的科学准确，对于合理的奖惩重要，而且对于既激励先进，又形成和谐的员工之间的关系也十分重要。现实中一些组织管理的数量化程度不高，以定性指标为主，考核中主观随意性比较大。结果由于尺度模糊，难以对员工工作以及贡献做出相对准确的评价，使得员工往往对评价的结果相互不服气。一些组织为了避免矛盾，就你好我好大家都好，考核评价鼓励不了先进员工，鞭策不了后进员工。久而久之，容易形成逆向攀比。实行数量化管理，根据事先形成的一套科学量化指标体系评价考核，公开公平，说服力强，没有完成指标而落后，员工服气；工作完成得好受到奖励表扬，不仅容易为大家接受，先进者自身也会感到受之无愧。

综上所述，笔者认为，量化的指标体系是科学管理的重要标志。我国目前的管理科学化的水平低，一个突出的表现就是对于员工工作的考核，指标量化不够，定性的指标过多。量化管理，推动科学准确评价与考核，不仅只是一种工作方法，而且还是一种科学的管理态度与管理理念。

4. 人本化

管理的人性化简单地说就是在管理的制度、管理的方法、管理的过程都应当符合人性的要求，体现以人为中心，尊重人性，有助于人的发展，为人的健康发展发挥促进作用。

管理人性化的要求在一定意义上就是过去所说的管理以人为本。管理必须以人为本，体现人性化，主要是因为：

（1）人是组织中最为重要的要素，人的积极性的发挥是组织效率提高的根本来源。社会组织的基本元素是人。人是组织中最为重要、最有活力的要素。人的积极性与创造性的充分发挥，是组织目标得以实现和组织不断发展的必要前提。人只有在得到充分的尊重和理解时，合理利益要求在组织中才会得到实现，个人与组织能够共同成长，员工个人才能够保持自己的积极性和创造性。而人性化的管理就是在理解人、尊重人的基础上，通过管理实现组织和组织成员的共同发展。所以，管理的人性化是保证组织成员的积极性、创造性得以成长发挥和长久保持的基本条件。

（2）人性化管理是组织长期成长的必然要求。任何社会组织都是整个社会有机体的组成部分，促进人的全面健康发展，是每一个社会组织应当履行的基本社会责任。我们认为，一个组织能否在社会的进步与发展中获得自身的发展，其中最为重要的一点就是要看这个组织与社会能否融为一体；能否承担应尽的社会义务，履行自己的社会责任。人类社会发展的核心是人的全面发展，是人自身的进步。追求人的进步是全球人类的共同愿望。由于每一个人都在一定的组织中生活与工作，所以人的发展又是通过一定的组织的活动来实现和体现的。管理的对象是人，要实现的目标是组织的目标，但是管理成功的最高境界是组织与个人的成长同步。只有这样组织才能够在社会中长期发展，才能够得到社会的认可和支持。

（3）管理的人性化是科学管理发展的必然要求。从前面有关管理发展史的回顾中我们看到，任何时代的管理都是建立在一定的人性假定的基础上的，从工具人的假设到自我实现的人的假设，我们看到一条清晰的主线就是对人认识的不断深化，是尊重人性的理论与实践的发展。所以我们说，今天，人性化管理已经是科学管理的有机组成部分，是科学管理的一个不可缺少的基本的标志，离开人性化的要求讨论科学管理，是100年前的科学管理而不是今天的科学管理。

三、人本化管理的要求与体现

1. 具有人格平等的管理理念

管理理念决定管理的基本价值取向。人性化的管理首先要求管理者具有人格平等的理念，也就是管理者必须树立管理者与被管理者人格平等的理念。因为只有在人格平等的基础上，才可能真正地尊重对方，平等地看待对方。如果管理者自认为人格高于被管理者，身份优越于被管理者，即使在制度中实行一些民主管理的做法，即使对员工会有一些感情投资，这些在本质上都只是一种施舍，不是真正的平等待人，不可能形成真正的人性化管理。

人格平等是现代社会的一个基本命题，也是现代的管理哲学，只有在这样一种价值观、人生观和社会观的指导下，人们才会相互尊重、相互理解、相互支持，结成真正的友谊。

2. 建立组织与成员共同发展的管理目标

在人被看作实现组织目标的工具，看作是组织成长的手段的年代，员工的成长要求是被忽略的。管理的人性化，必然要求将组织的成长与员工的成长统一起来。将员工的发展体现在组织管理的目标中。当前，在西方发达资本主义国家的企业所兴起的工作丰富化、员工职业生涯设计等就是这样一种管理的具体表现。

谋求员工与组织的共同成长，必须多寻找组织与员工利益和要求的共同点。过去，简单地认为员工进入一定的组织就是为了获得一定的经济报酬，是简单的交换关系，双方的差异点成为管理思维的基本出发点。导致了组织发展与员工个人成长的脱节。在现代组织中，员工与组织的共同利益是管理的重点，自然，设计共同发展的目标就是现代管理的起点。

3. 管理的方式方法要符合成员的生理健康和精神健康

人性主要在人的生理活动、精神活动和社会活动等方面体现出来。人在这三个方面的活动都受一定的规律支配。在微观组织的管理中，管理的方式方法首先必须有利于人的生理健康要求，符合人的生理特点。同时也要有利于人们的精神健康。在西方优秀的企业中，通过科学分析，合理地进行工作设计，既是提高工作效率的手段，也是管理人性化的表现。人文关怀目前已经不仅是哲学家、社会学家对于社会发展的呼唤，而且是全面体现社会管理的各个层面，如企业注重工作场所的科学布置，不仅注意劳动安全，而且注重员工的身心愉悦；管理中注重感情投资，利用一切方式调适员工的心理，保持员工的生理与心理健康等，都是管理人性化的体现。

四、人本化管理要处理好的几个关系

1. 人性化管理与制度化管理

一些人将制度化管理与人性化管理对立起来，认为讲制度、讲规则就不可能讲人性，而讲人性，讲自由就无法坚持和贯彻制度。笔者认为，这样的认识是完全错误的。在科学管理中，二者是高度统一的，也是应该高度统一的。人性化管理是一种对管理本质的要求，要求在管理的原则、制度、方法上，尊重成员作为人的人性要求；而人性化的管理也应当是在组织范围内的要求。在一个组织内部，员工的自由不可能是无原则的、对组织根本利益会造成损害的自由。人性化不是放任，更不是放纵，不是取消管理。我国一个相当优秀的民营企业曾经提出这样一个口号："以钢铁一般的纪律管理工厂，用慈母那样的爱心关怀员工"。我们认为这句口号很好地诠释了制度管理与人性化管理的关系。

2. 人本化管理与运用竞争机制配置组织劳动力

在市场经济条件下，竞争机制已经运用到各种组织中，也已经成为提高组织的效率，优化组织内的资源配置的重要手段。由于竞争往往带来优胜劣汰的结局，简单看来似乎与人性化管理相矛盾。其实不然，虽然竞争的结局表面上看起来很残酷，与人性化的要求有些冲突，但是与人性化的管理并不必然冲突。只要竞争规则是公开的，竞争方式是公平的，对竞争结局的裁判是公正的，就符合人性的基本要求。如一场公平公正的体育竞赛最终也是要淘汰失败者（相对弱者），为什么大家还是仍然认为它是符合人性的呢？因为公平公正的竞争不仅仅是淘汰弱者，进一步看还会刺激、激励弱者，激发弱者的内在潜力，也就是变压力为动力，从而获得更高水平的发展。人类社会就是通过合理公平的竞争才激发了人的潜力和动力；才推动了人的成长和社会的发展。所以竞争与人类社会发展始终是相伴随的，过去存在，今天存在，将来还会存在，并且与人本管理在本质上是完全可以统一起来的。

推荐阅读书目：

1. ［美］弗雷德里克·温斯洛·泰罗：《科学管理原理》，机械工业出版社 2013 年版。

2. ［法］亨利·法约尔：《工业管理与一般管理》，中国社会科学出版社 1982 年版。

3. ［德］马克斯·韦伯：《经济与社会》，中国社会科学出版社 2010 年版。

4. （美）赫伯特·西蒙：《管理行为》，詹正茂译，中国社会科学出版社 1986 年版。

第二章　管理理论的发展与思考

理论是军官，实践是士兵。

——［意］达·芬奇

第一节　工业文明前的管理思想

从管理学发展历程的观点来划分，我们可以将人类文明以工业文明诞生为标志进行断代，划分为工业文明诞生之前的管理思想与工业文明产生之后的管理思想。

一、农业文明前的管理思想萌芽

有管理实践活动就必然会有智者对其活动规律进行思考，在此基础上，就会产生管理思想和管理理论。人类关于管理的理论思考究竟是什么时候开始的？对此很难做出准确的回答。但是从世界几大文明古国已有的文字记载来看，人类很早就开始了对管理活动规律的探索，在管理实践活动的基础上，通过一些思想家的思考、总结、归纳、抽象，开始形成零星管理原则，并且开始指导管理实践。其中一些管理思想在今天仍然具有现实意义，依然闪烁着文明的光芒。

4000 多年前，古巴比伦王国就颁布了以国王名字命名的《汉谟拉比法典》。这部法典共 282 条，是古巴比伦王国当时处理贸易、人们的行为、人际关系和经济往来、劳动报酬的准则。可以推测，形成这样一部法典肯定需要有比较系统的管理思想作基础。因为某种程度上法典本身就是一定的管理思想的结晶。

如果说《汉谟拉比法典》只是间接地反映了古巴比伦王国的管理思想成果的话，那么，3000 年前，叶塞罗对他的女婿——希伯莱人的领袖摩西的管理建议，就直接体现了当时管理思想发展的水平。叶塞罗对摩西的管理提出了如下三条建议：

（1）制定法令，昭告民众；

（2）建立等级，授权委托管理；

（3）责成专人专责管理，最重要的政务提交摩西处理。

由此我们不难看到，叶塞罗的三条建议中已经体现出了当今管理科学的一些重要原则，如分权原则、例外原则、责任原则等。由此可见当时的管理思想的发展状况。

中国是世界上最伟大的文明古国之一。在她丰富的文化宝库中，杰出的管理思想是其中一块光芒四射的瑰宝。早在奴隶社会时期，姜尚就著《六韬》、《三略》，阐述了治理国家和管理臣民的理论。在百家争鸣的春秋时代，各种管理思想更是得到了蓬勃发展。著名的军事理论家孙武在其著作《孙子兵法》中就明确提出了计划管理的思想，指出："多算胜，少算不胜"。孙膑赛马的思想就是最为朴素的博弈论。著名的思想家、教育家孔子主张以德才而不是以出身为标准来选择官员。

在古希腊，著名的哲学家苏格拉底认为，管理具有普遍性。他指出："管理私人事务和管理公共事务仅仅在量上有所不同。"其后的另一位哲学家亚里士多德也认为，管理一个国家与管理一个家庭有许多的类似之处。

管理活动是一种文化现象，管理思想是人类文化中不可缺少的构成部分，其历史同人类文化一样，源远流长。

二、农耕文明时代的管理思想

农耕文明在这里指的是从奴隶社会结束到资本主义社会诞生这一历史时期。中国在这一时期是封建社会，西方在这一时期被称为中世纪。前者的计算时间是从公元前221年到公元1901年；后者的计算时间是从公元600年到公元1500年。无论在东方的中国还是在西方的欧洲，这一时期的社会经济都有这样几个特点，它们构成当时的管理实践和管理思想发展的背景。

（1）在经济上种植业或者说狭义的农业占主导地位。在这一时期，西方虽然已经形成了以大片土地占有为基础的大庄园，但是农奴、农民已经成为自由人，后者通过租佃从庄园主手中取得土地的使用权，也就形成了一家一户的生产方式。生产方式以及科学技术的发展水平决定了此时的经济形态仍然是一种自然经济，农业在社会经济中占主导地位，是主导产业。在当时的农业生产中，社会化大生产程度很低，社会生产单位与生活单位合为一体，劳动遵循的是自然分工的原则。非血缘关系基础上构成的经济组织虽然已经产生，但是为数不多；科学技术水平仍然比较低下，生产者靠天吃饭，自给自足，对经济的管理活动也就不那么重要了，大多数社会经济活动的管理基本上还是处于一种自发的、原始的、经验性的状态。

（2）政治上已经形成了统一的国家。这一点在中国表现得尤为突出。统一的封建制国家与分封制的奴隶国家相比较，其疆域要广阔得多，内部结构也要复杂得多，自然对管理的要求也要高得多。于是，国家行政管理有了较快发展，自然也就推动了国家行政管理理论的形成与发展。

（3）工商业已经产生并且在不断发展。在封建社会时期，工商业虽然未成为主导产业，但是建立在较低技术水平和社会化大生产基础上的工商业已经诞生并不断发展。主张以社会分工和交换为基本原则的经济活动给管理者以及管理思想家提出了许多新的问题，关于工商业的认识以及相关管理随之产生。特别是商业的发展，扩大了人与人、地区与地区之间的交往，工商业规模的扩大和盈利动机的形成开始呼唤工商业管理理论。

（一）中国封建社会时期的管理思想

中国的封建社会持续了2000多年。在这2000多年中，由于广大的劳动人民、思想理论家和一些卓越的管理者的共同努力，形成了颇具中国特色的管理思想。在世界管理思想史中占有重要的地位。由于这一时期的管理思想十分丰富，此处就其中基本的要点加以阐述。

（1）顺"道"的管理思想。在中国的文化思想中，"道"是一个使用较广，含义十分丰富的概念。其使用的情况大体上可以分为两类：一类是属于主观范畴的道，指的是安邦治国的理论、道理；另一类是客观范畴上的道，指的是事物的客观规律。顺"道"的含义在这里就是要求人们尊重客观规律，按客观规律办事。

顺"道"的主张在我国提出得很早。如春秋时期著名思想家老子就用道来描述客观规律，指出"天下万物生于有，有生于无"；管子则在老子的思想基础上前进了一步，明确指出自然界与人类社会都有自身的运动规律，人们要想做成一件事情，必须尊重客观规律。到了汉代，思想家司马迁就更加强调社会经济活动中客观规律的重要性。他指出：国家对社会经济发展的管理，应当服从经济规律。可见中国古代的思想家们就已经认识到管理必须遵守自然规律和社会发展规律了。

（2）重视人的管理思想。我国古代思想家在研究管理活动时，十分重视人的地位和作用，提出了重人的管理思想。这里的重人有两种含义：一是重人心向背；二是重人才的归离，强调人才的作用。著名的思想家、军事家诸葛亮在总结汉的历史经验教训时指出："亲贤臣，远小人。此先汉之所以兴隆也；亲小人，远贤臣，此后汉之所以倾颓也。"

（3）重视良好的人际关系的管理思想。中国的思想家一致认为，天时、地利、人和是决定事业成功与否的三大重要因素，而其中人和又最为重要。对于治国来说，人和能够兴邦；对于从商而言，和气能够生财。所以自古就有"天时不如地利，地利不如人和"之说。

（4）强调领导者以身作则的管理思想。我国古代的思想家们都认为：权威的作用比权力要大。统治者要想服人，不能仅仅依靠权力，还要以身作则。孔子早就说过："其身正，不令而行；其身不正，虽令不从。"东汉第五伦则说：以身教者从，以言教者讼。这些思想与当今管理学所强调的管理者以身作则、通过自身的行为产生影响力的观点是一致的。

我国古代管理思想丰富，管理理论方面的著述，也不胜枚举，如有半部《论语》可以治天下之说，史记《货殖列传》中详细地记载了当时经商致富的人物和事情，以及从中总结的各种经商之道。明代洪应明所著的管理哲学著作《菜根谭》，在20世纪中期的日本就曾引起了轰动，今天，我国古代的一些管理思想仍然对日本的企业管理发挥着巨大的影响作用。不过，虽然我国古代思想家的管理思想丰富、深邃，但是从总体上看，仍然没有形成系统的管理理论，大多数理论仍然属于管理哲学层次的内容，管理的具体方法和原则的理论并未形成体系。

（二）西方中世纪的管理思想

从公元6世纪到文艺复兴时期，西欧的思想领域几乎完全为教会所统治。由于教义统治了生活，思想也就近于凝固。正如美国的管理思想史学家雷恩所说："人们不是考虑今生而是考虑来世，不是考虑既得的利益而是考虑灵魂的拯救。"① 在这一段时期，西欧的思想领域失去了创造力，管理思想几乎没有什么进步。同一切事务一样，长期呆滞的思想一旦为外来的因素冲击所打破，就会以超常的速度发展。打破沉闷的教会统治局面的是十字军东征，它开辟了新的贸易渠道，刺激了商业的发展。商业发展带来了人们思想的解放。因为商业发展，人们看到了新市场，产生了新观念，诞生了新城镇，也扩大了货币交

---

① 《管理思想史的演变》，中国社会科学出版社中译本，第23页。

换的范围。生产力的发展反过来又引发了思想解放的文艺复兴与宗教改革运动。西欧的文艺复兴时期就像我国的春秋时期，新理论、新思想不断涌现，管理思想也随思想解放的大潮获得飞快发展，并且一直延续到资本主义时代。

（1）在国家行政管理方面，科洛·马基亚维利写了著名的《君王论》，全面、系统地论述了国家管理的原理与原则，提出了国家管理、王权存在的四原则：①群众认可，权力来自群众的原则；②内聚力原则；③领导能力原则，指君王要维持统治，必须具备领导能力；④危机原则，即管理者要有危机意识，要居安思危。

（2）重商主义的经济思想形成。重商主义主张政府发挥资助和保护贸易的作用，干预一切经济活动，制定国家的经济计划，引导经济发展。可以说，重商主义者较早地提出了国家对经济活动进行管理的主张。

（3）系统的经济科学理论开始形成。在重商主义以及后来的重农主义启发与推动下，亚当·斯密发表了《国富论》一书，标志西方系统的经济学理论开始形成。

（4）意大利的卢卡·帕齐利对西欧的复式记账法进行了理论总结，发表了《算术、几何、比例和对称》一书，形成了系统的会计学理论，推动了会计管理实践和理论的发展。

总之，在这一时期，对管理理论最有影响的是经济学理论的诞生和发展。它预示着人们开始对经济活动规律进行全面、深入、系统的思考。那么，在不远的将来，对经济活动的管理就会自然地成为科学的研究对象，管理学也就会成为一门独立的科学。历史正是这样发展的。

（三）工业文明之前的管理思想的特点

虽然用丰富二字来概括人类早期管理思想的总体特点没有什么不妥，但是如果站在科学的高度上来审视的话，早期的这些管理思想又表现出一些不发达的特点。

（1）零散性。人类早期的管理思想，无论从总体上看，还是从某个思想家的管理思想来看，都还没有形成完整的体系。形象地说，这些管理思想就像散乱在文化沙滩上的珍珠一样粒粒闪光，可仍然不能成为完整的理论项链。

（2）依附性。这里的依附性指的是：人类早期的管理思想不是针对管理活动进行专门独立思考形成的，其依附在其他的科学，如哲学、文学、教育学等理论之中。许多宝贵的思想都埋藏在其他科学的大山里面，直到今天仍然还有许多内容值得人们去发掘。

人类早期管理思想所表现出的不发达性是可以理解的。因为当时的社会生产力不发达，社会生产的组织规模小、结构简单、管理活动也不太复杂，管理的实践还没有形成对独立的管理理论的需要，加之其他的科学也不发达，带有应用性、综合性的管理学发展自然受到束缚。这些都决定了当时的管理思想的不发达特点。

三、工业文明前管理思想演进的推动力量

任何一个时期，科学思想的发展不外乎为两大力量推动，第一是社会生产力的发展，第二是智者的积极思考。早期管理思想的发展也不例外。可以说，与人类生产结合极为紧密的管理学说的形成及发展直接与生产力发展相关联。生产力越发达，尤其是生产组织方式越先进，对于管理学进步推动就越大。这就是为什么工业文明诞生不久，管理学就得以建立的主要原因。

第二节　现代公司管理思想的形成与发展

18 世纪中叶，从英国开始，欧洲展开了一场伟大的工业革命运动，拉开了人类社会生产力发展的新纪元。进入工业革命之后的资本主义经济与此前的自然经济相比，生产方式和生产关系等方面发生了质的变化。建立在机器与机器体系基础上的资本主义经济是社会化大生产的经济，生产协作的广度与深度都是以前的任何一种经济都无法与之相比的。新的生产方式呼唤新型的管理，自然就产生了对新的管理理论或者说管理科学的需要。具体来看，影响管理科学产生的生产力因素如下。

（1）工厂制度取代了家庭成为社会的基本经济单位。工业革命奠定了工业作为社会经济主导产业的地位，农业退居其次。在机器大工业中，工厂成为基本的生产组织形式。这种生产组织形式不仅在规模上突破了农业经济时代的家庭规模的水平，而且分工的原则与形式也发生了根本性的变化。分工协作的深度与广度大大扩展，因此管理变得不可或缺。

（2）生产的规模迅速扩大。机器大工业的分工和协作扩大了组织的规模，规模的扩大反过来又使企业内部结构变得更加复杂。这种复杂结构的组织运行必然促进管理从生产劳动中分离出来成为一种独立的职能，管理人员因此也就日益专业化。

（3）管理的科学化、定量化的要求越来越迫切。在工业经济中，机器大工业运行所依赖的科学原理以及严格的技术规定，加上资本家追求剩余价值的内在冲动，必然要求建立与之相适应的工厂管理模式。对以机器大工业为基础的生产方式不可能再如同对一家一户的农业生产那样仅仅依靠经验来管理，管理的科学化、定量化是工厂生产实践发展的迫切要求。

生产力发展带来的这些变化给管理人员和管理理论的研究人员提出了新的课题。管理理论也正是为了解决这些问题而发展起来的。管理思想史学家雷恩指出："正在兴起的工厂制度所提出的管理问题是同以前所碰到的问题完全不同的。天主教会能够按照教义和信徒的虔诚来组织和管理它的财产，军队能够按严格的等级纪律和权力结构来管理大批的官兵；政府机构可以不必为对付竞争或获取利润而开展工作。可是新工厂制度下的管理人员却不能使用上述任何一种方法来确保资源的合理使用。"

一、泰罗制的产生及其意义

在当今世界管理学领域，美国的管理学家泰罗享有盛名，一直被尊为管理学之父。因为他开创性地将管理与科学联系起来，使人们认识并且最终接受管理也是一门科学的观点。虽然以泰罗为代表的管理学的创始人所创立的"科学管理"体系远没有包含管理科学所应当包含的内容，但是他们对管理学形成所做出的划时代的贡献是有目共睹的，将其称为管理学之父名副其实。

弗雷德里克·温斯洛·泰罗 1856 年出身于美国费城一个富有的律师家庭，中学毕业之后考上了著名的哈佛大学，但是不久就因为健康和眼疾而辍学，转而到费城恩特普里斯水压厂当了一名模型工和机工学徒。在四年的学徒期内，他对工人有了比较深入的了解：

图 2 - 1　弗雷德里克·温斯洛·泰罗

既看到了工人们豪爽、坦荡的胸怀，也看到了在工人中普遍存在的因为各种因素造成的消极怠工、劳资关系不融洽的现象，因此影响了生产效率。1878 年，泰罗进入费城米德维尔钢铁厂当了一名普通工人。他在该厂工作了 12 年，从一名普通工人一级一级地最后升到了总工程师的职位。在这 12 年中，他开始思考企业管理的许多问题。1898 年，他受雇于伯利恒钢铁公司，在这个公司，他进一步深入地开展了企业管理的实践与理论研究。1912 年，他出版了一系列关于企业管理的著作，其中最为著名的就是《科学管理原理》一书。这本书在当时产生了极大的影响。管理学说史的研究者认为，该书的出版标志着管理作为一门科学的正式形成。

泰罗通过自己的实践和理论思考，提出的"科学管理"理论主要有这样几个观点：

（1）管理的中心问题是效率问题，科学管理的目的就是要提高效率。泰罗认为，劳资双方之间存在尖锐的矛盾冲突，其最为重要的原因是因为效率太低。只要将工作的效率提高，劳资双方都可以从中得益，就会缓和矛盾。正是基于这样一种认识，泰罗的科学管理理论主要是围绕如何提高组织的工作效率展开的，并且主要集中在定额研究以及劳动力与劳动手段之间的合理配置上。

（2）提高工作效率，关键是要用科学的管理方法取代传统的经验管理方法，要通过科学的实验确定工时定额和其他的工作定额，企业都要重视工时、动作研究，建立各种明确的规定、条例、标准，使一切管理和劳动都科学化、制度化。

（3）让工人掌握标准化的操作方法，使用标准化的工具、机器和材料，并且还要使工作的环境标准化。

（4）管理部门与工人之间应当进行亲密无间的合作，要认识到提高效率对双方都是有利的，应当为提高效率而共同努力。

（5）企业的计划职能与执行职能分开。泰罗在这里所说的计划职能实际上就是今天所说的管理职能，执行职能就是工人的劳动职能。要建立专门的计划部门，专门进行标准研究，制定标准和操作规程、定额，下达任务，监督计划的执行；工人应当按照计划进行生产。

（6）建立职能工长制。泰罗认为，应当将管理工作予以细分，让某一个管理者只承担某一方面的管理工作。职能工长在其职能范围内可以指挥工人。他曾经组织了8个职能工长，其中4个在计划部门，4个在车间。显然，对管理职能进行划分，每个管理者负责某一方面的工作、职能工长可以指挥工人是一个正确合理的设想，表现的管理职能细分和授权的观点。只不过在泰罗的实践中，对多头指挥可能带来的问题没有给予足够的重视，结果发生几个职能工长指挥同一个工人的事情，在职能工长制实施中，泰罗发现存在多头指挥的问题，不久就将这种制度取消了。

（7）在组织机构和管理上实行例外原则，即企业的高级主管人员要把处理一般事务的权力下放给下级管理人员，自己只保留例外事项的决定权和监督权。①

由于泰罗反复强调效率问题是科学管理的中心问题，从而使不少人产生了误解，认为泰罗的科学管理只不过是动作、工时的研究方法而已。为此，泰罗明确地指出："科学管理不是一种有效率的方法，不是一种获得效率的方法，也不是一批或者一串有效率的方法；科学管理不是一种计算成本的新制度。……科学管理在实质上包含着要求在任何一个具体机构或行业中的工人进行管理革命。此外，科学管理也要求管理部门的人——工长、监工、企业所有者、董事会——同样进行一场全面的心理革命，要求他们在对待管理部门的同事，对待他们的工人和所有的日常问题的责任上进行一场全面的心理革命。没有双方的这种全面的心理革命，科学管理就不能存在。"②

二、其他一些管理学家对泰罗制的贡献

泰罗制的形成，除了泰罗之外，还有一些管理学家对泰罗的科学管理理论的完善和推广做出了巨大贡献。在一定程度上可以说泰罗的科学管理是这些早期的管理学家共同努力的成果。

（1）卡尔·乔治·巴思，数学家，泰罗进行科学管理实验的助手和合作者，为泰罗的实验做出了很大的贡献。借助他的数学知识，泰罗才得以进行精确的工时研究、动作研究，得出令人信服的结论。

（2）亨利·甘特，泰罗推行科学管理的亲密合作者。与巴思不同，甘特不是一个简单的追随者，而是一个创新者，他对泰罗制的发展和普及做出了很大贡献，如今天的计划和控制管理中仍然在运用的甘特图就是他发明的。此外，他还敏锐地看到了科学管理理论对人认识不足的问题，主张要重视人的因素在管理中的作用。他主张工业民主。"我们做任何事情必须符合人性，我们不能强迫人们干活，我们必须指导他们发展"就是他这种主张的集中体现。

（3）吉尔布雷思夫妇。他们在科学管理中的功绩主要是进行动作研究和工作简化研究。因此又被人们称为动作专家。他们在开始自己的研究时，最初并不了解泰罗在米德维尔钢铁公司的实验，可是他们的研究与泰罗不谋而合。泰罗制问世以后，针对当时社会上存在的对泰罗制的不了解和不承认，吉尔布雷思夫妇成立了一个称为管理科学促进会的组织，热烈地宣传和支持泰罗制的科学管理主张。为泰罗制的推广做出了很大的贡献。

（4）哈林顿·埃默森。他被称为美国早期节省时间和开支法的新型"效率工程师"

①② 《科学管理原理》，中国社会科学出版社中译本。

的代表人物。从 1903 年起，他就与泰罗保持着密切的联系，并且独立地发展了科学管理的许多原理。针对当时美国工业生产效率不高的问题，他提出了 12 条改进的原则，分别是：明确目的；注意局部和整体的关系；虚心请教；严守规章；公平；准确、及时、永久性的记录；合理调配人、财、物；定额和工作进度；条件标准化；工作方法标准化；手续标准化；激励效率。

上述泰罗制的支持者和追随者虽然都对泰罗制的完善与发展做出了不可磨灭的贡献，但是仍然没有超越泰罗科学管理研究的基本范围和对象，而且基本上都是围绕着泰罗制的形成、丰富其内容和宣传其作用意义展开的。因此人们仍然公认泰罗是科学管理的创始人。

三、法约尔与一般管理理论的形成

亨利·法约尔是法国人，是最早研究管理一般原理的管理学家。1916 年他发表第一部管理学著作——《工业管理与一般管理》。法约尔理论的价值最初没有为人们所认识，因为无论是在美国还是在欧洲，泰罗科学管理思想的影响实在太大了。随着时间的推移，人们逐渐地认识到，法约尔对管理原理的概括与阐述有更为深刻的一般意义。后来的管理思想史学家们认为：法约尔是第一个概括和阐述一般管理原理的管理学家。的确，在法约尔的论著问世之后，管理科学才真正形成了自己的结构体系，才成为一门可以与其他科学并肩而立的科学。

图 2-2　亨利·法约尔

与泰罗不同，法约尔没有当过工人。1860 年从圣艾蒂安国立矿业学院毕业之后，法约尔进入一家采矿公司成为一名采矿工程师，由此开始了他的管理生涯。1888 年，法约尔被任命为公司总经理，一直干到 77 岁退休为止。由于法约尔一直居于企业高层管理者的位置，使得他关心的不是泰罗所关注的生产效率，而是抽象的管理职能、原则、方法等问题。

在法约尔的代表作《工业管理与一般管理》一书中，法约尔提出了著名的管理职能论，认为一般意义上的管理具有五大职能，分别是：

（1）计划，指研究未来和安排未来的工作；

（2）组织，指建立企业的物质和人事组织机构，把人力资源、物力资源、财力资源组织起来；

（3）指挥，即指导下属人员去工作；

（4）协调，指将所有的各项活动统一起来，保持协调；

（5）控制，指使工作按照规定的章程和下达的命令去做。

此外，法约尔还提出了管理必须遵循的原则。分别是：分工，是指任何组织内部都必须进行明确的分工；权力，是指管理必须以权力为前提；纪律；统一指挥；统一领导；个人利益服从整体利益；报酬；集权；分层建立等级；秩序；平等公正；保持人员稳定；主动性和创造性；团队精神。法约尔认为，这十四条管理原则不是一成不变的，管理者应当在实践中灵活掌握。法约尔还认为，通过管理教育可以提高人的管理能力。由此可以看到，法约尔当时就已经将管理看作一门科学。

法约尔关于管理职能、原则等问题的研究，从理论科学的层次上弥补了泰罗制的不足，为形成一般的管理学做出了巨大的贡献。

在科学管理时代，还有一个不应当忘记的管理学家是德国的马克斯·韦伯。他与泰罗、法约尔生于同一时代。他在管理学上的贡献是他研究社会学产生的副产品，其贡献是组织理论。韦伯认为，在现代社会中，大规模的组织必须建立起理想标准的结构来实施专业化管理，他称这种集权的组织为官僚组织，具有如下特点：

（1）实行职责分工，明确规定每一个成员的权力和责任，并且将这些权力和责任作为正式的职责合法化；

（2）各种公职或职位按权力等级组织起来，形成一个指挥链，遵循等级原则；

（3）根据通过正式考试或者训练教育获得的技术资格来挑选组织中所有的成员；

（4）所有担任公职的人都是任命的，不是选出的；

（5）行政人员领取固定的薪金，他们是专职的公职人员；

（6）行政管理人员不是他所管辖的那个企业的所有者；

（7）行政管理人员要遵守职位所规定的规则、纪律和制度。

韦伯的组织理论对科学管理的理论体系又作了很好的补充，对后来的管理学家，特别是组织学家有很大的影响，因此韦伯又被人们称为"组织理论之父"。

四、现代公司管理理论的贡献

现代公司管理理论的产生对于管理学的建立与发展具有革命性的意义。

第一，充分证明了管理的实践价值。泰罗的实验与总结使人们现实地看到，科学的管理在提高劳动效能、企业效益方面起了巨大作用。管理是现代组织所不可或缺的活动。

第二，使管理具有了初步的理论指导。法约尔的实践与总结，从理论上较为概括地将组织中管理者的职责进行了归纳，表明科学有效的管理是需要理论指导的，自然管理的发展也需要理论的进步。

第三，管理学的研究引起了学者们的高度重视。泰罗的试验与总结、法约尔的实践与思考，拉开了管理学研究的序幕，使有志于管理学研究的学者们看到，管理是一个全新的需要广泛深入研究的新兴领域。后来管理学的蓬勃发展在相当的程度上映证了这一点。

第三节　当代管理学的主要流派与观点

一、社会人时代与行为科学的诞生

以"科学管理"命名的古典管理理论的广泛运用，极大地提高了管理效率，推动了生产力发展。就古典管理理论而言，无论泰罗多么强调注重人的因素，可是整个理论的中心仍然是放在人机关系和生产过程上的。科学管理比较多地强调生产过程的科学性、精密性、纪律性，管理的取向是提高生产的效率，对管理过程中人的因素注重得不够。到20世纪20年代，西方世界一方面使生产力高速发展，另一方面使阶级矛盾激化，劳资冲突加剧。科学管理的运用推动生产力发展和生产效率的提高并没有产生泰罗所期望的结果：劳资双方因为生产效率提高而皆大欢喜。这表明科学管理理论在管理哲学上存在着一定的缺陷。面对新的挑战，管理实践呼唤新的管理理论，行为科学就是在这样的背景下诞生的。

在行为科学诞生之前，一些心理学家、社会学家就已经在着手研究工业生产中的行为问题。如前面提到的吉尔布雷思夫妇中的莉莲·吉尔布雷思就是一位心理学博士，她在科学管理时代就将心理学引入了管理，并且出版了《管理心理学》一书。有些管理思想史学家认为，这是最早对工业生产中人的因素做出解释的著作之一。但是以人为中心形成一门有影响的管理学派，则是从梅粤在西方电气公司的实验开始的。

乔治·埃尔顿·梅粤是一位澳大利亚人，1899年在阿德雷德大学取得逻辑学和哲学硕士学位。在劳拉·斯彼尔曼·洛克菲勒基金的资助下，梅粤移居美国，从事教学与科学研究。1924～1932年，美国国家研究委员会与西方电气公司合作，由梅粤负责著名的霍桑实验。通过8年的实验，梅粤等认识到，人们生产效率的高低不能仅仅用一种原因来解释，它受社会、心理、自然等多种因素的影响。在实验的基础上，梅粤1933年出版了名为《工业文明中人的问题》一书。在该书中，梅粤对科学管理理论较多地重视物质方面的因素，相对忽视人的因素的倾向进行了修正，提出了如下几个全新的观点。

（一）工人是"社会人"

梅粤认为，在泰罗制的科学管理中，工人被假定为一种"经济人"，决定工人积极性的是报酬的多少，实际上并非如此；工人不是那种仅仅只追求金钱收入的"经济人"。影响工人劳动积极性和创造性的因素有许多，如人们的社会需要就是一种重要的因素。要满足工人的社会需要，在企业中保持一种良好的人际关系是非常有必要的。

（二）非正式组织

梅粤指出，在人们从事各种活动的正式组织中，存在着一种可以称为"非正式组织"

图 2-3　乔治·埃尔顿·梅粤

的关系结构。这些非正式组织产生的原因乃是因为正式组织无法满足工人在感情方面的需要，非正式组织是一种客观存在。非正式组织对其不固定的成员有着很大的影响。管理过程中不仅要注意完善正式组织，同时还必须重视非正式组织的作用。

（三）以满足职工的需要为原则建立新的领导方式

梅粤认为，领导者要注意职工的社会性需要，要注意培养组织的人际关系，有必要在各个管理层进行人际关系技能的培训；要理解逻辑与非逻辑的行为，通过倾听意见和信息交流来理解工人的感情状态，培养一种在正式组织的经济需要与非正式组织的社会需要之间维持平衡的能力。

梅粤等提出的观点，给管理学的发展开辟了一片新天地。在梅粤等研究的基础上，还有一些管理学家作了更进一步的努力，对管理中的人的行为以及影响这些行为的因素作了全面深入的研究，终于建立起颇有影响的行为科学学派。

行为科学产生之后，主要沿着如下四个方向发展：

（1）有关人的需要、动机以及激励等方面的研究。这方面突出的代表人物和理论有：马斯洛的需要层次论、赫茨伯格的双因素理论、斯金纳的强化理论、弗鲁姆的期望概率模式论。

（2）关于被管理者的人性问题的研究。代表人物以及理论学派有：麦格雷戈的"X理论—Y理论"、阿里克斯的"成熟—不成熟理论"。

（3）关于非正式组织与人际关系问题的研究。代表人物以及理论学派有：卢因的"团队动力学理论"、布雷德福的"敏感性训练理论"。

（4）关于企业的领导方式、领导风格的研究。代表人物以及理论学派有：坦南鲍姆和施米特的"领导方式连续统一体理论"、利克特的"支持关系理论"、布莱之的"管理方格理论"。

第二次世界大战之后，随着高新技术发展和新技术革命的展开，生产社会化程度进一步提高，社会的组织特别是企业的规模急剧扩张，生产过程日趋复杂，生产的技术基础也发生了深刻的变化。管理活动也面临着全新的环境，迫切需要新兴的管理学理论来指导新形势下的管理活动。并且，管理的重要作用被越来越多的人所认识。在以美国为首的资本主义国家中，不仅从事实际管理工作和管理学家们在研究管理，而且一些心理学家、社会学家、哲学家、经济学家、数学家等也对管理学发生了兴趣，纷纷加入管理学研究的队伍中来，管理学的发展史上第一次出现了空前的繁荣。各种管理学派犹如雨后春笋。已故的美国管理学家孔茨将这种现象形象地称为管理理论发展的丛林阶段。居于这个丛林中的有较人影响的学派比较多。

二、社会协作系统学派

社会协作系统学派的创始人是切斯特·欧文·巴纳德。他生于 1886 年，曾经在哈佛大学学习经济学，但由于缺少一门实验学科而未能获得学位。但是由于他对组织理论的发展做出了巨大贡献，一生中一共获得了 7 个荣誉博士学位。最有名的管理学著作乃 1937 年出版的《经理的职能》。巴纳德认为，社会中的各级组织都是一个系统，即由相互协作的个人组成的系统，它都包含着协作的意愿、共同的目标、信息联系这样三个因素；在正式组织中，非正式组织有着很重要的作用。巴纳德是最早对正式组织做严格定义的管理学家。他将组织定义为"有意识地加以协调两个或两个以上的人的活动或力的系统"。而且认为这个定义适用于各种性质的组织。他是较早从系统论的角度来分析组织运行过程的管理学家。他认为要将组织"作为一个整体来对待，因为其中每一个部分都同其他部分明显地相关。"巴纳德认为一个组织存在的第一位的因素是协作的意愿，"其意义为自我克制、交付出个人行为的控制权、个人行为的非个人化"；但是这种意愿的强度和时间安排是变动的，因为它以组织成员所感受或预计的满足或不满足为基础。个人参加这一系统而不参加其他系统，就是做出了一些牺牲。组织必须在物质方面和社会方面提供恰当补偿。

巴纳德最出色的思想是他关于权威的理论。他认为权力不是表现为服从，而是表现为接受，权威的来源不在于"权威者"或发布命令的人，而在于下级接受或不接受这个权威。如果下级不服从这个命令，他们就不承认这个权威。这种权威概念与以前的权威概念有本质的不同。

巴纳德还专门研究了经理的职能，认为经理最重要的任务是维持组织的协调。那么，经理应当完成这样三个主要的职能：①提供一个协调的信息交流系统；②获得必要的个人努力；③制定和规定目的。

由于巴纳德是较早用系统论的思想来分析社会组织的管理学家，提出了管理者最主要的任务是维持组织的系统的观点，虽然巴纳德的论述广泛，但是理论家认为他的理论思想可以概括为社会协作系统思想。

三、决策理论学派

决策理论学派最有名的代表人物是赫伯特·西蒙与马奇。这是在"二战"之后综合了行为科学、系统理论、运筹学、计算机科学等新兴科学发展起来的一门管理学派。鉴于西蒙对决策理论上的卓越贡献，瑞典皇家科学院授予他1978年度的诺贝尔经济学奖。这是迄今为止唯一一位获得诺贝尔经济学奖的管理学家。决策理论学派的主要观点是：

（1）决策在管理中居于最为重要的地位，在某种意义上讲，管理就是决策。

（2）在决策中，以往假定决策者为完全理性的人是不正确的，人都是有限理性的，在决策中不可能产生所谓的最优决策，所得到的只能是满意决策。

（3）决策的程序应当科学化，这是保证决策正确的重要条件。决策的程序应当是：①收集情况；②拟订计划；③评价计划；④选择计划。

（4）组织中不同层次的管理者决策的内容是不同的，高层管理者应当将主要的精力用来进行非程序性的决策。

四、经验管理学派

经验管理学派顾名思义是强调管理经验作用的学派。其代表人物是美国的管理学家彼德·德鲁克、戴尔等。这一学派最突出的特点是强调管理的艺术性，认为管理很难说是一门严密的科学，管理只能从企业管理的实际出发，以大企业的管理经验作为研究对象，通过对这些管理的经验的分析总结，掌握管理的诀窍。虽然经验管理学派的代表人物强调管理经验的重要性，但是他们并不否认管理存在一些普遍适用的原理和原则。他们也认为：

（1）作为组织的主要领导人，应当着重抓好这样几项工作：有效调动组织的各种资源，特别是要发挥人力资源的作用；要注意长远利益与当前利益的协调。

（2）要建立合理的组织结构，各类组织必须根据自己的目标、工作性质、环境和内部条件来确定本组织的管理结构，切忌照搬别人的模式。

（3）对科学管理理论以及行为科学理论都要正确评价。

五、管理科学学派

管理科学理论指的是以现代自然科学和技术科学的最新成果（如现代数学、信息科学、控制理论、耗散结构理论、电子计算机等）为手段，运用数学模型对管理中的各种问题进行定量分析，并据此做出决策的管理理论。管理科学学派最突出的特征是将管理问题数理化、模型化。从本质上讲，管理科学理论是科学管理理论的新发展。因为管理科学学派是以探讨管理工作的最优数量标准为主的，只不过是其采用的数学和其他科学的理论工具更复杂，采用的研究手段更先进，研究的问题更广泛罢了。

管理科学学派强调数量分析，主张运用先进的科学技术成果，其积极的意义是显而易见的。值得注意的是，管理过程是一个十分复杂的社会作用过程，所涉及的因素多种多样，许多因素很难量化，如人际关系等。如果过分依赖数学模型，简单地按照模型分析的结果来决策，容易导致决策失误。在管理过程中，要合理运用各种数学工具对活动的可能结果进行分析预测，将其作为决策的依据之一。但是又不能迷信。

六、系统管理理论

系统管理理论就是运用现代系统科学的理论、范畴以及一般原理，来全面分析研究企业和其他的社会组织管理活动的理论。应当说系统管理理论更多的是一种管理的哲学思想。正如其代表人物所说："它是有关管理工作的一种思维方法……它提供了把内部和外部环境因素看作一个有机整体的一种框架。"

七、管理文化学派

这种管理学派强调管理的文化特征。它产生于20世纪70年代后期，流行于80年代。当时，美国企业在世界市场上遇到了来自日本企业的强有力挑战，美国企业的竞争力下降。就企业所拥有的技术基础而言，美国的企业无疑比日本企业要先进得多。那么是什么原因致使美国企业的竞争力下降的呢？人们开始从管理上找原因。通过比较分析，管理学家们认为美国的企业管理中存在着过多的注重数字、文件、制度、权力，相对忽视人，没有明确的企业文化等问题。美国学者威廉·大内发现：在日本的企业中存在着一种可以称为企业文化的价值观念体系。通过这样一套具有特色的价值观念体系，将企业的职工转变为企业人，使职工与企业构成一个整体，能够充分地发挥积极性和创造性。无独有偶，另一位美国学者阿伦·迪克特在分析美国的优秀公司时也发现：所有优秀的公司都有一种可以称为企业文化的东西。这种东西在一定程度上比企业的机器、厂房、技术更为重要。关于企业文化的发现激起了管理理论界和实践界对企业文化的热情，一时间，关于企业文化的研究和实践遍及美国，进而影响世界。管理学发展历程中就又形成了一个新的学派——管理文化（或者说是企业文化）学派。

管理学的发展在20世纪，特别是在"二战"之后十分迅速，形成的管理学派远不止上面介绍的几种；况且，管理学的发展还没有停步，在实践的推动下，进入21世纪之后，新兴的管理学理论不断萌生。特别是以电子、信息产业为主导的知识经济时代的到来，给人类的经济、社会、政治乃至个人生活都带来和即将带来深刻的变化，建立与这种新的经济形态相适应的管理学理论势在必行。

第四节　管理学的学科特点

一、管理学的定义

管理学简单地说就是研究管理活动的基本规律与方法的一门科学。依据组织的行政权力，运用一定的原理与方法，对组织内的资源进行合理配置，实现组织目标的过程，让原理指导职能，职能决定方法等关系的规律。

管理学作为一门具有其独立理论地位的科学，已经为绝大多数人所接受。因为它有自己的独立研究对象，已经构建起以管理的性质、职能、方法等为基本框架的理论体系，管理学已经在当今世界许多著名的大学作为一门独立的学科在教授；不仅如此，管理学对管理实践还产生了巨大的、积极的指导作用，这些都说明，管理学不仅是一门具有规范意义的理论科学，而且还是一门对实践具有直接指导意义的应用科学。

因为人们在社会实践中所产生的管理活动千差万别，如一个政府首脑要处理的问题与一个公司的经理所要处理的问题可能有极大的差别，但是他们的管理工作却具有共同的本质，都需要通过实施一定的计划、组织、领导和控制等职能来实现预期的目标；他们都需要合理地利用组织的资源，特别是要最大限度地调动员工的积极性，要使用合适的激励手段和一定的控制手段，形成合理的领导风格等。他们在执行这些管理职能时，其具体的内容会有一定的差别，但是要遵循的基本原理与原则却是一样的，这就是管理活动的共性。这个共性也就是管理学要研究的主要内容。

管理学发展到今天，已经发展成为一个较庞大的谱系，几乎每一个专门领域都已经形成专门的管理学，如结合企业经营要求形成的企业管理学、为政府服务的行政管理学、管理学校的教育管理学、管理军队的军队管理学、以文化活动为对象的文化管理学等。管理学与这些专门的管理学之间的关系是一般与特殊的关系、普遍与专门的关系。管理学要阐释的是在各个专门的管理学中都适用、都存在的一般原理与原则，是管理学体系中的基础科学；各专门的管理学则是在管理学所阐释的管理原理、原则及其方法基础上，结合本专门领域的特殊情况，论述本领域管理活动的特殊原理和规律。所以，有人又将管理学称之为管理学原理。要注意的是，管理学不仅是各个专门的管理学的基础，而且还需要从其他的专门管理学中汲取带有共性的东西，要及时总结各个专门的管理学中出现的新理论、新观点，然后加以分析和总结，将其中带有共性的东西由特殊上升为一般，推动管理学的发展；各专门的管理学也要努力运用管理学的新成果，推动本领域的管理理论的发展。

二、管理学的特点

与其他的学科比较，管理学有如下几个特点：

1. 归纳性

如果我们将所有的科学进行划分的话，可以分为两大类：其一是可以进行纯逻辑推理性的科学，如数学科学等；其二是归纳性的科学，如社会学等，那么管理学就属于归纳性的科学。所谓归纳性的科学就是从所研究的对象实践中进行归纳、总结再进行抽象上升到理论的科学。管理学的归纳主要从两个方面展开：一是管理实践的归纳；二是其他相关学科应当予以借鉴的观点的归纳和提升。

有一些人认为归纳性的科学不是科学，笔者不同意这样的观点。归纳性的科学中所形成的结论，原则虽然不能够保证可以完全复制结果，但是按照经验归纳总结提炼形成的原理、原则开展管理，在大多数情况下是有着较高的成功概率的。反复出现的现象就是带有规律性的现象，从中进行总结就可以获得相关的理论观点和规律性的结论。

2. 实践应用性

无论是管理学的原理还是各个分支的管理理论，实践应用价值是其最为重要的生命力。如果脱离了实践，管理学理论就会失去生命力。管理学虽然是各个专门管理学的基础科学，但是管理学的实践性仍然十分的突出。管理学的实践性指的是管理学理论直接来源于管理实践活动，并且直接为管理实践活动提供指导。管理学的实践性是由管理学的本质决定的。因为管理学从本质上讲是一门归纳科学，是通过对众多管理实践活动进行深入分析、总结，并在此基础上形成理论的科学。管理学理论绝大多数难以通过纯理论化的逻辑演绎方法获得。这是管理学实践性最根本的决定因素。此外，管理学的实践性还表现为管理学的理论要直接地运用于管理实践活动，不能指导管理实践的管理理论是没有生命力的，也不可能存在下去。这一点又决定了检验管理学正确与否、科学与否的标准只能是实践。管理学阐述的原理、原则、方法等是否科学，只能看其是否能够用于指导实践。只有能够用于指导实践的管理学，才有生命力，才能够不断地发展。

　　管理学的实践性隐含着管理学的研究绝不能闭门造车，形而上学；也不能盲目照抄照搬他国、他人的管理学理论。因为不同环境中的管理活动有着不同的管理规律，形成的管理理论也有着自身的特殊性。一国的管理科学的发展，需要借鉴他国的管理学理论，学习他国先进的经验，但是更为重要的是要在本国的管理实践之中，及时地发现、总结实践中出现的新经验、新成果，然后上升为理论。一句话，实践是管理学的生命之源。

　　当然，强调管理学的实践性并不是要排斥、否定在管理学的研究中运用逻辑推理、演绎的方法，恰恰相反，这些方法在管理学研究中还是不可缺少的。因为对管理实践活动的总结、分析、提炼，形成有一般意义的理论和结论，逻辑推理、理论演绎是不可缺少的方法之一。但是它是为综合归纳法服务，以综合归纳为前提的。没有大量实践经验的归纳、总结，纯粹靠演绎发展的理论必然是无力的、苍白的，缺少价值的。

　　3. 不完善性

　　独立的管理学还是一门年轻的科学。如果以泰罗的科学管理原理与法约尔的工业管理与一般管理的出版为现代管理学标志诞生的标志，那么其历史也不过才 200 多年，不论后来形成的丛林如何茂密，相比于一些关于人的科学，如心理学、语言学、人类历史学等，管理学仍然是一门相当年轻的科学。

　　管理学可以说是一门最为典型的"软科学"。所谓"软科学"是一种形象的说法，其"软"字是借用电子计算机的"软件"这一名称而来的。"软科学"是综合运用现代自然科学、技术科学、社会科学等的理论和方法，去解决现代科学、技术发展以及生产发展而带来的各种复杂的社会现象和问题，研究经济、科学、技术、管理、教育等各方面之间的内在联系及发展规律，从而为它们的发展提供最优的方案、决策的科学。软科学都具有综合性，许多都属于边缘科学。

　　从管理学的发展过程来看，除了管理实践的推动之外，应大量地借鉴、应用其他学科，如系统理论、信息科学、数学、心理学、社会学等学科的新知识、新成果，也是管理学得以快速发展的一个重要原因。管理学的这样一种发展方式决定了管理学必然具有一种很强的综合性，管理学中融合了许多其他学科的知识和理论。

　　当然，尤其应当注意的是，管理学的这种综合性并不是说管理学就是其他学科理论的一种简单的拼凑和组合。管理学在发展中有选择地应用其他学科的理论观点和方法，是理论发展的必然。从本质上看，管理学的综合性是由管理实践活动的复杂性决定的。人们的管理活动除了受生产力、生产关系、上层建筑等因素的影响之外，还要受到技术的、自然的、心理的、文化的甚至还有感情等因素的影响，要做好管理工作，提高管理的效率，管理者必须考虑组织内外所存在的多种影响因素，要运用多种管理方式和管理手段自然也就要求管理者掌握多种学科的知识，如心理学、数学、社会学、经济学、政治学等学科的知识。那么，管理实践也就要求管理的理论必须合理地吸收相关学科的成果，运用最新的科学技术成果和手段，发挥自己的作用。所以说，管理学具有很强的综合性。

三、管理学与相关学科的关系

　　1. 与经济学的关系

　　可以说，经济学是与管理学联系最为紧密的科学，因为二者研究和解决的都是效率问题，而且都是以人作为研究对象的科学。不过二者还是有本质差别的。笔者理解，管理学是以组织内个人积极性的调动为主要研究对象，在管理实践中尤其注重个体之间的差别，不能够忽略这种差别。但是经济学则是以群体的经济行为作为对象解决效率问题的。对特殊个体的非群体行为是忽略的。但是经济学的一些思想应当为管理学所借鉴和吸收。经济学假定人们只是理性的经济人，在经济利益的作用下行动；可是今天管理学假定人们是一个社会组织中有全面需求的人。许多的行为不是直接由经济利益所决定的，而是由非经济的因素决定的。

2. 与政治学的关系

在中外学者的词汇里，政治学有着很不同的含义。中国学者的政治学是与政党和国家治理关联的，但是在西方学者的概念里，政治只是关于组织权力分配的科学。也正因为在这个意义上，我们说管理学与政治学之间是有着强烈的关联的。但是二者同样有着明显的不同。权力的分配与运用在管理中是一个重要的方面，但是管理所涵盖的远远不止这些。

3. 与文化学的关系

文化学应当是管理学的基础之一，因为在最为一般的意义上，每个人都是他所成长的文化环境的展示者，如行为所体现的价值观、不同个人价值之间差别所带来的矛盾与冲突；但是管理学与文化学有本质的区别。文化学解释个体以及群体是什么，管理学解释个体以及群体会干什么。是什么与干什么之间显然有着紧密的联系，但是二者并不等同。研究管理学，开展管理实践，对于管理对象的文化环境必须应当有深入、全面、准确的把握。

4. 与社会学的关系

社会学是研究人们之间社会关系的科学。人们在一个组织中的关系自然属于一种社会关系。但是这样一种社会关系只是人们社会关系中的一种特定的社会关系，而不是全部。通过社会学的理论，管理者可以更加准确地把握组织内的社会关系和关系本质。可以更加准确把握管理对象的行为规律、行为方式和预见性。所以说，社会学也是管理学的重要基础科学之一。是管理学应当吸取的重要理论来源之一。

四、管理学发展的反省

时至今日，否定管理学科学性的人仍然为数不少。为什么有人要否认管理学的科学性。原因比较多。但是从学科自身发展来看的确存在如下致命的不足：

第一，缺乏对管理学作为一门科学的规范研究，所以迄今为止管理学原理的范式就是法约尔提出的职能范式。而法约尔职能范式的缺陷又是显而易见的。翻开各种各样版本的标注有管理学或者管理学原理的教材，不难发现，绝大多数讲述的只是企业组织的管理。实际上，社会组织的形式是多种多样的，企业组织的管理不能够代表所有组织的管理。

职能范式居于统治地位，在职能范式思维模式下，原理、方法等都被纳入职能的范畴，理论上存在逻辑的错误。应当说原理、职能、方法构成整个合理的原理学说的体系。

第二，管理学应用的相关领域发展很快，但是管理学原理的研究相对滞后。使得自认为庞大的管理学体系缺失足够坚实的基础。由于只有职能的内容，管理学的深度研究就总是显得不足。而且在职能划分粗细不同的情况下，管理学自身的结构也就存在差异和冲突。并且许多属于方法的内容也置于职能的内容之中。

第三，简单地组合其他学科的知识，或者是方法的堆积，管理学自身学科领域的特色不够鲜明。由于缺乏应有研究深度,不少人将简单地组合其他学科的知识或者概念作为管理学发展的方向。使得管理学成为名副其实的大杂烩,失去管理学自身的特色和学科特点。导致与其他学科教材内容的重叠。这实际上反映了管理学自身深度研究的严重不足。更有甚者将大量管理的工具与方法简单堆积,致使管理学原理教材演变成为一本管理工具书。

五、发展管理学的几点思考

(一)明确学科定位

明确管理学属于社会科学的范畴,没有什么第三学科。有一些学者为了突出管理学的地位,认为管理学是不同于自然科学与当前所划定的社会科学的第三科学。笔者不同意这种意见。管理学就是社会科学。因为管理学的社会科学特征是相当突出的。

管理学研究的是管理活动中的各种关系极其一般规律。在管理活动中,人既是管理的主体,也是管理的客体。所以,管理学所研究的主要是对人的管理。尤其是对一个特定社会组织的人的管理,力求使人的行为与组织的要求相一致,为实现组织目标而努力。这就决定了管理学必然带有很强的社会性特征。虽然当前已经将管理学确定为一门独立的学科,但是管理学与社会科学的联系相当紧密。应当在社会科学体系中深入研究管理学的独特价值、作用和体系结构等,进而彰显管理学的独立性。

(二)加强对管理学原理的探讨

管理实践的确要充分注重艺术性,但是随着掌握原理的人理解、运用能力差异等因素,在管理实践中将收获完全不同的成果;管理学的研究对象人的管理活动不可能进行完全的复制。因为参与其中的人是变化的,尤其是作为管理对象的人的心理、情感也是不断变化的。因此管理学的原理、原则甚至方法应用是否产生科学的效果,取决于应用者的应用能力。或者说在特定管理环境下艺术性的发挥。社会组织不仅数量繁多,而且类别各种各样,其性质、任务差别很大,具体的管理有各自特定的要求,例如军队的管理与研究机构的管理之间可能就存在天壤之别(前者要求服从命令,高度一致,不允许自由发挥,而后者则要求充分发挥个人的创造性,充分尊重个人在研究方向选择、研究计划安排上充分尊重研究人员的自主自由)。但是,军队与研究机构管理依据的共同的理论基础,必然是一样的,也就是管理学的基本原理,这也就是管理学原理应当着重研究的内容。

(三)要科学地从其他学科发展中吸收发展的成分

影响管理学发展的第二大因素主要是与管理学相近的其他科学的发展,特别是系统科学、信息科学、决策科学和计算机、计算机网络等技术科学的发展,都将为管理学的发展产生积极的作用。影响管理学发展的第三个因素可能是随着经济全球化广泛而深入地推进而发生的各国管理思想、管理理论、管理实践之间的融合、借鉴,跨文化的管理理论将越来越受到重视。管理学本身就是一门边缘科学或者说是一门综合性的科学。其发展除了管理实践的不断推动之外,另一个重要的推动力是其他的学科,特别是与管理相近的学科的不断发展,其中又特别是经济学、心理学、社会学、数学等科学发展的最新成果在管理学中的运用。今天,这些与管理学密切相关的科学发展十分迅速。由此可以肯定,未来的管理学在管理方法上将更多地借鉴这些学科发展的成果,表现出与这些学科发展更紧密结合的特征。

（四）更加注重对实践的总结与思考

管理学发展最强大的推动力是管理实践的发展与创新。随着社会生产力的发展，社会组织结构的变化和管理活动的创新，将会为管理学的发展提供更多的研究对象和案例，也将会在此基础上形成新的管理学理论。另外，未来人们不断追求提高管理工作效率，避免管理失误，将会更加自觉地运用科学的理论指导管理工作。管理理论会越来越为人们所重视，管理科学的研究会激发更多理论工作者的兴趣，实践中管理工作者也会愈加重视管理理论的作用，愈加自觉地在管理理论的指导下开展管理工作。由此不难推出，管理学与管理实践的结合将更加紧密。

推荐阅读书目：

1. 席酉民、刘文瑞：《管理理论构建者》，中国人民大学出版社 2009 年版。
2. ［美］雷恩：《管理思想的演变》，中国社会科学出版社 1986 年版。
3. ［法］H. 法约尔：《工业管理与一般管理》，中国社会科学出版社 1982 年版。
4. ［美］F. W. 泰罗：《科学管理原理》，中国社会科学出版社 1986 年版。

第三章　管理学理论创新探索

一切事物趋于完善，都来自于适当的改革。

——〔法〕巴尔扎克

第一节　对当代管理学原理教材结构的思考

管理学是当今我国学科体系中的重要组成部分。管理学原理的教学与研究成果则是各专业管理领域理论发展进步的重要前提。我国管理学原理类教材（可能冠名并非管理学原理，但其内容无疑是原理性或者尽力成为原理性的）的版本之多可以说在各学科教材中名列前茅。尤其是进入 21 世纪后，管理学原理教材的编撰编著呈现出一种思想解放、百家争鸣、大胆探索的全新气象，极大地推动了管理学的教学与研究。对当前发展的成就进行总结，尤其是对蓬勃发展表象下存在的问题进行一定的反省十分重要和必要。本章以公开出版的部分教材为样本对我国当前管理学原理教材的体系结构进行了粗浅分析。

一、选取样本教材的基本情况

考虑到教材的特殊性，本书按照具有代表性的高校（我国目前分类排名居前列的高校）的教材，公开出版且具有一定特点与代表性（指有诸如"全国普通高校优秀教材二等奖"、"核心课程教材"等称号）的教材以及覆盖面等三个方面的要求，抽取了 2000 年后出版的 32 部管理学教材；为了对比分析，还选取了 20 世纪 80 年代出版的 7 部教材（鉴于资料限制，没有分类选取）。两类教材有关情况见表 3 - 1 与表 3 - 2。

表 3 - 1　2000 年后出版的样本教材特征

出版时间	教材名称	主编	出版社	教材特点	创新内容
2003.6	管理学	王凤彬等	中国人民大学出版社		
2003.10	管理学教程	程延江	哈尔滨工业大学出版社		
2004.3	管理学新编	安应民	中共中央党校出版社		
2004.4	现代管理学原理	娄成武等	中国人民大学出版社	21 世纪公共管理系列教材	

续表

出版时间	教材名称	主编	出版社	教材特点	创新内容
2004.6	管理学：原理与应用	徐光华等	清华大学出版社	21世纪高校管理类经济类核心课程教学用	第七章 创新
2004.8	管理学概论	朱秀文等	天津大学出版社		第四篇 创新
2004.11	管理学	高金章	郑州大学出版社		
2004	管理学原理	宋晶等	东北财经大学出版社		
2005.5	管理学	张明玉等	科学出版社		第十八章 创新管理
2006	管理学	孙成志等	东北财经大学出版社		
2006.5	管理学	吴照云等	中国社会科学出版社	高校管理类专业教材	
2006.12	管理学	云冠平等	暨南大学出版社	高校文科教材	
2008.6	管理学：理论、方法、工具	李东	科学出版社	经济管理类主干教材	第九章第四节 组织创新
2009.9	管理学：原理、方法、实践	苗雨君等	清华大学出版社	21世纪管理学教材	第八章 创新
2010.6	现代管理学（第三版）	李兴山	中共中央党校出版社		
2010.7	管理学原理	丁溪	中国商务出版社	统编教材	第十三章 管理创新
2010.7	管理学原理（第二版）	王凯等	高等教育出版社	高校经济与管理核心课程教材	第三篇 管理创新
2010.8	管理学原理	尹少华	北京大学出版社	21世纪全国高校财经管理实用规划教材	
2010.9	管理学原理	张智光	清华大学出版社		
2010.9	现代管理学	曹勇	科学出版社	全国高校经济与贸易管理统编教材	第十四章 创新管理
2011.1	管理理论与实务	龚龙等	北京理工大学出版社	面向"十二五"高等教育课程改革项目研究成果	
2011.3	管理学	冯国珍	复旦大学出版社	21世纪高校财经管理系列实用规划教材	第九章 变革与创新管理
2011.7	管理学原理	潘旭华	立信会计出版社		
2011.7	管理学：理论与实践	徐乃臣	中国经济出版社	21世纪应用经济学精品成果系列	第十五章 管理创新
2011.8	管理原理与实践	谷泓等	经济科学出版社		第十章 创新管理
2011.8	管理学	李彦斌	机械工业出版社		
2011.7	管理学教程	周健临	上海财经大学出版社		第十五章 创新
2011.12	管理学基础	王瑞等	清华大学出版社		
2012.5	管理学	李彦斌	机械工业出版社	规划教材	第九章 创新

续表

出版时间	教材名称	主编	出版社	教材特点	创新内容
2013.3	管理学：全球化视角	赵丽芬	中国人民大学出版社	高校精品课程教材	第十六章　管理变革与创新
2013.11	管理学原理	韩瑞	中国市场出版社		第十九章　创新与变革
2013.11	管理学：现代的观点（第三版）	芮明杰	上海人民出版社	全国普通高校优秀教材二等奖	第十九章　工作流程创新

表 3－2　20 世纪 80 年代出版的样本教材特征

出版时间	教材名称	主编	出版社	政策性标题及内容
1985	现代管理学教程	何仲秀	河南人民出版社	第七章 建立中国特色的社会主义管理学
1985.6	管理学概论	史景星等	复旦大学出版社	第五章 党组织的保证与监督
1986.7	管理通论	张启朴	湖南大学出版社	第七章 干部篇
1986.6	现代管理学概论	韩德乾等	华中工学院出版社	第十二章 县级领导机关智囊机构设立
1987.8	现代管理学概论	孙宗仰	上海外语教育出版社	第十三章 马克思主义领导艺术是领导科学建立的基础
1988.6	管理学概要	李会刚等	湖南人民出版社	第一章 学习现代管理知识，加快四化进程
1988	管理学	乐笑声	科学技术文献出版社	

二、管理学教材结构体系的创新发展

对比表 3－1 与表 3－2 的有关特征值，我们发现，2000 年后出版的管理学原理教材呈现出如下几个方面的特点。

1. 时事政治的影响明显弱化，管理学原理回归学术的现象明显

20 世纪 80 年代出版的七本管理学原理教材中，只有乐笑声先生编写的教材中没有出现时事政治宣传教育方面的章节。其他教材无一例外地都编写了相关的内容。当然，我们不能对当时学者们的立场妄加评论，要指出的是，管理学原理是一门科学，运用时事政治的原则和理论来指导显然是颠倒了理论与政策的关系。而在 2000 年之后出版的管理学原理著作，即使是中央党校出版社出版的管理学原理教材，如李兴山主编，中央党校出版社2010 年 6 月第三版的《现代管理学》；安应民主编，中央党校出版社 2004 年 3 月出版的《管理学新编》；再没有设置专门章节讲述时事政治以及政策的内容。

这样的变化，本书认为反映了对科学理论的尊重，是对科学研究的回归。因为理论是政策的基础，科学理论具有普遍价值和相对稳定性，而时事政治尤其是政策，则是建立在

科学理论基础上的工作指导，具有阶段性。对于培养管理领域的学生，必须掌握扎实的科学管理理论，这个任务就是管理学原理的教学与研究最主要的责任。

2. 结构范式创新探索百花齐放

20 世纪 80 年代，我国刚刚开始改革开放，管理学的著作基本上遵循的是法约尔的职能结构范式，也就是以职能理论作为主要内容。虽然前后有总论、中国管理思想探索等，但均只是一种点缀。进入 21 世纪之后，管理学原理的结构性变革演进可以说是百花齐放。这些改革探索大致可以划分为这样几类：

其一，在坚持传统职能理论基础上，增加原理性的概述与方法性应用的内容，主要代表有王风彬、李东、周三多先生等编著，如代表作有中国人民大学出版社 2003 年 10 月出版的《管理学》等。

其二，基本上扬弃法约尔职能范式的探索，代表性教材为李兴山主编，中央党校出版社 2010 年 6 月第三版《现代管理学》，在这部教材中，篇章结构上通篇没有管理职能一说，全书分为四篇，分别是现代管理要素，现代管理观念、现代管理过程、现代管理方法与艺术，法约尔提出的职能理论中的决策、计划、实施以及监督都归属于现代管理过程一篇的内容。

其三，在法约尔职能理论基础上开展的全方位改革探索，代表性人物有复旦大学的内明杰先生，其代表性著作是内明杰主编，上海人民出版社出版的《管理学——现代的观点》，在这部获得了全国普通高等学校优秀教材二等奖荣誉的教材中，不仅整个体系结构进行了深度改革，并且引入了大量现代的制度经济学、产权经济学以及企业绩效管理的内容。不过更为彻底改革的还有龚龙等主编，北京理工大学出版社出版的《管理学原理与实务》就根本没有章节的字眼，取而代之的是六大模块，每个模块下是任务 1、任务 2、任务 3 等标题。

由此可见，我国管理学原理教材结构范式改革创新正在百花齐放。

3. 创新受到格外关注

在所选取的 21 世纪以来出版的 32 部管理学原理教材中，有 50% 的著作都以单独的篇章论述创新的话题。例如在徐光华、暴丽艳主编，清华大学出版社出版的《管理学：原理与应用》一书中，第七章创新是与其他职能一同作为管理原理理论看待的，自然是当作一种职能的；在苗丽君、赖胜才主编，清华大学出版社出版的《管理学——原理、方法、实践》一书中，创新是第八章的标题，也是作为职能描述的；李兴山主编，中央党校出版社 2010 年 6 月第三版《现代管理学》一书中，创新是作为现代管理观念的内容，作为第十章的标题；在周三多先生主编，复旦大学出版社出版的《管理学——原理与方法》一书中，创新是作为全书六篇中的第六篇的标题，并在第十七章标题明确了管理的创新职能。从上述现象我们看到，创新受到高度关注，并且基本上被作为是一种新的管理职能来教授的。

三、结构范式创新中的几点不足

通过上述分析笔者认为，进入新世纪之后，我国管理学原理的研究已经突破传统思维，正在向建立具有我国特色的管理学方向发展。并且取得了一定的成绩。但是，对样本教材进行进一步深入冷静的分析，不难发现，这些突破和创新还存在如下几方面的不足：

1. 对于管理学基本理论探讨缺乏实质性突破

虽然所选取的样本教材大多数都力图解释管理学原理性内容，但是基本上仅限于篇章结构的整合调整。有学者认为，管理职能理论就是基本原理，如在徐光华、暴丽艳主编，清华大学出版社出版的《管理学：原理与应用》一书中，上篇为管理原理，内容共七章，分别是"总论、决策、计划、组织、领导、控制、创新"；还有周三多、蒋俊、陈传明编著，南京大学出版社出版的《管理学原理》一书中的主要内容就是职能理论；另有学者认为，原理主要指基本概念、基本结论，与方法工具相区别，在李东主编，科学出版社出版的《管理学：理论、方法、工具》一书中原理基本上是最为基础的内容；其他一些学者采取的是回避的方法，不提原理性的内容，包括内明杰先生主编的获奖的教材。

本书认为，开展原理研究对于管理学的发展是相当有必要和重要的。什么是原理呢？理论界比较一致的定义是：原理指的是对自然科学和社会科学中具有普遍意义的基本规律的理论概括；是在大量观察、实践的基础上，经过归纳、概括而得出的理论结论。既能指导实践，又必须经受实践的检验。从科学的原理出发，可以推衍出各种具体的定理、命题等，从而对进一步实践起指导作用。结合管理学来看，本书认为原理性的内容具有相对性，相对于每一个具体管理领域的实践而言，例如企业管理、行政管理、军队管理、教育管理等来说，管理学的内容是原理性的内容；但是就管理学所研究的对象和已有的许多结论而言，应当存在更加基础性的理论依据，这就是一般管理的原理。需要学者们去研究发现。在一般管理的意义上，原理与管理职能是有区别的。职能是对管理实践活动的具体分类抽象，是确定管理者职责的依据，而管理又是建立在什么样的公理性理论的基础上的？职能为什么能够发挥作用？行使这些职能依据什么？尤其是人们为什么要成立正式组织、为什么要服从指挥、为什么要与他人合作？等等这些，都是管理学一般理论研究首先必须回答的系列问题。对这些问题的研究，应当是管理学开展原理性研究更加注重的内容。可目前我国众多的管理学教材中很少深入研究。

2. 内容扩展过多引进其他领域的内容

与20世纪80年代出版的教材相比，21世纪以来出版的管理学教材其篇幅普遍增加，大多数在50万字左右的篇幅，个别的甚至达到70万字。随着管理学研究的深入，增加内容是必然的。但是在增加的内容中，有不少并非管理学领域深入研究的成果，而是其他领域研究成果甚至是一般知识的引用。引用较多的是近年来流行的制度经济学中的产权理论、企业管理中的财务管理理论；甚至还有企业人事管理、销售管理、生产管理的一般内容。例如徐光华、暴丽艳主编，清华大学出版社出版的《管理学：原理与应用》；内明杰主编，上海人民出版社出版的《管理学——现代的观点》等都存在这样的现象。

本书认为，管理学作为一门历史不足百年的新兴学科，一门研究规范人的组织行为的学科，引进运用相关学科的研究成果是必然和必需的。但是这些都应当建立在管理学自身发展研究的基础上。将其他学科的知识简单地植入管理学的结构体系之中，自身就会失去独立性乃至生命力。本书始终认为，即使对于企业来说，管理和经营是不同的，对于一个企业管理者来说，需要抓管理与经营，可是二者的指导理论是不同的。管理学与经济学的区分更大。例如产权界定决定人们的经济行为，但这些理论主要是建立在合理的经济体制与机制、制定经济政策中有指导价值。在一个微观组织内部，管理者面对的对象绝大多数都是与产权无关的组织成员，况且所有非企业组织中的管理对象几乎都是与产权无关的。

可见产权制度理论对于提高大多数组织的一般管理效率的意义并不大。

3. 将企业管理等同于一般管理

法约尔给自己 100 年前出版的著作命名为《工业管理与一般管理》，书名中含有"一般管理"四字，本书理解法约尔显然是希望将自己在企业里获得的管理经验进行理性思考、理论总结之后能够推广应用到各类组织，使其成为一般性的管理理论。法约尔自己没有实现这个愿望。因为法约尔时代一般性管理学体系没有建立起来，管理学研究的继承者按道理应当完成这个任务。可是，我国当前绝大多数管理学理论研究并没有认识到这一点。这种现象不仅在我国，实际上在其他管理学发达的国家同样如此，管理学的研究对象自觉不自觉地就仅仅局限于企业这类经营性的组织了，忽视了其他类型组织管理的研究与思考。这也就是为什么一些管理学教材管理与经营不分的重要原因。所以不少教材谈到管理学理论，尤其是职能之外的方法，介绍的几乎都是企业经营的方法；总结的管理创新实际上绝大多数是企业的经营创新。这种思维的影响不仅体现在管理学教材的研究编写上，也反映在管理学的教学安排上。常见的现象是：命名为管理学的课程，在我国绝大多数院校只对企业管理专业学生开设，很少给其他专业管理的学生开设。这样一种做法实际上是不利于整个社会管理水平提高的。因为管理问题无处不在，基本管理理论应当是一切学习带有管理性质的学科的学生知识结构中都应当具有的内容。

的确，除了家庭之外，企业无疑是当今世界数量最为庞大的组织，也是市场经济中生存与发展压力最为突出的组织，其对科学管理的要求自然最为迫切。所以大多数管理学以企业作为分析的主要背景具有相当的合理性。不过从学术的规范性来看，毕竟企业组织的数量再庞大，也不能取代那些非企业组织的存在以及其在管理上的特殊性要求。我国 2014 年年底经过注册的法人机构有 1085 万个，而具有法人地位的企业数量为 360 万个，也就是说占整个法人单位的比重也不超过 40%。这些非企业组织的管理也在变革，管理的方式方法也在不断进步，一些带有共性的东西应当归纳总结到管理学原理中来。所以说管理学原理的探讨也就不能够仅仅以企业的管理代替所有组织的管理。管理学作为一门原理性的学科，更应当关注各种组织运行管理活动的共性的内容，获得的理论范畴、论断、命题、定理在所有专门领域的管理研究中应当都能够指导实践和应用。这才是管理学原理应当具有的立场和高度。就如同物理学的基本定理在力学、结构力学、天体运行等方面都是科学可用的。

4. 将创新作为一种新职能值得商榷

前面指出，进入 21 世纪，创新受到极大关注，并且在相当一部分管理学著作中都将其作为一种新的职能安排。以此推理，创新就是一种全新的职能。本书认为这样一种处理是值得商榷的。进入 21 世纪，创新的确相当重要，无论在国家的宏观层面还是在内部组织例如企业的微观层面上，创新无疑都是一种必需的选择。不过本书认为，创新更应当看作是一种新的管理理念，而不应当是一种职能。作为一种理念，要求的是在创新的理念下开展管理，优化管理。因为当今创新不是某个方面的要求、某个方面的任务，而是全方位的要求，需要的是全面创新，例如在国家层面上就提出了包括理论创新、制度创新、科技创新、文化创新在内的全面创新。管理职能是某种管理活动的理论概括，对应着现实的管理活动，有具体的形式表现。在现实中，管理职能是进行管理分工、划分管理职责、设计组织结构等的理论指导。在形式逻辑上，管理职能体系具有系统性和整体性的要求，同一个组织不同管理职能理论上是能够相互交叉覆盖的。否则在指导管理实践时，必然导致组织设计中的职能交叉重复等问题出现。如果将创新作为一种单独的职能，只要我们稍加逻辑分析就会发现创新的工作不是独立的，而是蕴含在其他职能之中的。所以本书认为，即使创新今天已经相当重要，但是仍然不能够认定为一种新兴的单独职能。

自法约尔的《工业管理与一般管理》问世已经整整 100 年了，管理实践无疑在不断探索，肯定形成了一些需要理论总结的新兴职能。本书认为，当今最为典型的新兴职能就是当代优秀组织中常见的，在前后两个计划执行周期之间的普遍开展的总结表彰、系统培训、机构机制改革等管理活动。这些管理活动不同于也无法归于现在提出的任何一种职能，因为不是计划、领导、组织、激励与控制所包含的内容。本书将其称为"提升"职能。因为这些工作的目的是提升组织的能力与素质，提升组织的生存与发展能力。这是现实的实践，也是时代的要求。

第二节　管理学的四大假定的探索

一、确立假定在管理学科学建设中的意义

围绕人的社会行为开展带有价值判断和价值分析研究的社会科学诸领域，例如经济学、政治学、管理学、教育学等，要形成共识或者共同讨论的前提，遵守共同的假定是必不可少的。共同的假定意味着学术讨论与研究时的标准一致，基本立场一致。本书认为在这些学科中，假定就如同数学中的公理一样必不可少。所谓公理是指人们在长期实践中总结出来的、正确的命题，它不需要用其他的方法来证明，例如我们在初等数学的平面几何中学过的主要公理有："经过两点有一条直线，并且只有一条直线"；又如"经过直线外一点有且只有一条直线与这条直线平行"；又如"同位角相等，两直线平行；两直线平行，同位角相等"这些都是初等数学中的公理。这些公理的共同特征是什么呢？就是公理的正确性是在实践中得以证实的，为大家所公认，不再需要其他的证明。其作用就是为学科的原理、定理等理论体系的构建提供最基本的支撑。

在自然科学中，公理是学者们在广泛的实践观察中，经过深入研究并总结出来的客观真理。公理是客观存在的，是对客观事物及其关系规律的认识。人们在公理的基础上，依据一系列公理，可以推论出一系列原理，公理与原理一起就构成理论体系。在自然科学中，只要前提存在，公理就不能被证伪。一旦被证伪，公理就不成立，建立在公理基础上的原理、命题等就将被否定。所以在自然科学中，通过证伪发现新领域与新知识，建立起新的理论是理论创新的最为常见的途径和方式。

在包含管理学在内的社会科学领域中，假定具有同自然科学中的公理同样的价值。没有假定，尤其是共同确认的假定，就会缺乏交流、探讨甚至是批判的共同架构。为什么在我国社会科学的一些学科讨论中，"公说公有理、婆说婆有理"，其主要原因是"公"与"婆"争论的前提及其判断标准"风马牛不相及"，根本就不是在一个共同假定基础上的学术探讨。这样永远也无法取得学术观点的统一，自然也无法推动学科的发展。

本书认为，从学术规范上来讲，假定是理论研究起点，是进行实践归纳所持的立场，

进而成为理论体系的基石。无论社会科学的哪一学科，只要希望构建其较为规范的学术架构与体系，其明确假定是不可缺少的。对于管理学来说，客观、科学、正确的假定如同数学科学中的公理一样。尤其在对实践检验进行总结、提炼、升华，推演构建学科理论时，一定的假定作为前提与基础是不可或缺的。遗憾的是这一点在过去相当长的时期内，并没有为研究管理学的同仁所重视。

应当指出的是，由于学科发展使然，在管理学过去的实践、研究与发展中，部分专家学者还是自觉与不自觉地应用了一些假定。如在工业社会前期，"工人是一种生产手段，是依附于机器体系的"就是一种假定，管理学简单地将其归纳为"工具人"的假定。随着工业革命的发展，理论界发现"工具人"的假定是错误的，于是进一步研究，认为加入企业的人是为了"经济报酬"而工作的，除此之外别无他求，这样一种假定就被管理学家们概括为"经济人"假定。当时的管理实践就是依据这一假定展开的。到了20世纪30年代，美国行为科学家梅粤从自己的实验中发现这样一种假定是存在缺陷的，在当时已经不太符合实际，因此提出了符合时代发展现实的"社会人"假定。到了20世纪80年代以后，又有一些管理学者提出了"文化人"，"自我实现的人"的假定等。只不过这些没有成为管理学研究的一种研究范式，没有列为在理论体系构建中必须解决的理论课题，所以理论假定至今也就不够系统和完整。本书认为这样的局面应当尽快改变。管理学的研究应当将假定研究作为重要的课题之一。

二、确立系统性科学假定的要求

管理学发展到今天，建立一个系统的学科假定已经十分必要。那么，应当如何建立起当代管理学的假定体系呢？本书认为，既然管理学的对象是人，是组织中的人，更确切地说就是组织中人的行为，那么，管理学的假定应当围绕组织与组织中的个人，从实际中进行观察和总结。从一般意义上要求，管理学的假定要具有特色性、科学性、系统性和概括性。

所谓特色性的含义是，因为研究人行为的学科很多，如心理学、人类文化学、社会学、经济学等；这些学科在研究中都围绕人的行为提出了各种各样的假定，有的假定还具有跨学科应用的价值。管理学的假定应当体现学科的特色和要求。这个特色和要求就是要围绕正式组织中人的行为特征进行归纳和总结。因为管理学研究的人的行为是个人在正式组织中合乎组织目标要求的行为，不是其他行为。一个成员在社会中的角色是多种多样的。管理学关注的主要是作为所要管理的组织的成员的行为，而不是其他角色（如在家庭中作为父亲或者母亲、在社会活动中作为志愿者等）所表现出来的较为稳定的特征。

所谓科学性就是假定能够较为准确地反映客观实际，即所描述的组织中人的合乎组织目标要求的行为是真实的、准确的和稳定的；是大多数人的行为特征；管理实践中要注重个体，尤其是在具体管理活动中，更要注重个体的特点或者说特殊性，这就是管理实践艺术性的要求。但是管理学作为一门学科，更多的不是描述艺术性而是总结科学性的内容，所以是以大多数人在大多数情况下的行为特征的总结来发现管理学的公理的。

所谓系统性即要求假定肯定不是"工具人"、"经济人"、"社会人"等那么单薄，而是应当对大多数个体在组织中的有关方面的行为的稳定表现进行系统概括和总结。能够形成一个假定体系。"工具人"、"经济人"、"社会人"更多的是管理人行为动机的假定，与组织管理中的激励职能有关。但是在管理中还有其他的职能与原理同样需要相关的假定予以支撑，需要相关的假定对管理实践进行科学的指导。

所谓概括性就是假定在理论上言简意赅、描述准确；只有与管理目标的关联理论发现和总结才有一定的学术价值，才能够纳入管理学原理视线，作为管理学的假定内容确定下来。

三、当代管理学的四大假定探讨

基于上述分析和有关学科研究成果的借鉴，加上作者本人在管理实践中有目的的观察和实践，提出如下四条基本假定：

1. 组织成员行为可测可控

就最为核心的内容而言，管理就是对人的管理，即对组织成员的管理。这种管理既包括对组织成员当前行为的管理，如工作的检查指导，也包括对组织成员未来行为的管理。为什么对组织成员的管理是可以展开的呢？大量的实践告诉我们，人的行为，一个理性的人，正常的人的行为是可以预测并且可以调控的。

为什么说人的行为可测可控呢？研究发现人的行为有一定的行为机理模式，也就是在研究人的行为时发现并总结的"动机—行为"模型。人们在社会生活中形成的"横向公平—纵向公平"模式。这些都是相关学科在研究社会人行为时获得的正确的理论结果。我们认为，用于管理学，就是成员行为的可测可控。

也只有当成员行为可测可控时，管理才有意义，成员才可能按照管理者的愿望和要求行动，管理者才有可能做出正确的决策，决策才有实施的可能。试想，如果一个管理者面对的是一群失去理智，行为超出正常范围的个体，组织能够有序地运行吗？回答自然是否定的。

2. 组织成员愿意合作共赢

前面指出，管理产生于人类合作过程，反过来又规范安排人们的合作行为。合作又起源于什么呢？是否是人类的本质特征？如果是，这种本质特征就是一种管理学研究认定的假定。社会组织是一种合作组织，为什么人们会构成组织？有的学者认为是因为人属于群居的生物或者说动物。但是笔者认为，仅仅从人类的自然遗传特征来解释是不够的。因为居于食物链高端的动物绝大多数都是独居的。而人类已经被公认为居于地球生物群体食物链的最高端。因此从人类的动物遗传特征来推断组织化成因存在不足。人们愿意有组织的合作是因为人们认识到组织化合作产生的力量与效果大大超过单独的个体。因此组织化合作是人们长期实践的一种合理选择，最终成为一种意愿。

人们愿意合作，首先使得组织成为可能。其次使分工成为可能。合作的前提是分工。没有分工，合作就变得意义不大甚至没有意义。人类组织由自然分工走向有组织的分工是生产力进步的一个显著标志。再次人们愿意合作使管理成为必要。组织化的分工是靠管理来维系和保证的。

组织成员愿意合作，形成一种合作格局，管理的科学性要求就进一步要求。分工合作的效率得到提高是由科学的管理来实现的，不是自然呈现出来的。

3. 当代组织成员追求自我价值实现是第一动力

当代的社会个体行为既有社会价值的影响，又有个人价值的追求。在对被管理者进行分析时，最为重要的是能力、素质和价值观的分析。能力、素质和价值观三要素是管理者认识个体、把握个体的三条基本路径。一般来说，能力分析对于决定成员的岗位和授权时最为重要；能力不足但只要有一定的潜力是可以培养提高的。素质分析是对一个人的潜力和成长空间的分析；是对成员的更为深一层次的分析和认识。对管理对象所追求的价值分析，是对其基本人生态度的分析。可以说在当今社会，追求个体价值是个人的一个基本态度，也是绝大多数人在绝大多数情况行为的第一动力。一般来说，社会成员的自我价值追求都应当予以尊重。将个人的价值追求与组织发展的目标能够统一起来就是管理者工作的方向。

组织成员追求人生价值是其生活工作奋斗最深刻、最稳定的动力来源。没有人生的目标，就没有奋斗的动力。我们挖掘员工的工作潜力，激励工作的积极性和创造性，就是要准确把握员工的价值追求，让其在实现组织的任务和目标的同时能够实现个人价值。即使不能够同步，也应当有一个相互的正向激励推动的作用。

4. 组织成员希望接受奖励，逃避处罚，因而愿意服从权威

本书认为，服从是因为人们都有愿意接受奖励，逃避处罚的心理客观选择。无数的事实证明，在一个组织中获得奖励，无论是精神奖励还是物质奖励，无论是提升地位还是扩大影响（如在大会上介绍个人经验）等，都是令获奖者愉快并愿意继续强化受到鼓励的行为的。而对于要受到处罚的行为，成员都是回避和厌恶的。

组织奖惩制度和奖惩权力是管理者拥有的权力的重要构成部分。权力能够发挥作用就应当公正地行使奖励与处罚的权力。成员在争取奖励、回避处罚中，关注的重要一点就是公平性。只有公平公正的奖励处罚才能够使获奖者觉得奖励有价值，值得骄傲，处罚很得当，需要牢记，以免重蹈覆辙。

至此，本书要特别指出的是，对于管理学学科体系发展需要建立的假定理论是一项重大且有着深远意义的课题。本书在此提出并试图回答一些问题，就是为了抛砖引玉，引起广大同仁的注意与重视，以期共同推动管理学理论的发展与进步。

第三节 管理学的六大基本定律

一、定律的含义

1. 定理与定律的关系

与定律最为相关的词是定理。定理是用逻辑方法判断为正确并作为推理根据的真命题。定理一般都有一些限定条件，然后有结论。一个在条件下成立的数学叙述，通常写作"若有条件，则有结论"。用符号逻辑来表述就是"条件→结论"。而当中的证明过程与内容不是定理的组成成分。例如"平行四边形的对边相等"就是平面几何中的一个定理。在命题逻辑，所有已证明的叙述都称为定理。

什么是定律？定律是为实践和事实所证明，反映事物在一定条件下发展变化客观规律的论断。例如牛顿运动定律、能量守恒定律、欧姆定律等。定律是一种理论模型，它用以描述特定情况、特定条件下某种事物的变化规律。它可能是一个结果，也可能是一种趋

势。在自然科学中，定理与定律有时互用，在一定的情况下指同一种理论模型。如能量守恒定律也有人称其为能量守恒定理。在纯逻辑演绎推理的数学科学中，定理一词使用更为常见；而在揭示与解释现实世界的物理学科学中，定律一词使用得更为频繁。由此可见二者还是有一定区别的。区别就在于定理是用来描述正确的思考判断和推理的结论；定律则用来描述在确定的条件和环境下，将会出现的结果。这个结果不以人们的主观意志为转移，是否喜好结果都会出现。于是在研究社会发展变化的社会科学诸学科中定律一词更为常用。例如毛泽东在《青年运动的方向》一文中就指出："中国将来一定要发展到社会主义去，这样一个定律谁都不能推翻。"

在社会科学领域，与定律相关的概念还有规律、本质等概念。这三个概念在相当程度上常常用于对同一种现象的不同表述，就是对事物本身所固有的、深藏于现象背后并决定或支配现象的因素的作用过程或者方式的表述概括。本质是指事物的内部机理，起决定性作用的特质，由事物的内部矛盾所构成；规律则是事物发展过程中所表现出来的内在趋势或者结果，它是千变万化的世界表象中相对稳定的内容。只要具备必要的条件，合乎规律的现象就必然重复出现。如果形象地解释，本质是事物的静态描述，规律则是事物发展变化过程的本质变化与演进。定律是带有普遍性事物的本质与规律的综合，或者说定律是特定的领域中的规律，在规律作用下事物变化过程具体表现的概括。相比较而言，笔者认为规律更为内在，定律则比较外显。

2. 描述社会现象变化的定律的特点

在社会科学领域，定律是人们基于一定立场对社会现象运行规律的认识得出的一般性结论，是主观作用于客观的结果，它受人们认识社会的立场、观点、方法的影响很大。

需要注意的是，在自然科学领域，推翻一条定律仅仅需要一次证伪即可，所以有人说科学发展的历程就是一个证伪历程，它反映了人类认识自然界不断深化的过程。但是在社会科学领域，一次个别的证伪并不能推翻绝大多数定律。只有当大量的事实表明定律不再存在或者说不再发生作用，定律就可能失效。一般来说，对自然规律的认识和利用不直接受阶级、集团和社会力量等根本利益的影响，而对社会定律的认识和利用则直接受阶级、集团和社会力量等根本利益的影响。所以对社会实践活动中的规律性的定律要达成共识需要经过不断的争论、讨论。

二、假定与定律的联系以及区别

上一节我们提出了管理学的四大假定，这些假定与定律之间是一种什么关系？这是在归纳管理学定律理论前必须在理论上予以回答的问题。本书认为。二者之间的联系与区别主要表现在如下几点：

（1）管理学的假定是针对管理对象，也就是组织以及成员行为的一种客观性、综合性、特征性的总结和描述；而定律则是在这样一种假定基础上，管理者采取管理方式、方法应当遵循的准则，也就是管理者作用于被管理者，为达到管理的目的应当遵循的一般准则；进一步说，管理学定律是在管理过程中形成的，与管理者有关。

（2）假定是一种客观总结，表现为一种客观描述，不需要进行理论论证假定是否成立，取决于描述的事实是否客观。管理学的基本定律是在理论逻辑推导模式中得出的结论，是必须得到论证的，尤其是应当经得起符合逻辑推演模式的论证。

（3）假定和定律是管理者在管理活动中都必须遵守的理论原理，但是假定描述的是大多数人在大多数情况下的行为表现，肯定存在例外；定律则是在假定的基础上合乎逻辑的推演和总结，不存在例外，也就是说定律在所有情况下也应当遵守；否则管理就会出问题。

三、管理学的六条基本定律

从理论构建的要求来看管理学应当有多少条基本定律？笔者认为，既然基本定律是管理者应当遵守的准则性的原理，是管理者作用于被管理者的管理过程中必须遵循的准则，就应当与管理职能相对应，每一职能至少对应一条基本定律。本书提出了管理具有七大职能，鉴于领导与激励职能具有较强的关联性，笔者认为管理的基本定律有以下六条内容。

（一）权责一致定律

权责一致定律的含义是指掌握管理权力的人同时应当承担与权力相当的责任，以保证权力不被滥用，组织运行不偏离正确目标和方向，管理过程中的决策失误控制在最低程度的范围内，如此组织的运行才可能沿着正常的轨道前进。权责一致定律的基本要求就是权力必须与责任关联，大小必须相当，时间上必须同步。

本书前面指出，权力是管理的要素，也同时明确了权力使用的基本要求，如何保证权力使用满足这些要求，答案就是权责一致。权利是完成任务的保障，责任是正确行使权力的保障。

管理者的职责不是自己亲自动手，而是调动其他成员去完成组织的任务。做到这一点，除了要给予承担任务的成员必要的激励之外，还必须赋予他完成任务所需要支配的资源和决策的权力。我们看到，正式组织在一定意义上讲就是一个权力和资源分配系统，各个层面都有其所支配的资源和决策的权力。这也是管理所不可缺少的。因此，约束权力、保证权力用于组织任务的完成而不是其他活动，责任的约束不可或缺，甚至十分关键。

权责一致是一切组织给管理者授权必须遵循的定律。权力越大，责任应当越大。现实矛盾却是责任在理论上可以与权力安排相一致，但在许多情况下个人承担责任的能力有限。如一个支配着上百亿资产的企业管理者经营失误导致企业破产，显然这个管理者不可能拿出上百亿元资产来赔偿投资者的损失。这种情况似乎表明权责很难一致。笔者认为这种情况并不否定权责一致定律的科学性与合理性。权责一致是一种要求，而不是数量上的对等，尤其是拥有权力的管理者在道义上的责任，荣誉上的责任也是约束权力的重要内容，它们不可能用数字来衡量。

（二）职能全覆盖与不交叉定律

所谓职能全覆盖指的是组织所有的管理职责必须有管理部门承担，不交叉指的是在组织中，不能够同时设置两个管理职能交叉的部门。组织职能部门的设计，首先要保证职能的全覆盖，也就是事事有人做，事事有人管。这样才能够保证组织的目标任务不落空。同时又要注意到，组织内部部门职能设计切忌重复，形成交叉导致冲突。因为职能对应的是组织的职权。职能重复必然引起职权交叉。在目标责任的约束与压力下，职权交叉必然导致有利的事情争着抢着干，有责无利的事则相互推诿。

在现实中，为了调动组织内部的积极性，许多组织采取了内部竞争的管理模式。那么职能不交叉与形成一定的部门竞争二者是否矛盾呢？笔者的回答是不矛盾的。为了提高组织内部的积极性，部门之间形成一定的竞争是必要的。即使有形成竞争要求，也不能在组织的部门设计中形成实质性的职能交叉。因为竞争是可以在职能覆盖的不同区域、不同时间、不同性质的作业过程中来完成的。绝不是同一组织内部在同一职能、同一时间或者区域上的竞争。那样的内部竞争所导致的只能是恶性竞争，不可能起到激发不同部门的积极性和挖掘其潜力的作用。

（三）管理者率先垂范定律

所谓管理者率先垂范指无论在什么样的情况下，管理者要有效地带领下属完成组织任务，实现组织目标，就必须走在下属前面，作出榜样和表率。简单地说，率先垂范就是要求下属不做的，管理者自己首先不做；要求下属做到的，管理者自己首先做到。这样管理才可能真正长期有效。

管理者率先垂范是建立管理者权威的重要途径。权力是组织赋予的，形式是任命，具有强制性，但是威望是靠管理者的个人努力树立起来的，具有影响力。管理者的权威具有持久性，与管理权力结合起来，对于管理工作开展就能够发挥更大更重要的积极作用。

管理者率先垂范能够起到鼓舞士气，带动全员的作用。如果管理者总是高高在上，发号施令，惯于颐指气使，无论在哪里，管理成效都不可能高。过去我们一直有一个误区，认为现代管理水平很高的美国，绝大多数组织内部运行机制规范，职责明晰，员工职业素养好，管理者就不需要率先垂范了。其实情况并非如此，美国的管理者，尤其是优秀的管理者是很注重率先垂范的。这也表明，率先垂范的要求并不因为民族文化、社会制度、企业所有制等因素的不同而改变，而是在任何环境中管理者要提高管理成效都必须遵循的普遍定律。

率先垂范并不是要求管理者事必躬亲，而是指在关键时刻、关键事件、关键制度的执行等方面给员工做出表率。如实施一项新的管理制度，员工过去没有执行的习惯和环境，管理者就应当在遵守该项制度上率先垂范。因为制定制度是管理者的权利或者说专利，但是制度的作用不在于制定出来，而是能够得到认真的遵守。制度的权威在于制度面前人人平等，即使制度的制定者也不例外。所以保证组织有序运行的制度得到遵守，管理者率先垂范遵守制度就具有关键作用。我国古人对官员提出的"其身正，不令而行；身不正，虽令不从"的告诫，说的就是同样的意思。

（四）公平环境定律

公平环境定律指的是一个组织环境越是公平，就越是能够提高绝大多数成员的满意度，调动绝大多数成员的积极性。因为绝大多数社会成员都希望在一个公平环境中生活、工作、学习；受到公平待遇。公平环境是最好最重要的激励措施。

环境公平首先是机会均等，机会均等使得每个成员具有展示能力并依据能力和结果得到发展的同等机会。实践证明，每个人都希望实现自己的价值，建立自己的事业。实现个人价值除了靠自身的不断努力奋斗之外，还需要有相应的外部条件，也就是合适环境。应当承认，人与人之间的能力是存在差别的，这样一种差别使得在同样环境之下做出同样努力的个体之间在个人价值实现上形成差别，也就是成就差别。不过在今天这个差别是绝大多数人都能够接受的。在这样一种环境下，要想缩小这个差别，绝大多数人的选择不外乎是提升自己的能力或者更加努力，倍加付出。如果决定个人奋斗成就的不是个人能力，而是其他因素，就必然导致人们不去提升能力、展示能力、发挥能力；而是在其他方面有所作为。一旦出现这样的局面对于组织发展自然是最为不利的。所以我们说，组织的管理者要调动绝大多数成员的积极性，发挥他们的创造性，首先要营造一个机会均等的环境。机会均等主要靠规则与制度来保障，就是要建立机会均等的制度和机制，并且让成员感受到机会的确是均等的。

环境公平其次要求报酬公平。报酬是组织成员努力之后最为常见的回报形式，也是衡量贡献多少大小的货币化尺度。报酬公平通俗地讲就是当有价值的劳动付出之后，组织的报酬局面应当是多劳多得，少劳少得，不劳不得。建立公平的报酬制度，是市场经济体制下创建公平环境的重要内容。

环境公平还要求对每个成员同等尊重。有价值有尊严的工作是现代成员的必然追求。尊重成员，尤其是人格尊重是有尊严工作的内在含义。无论在制度上还是在管理方法上，都应当给每个成员同样尊重，千万不能够将成员划分为三六九等，差别对待。人们有尊严地工作，就自然觉得自己的价值存在，感到工作有意义；工作的积极性、主动性、创造性才可能不断涌现。

（五）细节定律

细节定律指的是在管理工作中，要实现组织的目标，必须注重工作过程中的每一个细节，做好每一个细节的工作。简单地讲就是组织内的细节水平将决定组织的成败。所谓细节就是工作过程中的小事。管理专家们早就认识到，一件大事是由成百上千甚至上万件小事构成的。只有认真地做好每一件小事，大事才可能成功；只有组织的每一个成员尽心尽力，尽职尽责，做好每一件平凡的工作，组织才可能成就不平凡的事业。所以管理者必须高度重视细节管理。海尔总裁张瑞敏说过，把简单的事做好就是不简单。伟大来自平凡，往往一个企业每天需要做的事，就是每天重复着的所谓平凡小事。一个企业有再宏伟、英明的战略，再英明的决策，没有严格、认真的细节执行，也是难以实现的。"泰山不拒细壤，故能成其高；江海不择细流，故能就其深。"

细节定律要求管理者必须高度重视所谓的小事。当然，要求管理者注重小事不是说管理者必须自己成天陷于细枝末节的日常琐事之中，而是应当运用规章制度、控制机制，让每一个员工都能够认真负责做好每一件分内工作。当前的一种值得注意的现象是想做大事的人多，但愿意把小事做细做好的人少；满腹经纶、雄韬伟略的战略家多，而精益求精的执行者少；各种高大上的战略规划多，具有针对性、可操作性的执行手册少；各类管理规章制度多，持之以恒不折不扣执行的少。一个优秀的管理者必须深刻认识到这一点，应当在自己的管理领域尽可能杜绝这样的现象。

细节定律要求管理者必须培养员工队伍的责任心与执行力。细节工作得以高质量的完成，靠的是持久的责任心、敬业精神和不折不扣的执行力。细节往往因其"小"，而容易被人忽视，掉以轻心；因其"细"，也常常使人感到烦琐，不屑一顾。但就是这些小事和细节，往往是事物发展的关键和突破口，是关系成败的"双刃剑"。因此，这就要求在工作中要树立坚固的责任心。管理者不仅要做决策，还必须抓落实，目标要细，要求要细，责任要细，措施要细。这就要求必须克服华而不实的作风，必须改变随意性、粗放式的管理方式。

细节定律要求管理者决不能放过小错。纠正小错不是小题大做，而是培养一种习惯。一般来说，一个组织中的大错是不多的，但是小错却不会少。如果小错多了还不予以纠正，必然导致大错发生。所以管理者必须高度重视小错的管理，尤其是可能酿成大错的小节问题。管好细节是许多优秀组织成长起来的不二法宝。例如我国当今的优秀企业家张瑞敏接收海尔后制定出的第一条制度不是争取进入世界 500 强，也不是如何分配决策权，而是"不许随地大小便"。可见海尔当时的情形如何之差。1985 年，海尔着手加强内部管理，为此编写了 10 万字的《质量保证手册》，制订了 121 项管理标准、49 个工作标准、1008 个技术标准，形成了系统的细节管理体系，为海尔的成长壮大发挥了巨大作用。

（六）共同成长定律

共同成长定律指的是一个组织只有构建起组织与员工共同成长的机制，不断实现共同成长的目标，组织才可能获得稳定持久的发展动力，才有可能长期稳定发展。共同成长定律要求组织必须将组织的发展与员工的成长统一起来，协调起来；要求将共同成长不仅作为一种激动人心的口号，而应当在管理中不断实现共同成长的阶段性目标，让广大员工切身感受到组织对共同成长的实践；共同成长要求给组织的每一个成员都能够拥有自己的成长梦想，都有梦想成真的机会。

共同成长定律是建立在人是组织最为重要、最具潜力的要素认识基础上的。组织成员持久稳定的积极性和创造性是组织得以长期发展最深刻的动力来源。只有当成员与所在的组织结成真正的命运共同体、事业共同体，他们才可能为组织奉献自己的聪明才智，为组织的发展尽心尽力。

第四节　提升：新兴管理职能的理论

一、当代管理实践的昭示

管理职能是管理学研究的主要内容。与时俱进地在理论上归纳出一项独立的管理职能并得到广泛的承认，运用于实践就能够在明确管理者的职责、指导部门设置、构建先进的组织结构、引导管理思维等方面发挥重要作用。所以说，管理职能的理论研究是相当重要的。

自 100 年前法约尔提出管理职能理论以来，虽然有"五职能"、"七职能"等之争，但是这些争论只是将法约尔提出的某些职能分解或者是综合而已，笔者认为并没有革命性的发展。因为对应的管理实践没有革命性的进步，理论上自然难以有革命性的突破。今天的情况已经完全不同了。可以肯定地说，与法约尔时代相比，今天的管理实践其内容无疑已经大大丰富，许多革命性的管理探索已经定型并普及应用，基于这些管理探索的新兴职能自然随之产生，欠缺的只是理论家们的发现和总结提炼。

在今天探索的各种管理创新实践中，最为普遍成型的是什么样的管理活动，应当怎样归纳总结成为一种新兴职能？笔者认为最为鲜明的管理活动创新就是一个管理周期结束与下一个管理周期启动之际，各种组织尤其是优秀的组织所开展的一系列管理活动。

只要我们认真考察当代所有优秀的企业，不难发现这些企业无一例外地在一个管理周期结束时，如一个计划年度末期，所开展的最为常见也是最为重要的活动就是总结、分析、表彰、学习、培训，改革；开展这些活动的目的是为下一个计划周期取得更大的成绩做好准备。这些管理活动是法约尔提出的计划、组织、领导、激励、控制等职能所没有包括的。这些活动不仅工作内容具有独立性，而且任务目标、时间安排等方面也具有独立性。现有的无论是"五职能"还是"七职能"，所着眼的是保障已经制定的计划的实施，并非下一个计划周期的运行。而总结、表彰、改革等则是着眼于继往开来，时间上选在承前启后的阶段，发挥的作用是组织发展与员工成长兼顾。可以说"总结、保障与改革"等已经成为当今优秀组织重要的、不可或缺的管理活动。笔者认为这就是顺应时代发展而产生新兴管理职能，笔者将其定义为"提升"，或者说就是"提升"职能。

二、确立一项新管理职能的理论规范

我们知道，管理职能是对一类管理活动的高度概括和理论凝练。现实中万千组织花样翻新的管理探索不计其数，如何从中归纳出具有普遍价值的管理职能，换句话说就是哪些管理创新与探索具有理论意义和价值呢？问题的答案实际上就是确立新兴职能的标准。笔者认为一项新的管理职能在理论逻辑上应当符合如下几方面的要求：

第一，对应的管理活动应当具有广泛的实践背景。能够称为具有一般意义的职能，应当具有广泛的实践背景，也就是广大组织，尤其是各行各业的大多数具有代表性的优秀组织都在不同程度上，以不同方式开展的管理活动。也只有具有较为广泛的实践背景，提炼的职能理论才可能在更加广泛的意义上得到广大管理工作者的认同；作为一种理论传授才可能被广泛接受。

第二，对应管理活动的内容具有可操作价值。职能是凝练的概念，是对相应管理活动的理论归纳总结，但对于管理者来说就不能仅仅是一种管理理念，职能应当能够直接指导实践操作。例如计划、组织、用人、控制等职能都不是纯粹抽象的管理理念，在实践中都对应着具体的管理活动，有具体特定的工作内容，其任务都需要有具体的部门与具体的管理者承担。只有这样，归纳的职能才具有较强的实践价值。例如近几年来，我国不少管理学者力图在管理职能的研究上有所突破，提出了一些新的独立职能，例如"创新"、"变革"等。这种尝试具有积极的意义，但是本书认为这些很难说是职能创新的总结，而是观念创新的要求。其主要理由就是诸如"创新"的实践指向性不明确，具体操作价值无法把握。

第三，对应的管理活动具有独立性。本书认为，独立的管理职能首先要体现"独立"二字，如果完全包含在其他职能之中，就只是一种文字游戏而已。例如在实践中提出了"创新"要求，而且成为一种政策之后，不少人将"创新"作为独立的管理职能在管理学著作中专列章节阐述。这种精神确实可嘉。但是学科的探索毕竟不是实施政策要求的口号标语。之所以笔者坚持认为"创新"不是一项独立的职能，还因为在所有管理职能的实践中，都有创新的要求。笔者认为由于"创新"等在实践实施过程中蕴含在其他所有职能中，缺乏应有的独立性，自然难以成为一项独立的职能。

第四，与其他职能对应的管理活动构成有机管理整体。前面笔者指出，职能理论实际上是对管理活动分工的一种认识，不同管理职能对应的管理活动在现实中既有分工，又必须合作，并构成一个整体。新兴的管理职能对应的管理活动自然也不可能脱离组织管理活动的整体。因此要求与其他原有的管理职能形成有机整体。例如法约尔提出的五大职能在管理的实践顺序上就构成一个完整的体系。当今理论总结出的独立职能应当也必须与其他职能在时间顺序以及内容空间上构成一个完整的体系。

按照上述四个标准，本书认为"提升"是可以归纳为现代管理的主要职能的。"提升"活动具有的广泛实践背景与操作价值已经无须赘言，其在时间安排上也与其他现有职能构成逻辑整体。这里仅就是否与目前公认的职能重复以及是否能够构成有机整体稍做说明。

首先，在已经形成的管理职能中，也就是绝大多数管理学教材中所列举的管理职能中，是否已经包含有"提升"职能呢？回答是否定的。我们知道构成当代管理职能基石的就是法约尔提出的计划、组织、领导、激励、控制这五大职能。对这些职能稍作深入分析，不难发现其中都没有包含本文所提到的"提升"职能。虽然在人事职能中一般都会涉及员工的培训，但是这里的员工培训本质上不是针对成员素质能力的一种主动全面提升，更不是以人为本的现代管理思维的体现。所谓"提升"职能就是不断提升组织能力与员工能力素质。法约尔当时之所以没有提出"提升"职能，可以说是时代的使然。因为法约尔时代是工业经济时代，在决定企业竞争力的诸多要素中，员工还不是最为关键的要素，管理活动中还没有这些"提升"活动。从内部关系来看，职工是企业的雇工，与企业之间只有经济契约关系，除劳动报酬外企业对于工人不再承担额外义务，"提升"职工素质基本上不是企业管理者考虑的问题，实践中自然也不可能产生这样的管理活动。当时的理论假定正在从"工具人"向"经济人"过渡，无论是理论界还是实际管理活动都不可能考虑到全面提升员工素质，让员工与企业一同成长；至于改革的内容就无暇涉及了。

综上所述，我们认为"提升"是当代管理活动中新兴的管理活动，在理论上是一项新兴的管理职能。

三、确立"提升"为现代管理重要职能的意义

本书认为，将当代优秀组织普遍开展的"提升"活动归纳为管理的"提升"职能，对于我国的管理实践来说还具有如下几点理论与现实价值。

第一，推动管理理论适应现代管理发展的大趋势。时光荏苒，今天距《工业管理与一般管理》第一次发表已经整整100年。这100年来，不仅社会生产力发展天翻地覆，工业时代被信息时代（也有学者称之为知识经济时代）取代，社会结构与组织内的关系不可逆转地随之变化，决定组织生存与发展各种要素的相对地位也发生了革命性变化。不论是企业还是非企业组织，命运共同体的概念已经普及，人已经成为组织生存与发展最为重要的因素。不仅"工具人"的理念早已被抛弃，就是"经济人"、"社会人"的假定也已经被扬弃，组织员工已经发展到"自我实现要求的人"的阶段，也就是员工进入一个组织工作，追求的不仅是经济收入，更是寻求自我价值的实现，不断成长的平台。对于组织而言，如现代的企业，竞争加剧，企业更加注重人的积极性与创造性的发挥，更加注重成员与组织共同发展。所以对于一个管理者来说，如果不能够履行好"提升"职能，就是失职，对于理论研究来说，看不到管理实践中广泛开展的"提升"管理，同样是理论上的落后。

第二，进一步完善管理职能的逻辑架构。从管理学职能体系的架构逻辑来看，"提升"职能是在总结过去一个时期完成计划的经验教训的基础上，通过分析问题、研究现

状，采取培训弥补不足，完善机制，实施必要的改革等来提升全体成员与组织整体水平和能力的工作，增强组织的核心竞争力。从内容来看，这个职能就是当今管理闭环的一个重要环节，是组织适应时代发展所诞生的科学管理职能。今天，全程的科学管理已经少不了"提升"这个环节。缺少这个环节，组织就必然面临不进则退的落后局面，最后必然被淘汰。

第三，指导实践更好树立"以人为本"的现代管理理念。"提升"职能的产生从管理哲学层次来看是"以人为本"管理思想在管理职能创新上的体现，顺应的是时代潮流。"以人为本"乃当代管理的基本取向。以人为本的"本"是什么？笔者认为就是上面所提到的自我价值的实现和个人的不断成长，与组织的发展一同成功。这个"本"的要求通过什么职能来具体实施？答案就是"提升"。从作用来看，"提升"职能的履行，有助于职工与组织成为命运共同体，有利于组织发展能力提高。因为组织的发展能力主要基于成员的素质、能力和积极性、创造性；还有组织的整体结构的科学化合理化水平。"提升"就是为解决这些问题开展的专门管理。对于我国今天的管理实践来说，充分认识"提升"活动的理论价值，深化理论研究，对于指导我国企业以及其他组织全面提升凝聚力、向心力和竞争力具有特别重要的现实意义。

四、"提升"职能对应的具体管理活动

前面已经指出，科学的管理职能理论必须有对应的独立管理活动。"提升"作为一种管理职能，对应的管理活动主要是什么呢？笔者认为主要有如下三个方面：

1. 总结

工作总结指的是在一个计划周期结束之后，对所开展过的工作进行全面思考、汇总，做出结论的工作。就其内容而言，工作总结就是把一个时间段的工作进行一次全面系统的总检查、总评价、总分析、总研究，尤其是要分析存在的不足，从而得出引以为戒的教训。总结与计划是相辅相成的，要以工作计划为依据，制订计划总要在总结经验的基础上进行。二者之间的关系可以形象地表示如下：

计划—执行—完成—总结—提高—再计划—再执行—再完成—再总结—再提高—……

组织就是在这样一个周而复始的循环中前进。工作总结的过程既是对自身计划执行过程与结果回顾过程，又是参与其中的成员思想认识提高的过程，是一个全面认识组织，认识群体、认识自身的过程。通过总结、可以把零散的、肤浅的感性认识上升为系统、深刻的理性认识，从而得出科学的结论，以便发扬成绩，克服缺点，纠正错误，吸取经验教训，使今后计划更加合理，执行更加有力，工作少走弯路，多出成果。

总结从实质上看，是组织作为一个有机体的自我反省与进步。因为总结是对于过去取得的经验与教训进行分析、抽象、提高，在此基础上，组织就能够做出更好地适应环境变化的决策与对策。

2. 表彰

表彰就是组织采取一定的方式对做出一定贡献的先进成员进行公开奖励，宣传，树立典范，发挥先进引领作用的管理活动。一个计划周期结束，在总结的基础上推选出在计划实施周期中表现优秀的单位和个人进行表彰。可以激励广大成员、更好地推动下个计划周期的工作。通常讲，榜样的力量是无穷的。树立典型，就是发挥榜样的引导作用。

从管理学的立场来看，表彰先进，更重要的价值还在于：表彰奖励一个典型，就是为组织建设树起一面旗帜，为成员立起一个榜样。体现团体的集体意识；培育先进典型，鼓励培植行为规范；培育集体凝聚力、增强集体竞争力、激发骨干精英分子热情。

3. 变革

变革是指改变事物的本质，指废除旧制度、旧机制、旧思维，旧方式；并随之建立与时俱进的新制度、新机制、新方法等。这里的变革指的是组织变革。组织变革又称为组织发展，指的是组织根据外部环境、内部情况等方面的变化，及时地调整并且完善自身的结构和功能，提高组织生存与发展能力的过程或者说结果。由于组织的外部环境总是在不断地变化的，因此，任何一个追求长期生存的组织，都必然要进行变革。

经过合理的设计并实施的组织机构，随着时代与环境的发展变化，都不可能一成不变。相反，它们必须如同生物的机体一样，要随着外部环境和内部条件的变化而不断地进行调整和变革，只有如此才能顺利地成长、发展，避免过早地老化和死亡。任何一个组织都必须通过调整和变革组织结构及管理方式，使其更好地适应外部环境及组织内部条件的变化，从而提高组织活动效益。

组织变革是不以人的意志为转移的客观过程。引起组织结构变革的因素通常包括：外部环境的改变、组织自身成长的需要以及组织内部生产、技术、管理条件的变化等。实行组织变革，就是根据变化了的条件，对整个组织结构进行创新性设计与调整。

在管理实践中，管理变革时机一般都是选择在前后两个计划周期之际。因为在这个时间段，通过总结、分析，可以发现组织存在的问题，在新的计划周期开始之前予以解决，就能够为下一个计划的实施提供坚强的组织保障；建立完善形成新的组织结构，也便于新一个周期计划任务的落实。所以，作为领导者要善于抓住时机，发现组织变革的征兆，及时地进行组织变革工作。全面提升组织的素质与能力。

当然，在理论上确立"提升"职能作为独立的全新职能，还需要进行深入的理论研究和广泛的实践总结。例如，"提升"职能的内涵和外延、服务于提升职能的方式与方法，全面实现提升职能的途径等等问题都还需要开展深入研究。不过本书认为，只要理论界达成共识，共同努力，这些问题很快就能够得到解决。

参考阅读书目：

1. 席酉民、刘文辉：《管理理论构建》，中国人民大学出版社 2009 年版。
2. 〔美〕哈罗德·孔茨：《管理学》，中国社会科学出版社 1986 年版。
3. 〔美〕亨利·艾伯斯：《现代管理原理》，中国社会科学出版社 1986 年版。
4. 〔法〕H. 法约尔：《工业管理与一般管理》，中国社会科学出版社 1982 年版。
5. 〔美〕F. W. 泰罗：《科学管理原理》，中国社会科学出版社 1986 年版。
6. 〔日〕占部都美：《现代管理论》，中国社会科学出版社 1986 年版。

第四章　组织分析

组织的功能，在于聚合安人的力量，协调一致。

——［台］曾仕强

第一节　社会组织的概念

一、社会组织的一般特征

本书所述的管理所指的是对社会组织的管理，准确地说是社会组织内部的管理。这种组织在现代社会中是多种多样的。最为常见的如企业、军队、学校、协会等。这些组织的共同点就是均由人组成的，是为了一定的目标任务而存在的社会团体。它们在管理学上可以将其称为正式组织。其特征如下：

1. 组织的边界十分清晰

谁是组织的成员，谁不是组织的成员十分明确。一个人进入某个正式组织，需要履行一定的手续才可能取得组织成员的身份。确定组织边界的作用是明确管理权限所能够覆盖的范围，能够作用到的成员。

2. 有明确的规则

正式组织必须有序运行，必须制定维持组织有序运行的规则。这些规则可以称为制度、规章、纪律等。组织规则明确告诉成员，在组织内部哪些行为是合理的，可以接受的；哪些行为是被禁止的等。成员都应当在规则允许的范围内展开活动。成员服从组织的规则是其义务，不接受组织的规则可以选择离开。

3. 成员都有相对明确的角色

分工是组织有效运行的前提。分工使得成员的角色各不相同。组织成员不仅要按照分工完成组织分配的任务，而且还应当在角色上与其他成员进行协作，组织才能够形成一个整体。当然，组织将成员的角色明确到什么程度，则是管理艺术问题。

4. 科层制保障

自团队理论产生之后，科层制受到不同程度的批评，似乎在正式组织中科层制已经要被淘汰了。笔者认为这种观点是偏颇的。只要成员的分工存在，只要组织的目标与成员个体的目标之间存在差别，科层制就不可能从正式组织中消失。那种认为现代组织已经不需要明确分工，不需要上下级命令与服从关系的想法只能是一种乌托邦似的幻想。在一件临时性的具体工作中,可以组建团队式的小组,但是就一个组织来说,科层制的架构仍然是组织生存与发展的必要保障。

二、管理学意义上对组织的进一步认识

组织这一概念同计划一样,既是一个名词又是一个动词。作名词用,指的是按一定规则建立起来的人的集合体。著名的组织学家巴纳德认为:由于生理的、心理的、物质的、社会的限制,人们为了达到个人的和共同的目标,就必须合作,于是形成群体,群体发展为组织。本章主要从管理学的角度研究名词意义上的组织问题。作为动词,指的是组织工作,即对人的集合体中各个成员的角色安排,任务分派。这些内容本书放在职能理论的有关章节中讨论。

由于管理因协作而生,协作的外在形式即是组织。过去人们将组织工作与管理等同也就情有可原,今天仍有使用组织管理一词来描述管理活动的。

在一个组织中,其构成要素除了人之外,还有物、财、信息等。但人是最主要的要素,起决定作用的要素,组织工作也就是围绕组织中的人展开的。

管理学意义上的组织,除了具有一般意义上的组织的内涵之外,进一步分析还包括如下几点含义:

(一)组织是一个职务结构或职权结构

它的含义是组织中的每个人都有特定的职责权利,组织工作的主要任务也就在于明确这一职责结构以及根据组织内外环境的变化使之合法化。组织中的每一个成员不再是独立的、自己只对自己负责的个人,而是组织中的既定角色,承担着实现组织目标的任务。

(二)组织是一个责任系统,反映着上下级关系和横向沟通网络

在这个网络中,下级有向上级报告自己工作效果的义务和责任,上级有对下级的工作进行指导的责任,同级之间应进行必要的沟通。这些都由组织工作来完成。正如孔茨所说:正式组织是通过对职务结构的理解而设想出来的,按此表述,可把组织工作看作是把为达到目标而必需的各项活动进行组合,把管理每项活动所必需的职权授予该管理者,规定企业结构中的横向的和纵向的协调关系。[①]

(三)组织可分为正式组织与非正式组织

在管理学中,人们把组织分为正式组织与非正式组织两大类。正式组织一直是管理学研究的重点。进入 20 世纪 20 年代以后,随着行为科学的产生与发展,非正式组织也逐渐地引起了管理学家们的重视,成为一种独立的研究对象。组织理论所讨论的都是正式组织的有关问题。所谓正式组织指的是为了达到一定的目的,由两个以上的人组成,具有明确的内部结构和制度规范的分工协作系统,正式组织与非正式组织的根本区别在于前者具有明确的制度规范,从而确定了成员系统,非正式组织却没有;此外,正式组织具有明确的边界,成员自己清楚是否属于某个正式组织,但是非正式组织的边界却是相当模糊的,是否某个非正式组织的组织成员完全取决于成员之间的心理认同。

---

① 见《管理学》,上海译文出版社中译本第 29 页。

三、社会组织的分类

首先，按组织的目标性质以及由其所决定的基本任务，可分为：

（1）政治组织，指以完成各种政治任务，实现一定的政治目的为主要目标的组织，如各种党派、政治团体等。

（2）经济组织，指参与市场交换，通过生产经营活动获取利润的组织，主要是各类企业。

（3）军事组织，指保卫国家安全，维护社会治安秩序的各种武装力量，如军队、警察等。

（4）学术组织，指以从事科学研究，推动科学技术发展为目的的组织。如各种学术研究机构、学术团体、协会和学会等。

（5）教育组织，指以从事文化教育、培养人才、传授知识的组织，主要是各类学校。

（6）宗教组织，指从事宗教活动的各种组织。

（7）其他。

其次，按组织成员数量的多少，可以分为：

（1）大型组织，指组织人数较多，规模较大的组织。

（2）小型组织，指人数较少，规模较小的组织。

（3）中型组织，规模介于大型组织与小型组织之间的组织。

再次，按其与外部关系，可以分为：

（1）独立组织，指按一定的规定组建，内部结构完整，能够独立对外的各种组织。组织的独立性一般由法律确定。

（2）非独立组织，指在一个独立组织内部形成的，不能直接与其他独立组织发生权利义务关系的组织。如依法成立的股份有限公司是独立组织，属于总公司的分公司则是非独立组织。

最后，按照组织的运行机理，可以将组织分为：

（1）机械式组织。机械式组织也可以称为官僚式组织。罗宾斯称它是综合使用传统的组织设计原则的产物。这种组织最突出的特点是有严格的层级关系，每个职位都有固定的职责，坚持统一指挥原则并产生一条正式的职权层级链，每个人只受一个上级的领导就形成了一种典型的、规范化的结构；成员之间按照正式的渠道进行沟通，组织的权力最后集中在组织的金字塔的顶层。

（2）有机式组织。有机式组织也称为适应性组织，它是一种低复杂性、低正规化和分权化的组织。这种组织与机械式的组织不同，它强调的是灵活、适应和变化。在这种组织中，员工多是职业化的，具有熟练的技巧，并且在经过训练之后能够处理多种多样的问题。他们的教育已经将职业行为标准注入其思想之中，所以工作不需要多少正式的规则和监督。这种组织的特点是员工之间存在高度的合作、非正式的沟通、分权、职位与职务的变化调整。

机械式组织与有机式组织之间的区别可以用图4－1来表示：

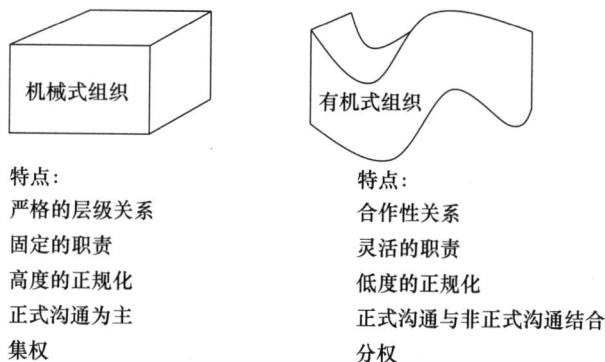

特点：　　　　　　　　　特点：

严格的层级关系　　　　　合作性关系

固定的职责　　　　　　　灵活的职责

高度的正规化　　　　　　低度的正规化

正式沟通为主　　　　　　正式沟通与非正式沟通结合

集权　　　　　　　　　　分权

图 4 - 1　机械式组织与有机式组织比较

一般来说，创业阶段的企业近似于有机式的组织，而成长到一定的规模之后就会演化为机械式的组织，而发展为优秀的企业之后又会演变为有机式的组织。

第二节　组织中的个体

一、管理界对组织中个体认识的演进

1. 工具人

工业文明开始之后管理界对组织成员最为原始的认识是工具人假定。基本观点就是作业人员只是生产工具，同其他的生产资料相比没有本质的差别。唯一的差别就是人是一个需要吃饭、休息的有机体而已。

工具人的认识到泰罗制时代可以说发展到了极致。泰罗所研究的中心问题就是组织的劳动者怎样与其他的生产工具匹配得最好，达到最高的效率。在其《科学管理原理》一书中，影响组织劳动者积极性的其他因素几乎没有多的考虑，虽然他看到了劳动者与资本家胡子健的冲突，但是他认为原因在于工人的劳动效率太低所致。只要能够解决好劳动效率问题，工人与管理者都可以从中获益，矛盾冲突就可以化解。虽然泰罗在字面上强调绝不能将他的科学管理研究仅仅理解为效率研究，但是其整个研究思想却仍然是效率研究，这一点毋庸置疑。

2. 经济人

经济人假定人是因为经济原因而加入组织的，人们在组织中的唯一要求，那就是经济收入，因此管理的主要任务就是解决如何运用经济手段来调动成员积极性的问题。

与工具人假定相比，经济人假定无疑是对人认识的进步，而且是很大的进步。但是经济人假定显然存在严重的不足与缺陷。经济人将人们看作经济动物，忽视了人等方面的需求，调动人积极性的手段和方法必然简单单一，难以让员工保持持续稳定的积极性。

3. 社会人

社会人假定认为组织成员是具有多方面需求的个体，尤其是在组织中找到感情寄托、归属的需求。人们加入某个组织，除了经济收入考虑之外，他们还会考虑工作环境、组织氛围、非正式组织等社会性的因素。社会人的认识无疑是对人认识的深化。

二、认识组织中个体应当确立的四大基本观念

1. 人性尊严观念

建立人性尊严观念，首先必须强调管理以"个体"为根基的重要性。这里所说的"个体"是强调在组织管理结构中，必须把人当人，而人我之间，人与群体之间，都有着合理的界限。可以说，没有健全的个体，就不可能有健全的组织。因此，必须对人性尊严赋予应有的尊敬。著名的哲学家康德认为，人是有道德行为的，并且具有理性，人所具有的价值不依赖于任何的特殊环境；因为人，并且只有人才具有条件的价值，所以像对待动物和自然物（它们只具有工具的价值）那样对待他们，永远是错误的。这实际是把一个具有条件价值的、有尊严的种类与只有工具价值的种类混淆在一起了。换句话说，是把人和动物混同在一起了。人性尊严是员工创造力的基础。员工潜力的充分发挥，必须基于员工的自动或自觉自愿。

2. 个体差异观念

人与人之间存在差异是一种不可否认的事实。对个别差异的承认与理解在组织人事决策方面极为重要。因为要达到"人尽其才"的理想状态，必须承认、接受、尊重个别差异，然后才能"因材而用"。人的个别差异，包括智力、人格、能力、生理等。在组织的人际关系上，是追求"人"与"事"的最优配合，以发挥人在工作中的潜在效能。基本的前提首先是了解"人"与"人"的差异性。要了解人的行为，必须分析人的个别差异。只有在工作分析的基础上了解了事的特性、在分析个体差异的基础上认识每一个人的特殊能力，人与事的关系调整才可能达到最优的境界。

3. 相互作用观念

人际关系的建立基于人类行为的相互作用。人不是孤立的，而是社会化的。在人发展的过程中，既受外部环境的影响，又受人与人之间相互关系的影响。马克思指出："人的发展取决于直接和间接进行交往的其他一切人的发展。"我国儒家学说中"仁"字的含义也体现了人际关系的基本原则，所谓"己所不欲勿施于人"，"己欲立而立人，己欲达而达人"，就是人与人之间互利的行为规范。一些社会学的研究成果还表明，在一个健康的社会里，人与人之间的亲密性是必不可少的因素。亲密性使信任得到发展。人们之间的相互关心、相互支持来自密切的社会关系。社会亲密性一旦瓦解，就会产生恶性循环，人们对社会、组织将失去责任感。

4. 激励观念

人力资源管理的目标之一是促使员工把工作尽力做好。人类行为总是有原因的，而一切人事管理的措施，不仅直接刺激员工的行为，而且间接地影响群体的行为。管理者应尽量了解是什么东西在引导员工工作，什么东西在激励他们工作。要把握员工行为的原因，就要掌握激励的法则及了解激励的因素。强调认识和利用激励因素的重要性，并不是研究如何"操纵"员工，而是为了满足员工希望做某事的动力和欲望，引导他们能按照所要求的方式工作。

三、个体行为的一般规律

1. 个体行为的基本特征

个体行为是相对于群体行为而言的。从一般意义上讲，是指在一定的思想认识、情感、意志、信念支配下，个体所采取的符合或不符合一定规范的行动。在组织中，个体行为一般都带有如下特征：

（1）自发性。个体行为是具有其内在的动力自动发生的，外在环境因素可以影响个体行为的方向与强度，但却不能发动个体行为。

（2）因果性。我们可以将行为看作一个表现出来的结果，则这个行为必然存在事先的一个原因；当然，在行为产生之后，这个行为又可能成为下一个行为触发的原因。

（3）主动性。一个具有理性的个体行为不是盲目的，任何行为的产生绝不是偶然出现的，都受个体的意识支配。行为者可能并没有意识到自己的行为的原因，但这绝不表明他（她）不受自己意识的控制。

（4）持久性。由于行为是有目的性的，是个体主动发生的，通常，在个体没有达到自己的目标之前，这种行为也不会停下来。

（5）可变性。个体在追求个人目标时会根据环境的变化，选择最有利的方式，以达到个人的目标。

2. 个体行为影响因素

任何事物的运动都有其内部原因和外部原因，人的行为也不例外。影响个体行为的因素可以从内、外两个方面去寻找原因。

（1）主观内在因素：主要包括生理因素、心理因素、文化因素和经济因素。

（2）客观外在环境因素：主要包括组织的内部环境因素和外部环境因素。

四、价值观与个人行为

1. 价值观的意义

在决定个人行为的诸因素中，决定一个理性个体的持久性、稳定性和主动性行为的因素就是其所形成并稳定的价值观。要深刻认识一个人的行为，认识、理解和把握价值观是必要和重要的。

价值观是指个人对客观事物（包括人、物、事）对自己行为结果的意义、作用、效果和重要性的总体评价，是对什么是好的、什么是应该的总的看法，是推动并指引一个人采取决定和行动的原则、标准。价值观是一种内心标尺。它凌驾于整个人性当中，支配着人的行为、态度、观察、信念、理解等，也支配着人认识世界、明白事物对自己的意义，并据此自我了解、自我定向、自我设计等；也为人自认为正当的行为提供充足的理由。

价值观是人用于区别好坏，分辨是非及其重要性的自我评价标准。它反映人对客观事物的是非及重要性的评价。因为人不同于动物，动物只能被动适应环境，人不仅能认识世界是什么、怎么样和为什么，而且还知道应该做什么、选择什么，发现事物对自己的意义，设计自己，确定并实现奋斗目标。这些都是个人的价值观支配的。

价值观受制于人生观和世界观，一个人的价值观是从出生开始，在家庭和社会的影响下逐渐形成，受其所处的社会生产方式及经济地位的影响。一个人的价值观一旦形成，在一定程度上是不可逆的。具有不同价值观的人会产生完全不同的人生态度和行为。

2. 价值观的类型

价值观包括内容和强度两种属性。内容属性告诉人们某种方式的行为或存在状态是重要的；强度属性表明其重要程度。当我们根据强度来排列一个人的价值观时，就可以获得一个人的价值系统。每个人的价值观都是一个系统。

由于人们的生活和教育经历互不相同，因此价值观也是多种多样的。行为科学家格雷夫斯为了把错综复杂的价值观进行等级划分并归类，曾对企业组织内各式人物做了大量调查，就他们的价值观和生活作风进行分析，最后概括出以下七个等级：

第一级，反应型：这种类型的人并没意识到自己和周围的人类是作为人类而存在的。他们可是照着自己基本的生理需要做出反应，而不顾其他任何条件。这种人非常少见，实际等于婴儿。

第二级，部落型：这种类型的人依赖成性，服从于传统习惯和权势。

第三级，自我中心型：这种类型的人信仰冷酷的个人主义，自私和爱挑衅，主要服从于权力。

第四级，坚持己见型：这种类型的人对模棱两可的意见不能容忍，难以接受不同的价值观，希望别人接受他们的价值观。

第五级，玩弄权术型：这种类型的人通过摆弄别人，篡改事实，以达到个人目的，非常现实，积极争取地位和社会影响。

第六级，社交中心型：这种类型的人把被人喜爱和与人善处看作重于自己的发展，受现实主义、权力主义和坚持己见者的排斥。

第七级，存在主义型：这种类型的人能高度容忍模糊不清的意见和不同的观点，对制度和方针的僵化、空挂的职位、权力的强制使用，敢于直言。

按照这个等级分类，管理学家迈尔斯等在1974年就美国企业的现状进行了对照研究。他们认为，一般企业人员的价值观分布于第二级和第七级之间。就管理人员来说，过去大多属于第四级和第五级，现在情况在变化，这两个等级的人逐渐被第六、第七级的人取代。

价值观对人们自身行为的定向和调节起着非常重要的作用。价值观决定人的自我认识，它直接影响和决定一个人的理想、信念、生活目标和追求方向的性质。

3. 价值观对个人行为的决定与影响

（1）价值观对动机有导向的作用，人们行为的动机受价值观的支配和制约，价值观对动机模式有重要影响。在同样的客观条件下，具有不同价值观的人，其动机模式不同，产生的行为也不相同，动机的目的方向受价值观的支配，只有那些经过价值判断被认为是可取的，才能转换为行为的动机，并以此为目标引导人们的行为。

（2）价值观反映人们的认知和需求状况，价值观是人们对客观世界及行为结果的评价和看法，因而，它从某个方面反映了人们的人生观以及人的主观认知世界。

第三节 组织中群体与团队

一、群体的定义

1. 群体的特点

群体也称为社群，是指聚集在一起的同类人或物种，指由许多同种生物的个体组成的整体或同类人或事物组成的整体。在管理学中，群体是相对于个体而言的，但不是任意几个人在一起就能构成群体。群体是指两个或两个以上的人，为了达到共同的目标，以一定的方式联系在一起进行活动的人群。可见群体有其自身的特点：

（1）成员有共同的目标，虽然有时可能没有明文规定；

（2）成员对群体有认同感和归属感；

（3）群体内有结构层次，有共同的价值观等。

2. 群体的功能

群体具有生产性功能和维持性功能。群体的价值和力量在于其成员思想和行为上的一致性，而这种一致性取决于群体规范的特殊性和标准化程度。群体规范具有维持群体、评价和导向成员思想和行为以及限制成员思想和行为的功能。在群体中，与正式规范同时存在的还有非正式规范。

当非正式规范与正式规范一致时，人们往往按照正式规范行为。群体规范对个体行为的制约表现为服从和从众。群体规范通过内化—外化的机制影响个体思想和行为的变化，是管理上通过建立和维持良好的群体规范培养成员好思想、好品德的心理依据。

二、群体的类别

（1）按照连接关系：可以分为利益型与友谊型群体。

（2）按照构成：可以分为同质或者异质型群体。

（3）按照规模人数：可以分为大型与小型群体。

（4）按照组织化程度：可以分为正式与非正式群体。

三、群体的结构与生产效率

群体的结构是指群体成员的组成成分及这些成分的有机联系状态。群体成员的结构可根据不同维度进行划分，如年龄结构、能力结构、知识结构、专业结构、性格结构以及观点、信念的结构等。群体结构对于群体成员的工作效率有很大影响。群体成员搭配不当，会使群体涣散，经常发生冲突，降低工作效率。

群体结构根据其成员在群体组成成分的接近性程度可分为同质结构和异质结构。

同质结构，指群体成员在能力、性格、年龄、知识等方面都比较接近。研究表明，在如下三种条件下，同质群体可以达到最高的生产率：

（1）当工作比较单纯，而又不需要多种资源来完成工作时，同质群体有较高效率。

（2）当完成某一件工作需要大量合作时，同质群体往往有效。因为在这样的群体中冲突和竞争较少。

（3）如果一个群体在工作时需要连锁反应，那么群体的同质性对群体完成任务较有帮助。

异质结构，指群体成员在上述各个方面有很大差别。以下三种情景中异质群体会有较高的生产率：

（1）异质群体适合于完成复杂的工作，因为在该群体中有各种能力和各种见解的人，"仁者见仁，智者见智"，这样有利于解决复杂问题。

（2）当在较短时间要做出解决问题的方案时，异质群体就有优点，异质群体往往需要从多个角度、不同侧面，通过较长时间争议，最后统一思想，做出决策。而同质群体，则会由于意见一致，工作进行的较快而对短时间内所做出的决策论证不足。比如，法庭审判中异质的陪审团要有较长的时间才能做出决定，这样有利于对案件的证据做更深入的分析。

（3）凡需要有创造力的地方，由不同类型的成员组成的群体较为有利，不同的见解有助于提高群体的创造力。

管理者应当懂得，为完成某一任务或达到某一目的从事组织工作时，必须注意寻求所组成的工作群体中，同质成员与异质成员构成的平衡。也就是说，如果群体成员过于参差不齐，他们彼此之间就难以和谐地相互作用，因而抑制了生产率的提高；与此相反，如果群体成员过于整齐划一，很快达到一致，听不到不同意见，或有意见也不说，这样群体的智慧就很难充分发挥。总之，管理人员要注意研究工作群体成员的素质结构及其作用。

四、群体规模

群体规模指构成群体的人数的多少。据此可以将群体划分为大、中、小三种。一般认为小群体的下限应为 2 人或 3 人，但大多数主张不能少于 3 人，因为 2 人往往只能构成个人间的纯感情关系，如果发生争执，没有第三者调解，矛盾很难解决，不能体现群体的特征。对于上限的人数则存在不同看法，如多数人认为 7 人最佳，但也有主张 20 人、30 人甚至 40 人的，总之，群体的规模不能太大，因为规模太大，使群体成员间彼此不能见面、接触和了解，心理上没有相互联系和影响，行动上没有相互作用，也就没有对某一群体的归属感，因此也就失去了群体的质的特征。

群体成员数是奇数还是偶数。主张群体应为奇数的人认为当群体成员发生意见分歧时，奇数群体可以采取投票表决的方式使问题迅速得到解决；主张偶数群体的人则认为有时真理掌握在少数人手中，因而只有在深入讨论的基础上解决问题，才能更好地发挥群体的力量。

当代管理界普遍认为，群体规模最终应根据生产任务的特征而确定，应遵循以下原则：

（1）群体规模的下限保证能按时、定量地完成生产任务。

（2）群体规模的上限应保证不会因规模过大而造成生产效率的下降。

（3）必须努力寻求使其生产效率达到最佳水平的适度规模。

群体规模与群体效率之间的关系如下：

（1）与成员工作满意度的关系。工作群体的规模与工作满意度呈负相关，也就是说工作群体的规模越大，员工的满意度越低。这可能是由于工作规模的加大，使得个人受到关注以及与他人交流的机会减少，个人的归属感、群体对个人的吸引力降低等因素使得员工的满意度不高。

（2）与生产效率的关系。工作规模与生产效率之间的关系比较复杂，受生产任务性质的影响。工作任务可以有两种性质：一种是"相加性"工作，整个工作任务的总效果是由从事该工作的个体工作相加得到的。例如，生产某种零件，1个人生产10件，那么10个人就是100件。另一种是"联结性"工作，在完成一项任务时，每个成员必须共同合作，例如组装一辆汽车。在第一类工作中，人越多工作成效越大。在第二类工作中，人过多工作效率反而会下降。

（3）与出勤率的关系。国外对蓝领工人的研究表明：工作群体规模与缺勤或旷工呈正相关。工作群体规模越大，缺勤率越高。而在白领管理人员的研究中没有发现二者之间有关系。

（4）与员工流动性的关系。国外研究表明：工作群体规模与离职率成正比。这也就是说工作群体规模越大，人们离职的可能性越大。这主要是由于群体规模的加大，削弱了群体对个体的吸引力和归属感而造成的。

五、群体的特殊作用

群体的特殊作用指的是群体一旦形成，对于群体成员所产生的特殊作用。群体行为决定着个体行为的方向，个体行为是群体行为的体现。群体由个体构成，因此，群体行为离不开个体行为；但群体行为并不是个体行为的简单相加。其原因为：当某群体把成员个体凝聚在一起时，群体就具有独立的意识和目的，并且具有其特定的社会性，该群体的活动效果反映着整个行为主体的状况，而不再以个体的意识、目的为转移。群体形成之后产生的特殊作用主要包括以下方面。

（一）压力作用

群体压力指成员在一个群体中感受到的心理约束的强弱。影响压力的因素有：

（1）规模的大小。

（2）规范化的程度。

（3）个体在群体中的地位以及对群体的依赖程度。

产生群体压力之后的结果是成员对群体的顺从。压力越大，顺从意识就越强。

（二）社会助长作用

1. 观众效应与抑制效应

所谓观众效应就是群体存在，尤其是在现场时对于个体行为的影响作用。这种影响作用具有正负两面性。实验表明，如果个体的表现属于熟练性的技能展示，观众存在会产生正向作用，即会使个体表现得比平常更好；如果是非熟练技能，观众存在会产生一种压力，影响技能发挥。

2. 力量的放大效应

力量放大效应指的是个体在群体中，由于心理与实际的感受，会觉得力量增强，因此会做出单独的个体所不能或者不会做出的行为。

3. 归属与满足效应

归属与满足效应指个体在一个群体中，会产生一种归属感，会得到不同程度的感情满足，所以人们总是希望加入某个群体。

六、工作团队：现代群体

1. 团队的概念

团队又称工作团队，是近年来在西方企业中普遍运用的一种组织形式。所谓团队，指的是由为数不多的员工根据功能性任务组成的工作单位，其主要的特征是团队的成员承诺共同的工作目标和方法，并且互相承担责任。团队与传统的班组是性质不同的两种基层单位。团队的成员要接受一定的训练，要掌握团队工作技能和习惯，特别是每一个成员都要掌握多种技能，以便在工作中相互支援。团队成员要求具备解决问题和做决定的能力，能够确定问题和提出解决问题的方法。

团队工作组织起源于 20 世纪 50 年代的工作再设计和社会技术理论。1948～1958 年在英国煤矿的系列研究和后来在瑞典沃尔沃公司的工作丰富化和自主化研究，证明组织的功能是组织的社会心理过程（企业文化、个人动机等）与组织的生产技术与运行相互作用的过程。组织是一个把投入（人、财、物）转化为产出的社会—心理—技术系统，经济手段与社会心理影响各自互相作用于个人的工作绩效，从而对组织整体的运行产生作用。

20 世纪 60 年代末至 70 年代初，一些大型跨国公司开始采用团队组织形式。这在当时还是一件十分新鲜的做法。发展到今天，优秀的大公司都不同程度地运用着团队这一组织模式来提高效率。如历史最为悠久、影响最为广泛的全面质量管理小组是团队的最早形式。除此之外，今天还有自主化团队、攻关型团队和矩阵式团队。不同的团队运行机制是不同的。如自主化团队通常有较大的自主权，它拥有安排工作计划、落实工作、安排休息的权力，在人事聘用和报酬决定方面也有一定的决定权。而攻关型团队则是聚集各路精英，专门解决各种重要的关键技术问题的团队。

2. 团队兴起的原因

团队这种组织为什么会兴起？罗宾斯认为主要包括几个方面的原因：

（1）创造团结精神。团队成员希望也要求相互之间的帮助和支持，以团队方式工作，因此促进了成员之间的合作并且提高了士气，创造了一种增加工作满意度的氛围。

（2）使管理层有时间进行战略性思考。采用团队形式，特别是自我管理的团队形式，可以使管理层从繁杂的一般性工作中解脱出来，有更多的时间考虑战略性问题。

（3）提高决策的速度。团队形式将一些决策权下放给团队，使得组织在决策上有更大的灵活性，提高了决策的速度。

（4）促进员工队伍多元化。由不同背景和经历的人组成团队，使得在分析问题和解决问题时的视野更加开阔，决策更有创意。

（5）提高绩效。[①] 实践也已经证明，团队可以在如下几个方面发挥积极作用：

第一，激励员工。

---

① 罗宾斯：《管理学》，中国人民大学出版社 2004 年版中译本第 377～378 页。

第二，提高生产效率。

第三，提高职工的满意度。

第四，增进员工之间的沟通与合作。

第五，促使员工多元化发展，拥有多种技能。

第六，增强组织的灵活性与应变能力。

正是由于团队组织具有如此多的积极作用，也才使得这种组织形式迅速普及发展。

3. 团队发挥作用的前提

罗宾斯指出，团队形式是不能自动地提高生产力的，不具备条件的团队也可能让管理者失望。那么，一个有效的团队需要具备哪些条件呢？研究发现，如下是形成一个高效团队所不可缺少的条件：

（1）清晰的目标。

（2）相关的技能。

（3）相互的信任。

（4）一致的承诺。

（5）良好的沟通。

（6）谈判技能。

（7）恰当的领导。

（8）内部支持和外部支持。

4. 工作团队大体上有三种类型

（1）问题解决型：一般是由同一部门的员工组成，围绕工作中的某一个问题，每周花一定的时间聚集在一起，对问题进行调查、分析并提出意见和建议，一般没有权力或足够的权力付诸行动，如20世纪80年代盛行的全面质量管理小组（TQC）。

（2）多功能型：一系列的任务被分派给一个小组，小组然后决定给每个成员分派什么具体的任务，并在任务需要时负责在成员之间轮换工作。

（3）自我管理型：具有更强的纵向一体化特征，拥有更大的自主权。给自我管理工作团队确定了要完成的目标以后，它就有权自主地决定工作分派、工间休息和质量检验方法等。这些团队甚至常常可以挑选自己的成员，并让成员相互评价工作成绩，其结果是团队主管的职位变得很不重要，甚至有时被取消。

一般来讲，工作群体的绩效是每个成员个体贡献的总和，个体之间的积极协同作用不明显或者作用不大；而工作团队与工作群体的最大区别是个体之间积极的合作。其团队成员努力的结果使团队的绩效水平大于个体成员绩效的总和。

第四节　组织中的非正式组织

一、非正式组织的概念

非正式组织理论是巴纳德最先创立的。但他对非正式组织的定义却过于宽泛，理论缺乏实际应用价值。他认为一切可产生共同结果，但缺乏自觉的共同目标的群体活动都是非正式组织。另一位管理学家梅粤在实验基础上提出了一个较具实用价值的非正式组织概念，即非正式组织指存在于正式组织之中，是人们在共同工作中所形成的靠感情和非正式规则联结的群体。非正式组织与正式组织相互依存，前者对后者的效率有很大的影响。后来的一些管理学家对非正式组织进行了更广泛的研究。形成了较完整的非正式组织理论，其中认为非正式组织主要基于以下几点原因而形成的：

（一）共同的利益指向

在一个正式组织中，虽然存在一个共同的正式目标，但在这个目标之下，各个成员又都有自己的利益，如果一部分成员的共同利益比较接近或相同，就容易对一些问题做出同样的反应，久而久之，就会自然而然地形成一种非正式组织。

（二）共同的价值观和兴趣爱好

在一个正式组织中，如果一部分成员在性格、爱好、情感、志向等方面存在着一致性，就自然而然地会经常接触、形成伙伴关系。这种伙伴关系会对正式组织的工作产生有利或不利的影响，从而发展为非正式组织。

（三）具有类似的经历或背景

在一个正式组织中，同乡、同事、同学、师徒等具有类似经历或背景的人之间都会加强接触和往来，并在工作中互相作用，进而形成非正式组织。

非正式组织是相对于正式组织而言的一种准组织现象。由于它是无形的，了解非正式组织，就只能从其行为特征上来把握。非正式组织一般来说具有如下几方面的特征：

（1）非正式组织的联系纽带主要是个人之间的感情。即非正式组织的成员是以感情为基础进行合作和认同的。正式组织则是以效率逻辑为联系纽带的。譬如说，如果正式组织为提高效率，可以将两个互有敌意的人同时安排在一个组织中，在非正式组织中这种现象是根本不可能出现的。由于感情缺乏外在的固定模式，所以非正式组织的进入和退出不需要履行正式组织那样的手续。也由于以感情为联系纽带，使得非正式组织往往比正式组织具有更强的凝聚力。

（2）非正式组织的行为规范是非制度化的。制度化是正式组织的基本特征。在正式组织中，一切都制度化了。如每一个正式组织都有明文规定的纪律、守则以作为成员行为必须遵守的规范。在非正式组织中，也存在着种种行为规范，非正式组织的每一个成员都必须自觉地遵守这些行为规范。这些行为规范不可能采取制度化的形式。所以，非正式组织的行为规范缺乏强制约束力，要靠其成员自觉遵守，互相默认。此外，在正式组织中，违犯了纪律等行为规范时，组织将会采取强制性的惩罚措施，但非正式组织中的行为规范被违背时，所采取的也只有孤立、疏远等拉开感情距离的措施。

（3）非正式组织的领导者是真正靠个人影响力发挥作用的。非正式组织中也存在领导者甚至领袖。但是，这些领导者没有制度化的权力，他们发挥作用的唯一基础是个人影响力。在非正式组织中，领袖必须遵循权力接受论。而在正式组织中，领导者可以通过上级的任命取得职务所规定的权力。

二、非正式组织类型及其作用

（一）非正式组织的类型

（1）情感型，即以深厚感情和友谊为基础形成的非正式组织。

（2）爱好型，即出于共同的兴趣和爱好而形成的非正式组织。

（3）利益型，即以成员的共同利益为基础而形成的非正式组织。

（4）亲缘型，即以亲戚、血统等为基础形成的非正式组织。

（二）非正式组织的作用

非正式组织的作用可以分为两个方面：即积极作用和消极作用。一个非正式组织是发挥积极作用还是产生消极作用，取决于非正式组织的内部结构和形成的基础。当非正式组织的结构与正式组织一致时，就会发挥积极作用。而当两者相悖，尤其当正式组织的领导在非正式组织成员中失去威信时，就会产生消极作用，具体包括如下几点：

（1）非正式组织的存在会增强组织内职工间的凝聚力。这种凝聚力既有利于完成组织的任务，也可能成为阻碍完成任务的因素。以感情纽带联结起来的非正式组织会给员工以感情满足。因此，会增强员工之间的团结，同时也就会增加正式组织的凝聚力，这种凝聚力如果运用得当，会为完成组织的任务作出积极的贡献。这时，非正式组织的目标与正式组织的目标是一致的。另外，这种凝聚力也可能成为提高组织效率的障碍。西方管理学家在试验中屡屡发现，企业中非正式组织的存在总会阻碍员工超额完成任务，使工作效率保持在一个平均水准上，以防企业管理者不断提高定额，加大工作负担。研究证明，很高的凝聚力可能导致很高的生产率，也可能导致很低的生产率。

（2）非正式组织的存在会增加信息沟通，使人们更快地取得一致。成员通过这种交往得到更多的快乐，但同时也可能因为这种非正式组织的信息沟通，使一些不准确甚至属于谣言的信息到处传播，小道消息四起，影响员工之间的团结，进而直接影响员工之间的协作。非正式组织的沟通多半是通过"小道消息"这种非正式沟通渠道完成的。这种沟通是正式沟通不可缺少的补充，并且，感情之间的沟通更是正式组织的沟能渠道所不能完成的，非正式组织可以弥补这一不足。通过非正式组织的沟通，还可以使员工获得地位感。但非正式组织中小道消息的传播往往容易使传播的消息遭到人为的扭曲，特别是在不同的非正式组织之间存在着矛盾时，这种小道消息的传播往往会加剧矛盾。

（3）非正式组织的存在可能会增加激励，也可能会减少激励。非正式组织的存在可以使人们感到鼓励。非正式组织的赞扬会提高员工的成就感，同时也使激励作用加强。但若非正式组织不鼓励成员努力工作时，正式组织的激励制度的作用则会大大减弱。

三、非正式组织与组织文化建设

前文已经指出，非正式组织是一种客观存在。在现代管理中，应当积极利用非正式组织的积极作用。而且非正式组织现象本身就是一种文化现象。只要我们对非正式组织合理运用，就有助于推进组织文化建设。在建设组织文化中，更是要注意这一点。组织文化建设，更多的是非正式交往中形成的共同价值观，密切的交流，这些在非正式组织的活动中十分常见，因此，组织管理者要利用非正式组织的发展规律开展组织文化建设。

（1）利用非正式组织成员之间情感密切的特点，引导他们互相取长补短，互帮互学，提高职工的生产技术水平，提高劳动生产率。增强人们的非制度性合作，提高合作的效率，使人们在这样的合作成分中认识全面合作的益处。

（2）利用非正式组织成员之间互相信任、说话投机、有共同语言的特点，引导他们开展批评与自我批评，克服缺点，发扬优点，不断提高思想政治水平和工作能力。通过非正式的交往，强化感情交流，增强社会满足，提高组织的内聚力和向心力。

（3）利用非正式组织信息沟通迅速的特点，可及时了解职工对组织工作的意见和要求，使领导者做到胸中有数，知彼知己。

（4）利用非正式组织的凝聚力强，能较好地满足成员的社交等心理需求的特点，可以有意识地把有些组织无力顾及的群众工作交给他们去做，这对于解决群众的特殊疑难问题，促进组织内部安定团结，具有重要的作用。

（5）利用非正式组织内群体压力大，成员从众心理强，标准化倾向强的特点，在制订定额，确定任务、目标，分配任务时，只要有可能的话，标准就可适当提高，难度也可以适当加大，以提高工作效率，克服工作难关。在组织文化的建设中，将组织文化的活动与非正式组织的活动结合起来，加快组织文化的建设。

（6）利用非正式组织中自然形成的领袖人物具有说话灵、威信高、影响力较大的特点，在情况允许的条件下，对其领袖人物可以适当信任、依靠，并授予他相应的权力，从而把整个非正式组织纳入企业正式组织目标的轨道。

在大多数情况下，正式组织与非正式组织的凝聚力是此消彼长的。如果一个职工在正式组织中感到非常温暖，在感情方面有一种归宿感，那么他参加或组成非正式组织的倾向就会大大削弱。为此，管理人员在正式组织中，应努力地、最大限度地满足人们的合理需求，从而使每个人在正式群体中达到"心理平衡"状态，对组织的气氛，环境以及人际关系感到满足，这样就可以削弱非正式组织的影响力。

此外，还应针对不同的非正式组织的不同性质，分别采取不同的对策，对症下药。概括地来说就是：对有积极作用的非正式组织应予以支持、帮助，比如群众自发组织的革新小组、学习小组等；对于有消极影响的非正式组织，则应给予积极引导，并加改造，削弱其作用，促进其向有利的方面转变。

第五节 组织的文化

一、组织文化的概念

什么是组织文化？中外学者至今还没有一个统一的看法。为了更好地理解这个概念，下面对一些有影响的定义略作介绍。

美国学者希恩认为："组织文化是特定组织在处理适应外部环境和内部整合过程中出现的种种问题时所发明、发现或发展起来的基本假说的规范。这些规范运行良好，相当有效，因此被当作教导新成员观察、思考和感受有关问题的正确方式。"

克拉克、霍恩则认为组织文化是"主要依靠符号来获得知识与传递思想、感受和反应的方式"，"其基本核心是传统意识和价值观"。

著名的管理学家哈罗德·孔茨等认为："（组织文化）指成员所共有的总的行为方式、共同的信仰及价值观。"[①]

---

① 哈罗德·孔茨等著：《管理学》，经济科学出版社 1998 年 7 月出版中译本第 217 页。

对中国的企业文化学具有启蒙贡献的哈佛大学学者迪尔与肯尼迪在合著的《企业文化》一书中，以企业为例，对组织文化这样下的定义："企业文化是由价值观、神话、英雄和象征凝聚而成，这些价值观、神话、英雄和象征对公司的员工具有重大的意义。"

以发现企业文化对企业竞争力有重大影响而名扬管理学界的日裔美籍学者威廉·大内在其名著《Z 理论》一书中指出："公司文化是由其传统风气所构成的。同时，公司文化意味着一个公司的价值观，诸如进取、守势或是灵活，这些价值观构成公司职工活动、意见和行为的规范，管理人员身体力行，把这些规范灌输给职工并代代相传。"[1]

我国自 20 世纪 80 年代引入企业文化概念，并着手研究中国的企业文化，也提出了自己的企业文化（组织文化）的定义。如余凯成等认为："组织文化是在一定的历史条件下，某一组织在其发展过程中形成的共同价值观、精神、行为准则及其在规章制度、行为方式和物资设施中的外在表现。"[2]

另一位学者孙成志认为，组织文化是组织员工在较长时期的生产经营实践中逐步形成的共有价值观、信念、行为准则及具有相应特色的行为方式、物质表现的总称。[3]

还有学者认为，组织文化是指在一定的社会历史条件下，组织在生产经营和管理活动中所创造的具有本组织特色的精神财富及其物质形态。它包括文化观念、价值观念、组织精神、道德规范、行为准则、历史传统、企业制度、文化环境、企业产品等。其中，价值观念是组织文化的核心。

从上述这些定义我们看到，各种定义虽然字面上存在差别，但是基本含义却大致相同，认为组织文化是一种反映组织特色，支配员工行为的价值观念和价值观念体系。据此，我们将组织文化定义为：它是一个组织在长期的生存与发展过程形成的一种具有特色的、为全体员工所认同并且对员工的行为产生约束力和激励力的价值系统。

在组织文化中，核心内容是组织的价值观，它为组织员工提供了一种共同意识以及日常行为的指导方针。组织文化通过以价值观为核心的文化意识观念，说服、感染、诱导、约束组织成员，把全体成员凝聚在一起，最大限度地调动成员的积极性和创造性。为组织的发展和效率提供源源不断的动力。这就是组织文化的精髓。

二、组织文化的特性

1. 普遍性

一个组织是一定个体的集合体，人们加入某个组织的目的各种各样。但是组织的每一个成员都清楚，组织目标与个人目标的统一是个人和组织获得发展的必要条件。能否保证二者的一致，除了必要的制度规范强制保障这种必要的统一之外，组织的管理者还必须让员工了解组织的目标；让个人目标自觉地与组织目标协调。为此，内部必然会建立起一系列整合员工行为、观念的规范和判断这些行为和观念的标准，形成员工共享的符合组织宗旨和发展需要的价值观念和行为准则。即使在这方面没有有意识的设计，在组织的生存与发展中，它们也会逐渐地自然形成。可以说：只要有正式的组织就有组织文化。只不过，

---

①　威廉·大内：《Z 理论》，中国社会科学出版社 1984 年版。
②　余凯成：《组织行为学》，大连理工大学出版社 2006 年版，第 521 页。
③　孙成志：《组织行为学》，东北财经大学出版社 2007 年版，第 373 页。

有些组织文化已经定型，十分明显，容易感受；有些则比较模糊，还可能处在形成过程之中，需要认真的分析才可能发现。但这并不否认组织文化的存在。所以说，组织文化具有普遍性。

2. 客观性

组织文化虽然是通过有目的的活动建立起来的，而且管理者必须为之付出一定的努力，但是一种组织文化的形成并不完全取决于管理者主观意志。组织文化能够发挥作用，首先必须为成员所接受，自然也就必须满足成员的要求。一种组织文化能够稳定并为社会所感受，也就必须符合组织的实际。这就是对组织文化的客观性要求。现代社会组织（包括企业）不仅是人们工作的场所，也是人们社会生活的一部分，是人们社会性得到满足的重要方式。人们有理由希望工作本身具有意义。管理者在建设组织文化的工作中必须意识到并且实践这一点。在组织文化的形成过程中，组织的结构、性质、规模以及所处的社会环境等都将对其产生直接的影响作用。从这个意义上讲，我们说组织文化是客观的。

3. 实践性

每个组织的文化都是在组织的长期实践的基础上，通过有目的的实践活动有意识地培养起来的。离开了组织的实践，就不可能有组织文化。组织的实践是组织文化的产生发展以及不断丰富的源泉。实践性的含义还在于组织文化不是空洞的口号，而是要付诸实践的价值观和信仰体系。不结合组织实际的文化，只是一种文化形式，不能够指导组织实践的文化，只是一种文化理念；不能够与组织的实际有机结合起来的文化，肯定是没有生命力的文化。这一点，担负着组织文化建设重要使命的管理者尤其要注意。为什么我国一些组织文化没有生命力，发挥作用不突出？重要的原因之一是与实践脱离。

4. 可塑性

组织文化的可塑性指的是组织文化是可变的，也受时代、组织的内部结构、战略目标和结构等因素的影响。因此，组织文化的塑造必须紧跟时代的步伐，必须适应组织的发展，必须充分发挥组织成员的创造性，不断塑造新型的组织文化。

三、组织文化的作用

1. 凝聚员工的作用

由于组织中最重要、最活跃的因素是人。而人在一个组织中是否结合成一个有机的整体，不仅需要组织化的制度分工，将全体成员进行制度化地安排，而且还需要员工具有共同的价值观、共同的行为准则与行为方式，能够认同自己工作的组织，能够与组织同呼吸、共命运；能够自觉地为实现组织的目标而努力。这些都是制度和规则难以发挥作用的，它必须建立在员工具有共同价值观、共同信念、共同理念和共同利益的基础上。一种优秀的组织文化统一了员工的价值观，行为准则，利益指向，将员工凝聚为一个团结的整体。这就是组织文化发挥的凝聚力作用。在现实中我们也看到，具有优秀组织文化的组织，能够很快地形成整体合力；能够在工作中相互无私地支持。这就是组织文化发挥作用的表现。

2. 激励员工的作用

优秀的组织文化形成，有助于职工获得较高的心理满足。因为在具有优秀组织文化的组织中工作，员工在组织中能够感受到家庭般的温暖；能够进行深度沟通；优秀的组织文化所树立的良好的组织形象会使员工感到自豪，员工更愿意为这样的集体努力工作，贡献自己的力量。

3. 规范行为的作用

优秀的组织文化中，价值观是核心，一旦这样的价值观深入人心，就会成为人们自觉的行为准则，约束自己的行为。优秀的组织文化可以通过感化，通过教育，使人们的心目中形成一个强有力的内在约束机制。这个约束机制可以对职工的行为进行强有力规范。使全体职工的行为与企业的要求保持高度的一致。

4. 树立良好形象的作用

组织同个人一样都有自己的形象。而且一个组织的形象是相当重要的。如企业形象是现代企业提高竞争力的重要手段。塑造企业形象，离不开优秀的企业文化的形成。一种优秀的企业文化，会通过企业的外在物质特点，员工的行为展示给社会，好的企业文化会提高员工与社会的融合，容易为社会所接受，容易为企业更好地取得社会支持提供帮助。在一个优秀的企业文化中，为树立企业形象服务是企业努力的必然方向。

5. 优秀的组织文化是组织得以长盛不衰的重要保证

研究当代企业发展的历史，我们不难发现，对于一个企业而言，两三年的繁荣靠营销；十年的优势靠技术；百年的生存靠文化。如美国的可口可乐公司，一种碳酸饮料支撑了一个百年企业。诀窍何在？就在于可口可乐已经不被认为只是一种生产饮料的企业，由它形成的一种文化被认为是美国企业文化的代表。所以这样一个公司，没有太多的高科技成分，却做到了百年不衰，近些年来多次被评为世界最优秀的企业。所以当今许多企业的领导人深深感受到，如果一个企业没有一套成功的文化，企业的生命力就是有限的。如一些高技术企业就认识到，技术是成功的重要因素，但不能让技术成为主宰，一旦变成主宰，公司就可能失败。如当今最有名的高科技企业之一——美国思科公司在聘用员工的时候，有两条原则：①行业里10%最顶尖的人物；②它要适应公司的文化。如果一个人技术优秀，但不适应公司的文化的人，思科仍然不会聘用。

四、组织文化的类别

每一个组织的文化都带有自己的特色，但是将所有的文化集中起来进行分析，可以发现这些文化可以按照不同的标准进行分类。下面介绍几种分类理论。

1. 美国著名企业文化学者特伦斯·迪尔与阿伦·肯尼迪的分类

（1）硬汉文化。指敢于冒险，勇于迎接挑战的文化。这样一种文化在组织内部往往也充满了竞争，组织内的压力比较大。在竞争环境特别激烈，或者任务型领导者领导的组织中，这样的文化比较多见。

（2）努力工作，尽情享受的文化。这样一种文化表现为员工努力的工作，精力充沛，但是压力并不是很大，工作与玩乐并重。在一些以青年人为主，现代型的组织中，这样的文化比较多见。

（3）长期赌注文化。这是一种风险很大，反应缓慢的文化，其人力资本上的价值观是集中长期投资。这类文化尊重权威和专家，要求员工具有成熟的表现。在一些历史长、规模大，管理规范的公司中常常表现为这样一种文化。

（4）过程文化。这是一种低风险、慢反馈的文化。员工比较多地重视过程，而不重视结果。这样一种文化更多的是一种官僚主义的文化。容易抑制人的创造性。一般在长期没有变革，历史较长，机械型的组织中，这样一种文化比较多见。

2. 我国学者的分类

（1）网络型组织文化。基本表现为：高度和睦交往，低度合作一致。在具有网络型组织文化的组织中，员工们有时就像一家人，他们常常相互开展一些非正式活动，非正式的沟通比较频繁。如互相参加婚礼庆典、庆祝晚会，共进午餐甚至晚餐，连居所可能都很近。在开会讨论问题之前，朋友们或友人小集团就已弄明白有关那些问题的决策。这种非正式的方式可以给组织以灵活性，是避免官僚主义的一种好办法。但是由于低度的合作，虽然看起来大家关系融洽，但是并不表明价值标准完全统一。网络型组织的员工经常对绩效标准、工作程序、规则和制度有不同看法。可以说，这并不是一种对组织目标实现特别有利的文化。

（2）利益型组织文化。利益型组织文化的基本表现是：低度和睦交往，高度团结一致。在这样的组织中，非正式的交往很少，但是，大家都围绕一个明确的目标而努力工作，员工们将工作与生活明显区分开来，并且通常不能容忍低劣的工作绩效。这种高度团结一致的局面使组织的工作效率很高，但是员工在组织中获得的心理和社会需要的满足不够。这样的文化在一些工作任务饱满，员工居住分散，福利活动（有组织的文化娱乐等）不多组织中比较多见。这样一种组织文化主要的不足是凝聚力不够。

（3）个人型组织文化。个人型组织文化的基本特征是：低度和睦交往，低度团结一致。最明显的特点就是员工表现出较低的组织集体意识，如在一些研究机构、大学等表现比较突出。在这样的组织中，人们在工作中合作不是特别广泛，而且工作的组织化程度不高，以个人为主的独立工作方式使得人们的正式与非正式的交往都十分不足。这样的组织容易形成散乱的局面，意见难以统一。不过，在这样的组织中，过分强调一致与统一容易扼杀创新的思想与积极性。

（4）俱乐部型组织文化。基本特征是：高度和睦交往，高度团结一致。员工都表现出强烈的组织意识和成员意识，如在苹果公司初创时，员工们欣然将自己视为"苹果人"。这种组织的生命不时被具有强烈宗教仪式意义的社会活动所强化；员工们往往是风险共担，利益共享，而且对竞争的认识非常清晰。在小规模，创业型的组织中，容易形成这样一种文化。在这个阶段，人们目标一致程度非常高，正式与非正式的交往都很多，容易形成这样的文化。

应当说，四种类型的文化的优劣都是相对的，因此组织结构、宗旨、性质等的差异，需要各种不同的文化。对于组织的领导者来说，关键是要弄清楚组织处于什么样的环境下，什么样的组织文化能够发挥最好的作用。有针对性地从实际出发建设自己的组织文化。

第六节 组织的结构与运行系统

一、常见组织结构的类型

1. 直线制

直线制是一种最早也是最简单的组织形式。它的特点是组织各级行政单位从上到下实行垂直领导，下属部门只接受一个上级的指令，各级主管负责人对所属单位的一切问题负责。厂部不另设职能机构（可设职能人员协助主管人工作），一切管理职能基本上都由行政主管自己执行。直线制组织结构的优点是：结构比较简单，责任分明，命令统一。缺点是：它要求行政负责人通晓多种知识和技能，亲自处理各种业务。这在业务比较复杂、企业规模比较大的情况下，把所有管理职能都集中到最高主管一人身上，显然是难以胜任的。因此，直线制只适用于规模较小，生产技术比较简单的企业，对生产技术和经营管理比较复杂的企业并不适宜。

2. 职能制

职能制组织结构，是各级行政单位除主管负责人外，还相应地设立一些职能机构。如在厂长下面设立职能机构和人员，协助厂长从事职能管理工作。这种结构要求行政主管把相应的管理职责和权力交给相关的职能机构，各职能机构就有权在自己业务范围内向下级行政单位发号施令。因此，下级行政负责人除了接受上级行政主管人指挥外，还必须接受上级各职能机构的领导。

职能制的优点是能适应现代化工业企业生产技术比较复杂，管理工作比较精细的特点；能充分发挥职能机构的专业管理作用，减轻直线领导人员的工作负担。但缺点也很明显：它妨碍了必要的集中领导和统一指挥，形成了多头领导；不利于建立和健全各级行政负责人和职能科室的责任制，在中间管理层往往会出现"有功大家抢，有过大家推"的现象；另外，在上级行政领导和职能机构的指导和命令发生矛盾时，下级就无所适从，影响工作的正常进行，容易造成纪律松弛，生产管理秩序混乱。由于这种组织结构形式的明显的缺陷，现代企业一般都不采用职能制。

3. 直线—职能制

直线—职能制，也称生产区域制，或直线参谋制。它是在直线制和职能制的基础上，取长补短，吸取这两种形式的优点而建立起来的。目前，我们绝大多数组织都采用这种组织结构形式。这种组织结构形式是把组织管理机构和人员分为两类：一类是直线领导机构和人员，按命令统一原则对各级组织行使指挥权；另一类是职能机构和人员，按专业化原则，从事组织的各项职能管理工作。直线领导机构和人员在自己的职责范围内有一定的决定权和对所属下级的指挥权，并对自己部门的工作负全部责任。而职能机构和人员，则是直线指挥人员的参谋，不能对直接部门发号施令，只能进行业务指导。

直线—职能制的优点是：既保证了企业管理体系的集中统一，又可以在各级行政负责人的领导下，充分发挥各专业管理机构的作用。其缺点是：职能部门之间的协作和配合性较差，职能部门的许多工作要直接向上层领导报告请示才能处理，这一方面加重了上层领导的工作负担；另一方面也造成办事效率低。为了克服这些缺点，可以设立各种综合委员会或建立各种会议制度，以协调各方面的工作，起到沟通作用，帮助高层领导出谋划策。

4. 事业部制

事业部制最早是由美国通用汽车公司总裁斯隆于1924年提出的，故有"斯隆模型"之称，也叫"联邦分权化"，是一种高度（层）集权下的分权管理体制。它适用于规模庞大、品种繁多、技术复杂的大型企业，是国外较大的联合公司所采用的一种组织形式，近几年我国一些大型企业集团或公司也引进了这种组织结构形式。事业部制是分级管理、分级核算、自负盈亏的一种形式，即一个公司按地区或按产品类别分成若干个事业部，从产品的设计，原料采购，成本核算，产品制造，一直到产品销售，均由事业部及所属工厂负责，实行单独核算，独立经营，公司总部只保留人事决策，预算控制和监督大权，并通过利润等指标对事业部进行控制。也有的事业部只负责指挥和组织生产，不负责采购和销售，实行生产和供销分立，但这种事业部正在被产品事业部所取代。还有的事业部则按区域来划分。

5. 矩阵制

在组织结构上，把既有按职能划分的垂直领导系统，又有按产品（项目）划分的横向领导关系的结构，称为矩阵组织结构。

矩阵制组织是为了改进直线职能制横向联系差，缺乏弹性的缺点而形成的一种组织形式。它的特点表现在围绕某项专门任务成立跨职能部门的专门机构上，例如组成一个专门的产品（项目）小组去从事新产品开发工作，在研究、设计、试验、制造各个不同阶段，由有关部门派人参加，力图做到条块结合，以协调有关部门的活动，保证任务的完成。这种组织结构形式是固定的，人员却是变动的，需要谁，谁就来，任务完成后就可以离开。项目小组和负责人也是临时组织和委任的。任务完成后就解散，有关人员回原单位工作。因此，这种组织结构非常适用于横向协作和攻关项目。

矩阵结构的优点是：机动、灵活，可随项目的开发与结束进行组织或解散；由于这种结构是根据项目组织的，任务清楚，目的明确，各方面有专长的人都是有备而来。因此在新的工作小组里，能沟通、融合，能把自己的工作同整体工作联系在一起，为攻克难关，解决问题而献计献策，由于从各方面抽调来的人员有信任感、荣誉感，使他们增加了责任感，激发了工作热情，促进了项目的实现；它还加强了不同部门之间的配合和信息交流，克服了直线职能结构中各部门互相脱节的现象。

矩阵结构的缺点是：项目负责人的责任大于权力，因为参加项目的人员都来自不同部门，隶属关系仍在原单位，只是为"会战"而来，所以项目负责人对他们管理困难，没有足够的激励手段与惩治手段，这种人员上的双重管理是矩阵结构的先天缺陷；由于项目组成人员来自各个职能部门，当任务完成以后，仍要回原单位，因而容易产生临时观念，对工作也有一定影响。

矩阵结构适用于一些重大攻关项目。企业可用来完成涉及面广的、临时性的、复杂的重大工程项目或管理改革任务。特别适用于以开发与实验为主的单位，例如科学研究，尤其是应用性研究单位等。

各种组织结构的图示见图 4 - 2、图 4 - 3、图 4 - 4、图 4 - 5。

二、组织结构的运行系统

从管理学意义上看，组织结构实质上是一种职权—职责关系结构。一个现代化的、健全的组织机构除了前述形式的结构之外，还有如下运行子系统：

1. 决策子系统

组织的领导体系和各级决策机构及其决策者组成决策子系统。各级决策机构和决策者是组织决策的核心。

2. 指挥子系统

指挥子系统是组织活动的指令中心，在各职能单位或部门，其负责人或行政首脑与其成员组成垂直形态的系统。行政首脑的主要任务是实施决策机构的决定，负责指挥组织的

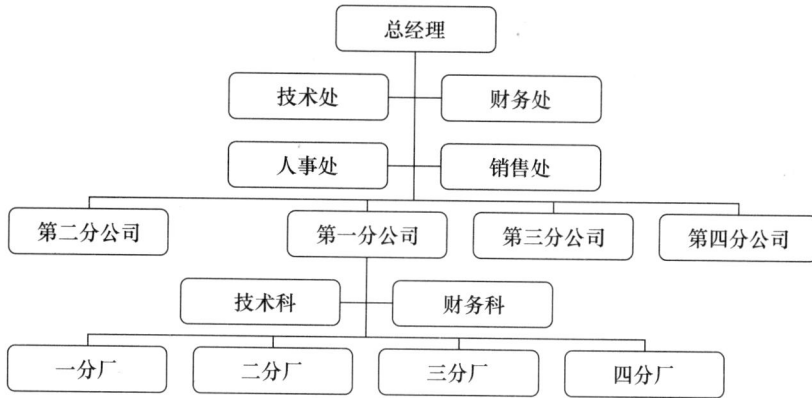

图 4 – 2 直线—职能制组织结构示意图

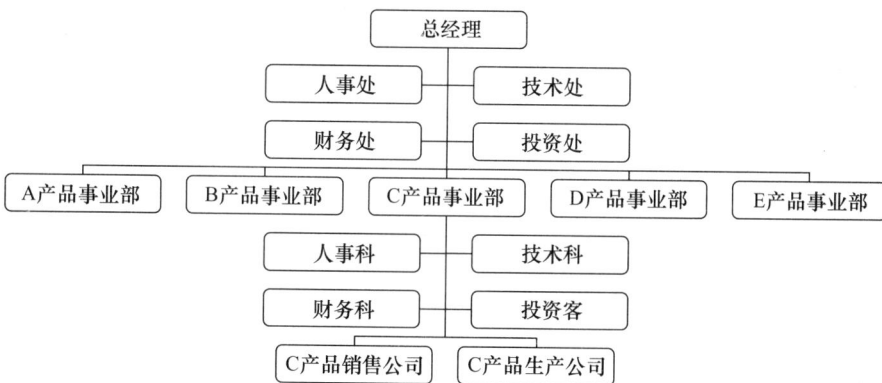

图 4 – 3 事业部制组织结构示意图

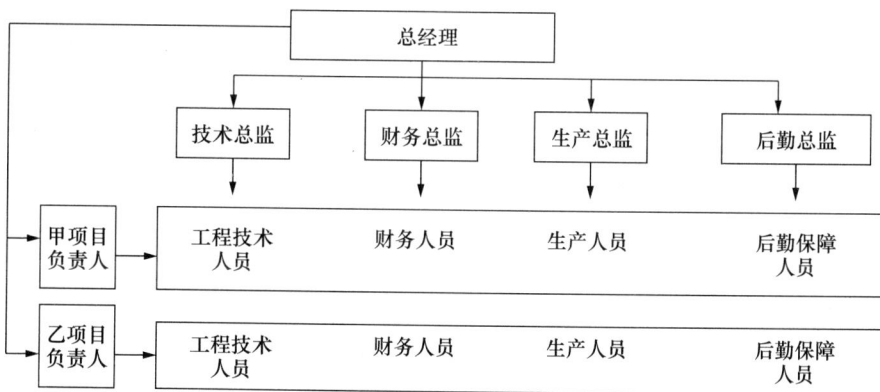

图 4 – 4 项目矩阵制组织结构示意图

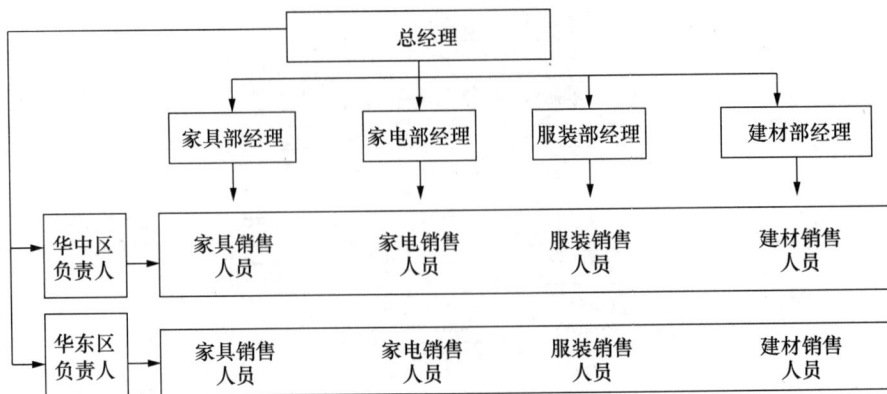

图 4-5 地区矩阵制

各项活动，保证各项活动顺利而有效地进行。指挥子系统的设计应从组织的实际出发，合理确定管理层次，并根据授权原则，把指挥权逐级下授，建立多层次、有权威的指挥系统来行使对组织各项活动的统一指挥。

3. 参谋—职能子系统

参谋—职能子系统是参谋或职能部门组成的水平形态的系统。各参谋或职能部门，是行政首脑的参谋和助手，分别负责某一方面的业务活动。设计参谋—职能子系统，要根据实际需要，按照专业分工原则，设置必要的参谋或职能机构，并规定其职责范围和工作要求，以保证有效地开展各方面的管理工作。

4. 执行子系统、监督子系统和反馈子系统

决策中心决定组织的大政方针，指挥中心是实施计划的起点，而执行子系统、监督子系统和反馈子系统是使计划得以正确无误地推行的机构。

指挥中心发出指令，这个指令一方面通向执行机构，另一方面又发向监督机构，让其监督执行的情况。反馈机构通过对信息系统的处理，比较效果与指令的差距后，返回指挥中心。这样，指挥中心便可以根据情况发出新的指令。

执行机构必须确切无误地贯彻执行指挥中心的指令。为了保证这一点，就应有监督机构监督执行情况，而反馈子系统是反映执行的效果。执行子系统、监督子系统和反馈子系统必须互相独立，不能合而为一。

第五章　管理环境：外部约束力量分析

明白事理的人使自己适应世界，不明事理的人想使世界适应自己。

——［英］萧伯纳

第一节　管理环境的定义与分类

一、环境的定义与作用

管理总是在一定的环境中进行的，管理的目的之一就是要使组织适应环境，与环境的变化及发展保持协调。作为一名管理者，了解环境的变化趋势规律是保证有效管理的前提之一。这里所说的环境是指组织的外部环境，即对组织绩效产生潜在影响的外部因素。

环境是组织生存的土壤，它既为组织活动提供条件，同时也对组织的活动形成制约作用。我们认为，作为组织的管理者，在处理组织与环境或者说管理与环境关系时，应当明确首先必须认识了解环境，把握环境；其次是带领组织适应环境，在既定的环境中求生存谋发展；最后才是影响环境，创造环境。

以从事经济活动的企业为例，企业经营所需要的各种资源必须从企业外部取得，这里的外部指的是各种要素市场。此外，企业生产的产品和劳务也要与外部交换，在产品和劳务市场上实现其价值。没有这些市场，企业就无法生存，更别谈发展了。这些市场为企业提供生存与发展的外部条件，同时也产生制约企业的约束力量。这就是通常所说的市场机制的约束作用。企业只能根据市场的现实，如价格、数量、质量来获取资源；只能按照市场的需求生产产品和提供劳务。如果不能满足市场的要求，企业就会被淘汰。

更为重要的是，组织所面临的外部环境是变化的。环境的种种变化会给组织带来两种截然不同的影响：其一是为组织的生存与发展提供新的机遇，如新市场的兴起、新材料的采用、新产品的问世等都会给企业提供新的发展机遇；其二是为组织的生存与发展提出挑战，要求组织根据环境变化进行调整。如科学技术进步、产业结构不断变化，落后的、比较劳动生产率低的产业被淘汰；先进的、比较劳动生产率高的产业兴起；就迫使被淘汰的产业中的企业必须积极地进行产品、技术、生产等更新改造，以适应变化的环境。

当然，组织本身的行为既是适应环境变化的结果，反过来又是构成环境的因素。组织的规模越大，对环境的影响力也就越大。但对于大多数组织而言，环境仍然处于决定性的地位。

二、管理环境的分类

管理环境按照不同的标准可以分为以下几大类:

第一,按照对管理过程的影响方式,可以分为一般环境与特殊环境。一般环境指的是对组织管理的效率有影响,但是并非特定的外部因素。有人认为:一般环境包括组织外部的一切,例如经济因素、政治条件、社会背景及技术因素,还包括那些能够影响组织但关系尚不清楚的条件。[①] 一般环境对组织当前的效率的影响可能不太明显,但对组织长远发展的影响可能很大。况且,一般环境与特殊环境的区分是相对的。一般环境可以转变为特殊环境,特殊环境也可能转变为一般环境。如在管理中常见的试点方法,试点单位试点的效果常常会很好,可一旦将试点的方法、措施推广到所有的单位,效果就不那么显著了。原因就在于试点时试点单位所处的环境大多处于特殊环境,一旦在所有的部门推行,原有的特殊环境就转变为一般环境,效果下降就难以避免了。

特殊环境也称为具体环境,指的是与实现组织目标任务直接相关的环境。它由对组织的绩效产生积极或者是消极的关键因素构成。如对企业的经营管理来说,供货商、顾客、竞争者、政府的有关法律等就是企业经营管理的特殊环境。

一个组织特定环境的变化,取决于组织为自己选定的“适当”位置,即组织所提供的产品或服务的范围及其所相关的细分市场是什么。如在美国,大学可以划分为公立大学和私立大学。这两种大学所面临的环境是相当不同的。私立大学的学费大大高于公立大学,私立大学的生存靠的是不断招收支付得起学费的学生、校友的捐助,以及学生毕业之后可以找到好工作和进入研究生院的记录产生的光环效应;公立大学的生存则在很大的程度上依靠州立法机构的财政拨款。结果,私立大学比公立大学更卖力地招收优秀新生、积极维持校友关系以及提供就业服务。而公立大学的管理者则要把更多的时间花在游说州议会以取得更多的拨款上。

第二,按照环境的变动程度可以分为:相对稳定的环境与相对变动的环境。相对稳定的环境指组织的环境在可以预期的时间段内变化不大的外部结构。对于组织的管理者来说,相对稳定的环境其不确定性很低。以企业为例,较低的不确定性意味着企业的需求变化不大,容易预测。如我国企业在计划经济体制下所面对的环境就是相对稳定的。即使在市场经济中,不同企业所面对的环境也是不同的。公共事业的生产经营所面对的市场相对稳定,如供水、供电等部门的市场环境基本上就是如此。而竞争性行业企业面临的环境变化则要大得多。

相对变动或者是动态的环境指的是组织外部环境变化较快较强烈。这种外部环境具有较大的不确定性,未来的需求不容易测定。

第三,按照影响组织效率的外部因素的多少可以将环境分为简单的环境与复杂的环境。一个组织所面对的环境的复杂性程度与其生产和提供的服务产品有关。生产的品种越少,其外部环境一般来说越简单。

环境的变动程度与复杂程度相关。将第二、第三种不同的划分标准组合起来可以得出这样四种外部环境,即简单稳定的外部环境、简单动态的外部环境、复杂稳定的外部环境

---

① [美] 斯蒂芬·P. 罗宾斯:《管理学》,中国人民大学出版社 2009 年版中译本。

和复杂动态的外部环境。这些环境的基本特征见表5-1：

表5-1 外部环境构成的基本特征矩阵

	稳 定	变 动
简单	1. 要素少 2. 要素之间有很大的相似性 3. 要素结构基本维持不变 4. 对要素了解所要求的知识水平不高 5. 提供的产品和服务的品种少 6. 能够准确地了解最低需求量	1. 要素少 2. 要素具有连续变化的特征 3. 对要素了解所要求的知识低 4. 提供的产品和服务品种少 5. 了解最低的需求量不容易
复杂	1. 要素多 2. 要素之间不相似但单个要素不变 3. 了解要素所要求的知识高 4. 提供的产品和服务的品种多 5. 能够了解最低的需求量	1. 要素多 2. 要素之间不相似且处于连续变化之中 3. 了解要素所要求的知识高 4. 提供的产品和服务品种多 5. 不容易了解最低的需求量

第四，按照环境内容的性质可以将环境分为：

（1）政治法律环境。管理的政治法律环境是指环境中有关的政治制度和法律规定。环视当今世界，不难发现各个国家政治法律制度之间存在极大差异。如同样是资本主义社会，在美国，企业管理遵循的是财产权至上原则，企业中作为企业劳动者的工人没有参与企业重大管理决策的法定权力；而德国则以明确的法律规定了工人有权进入董事会、参加企业管理决策。政治法律环境影响的不只是企业的管理，也包括任何其他组织的管理。因为管理制度、管理方式方法都有合法性的要求，否则就会被禁止。

（2）经济环境。对管理产生影响的经济环境又可以分为宏观经济环境与微观经济环境两大类。宏观经济环境主要指的是社会经济所处的发展阶段、人均国民收入、市场供求状况、产业结构状况等。微观经济环境则指一个具体组织所面临的与组织运行有关的特殊经济环境，以企业为例，资本市场、商品市场的状况、行业的竞争强度，技术进步的速率等；而对于一个学校来说，就是教师的相对收入水平、生活福利水平、当前国家对教育的重视以及投资的力度等因素。

（3）科学技术环境。科学技术是对一个组织效率有重大影响的重要外部因素。简单地讲，科学是提供知识的理论，而技术是运用知识的理论。"技术"通常是指做某种事情的知识的总和。包括发明创造、技能方法。管理从经验走向科学在相当程度上得益于科学技术自身的发展和科学技术在工业化大生产中的运用。以经验为主的生产方式需要的是经验性管理，而以机器大工业和按照科学原理组织生产需要的是科学管理。当代工业、农业、服务业等产业的管理制度的建立、发展和完善，许多都是为了适应科学技术发展的要求。对企业来说是如此，对于其他的组织来说也不例外。如信息化的发展就推动了电子政务和电子政府的形成，新型公共管理模式也因此应运而生。

有人认为，在所有的环境因素中，变化最快的是技术环境，至少在20世纪中期以来是如此，自20世纪50年代兴起的以电子计算机、生物工程、信息产业、网络化等为主的新技术革命，给当今世界社会生活的各个方面都带来了深刻的变化。新的科学理论的产生直接丰富了管理理论，新的管理工具、管理手段的运用，对管理实践产生了深远且重大的影响。如远程办公系统的采用、信息网络技术在控制制度中广泛运用，导致了组织机构、管理思想、合作方式等的巨大改变。如建立在互联网基础上的众筹、众包、众创等新型平台组织，其结构就完全不同于传统的组织结构。随着技术革命的速率加快，这种影响将越来越突出。

（4）人文环境。这里的人文环境主要是指一个组织所处的社会环境因素。包括社会的信仰、价值观、行为方式、社会伦理等。这些也可以看作是管理的文化环境因素。与其他的外部环境因素不同的是，这种外部环境因素对管理的影响是无形的、潜在的。因为这些因素的存在和作用不像政治法律因素那样以规范化的制度形式存在，也不是像科学技术那样以一定的物质条件作为载体那样容易被直接感受到。文化因素存在于人们的思想意识之中，通过人们的行为表现出来。人们的行为又是在多种因素的共同作用下产生的，要分辨出哪些是文化因素所起作用就比较困难，只有长期地生活在其中才能够亲身体验和认识到其特点和影响方式。

（5）自然环境。这里的自然环节主要指的是自然条件。我国古代的思想家就认为：一件事情的成功，天时、地利、人和是三个不可缺少的条件。这里的地利就是指有利的自然环境。对一个组织而言，自然环境包括以下几个内容：

地理位置。指组织所坐落的地理方位。不同的地理方位，不仅自然条件会有差异，而且还包含着社会经济条件的差异。因为社会经济的发展本身就离不开一定的地理位置。如沿江沿海地区由于有较便利的运输条件，发展经济相对容易，所以大多数沿江沿海地区都是经济相对发达的地区。

资源状况。对于从事物质财富生产和经营的组织来说，自然资源是重要的基础条件。自然资源丰富，组织生存发展的条件就好；反之就差一些。

气候状况。气候状况不仅影响一些行业的生产，而且还影响人们的生活。譬如，气候环境恶劣的地区是人们不愿居住的地区，这样的地区，市场的规模不可能很大，企业在这种地区的发展就必然受到影响。

三、管理环境分析的内容与方法

（一）管理环境分析的内容

对于组织所处的环境进行分析，一般要根据管理目的来确定分析的内容。在大多数情况下要进行两方面的分析：一是管理环境的基本特征，主要表现为组织对外部环境中某些因素的依赖程度、环境的不确定性程度；二是环境变化给组织带来的机遇以及挑战表现在什么方面，程度有多大。就第一个方面而言，如果一个组织对外部环境中的某些因素依赖程度越高，组织管理者的自主性就会越小，如果外部因素中不存在要高度依赖的因素，组织的自主性相对较大；环境的不确定性程度越低，相对而言组织的决策就越容易，反之就越困难。就环境分析的第二方面内容而言，同样的环境变动过程给不同组织带来的机遇和挑战显然是不同的。从适应环境的要求出发，组织只有准确地把握住了环境变化带来的机遇才能够顺利发展，也只有认清了挑战才可能避开威胁，减少决策的失误。

（二）对环境的依赖性及不确定性分析的方法

在管理学中，对环境依赖性和变动性的分析可以采取环境量度的方法。这种方法的基本思想是将要测度的环境因素进行分等打分，比较各种因素得分的高低，由此确定对外部环境中的哪些因素依赖程度较高，高到什么水平；其次要了解哪些因素在变化，变化的趋势如何。这种方法在具体运用时，考虑到组织外部环境因素的变动大多都是通过其他组织的行为调整反映出来的，如企业面临的市场环境就是由政府制定政策、竞争者采取的战略、供货商和用户的要求等表现出来的。所以对环境因素的量度实际上就归结为对有关组织的性质以及行为的确定和量度。

对环境依赖性的分析步骤是：

（1）列出主要与之发生往来关系的外部组织。

（2）对受外部组织影响的各种因素进行分等打分；如企业在市场经营上的价格、成本、生产的均衡性、人员的稳定性、销售量等。

（3）列出这些组织与本组织所发生的往来活动对本组织的生存及发展影响程度，并对各种因素进行分等打分。分等打分大多是由专家评估小组来完成。

（4）加权计算各个外部组织的影响得分。

（5）比较各个组织得分的多少，分析是否符合实际，对于不符合实际的进行调整。

（6）确定组织对各种外部组织的依赖程度。

下面以企业为例说明这种方法的运用。

假定与某企业往来密切的外部组织有 A、B、C、D、E、F、G 等单位，他们影响的方面是：产品的价格、产品的销售、产品的生产、产品的成本、产品的创新、产品的质量、采购等，这些因素对组织目标——提高利润的影响比较分别打分为：产品价格（10 分）、产品的销售（10 分）、产品的生产（7 分）、产品的成本（7 分）、产品的创新（5 分）、产品的质量（8 分）、采购（4 分）。

表 5－2　对环境依赖程度分析

单位名称	价格（10）	销售（10）	生产（7）	成本（7）	创新（5）	质量（8）	采购（4）	总分
A	大	很大	无	无	无	无	无	18
B	小	很小	大	很大	小	大	大	30.5
C	无	无	小	小	大	大	无	16
D	一般	一般	无	无	无	无	小	13.6
E	小	大	大	大	无	大	无	29.6
F	无	无	无	无	无	大	无	6.4
G	大	大	大	大	一般	大	小	38.2

表 5－2 中影响因素的等级分分别是：

无——0 分；

很小——2分；

小——4分；

一般——6分；

大——8分；

很大——10分。

根据这种等级可以计算出每一个企业影响的总得分。我们通过加权计算发现，对所分析的企业而言，影响最大的是 G 企业，影响最小的是 F 企业。

（三）对环境变化带来的机遇与风险分析

分析环境变化带来的风险和机遇的方法在本质上与对环境依赖的分析是一样的，只不过是分析的内容不同。在环境的机遇与风险分析中，常用的是"环境的风险与机遇描述法"，又简称为 ETPO 法。采用这种方法也是要组建一个环境评估小组，根据掌握的各种资料，对环境中的各种因素进行分等定级打分，然后确定各种因素对组织生存与发展的影响程度，并将这些影响进行分类分等，对每一类别和等级确定量化的分数，然后计算每种因素的得分，由此确定每一种因素对组织的影响，并且将所有的因素得分加总。从总体上估计环境变化给组织造成的影响是机会大于风险，还是风险大于机遇。下面仍然举一个企业的例子来说明。

假定企业市场环境发生变化，这些环境因素分别是：市场需求、竞争状况、分销条件、资源供应、政府政策、法律制度、技术进步等。这些因素对企业经营影响的重要程度分别列于表5-3中，对该企业的影响程度则可以划分为很不利、不利、中性、有利、很有利5个级次，每个影响级次得分分别是 -4分、-2分、0分、2分、4分，如表5-3所示：

表5-3 企业经营的环境变化分析

环境因素	因素重要程度	很不利	不利	中性	有利	很有利
市场需求	5				√	
竞争状况	3		√			
分销条件	2			√		
资源供应	2	√				
政府政策	2				√	
法律制度	4					√
技术进步	7		√			

根据评价，在相应的影响级次上打"√"，计算各种因素的加权得分，然后计算总得分。在该企业面临的环境中，环境变化给企业带来的机遇总得分是30分，带来的不利影响的得分是28分，由此可知，环境变化对企业影响的机遇与风险大致相当，但是最有利的机遇是政府的支持，最大的挑战是技术进步。面对这样的环境变化，企业应当采取的对策显然是要利用政府支持的机遇，加快技术进步的步伐。

第二节 管理的制度与经济环境

一、制度环境的含义

管理作为一种对人（组织成员）的活动，会干预人的行为和思想。因此在外部环境中，社会的法治环境即制度环境的约束是最强的。

所谓制度环境指的是组织管理所应当遵守的法律、政策和法规等。管理的制度环境是约束管理活动的最重要的因素之一。因为一切管理，无论是管理制度还是管理中使用的方法、手段、工具首先必须合法，否则管理就无法开展。

在管理的制度环境中，最为重要的是社会法治建设的水平。法律是规定社会个人与组织权利义务及其相互关系的准则。管理也是调整组织内部成员关系与行为的方式及过程。受到法治化水平的影响是必然的。

二、法治建设水平的评价

1. 法治的含义

"法治"一词出现得很早，在《晏子春秋·谏上九》中有："昔者先君桓公之地狭于今，修法治，广政教，以霸诸侯。"《淮南子·泛论训》："知法治所由生，则应时而变；不知法治之源，虽循古终乱。"当代法治一般是在一个国家、一个社会意义上讲的，即法治国家、法治社会。简单讲就是依法治理的国家或者是社会。法治国家的治理理念与方法就是依法。法治与人治是根本相对立的。在国家层面上是完全不同的治国理念。人治强调个人权力在法律之上，而法治正好与其相反。要法治就不要人治，要人治就没有法治。但要注意的是，国家依靠法治并不是不要依靠人的力量和作用，因为再好的法律与制度都需要人来理解与执行。

体现法治水平的第一要素是形式与实质意义上都依法治理，二者高度统一。形式意义上的法治就是法制建设的水平，实质意义上的法治就是按照法律实施治理的水平。

2. 法治建设水平衡量的三因素

法治与法制有关。法制更偏重于法律的形式化方面，强调"以法治国"的制度、程序及其运行机制本身，它所关注的焦点是法律的有效性和社会秩序的稳定。这也正是法治的第一方面（形式意义的法治）所要求达到的目标。由此可见，法制是法治的前提条件和基础。没有法制也就谈不上法治。另一方面，仅仅强调法律的形式化方面是不够的。有健全的法制但是如果没有很好的实施，也就是全面、自觉、坚决执行的机制，那就是徒有其表的法治。

衡量法治水平第二个要素就是精神与制度两方面结合的程度。一个成熟的法治社会还必须具备精神和制度两方面的因素，即具有法治精神和反映法治精神的制度。简约而言，法治精神主要是指整个社会对法律至上地位的普遍认同和坚决支持，养成了自觉遵守法律法规，并且通过法律或司法程序解决政治、经济、社会和民事等方面的纠纷的习惯和意识。

衡量法治水平的第三个要素表现为法律在社会系统中是否居于最高的地位并具有最高的权威,任何组织和个人都不能凌驾于法律之上。法治作为一种治国的基本规则,要求法律成为社会主体的普遍准则,不仅要求公民依法办事,更重要的是能够制约和规范政治权力。所以,法治在政治上,是对公民权利的保障和对政治权力的规制,是民主的制度化、法律化。法律是否至上,特别是权力的运行是否纳入法律设定的轨道,是区分法治与非法治的主要标志。

三、法治建设对于管理制度的影响

管理是依据组织内部的条件以及目标等开展的。因此要制定一系列内部管理制度,使用各种管理方法。首先是这些制度必须遵守国家的法律法规,必须依据一定的法律法规,尤其关于组织成员的基本权利和利益的法律法规。例如在组织的薪酬制度、劳动保护制度、福利制度等,不能够超出法律法规的规定随心所欲。

其次在具体运用管理措施和方法手段时,不能够与相关的法律法规冲突。例如当今文明国家都明确规定,除法律有明确规定的除外,任何组织都不得限制人身自由,不得采取侮辱职工的手段来达到管理的目的等。对于具有法律允许的特定宗教信仰的成员,必须尊重其宗教信仰的自由等。

四、当代经济环境发展的大趋势

(一)经济活动知识化

知识经济到来是管理的经济环境变化的又一重要方面。知识经济兴起最重要的背景是以数字化和网络化为特征的信息技术飞速发展,它直接导致了全球经济的根本性变化。这一方面表现在知识对传统产业的高度渗透。例如在农业生产过程中,从良种的选育到化肥、农药、农药机械等的使用,处处渗透着生物、化学、化工等科学技术知识。在这里,知识的作用是通过影响传统的生产要素来体现的,但产品仍然是传统意义上的,如粮食、机器等。另一方面表现在以知识为基础的新兴产业的崛起,这尤其体现在计算机、电子和航天等高科技产业和知识密集服务业中。据统计,经济合作与发展组织成员国在过去20年中,高技术产品在制造业产品和出口产品中的份额翻了一番多,达到20%~25%。知识密集服务业,如教育、信息、通信等的发展更是迅速;在美国,信息产业占国民生产总值的比重已经超过30%,知识密集服务业的出口占产品出口总额的70%;特别是软件业的发展更是一个典型。可以说,今天比以往任何时候,经济增长更多地依赖知识的生产、扩散和应用。知识作为蕴含在人力资源和技术中的重要成分,其作用日益明显。美国政府宣称,技术进步是决定经济能否持续增长的一个重要因素,技术知识的增长占了美国生产率增长总因素的80%。

按照OECD《以知识为基础的经济》一书的解释,知识经济是指直接依据知识和信息的生产、分配和使用的经济。人们一般将这里所说的知识分为四类:知道是什么的知识(Know-What)、知道为什么的知识(Know-Why)、知道怎样做的知识(Know-How)和知道是谁的知识(Know-Who)。其中知道是什么的知识指关于事实方面的知识,如这是一种什么样的技术等;知道为什么的知识是指自然原理和规律方面的科学理论,这类知识的产生和再产生是由专门的机构如实验室和研究机构完成的;知道怎样做的知识是指做某些事的技巧、诀窍和能力；知道是谁的知识涉及谁知道和谁知道如何做某些事的信息，它包含了特定社会关系的形成，即有可能接触有关专家并有效地利用他们的知识。

与以往的经济形态相比，知识经济有一些什么样的特点呢？

（1）人力资源，特别是掌握着知识和技术的人力资源在经济的发展中所起的作用日趋重要，人力资源成为无论是宏观管理还是微观管理都必须倍加重视的资源。因为知识和技术主要由人掌握，通过人发挥作用。因此，对这部分人力资源的开发和利用，成为决定一个组织成功与否的最主要前提。

（2）诞生了许多新型的组织，如知识型企业、虚拟企业、网络企业、学习型组织等。这些新型的企业和组织不仅在为社会提供的产品（服务）上与传统企业与组织有很大的差异，而且在组织的内部结构、联结方式、与外部的沟通、组织的边界等方面都有着与传统的企业和组织有本质的不同，它们对管理者的有效管理无疑提出了新的要求和挑战。

（3）学习在知识经济中有了特别重要的意义。知识经济的重要标志之一是劳动力市场对科技人员和有高度熟练技能工人的需求日益增长。因此，学习将成为工人或者是组织发展的有效工具，是挖掘新技术的生产潜力和保持长期经济增长的关键。不过这里的学习不仅限于正规的教育，通过实践的学习变得更为重要。随着信息技术的发展，在非正规环境下学习和培训将成为更普遍的形式。企业也日益成为一个学习型组织，为适应新技术必须不断调整和完善组织结构和管理模式。

（二）经济发展目标指向可持续发展

与经济的全球化、知识化过程相伴随的另一个重大变化是全世界都在追求可持续发展。可持续发展是当今世界发展话题中最热门的话题之一。这个思想的提出源于人们对环境问题，特别是生态环境问题的逐步认识和热切关注，其背景是人类赖以生存和发展的环境与资源遭到越来越严重的破坏，人类已经不同程度地尝到了环境与生态系统被破坏的苦果。为了全人类的长远利益以及子孙后代的利益，在 20 世纪 80 年代，人们终于提出了可持续发展的思想和口号。早在 1980 年 3 月，联合国就向全世界呼吁："必须研究自然的、社会的、生态的、经济的以及利用自然资源过程基本关系，确保全球持续发展"。1983 年 11 月，联合国成立了世界环境与发展委员会，挪威首相布伦特兰夫人任主席。1987 年，该委员会把经过 4 年研究、论证报告——《我们共同的未来》提交给联合国大会，正式对可持续发展进行了界定。1992 年，联合国环境与发展大会的《里约宣言》又进一步强调了人类的可持续发展，并且对这一思想作了进一步阐述："人类应享有与自然和谐的方式过健康而富有成果的生活权利，并公平地满足今世后代在发展和环境方面的需要，求得发展的权利。"30 多年来，全球的可持续发展运动就再也没有中断过。这种理念目前也更加深入人心。

可持续发展的最终目的，是为了满足全球日益增长的物质文化需要。可以说，这是当今一切经济发展、社会发展的其他方面管理都必须遵循的基本原则。可持续发展是人类在自然环境约束下发展经济、社会和人自身的要求，当然对一切管理活动都会产生影响，企业的经营管理更是要考虑这一点。

五、经济环境变化对管理创新的影响

经济的全球化、知识化和追求可持续发展对管理的影响有哪些呢？可以肯定，这些趋势的影响是广泛、复杂和深远的，相当一些影响我们目前还无法预知。我们认为，这些变化目前对管理会产生如下一些影响：

（一）跨文化管理将成为有效管理的重要内容

本章前面我们已经指出，文化是一个重要的管理环境。各国的文化差异很大，不同的文化对同一种管理的方式方法接受的程度是不同的。经济全球化将组织以及管理者置于多种文化交融的环境中，不同文化之间的冲突不可避免。如何在多种文化交融的环境中进行有效管理将是管理者要解决的一个难题。

（二）组织的灵活、快速反应将是保证组织生存与发展的重要前提条件

美国的未来学家托夫勒就提出：知识经济时代是"快者生存"的时代。在这样的时代，组织面临的环境将会变得更加复杂和动荡不定，为生存与发展而展开的竞争也将更加激烈。在这样的环境中，组织必须保持相当高的灵活性、敏感性，对环境变动快速反应。

（三）知识资本或者说智力资本将成为最为重要的管理对象

知识资本是知识经济时代产生的一个重要概念。有些企业管理学家将这种资本称为智力资本。当然有学者认为智力资本不是什么新生事物，只不过是在工业时代企业没有关注到这种资本罢了。智力资本究竟包括什么内容。美国的安妮·布鲁金在《第三资源：智力资本及其管理》一书中指出：智力资本是对公司得以运行的无形资产的总称。具体来看，智力资本包括企业的市场资产、知识产权资产、人才资产和基础结构资产，这些资产与目标构成如图5-1所示：

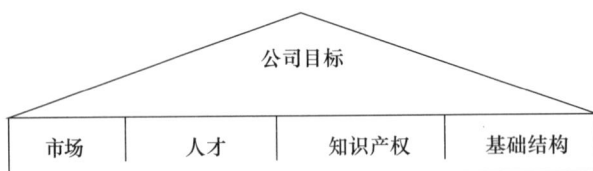

图5-1 公司智力资本结构

资料来源：安妮·布鲁金：《第三资源智力资本及其管理》，东北财经大学出版社1998年版中译本，第14页。

（四）平等、对话、交流式的管理将更有利于提高管理的效率

在知识经济中，最重要的资源仍然是人。但是已经不再是笼统的人的概念，而是指掌握了知识的人。所以对人的管理，特别是否尊重人、注重平等前提下进行管理对组织效率就会产生极大影响。扁平的组织机构，员工之间更加的平等，激励员工创造性等都要求尊重员工、创造平等的环境，实现信息共享，虚拟整合，既竞争又合作等都是必须努力做到的。企业经营管理的目标将多元化，注重社会效益，主动地保护环境将成为人们评价企业的重要标准。

第三节　管理的技术环境

一、当代科学技术发展的态势

当代科学技术的发展用突飞猛进一词来描述可以说是十分恰当的。进入21世纪之后，

各个领域的科学发现与技术发明层出不穷，社会生产力发展更是一日千里。当代对于组织运行以及管理产生着最为直接影响的技术进步，笔者认为主要包括：移动互联技术、大数据、智能化。

（一）移动互联

移动互联是基于移动互联网与智能化移动设备终端为主构建的新型信息技术传递、收集、技术开发、数据集中与挖掘等。移动互联模式的形成主要基于以下几个方面的技术发展：

第一是智能终端的普及，现在的智能终端，包括大多数手持智能终端在很多方面都已超越台式计算机，无论是处理速度、存储能力、显示能力，对各种应用的承载能力，智能网络已成为人类生活的一个伙伴。全球移动互联终端每年的出货量（主要是智慧手机、平板计算机）已经达到几十亿部的水平，大大超过固定网的终端配置以及使用的频率、领域。

第二是宽带连接方式的普及。互联网时代上网要有足够的带宽。在移动互联网时代，无线宽带、移动宽带成为移动互联网的重要组成部分。当前 4G 已经普及，5G、6G 也已经在探索；当人们面对百兆带宽，甚至是千兆带宽的时候，免费的移动 Wi–Fi 也正在更广泛的地域越来越多地应用；越来越多的人已经与移动互联紧密地联系在一起。随着带宽增加和移动互联技术的不断进步，信息量更大的物联网也将在不久的将来成为一种普遍的社会生活生产的基础。

第三是基于云计算的新型 IT 平台。移动互联网时代移动终端广泛高且频率的应用，由此带来的是巨大的数据量，也就是信息，其中一些信息将对社会的生产生活产生不可估量的影响。因此能够处理这些数据的信息技术，解决网络、数据、业务的复杂性，就显得十分重要，也就是人们通常所说的所谓云计算。基于云计算的新型 IT 平台是当代移动互联时代不可缺少的主要内容。

移动互联技术的应用衍生出了更多的新型的网络应用和新的特点。基于云计算和 4G 普及的无处无时不在的上网体验；更加便宜和快捷的上网方式；基于位置社交的个性化的网络购物；手机独有的位置属性元素逐渐开始成为移动互联网应用的标配功能；同时手机微博、微信、米聊等具备时间碎片化特点的应用开始成为新的移动互联网关键应用等。

CNNIC 于 2012 年 3 月发布的《中国移动互联网发展状况调查报告》指出，移动互联网应用的主要发展趋势为：2011 年手机应用总体呈现交流沟通类与信息获取类应用领先发展，娱乐与商务类应用发展相对缓慢的特点。其中，手机实时通信和手机微博作为交流沟通的代表，是现阶段推动移动互联网发展的主流应用。智能手机网民使用的移动互联网应用更为丰富，主流应用渗透率相对非智能手机网民而言均有不同程度的提升。手机地图/导航是渗透率提升最快的应用，提升幅度达 35%；手机搜索、手机社交网站和手机微博为渗透率提升第二梯队，提升幅度在 10%～20%；手机支付、酒店/机票预订等应用在智慧手机上得到破冰发展。

由于移动和社交网络的结合使得口碑的力量实现了最大化。个人的阅读、写作和传播能力也得到了再一次提升，个体可以有效地分配、传达自己感兴趣的信息。随着人们的同步化和信息及时性分享的程度越来越高，他们相互之间也有更多的息息相关，并且群体对社会事件的即时反应也将开始影响甚至左右社会事件推进的进程。这对社会意识形态的形成变化也是巨大的影响。

（二）大数据

"大资料"是指以多元形式，自许多来源归集而形成的庞大资料组，往往具有实时性。"大数据"是一个体量特别大，数据类别特别多的数据集，这样的数据集无法用传统数据库工具对其内容进行抓取、管理和处理。"大数据"首先是指数据的体量（Volumes）大，指大型数据集，一般在10TB规模左右，但在实际应用中，很多组织用户把多个数据集放在一起，已经形成了PB级的资料量。其次是指数据类别（Variety）大，数据来自多种数据源，数据种类和格式日渐丰富，已冲破了以前所限定的结构化数据范畴，囊括了半结构化和非结构化数据。再次是数据的处理速度（Velocity）快，在数据量非常庞大的情况下，也能够做到数据的实时处理。最后一个特点是指数据的真实性（Veracity）高，随着社交数据、企业内容、交易与应用数据等新数据源的兴起，传统数据源的局限被打破，组织越发需要有效的信息之力以确保其真实性及安全性。所以有人将大数据的特点归纳为4V。

有机构统计，截止到2012年，互联网形成的资料量已经从TB（1024GB=1TB）级别跃升到PB（1024TB=1PB）、EB（1024PB=1EB）乃至ZB（1024EB=1ZB）级别。国际资料公司（IDC）的研究结果表明，2008年全球产生的资料量为0.49ZB，2009年的资料量为0.8ZB，2010年增长为1.2ZB，2011年的数量更是高达1.82ZB，相当于全球每人产生200GB以上的数据。而到2012年为止，人类生产的所有印刷材料的数据量是200PB，全人类历史上说过的所有话的数据量大约是5EB。IBM的研究称，整个人类文明所获得的全部数据中，有90%是过去2年内产生的。预计到2020年，全世界所产生的数据规模将达到今天的44倍。

从技术上看，大数据与云计算的关系就像一枚硬币的正反面一样密不可分。大数据无法用单台计算机进行处理，必须采用分布式计算架构。它的特色在于对海量数据的挖掘，但它必须依托云计算的分布式处理、分布式数据库、云存储和/或虚拟化技术。

随着大数据的应用越来越广泛，应用的行业越来越多，每天都可以看到大数据的一些新奇应用，从而帮助人们从中获取真正有用的价值。更多组织或者个人将会受到大数据广泛应用的影响，并且结果很可能利弊参半。下面就是大数据目前在产生巨大作用的重点领域：

1. 帮助企业理解客户、满足客户服务需求

大资料的应用目前在这领域是最广为人知的。重点是如何应用大数据更好地了解客户以及他们的爱好和行为。企业通过收集社交方面的数据、浏览器的日志、分析出文本和传感器的资料，就能够更加全面地了解掌握客户。在一般情况下，建立出数据模型进行预测。比如美国的著名零售商Target就是通过大数据的分析，得到有价值的信息，精准地预测到客户在什么时候想要小孩。另外，通过大资料的应用，电信公司可以更好预测出流失的客户，沃尔玛则更加精准地预测哪个产品会大卖，汽车保险行业会了解客户的需求和驾驶水平，政府也能了解到选民的偏好。

2. 进行业务流程优化

大数据对业务流程的优化有极大的帮助作用。例如今天大数据最广泛应用的业务就是供应链以及配送路线的优化。物流企业运用卫星定位和无线电频率的识别追踪货物和送货

车，利用实时交通路线数据制定最为优化的路线。城市交通管理、个人驾车出行甚至是乘坐公共交通等现在都能够运用这些大数据来优化和调整自己的出行方案。人力资源业务也通过大数据的分析来进行改进，这其中就包括了人才招聘的优化。

3. 公共服务领域更好地服务民生

例如在卫生保健领域，大数据分析应用的计算能力能够在几分钟内完成整个 DNA 的解码任务，为病人的治疗制定出最新的治疗方案提供支撑。公共医疗服务部门可以运用积累的个人健康以及就医数据，可以准确地理解、预测以及预防疾病。在西方一些医院，大资料技术目前已经在医院应用监视早产婴儿和患病婴儿的情况，通过记录和分析婴儿的心跳，医生针对婴儿的身体可能会出现不适症状做出预测。这样可以帮助医生更好地救助婴儿。

4. 优化政府的安全与社会管理

大数据现在已经广泛应用到发达国家的安全执法的过程当中。例如美国国家安全局就在利用大数据技术制定更为准确的打击恐怖主义的方案、措施等。企业则应用大数据技术进行防御网络攻击。警察应用大数据工具逮捕罪犯，信用卡公司应用大数据工具预防欺诈性交易。

（三）智能化

表 5 - 4 是建立在电子计算机技术基础上的 MRP 与作业管理的相关发展表：

表 5 - 4　计算机技术发展及应用

年代	MRP 技术	电子计算机技术	对应的生产管理技术
40		第一代计算机	
		（电子管）	
50	订货点法案		经济订货批量
	MRP 思想形成		（EOQ/EPQ）
			网络技术（关键路线法）
			成组技术
			计划评审技术
60		第二代计算机	准时生产制
		（晶体管）	广告牌管理
			全面质量管理
	物料需求计划		
	（MRP）系统		
70	死循环 MRP 系统	第三代计算机	计算机辅助设计
		（集成电路）	计算机辅助制造
		第四代计算机	计算机辅助工艺设计
			柔性制造系统
			自动仓库储存系统

年代	MRP 技术	电子计算机技术	对应的生产管理技术
80	制造资源计划成本		制造自动化系统
	（MRP—II）		制造自动化系统
			管理信息系统
	融合 JIT 等思想	智能化计算机	计算机集成制造系统
	现代 MRP—II 系统	PC 普及	优化生产技术
			精细生产
90	企业资源计划	网络技术	企业重组
			供应链管理
			动态企业建模技术
			并行工程
			虚拟制造
		国际互联网络	价值链管理
			敏捷制造
			绿色制造

资料来源：陈荣秋等：《世界制造业最新生产管理技术》，《中外管理导报》，1999 年第 1 期。

从表 5 - 4 中我们不难看出，随着电子计算机的发展及其在管理中的运用，管理的技术和方法也在发展。这不仅是企业的现象，也可以说是管理在科学技术影响下的一个普遍现象，是很有代表性的。

更应当注意的是，当智慧化、智慧传感与移动互联网、大数据技术紧密结合起来，将会形成无所不在的物联网，成为下一代信息网络发展的主流。对于社会经济发展的影响将更加深入和广泛。

二、不同技术条件下管理的重点

从管理的角度出发，一般将技术划分为如下三类：

（一）长链式技术

长链式技术也称为大批量生产或工业技术。在这种技术基础上，劳动分工要服从生产装配线的流程。自然，管理包括组织机构的设置、计划安排都要与这种技术规定相一致。从管理心理学的角度来看，在长链式技术内部，群体和社会交往的问题应引起特别的关注。否则员工就会因为工作枯燥而降低工作效率。

（二）密集型技术

密集型技术指的是高度依赖作业人员自身技能开展活动的技术。如医院的医疗服务活动所要求的就是密集型技术。在密集型技术下，管理的主要任务是做好多个参与作业活动的人员之间的协调问题。因为在使用密集型技术的情况下，作业人员一般都有要求组织听从自己意见的倾向。因为他们大多数都是技术专家，拥有专长。所以，管理重点就是如何将这些技术人员的愿望与组织的目标有效地结合起来。

（三）中介式技术

中介式技术指的是专门用于联结活动中相互依赖的有关方面的技术。如银行、批发、零售等领域所使用的一般都是中介技术。基于这种技术基础的作业，管理的重点是做好组织工作、提高效率、降低费用。

值得注意的是，无论采用哪一种技术，其先进程度对作业人员的工作满意程度都会产生直接的影响。研究表明：尖端技术一般容易使职工产生工作满足感。因为工作技术越是先进，工作就越带有挑战性，职工就越容易产生战胜挑战的动力。此外，技术的多变性也具有同样的作用。多变性的技术会减少枯燥无味工作的压力。所以，无论是哪一种技术，都应当与先进性和多变性结合起来。

三、信息化对于管理影响的综合分析

信息化是一个应用极为广泛和频繁的概念，但是要给信息化下一个准确的定义却十分困难。从全社会的角度来看，信息化与信息社会、社会信息化等具有相同的含义。信息社会是"信息社会化，社会信息化"的结果。在信息化社会中，社会生产要素的基本性质并没有变化，只不过是把不是信息的元素，通过数字化、编码化、文字化、图表化、音像化、标准化等信息化技术处理，将其全部转化成信息，再创建包括信息化工程系统、信息化库网系统、信息化服务系统、开展信息收集、处理、加工、储存、建库、联网、检索、研究、编译、咨询、交流、智能系统应用等信息化系统，对智力信息、信息资源、信息系统、信息用户、实施和强化、促进信息社会的快速发展和进步。因此，信息社会的基本特征就是"万事万物皆成信息"，人本身也具信息化，如身份证编码、证件编码等。

从更一般的意义上可以认为，信息化就是信息要素成为社会或者组织最为主要的要素之一，信息资源的处理技术及方式在组织或者社会运行中发挥着革命性影响的过程或者结果。可以说，信息化是一个不断发展的过程，即信息资源以及围绕这些资源的高效利用诞生的信息技术广泛且深入地普及的过程。信息化同时又是一个结果，每一个阶段都对应着相应的信息化水平。

信息社会的生产要素，从信息化角度分析，其基本要素离不开人、财、物和管理，但必须将其经过信息转化（即信息化过程），把"人、财、物和管理"转化成统一的标准信息（如数字信息、编码信息、文字信息、图表信息、声像信息、网络信息、自动化信息、系统信息、控制信息、用户信息、管理信息、能源信息、材料信息、产品信息、经济信息、文化信息、医药卫生信息、科研信息、实验信息、交通信息、农业信息、工业信息、教育信息、工艺信息、流程信息、政务信息、商务信息、财务信息、科学技术信息、创新信息……），因此，最基本的生产要素，就是"信息"、"信息系统"、"信息用户"。

在信息化时代之前，管理者常常会优先获取信息，相对于被管理者来说，优先获得信息的管理者就具有了一定的信息优势。实践表明，信息优势也同样能够带来支配和影响。具有信息优势的一方可以支配和影响信息劣势的一方。在信息化之前的时代，管理者在一定程度上会利用信息优势巩固自己的管理地位。在信息化的今天，被管理者在获取信息方面虽然还没有取得与管理者同样的便利，但是情形已经大大改变。移动互联、微信、物联网等的普及已经使得拥有移动终端的普通成员也能很容易地获取组织内部发生的各种事件的信息。

此外，在信息化时代之前，管理者拥有意见表达的绝对优势，没有管理者的许可，被管理者的意见和诉求要利用管理者所控制传统的传媒让他人知晓几乎是不可能的。但是在信息化发达的今天，各种平面化的网络论坛、依托互联网建立起来的各种"群"，使得被管理者可以十分方便地将自己的意见和诉求传递给相关的主体。所以有人说，信息化给民主实现带来了最低成本的技术支持。传统的信息控制、信息封锁在信息化时代正在失灵。各种意见领袖、"大V"的作用在信息化时代不断地体现他们的价值。

上述两点就足以说明，在信息化时代，不论管理者是否愿意承认，但都得接受的结果是：管理者与被管理之间的关系正在发生变化，传统管理的支持因素正在发生改变，甚至是革命性的改变。

可见，信息化对各种社会组织的结构也带来了深刻的影响。随着信息化时代的到来，我们看到的第一个影响就是扁平化组织替代金字塔式的组织。不论是企业还是政府机构，由于信息收集、处理、传递和数据价值挖掘技术的不断发展，许多以信息传递和收集为主要职能的管理层正在消失，这也就是所谓"管理中间层"消失浪潮。我们预计，这样一种趋势还会持续下去。当然，在不同的领域，组织结构扁平化的速率和追求是有差别的。信息化压力下组织结构变化的趋势与结果可以形象地用图 5-2 表示：

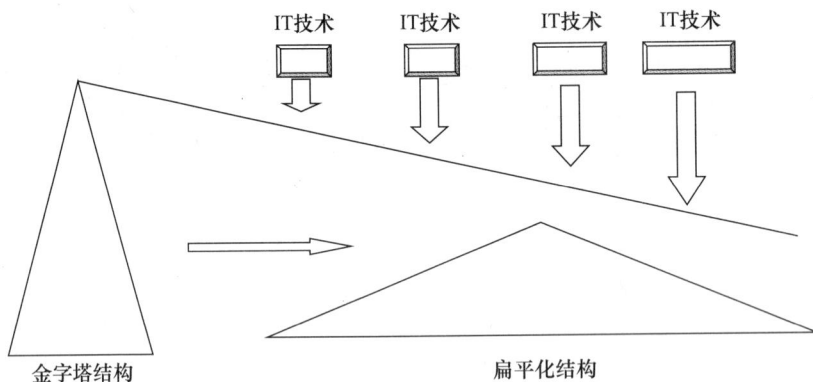

图 5-2　信息时代信息化压力下组织结构的扁平化

我们说，除了组织结构扁平化之外，信息社会在一个组织内部还带来了如下一些变化：

1. 以信息手段连接为基础的新型非正式组织出现

传统的非正式组织主要是以传统的方式联络的，如同学、同乡、战友，联络的方式主要是聚会、吃饭、业余活动。随着信息化社会的发展，各种运用信息手段连接，以网络作为平台进行信息交流、感情交流的组织而已不断涌现，这也就是各种各样的"群"。如建立在 QQ 平台上的群、建立在微信上的群等。这种组织成员之间连接速度快，连接范围广，联系频率高，相互影响大，并形成了很强的社会聚合性。

2. 外界的影响更加深入

一个组织必然会受到外界的影响，在工业社会中，外界的影响比较多地通过传统的物理传媒管道才可能完成。可是在当今信息化社会，无线互联、移动互联等信息连接方式的广泛应用，使得外界对某个组织可以很容易地渗透和发挥影响作用。

在一个信息沟通传媒完全高度发达的时代，要进行信息封锁，对于一个普通的社会组织而言是十分困难的。与组织有关的重大事件，即使发生在组织内部，只要外部社会非常关注，很快就会传递到关注这些事件网民的接收终端上。在组织外部发生的对组织内部及其成员有影响、组织成员关注的事件信息，同样也会很迅速传递给这些关注的成员。在这样一种状况下，组织管理者在处理信息时，首先要考虑到自己已经不是信息的垄断者，不再是具有信息优势的一方。

互联网时代，网络已经成为一种宣传交流最为强大的工具。媒体的放大效应在互联网上表现得尤为充分。在一个猎奇、价值观扭曲的社会团体的时代，组织的负面新闻将传递得十分迅速，放大、发酵议论评论也常常成倍增加。是否能够高度关注互联网对所管理的组织的影响，处理与新型媒体的关系，适应互联网时代的信息管理规律，是当代管理者要认真做好的功课，必须具备的能力和掌握的技巧。

第四节 管理的文化环境

一、文化的含义与特征

文化是一个使用特别频繁的概念，在不同的场合有不同的含义。在管理学中，文化指的是一种除政治、经济、军事以外的一种观念形态。可见，文化这一概念所包含的内容是极其广泛和复杂的，所以说文化是一个复杂的整体。但是文化又是可以为人们所感觉到的社会存在。它一般表现为一定时期人们的知识、宗教、信仰、道德、习俗、心理等传统。任何一种文化都具有如下几种特征：

（1）文化不是一种个体特征，而是一种群体特征。

（2）文化是一种观念形态，是人们的精神活动的产物，是从事精神产品生产的结果。

（3）文化具有相对的稳定性和独立性。一种文化形态都是从社会经济结构发展起来的，并且要受这个结构的制约。但是文化形态一经产生，便具有相对的独立性和稳定性。这说明，一种文化形成后，其变化相当缓慢。文化的稳定性表现为文化都具有一定的地域性、地区性、民族性和排他性。

（4）文化还是不断地发展变化的。

二、文化分类的四个维度

美国管理学会的管理学家吉特·霍夫斯泰特1980年发表了一篇题为《动机、领导和组织：美国的理论可以在国外应用吗?》的文章。在这篇文章中，他从管理学的角度提出了对文化进行分类的四个维度：

（一）权力距离

权力距离是一种文化与另一种文化相区别的第一个维度，指的是社会承认和接受权力在组织中的不平等分配的程度。在管理中的权力距离也就是指的职工与管理者之间的社会距离。

权力距离的衡量尺度可以用大小两个指标。较大的权力距离一般表现为以下几个特征：

（1）等级顺序严格；

（2）少数人是独立的，多数人是处于依赖地位的；

（3）下属认为上级是不同的，而且是不可接近的；

（4）处在权力地位的人应当尽可能地表现出有权力的特征；

（5）负责的应当是失败者；

（6）改变社会制度的方法就是革命，是推翻掌权者；

（7）不能信任他人，因为他人是对个人权力的一种威胁；

（8）非权力的合作、不依靠权力的合作难以形成。

（二）对风险与变革的态度

对风险与变革的态度也有人翻译为不确定性避免。不确定性避免指的是一个社会感受到的不确定和模糊的前景的威胁。其实，霍夫斯泰德在这里主要指的是社会对风险与变革的态度。因为风险本身就是指的不确定性。对风险和变革的态度可以分为积极和消极两种。消极的态度一般有下面这样一些表现：

（1）态度上倾向于尽量地避免冲突和竞争；

（2）不能容忍偏离传统的人；

（3）比较容易怀疑年轻人；

（4）需要成文的文章、规则来指导人们的行为；

（5）相信专家及其知识；

（6）尽量避免冒险。

（三）崇尚个人主义还是集体主义

个人主义和集体主义都指的是一种社会结构。个人主义指的是一种松散的社会结构，而集体主义则是一种结合紧密的社会结构。崇尚个人主义的社会最关心的是自己和家庭，而崇尚集体主义的社会最关心的是集体，关心他人，对内部的群体忠诚。个人主义常常表现出以下几个特征：

（1）在社会中，人们最应当关心的是自己和家庭；

（2）"我"的意识占统治地位；

（3）同一性建立在个人上面；

（4）个人感情独立于组织和制度；

（5）置身于组织需要精心的计算；

（6）强调个人的积极性和成就，取得领导地位是理想；

（7）每个人有私生活的权力和意见；

（8）在制度中寻求自主、多样化、快乐和个人财产的安全；

（9）需要推动的友谊；

（10）相信个人的决定；

（11）确定的价值标准适用于所有人。

（四）男性度—女性度的分布

这是区别文化的第四个维度，指的是一个社会的价值观中，是男性通常具有的一些信念和性格占主导地位，还是女性通常所具有的信念和性格占主导地位。男性度高的表现通常是：

(1) 男人是自信的，女性应当是哺养人的，具有依附性；

(2) 在社会中性别角色应当是明确划分的；

(3) 社会中男性应当占统治地位；

(4) 每个人都应当追求成就；

(5) 生活是为了工作；

(6) 比较而言，钱和物质处于更重要的地位；

(7) 独立是理想；

(8) 抱负是工作的动力；

(9) 羡慕成功者；

(10) 大和快是美好的；

(11) 珍视和炫耀"男子气"。

霍夫斯泰德提出的划分文化类别的四个维度具有合理性，避免了对文化划分简单化的不足。

三、社会资本理论与管理

迄今为止，"社会资本"概念尚没有为人们所普遍认同的定义，从其基本内涵看，它是相对于经济资本和人力资本的概念，指社会主体（包括个人、群体、社会甚至国家）间紧密联系的状态及其特征，其表现形式有社会网络、规范、信任、权威、行动的共识以及社会道德等方面。社会资本存在于社会结构之中，是无形的，它通过人与人之间的合作进而提高社会的效率和社会整合度。著名学者福山给社会资本下的定义是：社会资本是促进两个或更多个人之间的合作的一种非正式规范。一个组织的社会资本的多寡反映了该组织内部所共同遵守的规范的强弱和成员之间凝聚力的大小，或者是组织成员影响力的大小。

社会资本是人与人之间的联系，存在于人际关系的结构之中。社会资本与物质资本、人力资本一样，可以给组织和个人带来未来的收益。社会资本往往是针对某种组织而言的。一个人该组织中社会资本的多少反映了他与组织中其他人之间的人际联系。长期来看是表现为可以给他带来的额外利益的大小。决定一个人社会资本多少的因素有：声誉、人缘、口碑等。如果个人违反了该组织的规范，就会受到惩罚，其社会资本减少；相反，如果遵守规范，他的社会资本就会不断增加。也有学者概括为，一个社会的信任度、行为规范特征、连接网络的紧密程度决定社会资本的状况。

在微观层次上，基于社会资本的管理有着重要意义。前文指出，管理是因为合作产生的。虽然在一个组织中，管理要求有秩序、有目标、有任务的合作，不是社会运行中随机式的合作。但是以合作为主要标尺的社会资本丰富与否，必然影响到管理情境下合作的深度与稳定性。社会资本丰富，合作意愿强烈，相互信任稳定且广泛，其在组织正常运行的作用可能尚不明显，一旦组织遇到重大变故，需要应对重大风险，需要组织有更强的组织性和合作精神时，社会资本的突出作用就会显现出来。因为社会资本具有强化组织成员自组织的功能。为什么团队精神总是在社会资本丰富的社会中广泛存在，就是因为团队精神的基础与前提是社会资本。

一个管理者不仅要能够认识，掌握社会资本的概念和认识社会资本的水平，还应当结合自己的认识与组织的现实，在集权与分权、约束与放开、规范与探索等方面做出艺术性的选择。这些选择是管理的艺术，也是管理中的难题。解决这些难题的一个重要途径是根据社会资本的信任水平来决定。信任水平高，就可以给予他更多的权力与空间，减少不必要的监督和检查。节约管理成本与时间。例如在一个具有强烈契约精神的社会，成员总是会自觉遵守组织的纪律，工作任务要求，工作标准等，所以监督检查的制度与机制设计就应当相对简化；反之则必须加强。

四、中、美、日三国文化的特点比较

在世界管理实践中，影响较大的有美国的管理与日本的管理。美国的管理可以说是西方管理实践的代表，而日本的管理则可以看作是东方管理实践的代表。这两种管理有着明显的不同，形成这种不同的根本原因就是管理所处的文化环境不同。下面分别对我国和美、日两国文化以及在管理上的影响做一些介绍。

（一）我国文化的特点及对管理的影响

按照哲学家的划分，中国文化也属于东方文化。但是中国文化又不同于如印度在追求人的自身超脱中形成的宗教文化，也不同于等级森严的日本文化。中国文化是在人与人之间的矛盾冲突中形成的。在这种文化中，人们习惯从关系中去体认一切，把个人看作是群体的分子而不是独立的个人，是整个戏剧中的角色而不是独立的演员。这样的文化有如下几个特点：

（1）强调人和的重要性。在我国传统文化中人和占有十分重要的地位。如果将"人和"这一哲学语言翻译为管理学用语，它就是今天管理学中所说的人际关系和谐。我国古代的思想家都认为："人和"是实现组织目标最为关键的因素。孙武在《孙子兵法》中就指出："上下同欲者胜"；思想家孟子则更是直截了当地指出：天时、地利、人和是事业兴废的三要素，但是"天时不如地利，地利不如人和"。在我国，商人做生意都讲究"和气生财"。在这样的文化环境中成长起来的人，一般都希望有一个人际关系和谐的学习工作环境；尽量避免发生冲突，如果有可能，维持一团和气是最佳的选择。

"人和"的需要对管理的作用是双重的，有利的方面是：人们都愿意为营造一个良好的人际环境而努力，因此容易形成凝聚力，也比较容易沟通；不利的方面是：在制度化的组织中，理性的管理措施不易被接受，矛盾常常被掩盖；此外，过分追求人和会抑制成员之间的竞争。

（2）强调集体主义。东方文化与西方文化最大的不同点是集体主义优先，个人从属于集体，人们从集体中感受自身的存在。如古代的思想家倡导的是："先天下之忧而忧，后天下之乐而乐。"这在人们的整体行为中就有很大的影响，此外，先公后私，忠君报国，兼善天下等思想也体现着集体主义精神。

与"人和"的特点一样，集体主义对管理的影响也是双重的，有利的方面是：它在组织成员的个人目标与组织的共同目标上面有重要的作用，能够有效地保证组织目标的实现；组织成员在共同目标下团结起来，能够产生最大的集体力。不利的方面是，集体主义强调过分，可能扼杀组织成员的创新精神，不利于人才的成长与发展；过分强调集体主义，忽视合理的个人利益，最终会使成员丧失工作的积极性。

（3）重视人与人之间的伦理关系。中国社会长期受儒家伦理思想的影响，极其重视长幼尊卑的伦理关系，重人情，讲人治，看重感情投入，"士为知己者死"。我国的文化中过分地讲究人情伦理关系，因此形成了按照情、理、法顺序办事的惯例，无论是治国安邦的大事，还是管理家务这样的小事，一般都是以情为先导，循理不循法。动之以情无效，然后才晓之以理，明辨是非，陈述利害；讲理不通，最后再诉诸公堂，依法办事。这种现象在改革开放之后，强调"法治"以来有了较大的改变，可是在许多方面仍然存在。

重视人情的文化对管理的积极作用是：按照人们的感情需求，在不违反原则的前提下，将事情处理得合乎情理，会收到事半功倍的效果。但是，重人治、轻法度，就难以做到奖惩分明，就难以保证制度的公平性，最后也将无规矩可言，这是管理的大忌。

（二）美国文化的特征及其对管理的影响

美国文化是典型的西方文化。在这种文化中，个人的地位十分突出。有人说美国是典型的个人主义文化。我们认为这种说法过于偏颇。一般来说，美国文化有这样几个特征：

（1）在看待人与自然的关系上，居主导地位的是：自然和物质世界都是应当被人类所控制，并用来为人类服务的。这种思想表达了强烈的要主宰自然的倾向。

（2）在看待科学与技术的作用问题上，美国占主导地位的是坚信科学及有关的技术是了解自然、控制自然的主要工具。

（3）物质主义的色彩比较浓厚。美国人将物质的富足和享受看作是人们应有的权力。

与东方文化不同，美国文化中的个人是在与他人的差别中来认识自己，而东方文化则是将个人归属于某个集体来认识自己。所以，美国文化强调自我存在和个人价值，强调个人之间的竞争。在这种文化的影响下，个人的权力界限十分清楚，个人的权力欲也比较强。在美国人看来，每个人都应当自己对自己负责。这种文化对组织的影响就是，每个人都干好自己分内的事情。

美国文化对美国组织结构的影响特别明显。以美国企业为例，其组织结构具有高度的科层制特点，组织内部的角色清楚、职权明确；决策过程基本上是自上而下的；行动追求效率。

美国文化在管理上产生的最大负面影响是在一个组织内难以形成非正式合作。正如威廉·大内在著名的《Z理论》一书中所指出的：美国显示的弱点是工人永远不能相互紧密结合。他们能够形成松散结合的力量；只要不要求他们理解专业以外的事情，他们是能够协调的。

（三）日本文化的特点及其对管理的影响

日本文化也属于东方文化，但是它与中国文化、印度文化这些东方国家的文化又有很大的不同。由于日本在遭受第二次世界大战的重创之后迅速恢复，日本文化因此也就成为众多学者的研究对象。因此形成了多种有关日本文化特点的观点。美国著名的人类文化学学者本尼迪克特在其著作《菊花与刀——日本文化的诸模式》中对日本文化的特点作出了这样的归纳：

（1）日本民族具有双重性格。这种双重性格表现为既和善又好斗，既爱美又尚武，既顺从又不任人摆布。

（2）日本文化中等级制度色彩鲜明。日本封建社会时间较长，形成了严格的等级制度，这种等级制度在社会和家庭中都很突出。

（3）集体主义。日本文化强调国家利益至上、集体利益至上，集体主义思想普遍。

而我国的一些学者认为，日本文化除了等级制度、集体主义等特点之外，还有注重人际关系，家族意识强烈的特点。正是这样的文化环境，才使得日本的企业集团仍然带有家族统治色彩。此外，日本文化对外来的优秀文化有很强的"兼收并蓄"的包容能力。在历史上，日本文化曾经出现过大大落后于世界上先进国家的状况。当日本尚处于原始公社社会时期时，中国已经开始了从奴隶社会向封建社会的转变；当欧美各国已经步入资本主义社会时，日本仍然是封闭落后的封建社会。但是，日本通过几次对世界先进文化的吸收，很快缩短了与这些先进国家的差距。

如果用前面介绍的霍夫斯泰德测度文化的四个尺度，可以说日本文化具有很强的集体主义而不是个人主义；对风险比较厌恶，企业普遍实行终身雇佣制就是例证；男性化特征突出；只是在权力距离上表现出两极，一方面日本文化中存在严格的等级制，另一方面日本的企业普遍崇尚集体决策和职工参与。

日本文化对日本的企业管理乃至政府的社会管理都发挥着巨大的影响作用。当今日本企业中的三大制度（终身雇佣制、年功序列制和集体决策制）的形成并发挥积极作用与日本特殊的文化有着直接的联系。集体主义不仅接受了年功序列制，保证企业的稳定，而且还增强了企业的凝聚力，在此基础上建立起来的终身雇佣制既解除了企业职工的后顾之忧，又激励职工在一个企业内部长期奋斗。日本的集体主义、等级制度、吸收优秀外来文化等特点大大提高了日本企业的整体竞争力。所以西方有人说：一个日本人是一条虫，三个日本人在一起就会变成一条龙。

当然，随着经济全球化和经济发展等推动文化发展因素的影响，日本的传统文化也开始出现许多与现代管理要求相冲突的现象。

推荐阅读书目：

1. ［英］克莱尔·克朋：《组织环境》，周海琴译，经济管理出版社 2005 年版。
2. ［美］威廉·大内：《Z 理论》，朱雁冰译，机械工业出版社 2013 年版。
3. 陈春花：《企业文化管理》，华南理工大学出版社 2006 年版。

第六章　管理者的自我认识

高层管理者做正确的事，中层管理者正确地做事，执行层人员把事做正确。

——佚名

第一节　管理者的基本含义与分类

一、管理者的概念

谁是管理者？管理者在组织中工作，但并非组织中所有的人都是管理者。在第一章中笔者已经指出，一个组织的活动可以划分为管理活动与作业活动两大类。那么，所有从事管理活动的人就是管理者。但问题是，管理活动与作业活动之间的分界具有相对性，从而也导致管理者与作业人员的区分也存在一定的相对性。什么是管理者最根本的特征呢？美国的斯蒂芬·P. 罗宾斯教授认为：管理者是指挥别人活动的人。我们认为，管理者是相对于组织内其他成员而言的一种角色。由于组织中还存在着许多非正式组织，在非正式组织中，影响和指挥他人的成员可能并不是组织的管理者。因此说管理者是拥有组织的制度权力，并以这些权力为基础指挥他人活动的人。进一步来看，管理者具有如下几个方面的特征：

（1）管理者拥有制度化的权力，特别是奖惩他人的权力。当然，不同层次、不同职能部门管理者的制度化权力的大小和性质都是不同的。一个组织的直线主管具有全面的指挥权，对所管辖的成员拥有最大的奖惩权。而一个职能部门的经理，如计划部门的经理，其影响部门成员的权力却需要通过计划的执行过程来体现。

（2）管理者必须履行一定的管理职能。在第一章，我们指出了管理要通过一定的管理职能来体现，执行这些职能是有效实现组织目标的前提。这些职能必须由管理者来履行。可见，管理者与管理一样，是任何一个组织都不可缺少的要素。

（3）一般情况下，管理者的人格都是双重的。每一个管理者都是活生生的人，是自身利益的代表；但是，每一个管理者又是一定职位的代表，是组织权力的化身，要保证组织的利益。这两种利益有时是一致的，但是在许多的情况下可能又是矛盾的。管理者有效管理就必须处理好这对矛盾。

（4）管理者同时也是被管理者。任何一个组织中都没有拥有绝对的权力的管理者。绝大多数管理者都是一定职位上的管理者，他既管理着下属同时又是自己上级的管理对象。因此管理者必须具有良好的心态，适应不同的角色定位。

要注意的是，管理学中的管理者与日常生活中所说的体制内的干部是两个不同的概念。就严格的理论意义而言，干部与管理者应当是组织中同一个角色两种不同的称谓。但是，我国当前的干部指的是一种特别的身份，有些与权力相关，有些与权力没有一点的关系。如经常看到的被称为科技干部中的部分科技人员，站在管理学的立场上来看，都是某类组织中的作业人员，是典型的被管理者。

在20世纪60年代末期，加拿大学者亨利·明茨伯格对5位总经理的工作进行了仔细的跟踪研究，得出了著名的管理者角色理论。明茨伯格认为：一个人的个性能够影响他如何扮演角色，但不会影响他所演的内容。所以，演员、经理和其他人担任的角色虽然是事先规定好的，但个人可能以不同的方式来解释这些角色。

这里的角色指的是属于一定职责或地位的一套有条理的行为。明茨伯格通过自己的实证研究发现：管理者在组织中扮演着10种不同却又高度相关的角色，这些角色的具体内容见表6-1。

表6-1　明茨伯格的管理者角色

角　色	描　述	特征活动
一、人际关系方面		
挂名首脑	象征性的首脑，必须履行许多法律、社会性的例行义务	迎接来访者、签署法定文件
领导者	负责动员和激励下属，负责人员配备、培训和交往的职责	实际上从事所有的有下级参与的活动
联络者	维护自行发展起来的外部接触和联系网络，向人们提供信息以及恩惠	发感谢信，从事外部委员会工作，从事有外部人员参加的活动
二、信息传递方面		
监听者	寻求和获取各种特定的信息（其中许多是即时的），以便透彻地了解组织与环境；作为组织内部与外部的神经中枢	阅读期刊和报告，保持私人接触
传播者	将从外部人员和下级那里获得的信息传递给组织的成员——有些是关于事实的信息，有些是解释和综合组织的有影响的人物的各种有价值的观点	举行各种信息交流会，用打电话的方式传达信息
发言人	向外界发布有关组织的计划、政策、行动、结果等信息；作为组织所在产业方面的专家	举行董事会议，向媒体发布信息
三、决策制定方面		
企业家	寻求组织和外部环境的机会，制定"改进方案"以发起变革，监督某些方案的策划	制定战略，检查会议决议执行情况，开发新项目
混乱驾驭者	当组织面临重大、意外的动乱时，负责采取补救行动	制定战略，检查陷入混乱和危机的时期
资源分配者	负责分配组织的各种资源，事实上是批准所有重要的组织决策	调度、询问、授权，从事涉及预算的各种活动和安排下级的工作
谈判者	在主要的谈判中作为组织的代表	参与工会进行合同谈判

资料来源：亨利·明茨伯格：《经理工作的性质》，中国社会科学出版社1986年版中译本，第119-120页。

为什么经理在管理过程中要扮演这么多的角色？明茨伯格认为主要是由经理所处的环境决定的。由于经理们都要面临一个由竞争者、供货商、政府等组成的复杂环境，要适应这样的环境，就必须扮演多种角色。明茨伯格认为，这些角色之间是相互联系着的。他指出：实质上，经理是一个投入产出系统。在这个系统中，权威和地位形成人际关系方面的角色，人际关系方面的角色导致投入（信息），而这又导致产出（信息和决策）。人们不能随意取消一种角色而期望其余的角色完整无损。例如，一个不扮演联络者角色的经理就不能获得外部信息，因而就不能传播良好的信息或做出有效的战略决策。

二、管理者的分类

在一个规模较大的组织中，管理者之间将进行明确而细致的分工，因此形成了各种不同的管理者。以一定的标准对众多管理者进行划分就是对管理者分类。对管理者进行合理的分类，有助于明确不同管理者的任务、技能结构要求，也有助于对管理者进行有针对性的培训等。常见的管理者分类有：

（一）按照管理者在组织中所处的层次划分

（1）基层管理者。又称为第一线的管理者，也就是处于组织中的最低层次的管理者。这些管理者所管辖的仅仅是作业人员，不涉及其他的管理者。这类管理者的主要职责是：给作业人员分派具体的工作，直接指挥、监督现场的作业活动，保证各项作业活动有效地开展。

（2）中层管理者。通常是指处于高层与基层管理者之间的管理人员。中层可能是一个层次，也可能是几个层次。中层管理者的主要职责是：贯彻执行高层管理人员所制定的重大决策，给所管辖的基层管理人员分派任务，并监督和协调基层管理人员完成他们的工作。中层管理者在组织的管理活动中常常起着承上启下的作用。

中层管理者在等级科层制组织中具有重要的地位和作用。随着信息化和知识经济时代的到来，大量高科技手段在管理中被运用，组织结构发生了深刻的变化，大公司管理层次减少，中层管理者的人数锐减。美国的管理学家阿伦·肯尼迪和特伦斯·迪尔在20世纪80年代初就指出：中层管理阶层是20世纪公司生活的一个创造。对于未来的公司来说，这是一个过时的职业。[①] 中层管理人员是否会完全在组织管理中消失？我们认为现在作出肯定的结论还为时尚早。当然，中层管理人员减少已经有明显的趋势。

（3）高层管理者。指对整个组织，或者是组织活动的某一个方面负有全面管理责任的管理人员。他们的主要职责是：制定组织的总目标、总战略，掌握组织的大政方针，评价组织的绩效。在管理活动中，高层管理者掌握着最高制度权力，在组织与外界交往的过程中，高层管理者往往是组织的代表。

（二）按照管理者从事工作的性质划分

（1）综合管理人员。指对一个组织的活动负有全面责任的管理者。综合管理者往往又称为组织管理系统中的直线主管。对于一个小型的组织来说，综合管理人员可能只有一个，但对一个大型组织来说，综合管理人员就需要分层次，即会形成高层、中层、基层的综合管理人员。

---

① 见《西方企业文化》中国对外翻译出版公司，1989年6月版中译本，第199页。

（2）专业管理人员。是指仅仅负责组织某一类活动的管理人员。也可以将其称为职能管理人员。这些管理人员往往负责组织某一方面活动的管理工作，对所管理领域的专业技能的要求较高。如在一个制造业企业从事财务管理的管理者就是一个专业管理人员。他（她）不仅要具备一般的管理技能，与其他管理者相比，其在企业财务这一专业技能上的要求就要高得多。在企业中，专业管理人员根据各自所负责的管理任务可以划分为生产部门、营销部门、采购部门、人事部门、财务部门、研究开发部门等。有人认为，在现代社会中，随着组织规模的日渐扩大，对管理职能有着越来越专门化的要求，因此管理人员中专业管理人员所占的比重会越来越大，地位也会越来越重要。

三、管理者的技能结构要求

（一）管理者的技能分类

管理人员的类别虽然很多，但是无论什么样的管理者，都需要掌握一些基本的管理技能。众多的管理技能可以分为如下三大类：

1. 技术技能

技术技能指的是使用某一专业领域有关的工作程序、技术和知识去完成组织任务的能力。技术技能一般都是与组织的作业活动有关的技能。例如工厂里生产产品的技能；财务管理中的会计核算技能；销售产品的营销技能；开发新产品所需的专业技术等。对于一个管理者来说，虽然没有必要成为精通某一领域专业技能的专家（因为他可以依靠有关专业技术人员来解决专门的技术问题），但他还是需要了解并初步掌握与其管理的专业领域相关的基本技能，否则管理者就将很难与有关的专业技术人员进行有效的沟通，自然也就难以对自己所管辖的业务工作进行具体、有效的指导。

技术技能是一种可以通过教育、培训、学习等途径掌握的技能，因为它主要与掌握的专业知识的多少有关，掌握的专业知识越多，技术技能水平一般也就越高。常见的专业培训的目的主要就是要提高管理者的技术技能的。

2. 人际技能

人际技能指的是管理者处理人与人之间关系的技能，即理解激励他人、与他人进行沟通的能力。人际技能是管理者应当掌握的最重要的技能之一。因为管理活动最根本的特点是对人的管理，而对人管理的每一项活动都要处理人与人之间的关系。实际调查发现，在影响管理者成功的因素中，绝大多数人都将人际技能排在第一位。由此可见人际技能的重要性。

人际技能首先包括领导技能，因为领导者必须学会同下属沟通，影响下属，使下属追随，激励下属去积极主动地完成任务。此外，一个管理者还必须与上级、与同事、与组织的外部有关的人打交道，能够说服上级，将自己观点转变为领导者的意思是一个管理者主要的人际技能。其次要学会与其他部门的同事沟通、合作。最后要学会与有关的外部人员沟通，传播组织的有关信息，与外部环境协调。

与技术技能不同的是，一个人的人际技能水平高低不仅取决于所掌握的书本知识的多少，更重要的是其性格。而一个人的性格在一定程度上是天生的。如一些人天生性格外向，喜爱社交；而另一些人则天生性格内向，更喜欢独处。实践表明，一个人的性格通过实践可以发生一定程度的变化，但是不可能有根本性的改变。从这个意义上说，一个人能否成为一个成功的管理者，先天的性格因素起相当大的作用。承认先天的性格因素对管理者的影响并非唯心论；也并不是要否定学习管理理论的作用；而是强调在管理者的分工、在构建管理集体时，应当考虑不同管理工作对性格的特殊要求。

3. 概念技能

概念技能又称为思维技能，指的是综观全局，对影响组织生存与发展的重大因素做出正确的判断，并在此基础上做出正确决策、引导组织发展方向的能力。有人认为，概念技能主要是理解事物的相互关系从而找出关键性的影响因素的能力，确定和协调各个方面关系的能力，以及权衡不同方案优劣和内在风险的能力等。概念技能显然是通常所说的抽象思维能力，而这种抽象思维能力主要是对组织战略性问题的分析、判断和决策的能力。

一个人概念技能水平的高低与其具备的知识、经验、胆识等因素有关。因为概念技能不仅表现为一种分析认识问题的能力，更为重要的是在此基础上做出决策的能力。在事关组织生存与发展问题上做出决策是要相当胆略的。另外，与技术技能不同的是，提高概念技能所需要的知识相当广泛，不仅仅限于专业知识。如在家用电冰箱供不应求的20世纪80年代中期，青岛海尔股份有限公司董事长张瑞敏就认识到，冰箱供不应求的现象肯定是暂时的，将来企业必须靠过硬的质量和不断的创新生存发展。基于这样的判断，在许多的冰箱厂拼命抓产量，抢利润的时候，张瑞敏却在海尔大抓质量，一次就当着全厂工人的面砸掉了76台在当时肯定可以卖出去的不合格冰箱（这在当时是一个不小的数量）。结果，全厂上下质量意识大大增强，产品质量大幅度提高。后来，随着市场供求关系的变化，诸多忽视产品质量的企业在赚取了有限的利润之后被市场无情地淘汰了，而海尔却不断地发展壮大。从一定的意义上说，正是张瑞敏高水平的概念技能，比同行更早地看到了电冰箱市场的发展趋势，并且顺应了这个发展趋势，才有了海尔兴旺发达的今天。可见，一个管理者，特别是一个高层管理者的概念技能对于一个组织来说是多么的重要！

与技术技能相同的是，概念技能也需要通过一定的学习，掌握有关科学知识来提高。一般来说，一个人受教育的时间越长，掌握的知识越丰富、越广泛，他的概念能力就会越强。但是，概念技能的提高过程与技术技能的提高过程又是不同的。技术知识由不懂到懂，技能由不会到会，二者之间有明显的界线；而由较弱的概念技能提高到较强的概念技能是一个渐进的、缓慢的、潜移默化的过程。所以，提高概念技能比提高技术技能在一定意义上讲要难得多。并且，由于这个过程的变化不那么明显，提高概念技能也就往往容易为人们所忽视。就我国目前管理者的总体状况来看，大多数管理者的技术技能基本上能够满足管理的要求，可概念技能方面还有相当差距。可以说，概念技能不足是影响我国企业管理水平的重要因素。

（二）管理者的技能构成

上述三种技能是一个管理者都应当具备的，但是对于不同的管理者，特别是处于不同层次的管理者，其技能构成结构又应当有区别。基层管理者需要直接指导作业人员，需要在作业现场解决许多作业问题。因此对技术技能的要求较高。对于这些基层管理者来说，管理的主要任务是执行上级决策，基本上不承担战略决策任务，对概念技能的要求就低一些。高层管理者与组织的作业人员直接接触较少，不需要直接指挥现场的作业活动，对他们来说，技术技能的要求就相对低一些；反过来，由于高层管理者担负有战略决策的任务，这些决策通常都是非程序性的，创新要求高，因此高层管理者必须具有较高的概念技能才能够履行好职责。中层管理者的职责任务介于高层管理者与基层管理者，其技能的构成结构也在这二者之间。不同层次管理者应当具备的技能结构比例可以用图6-1来表示：

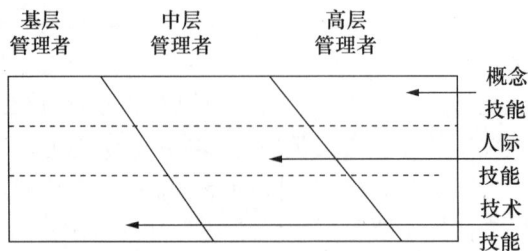

图6-1　不同管理者的技能结构构成

第二节　管理者的基本职能

一、管理者角色理论与管理职能理论的关系

管理者就是执行管理职能的人。那么，管理者扮演如上所述的角色与要执行的职能是否矛盾呢？对此，美国学者罗宾斯教授有这样一段评论：

"首先，职能方法仍然代表着将管理者的工作概念化的最有效的方式。经典的职能理论提供了一种清晰和界限明确的方法，使我们能够对管理者从事的成千种活动和用于实现组织目标的各种技术进行明确的分类。其次，虽然用明茨伯格可以给出更详细的和仔细斟酌过的管理角色的分类方案，但是这些角色实质上与四种职能是一致的。明茨伯格提出的许多角色，基本上可以归入一个或几个职能中。比如，资源分配的角色就是计划的一个部分，企业家角色也属于计划职能；所有人际关系的三种角色都是领导职能的组成部分；而其他大多数角色也与四个职能中的一个或多个相吻合。当然，并非所有的角色都是如此，这种差别实质上可以用明茨伯格的综合管理活动和纯粹管理工作的观点来解释。

所有的管理者都从事一些不纯属管理性的工作。明茨伯格观察的经理们花费时间搞公共关系和筹集资金这一事实，虽然证明了明茨伯格观察方法的精确性，但也表明并非管理者从事的每一件事情，都必须是管理者工作的基本组成部分。一些包括明茨伯格的纲要中的活动或许可以去掉。"

我们认为，罗宾斯的评价是中肯和正确的。管理者的角色理论与职能理论是分别从两个不同的角度对管理者所要从事的工作所作的描述。

二、理论界关于管理者的基本职能的争论

管理的职能就是管理者为实施有效的管理必须负担起的基本职责以及要完成的任务。管理有多少职能？不同学派的看法差别很大。最早从管理职能的角度建立管理学一般原理的法国学者法约尔认为管理具有如下五大职能：

第一，计划，就是探索未来，制订行动计划；

第二，组织，就是建立企业的物质和社会的双重结构；

第三，指挥，就是使其人员发挥作用；

第四，协调，就是联结、联合、调和所有的活动及力量；

第五，控制，就是注意一切是否都已经按规定的规章和下达的命令进行。①

美国管理学者古利克则认为，管理有七大职能，分别是：计划、组织、人事、指挥、协调、报告、预算。

美国的另一名管理学家孔茨则认为管理的职能应当是这样五个，即计划、组织、人员配备、指挥和领导、控制。②

我国的管理学者对管理的职能划分也存在分歧。中国人民大学的扬文士教授等认为，孔茨等对管理职能的划分比较合理，可以接受。③ 而南京大学的周三多教授等则认为，管理的职能应当是：决策、组织、领导、控制、创新五种。④ 关于管理职能的划分存在如此之大的分歧可以理解。因为从不同的角度来分解管理职能，必然会看到不同的结果。

在对管理者职能的研究中，巴纳德的理论比较有特色。巴纳德认为：经理（实际上就是本书中所说的管理者）的职能主要是协调。"只有维持组织运营的专门化的工作才是管理工作。"巴纳德认为，从本质上讲，经理人员的职能是非个人的。这里的意思是经理的管理职能必须与整个组织结合起来，经理的职能应当与组织的各项要素相对应。所以，巴纳德提出："经理人员的职能是①提供交流信息的体系；②促成必要的个人努力；③提出和制定目的。"具体来看，完成这三个职能，需要：

（一）进行组织构造

所谓组织构造，巴纳德的定义是确定组织的职位。在组织的职位确定之后，进行人员的合理安排。

（二）促使人们同组织建立协作关系

在这里巴纳德实际上是提出了经理应当着手改变员工价值观，抓好使其与企业价值观相一致的工作。虽然当时巴纳德的这个思想还不是那么清晰，但是已经感觉到了这项工作的必要性。可以说巴纳德是较早意识到企业文化重要作用的管理学家。

（三）做好激励工作，让员工提供服务

在这个方面，巴纳德认为具体的方法有：维持士气；维持激励机制；维持约束机制；做好监督与控制；做好教育与训练工作。

在上述职能中，关键是要做好协调工作。正是由于巴纳德对协调的注重和大力地宣传，现代管理学理论虽然没有将协调作为一项独立的管理职能，却一致认为协调是管理的核心。

我们认为，管理职能划分的实际意义主要有两点：一是在职能理论指导下对管理活动进行合理的分工；二是按照职能理论设置管理部门，明确和任务。如果基于这一点，我们

① ［法］法约尔：《工业管理与一般管理》，中国社会科学出版社1982年版中译本。

② ［美］哈罗德·孔茨：《管理学》，中国社会科学出版社1987年版中译本。

③ 杨文士等：《管理学原理》，中国人民大学出版社1994年版，第67页。

④ 周三多等：《管理学——原理与方法》，复旦大学出版社1993年版。

认为管理职能的划分应当以管理工作要完成的几项主要的任务和一个全程管理所要经过的主要阶段为依据。据此，本书将管理的职能分为计划、组织、用人、领导、激励、控制与提升七大职能。要注意的是，管理职能是一个层次系统，在这每一项管理职能执行过程中，都包含着下一个层次的七大职能。这个关系可以用图6－2来说明：

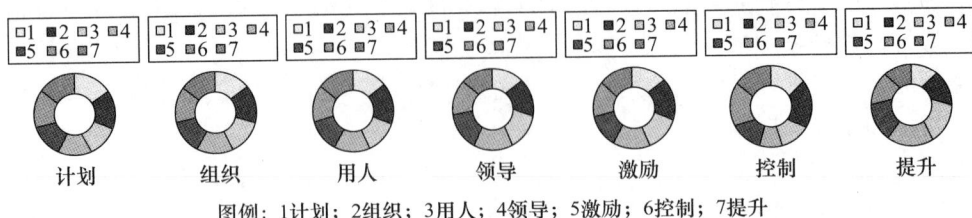

图例：1计划；2组织；3用人；4领导；5激励；6控制；7提升

图6－2　管理职能循环关系

与过去所有职能理论最大的不同是作者提出了提升职能。我们认为，在一个以人为本的现代管理时代，一个管理循环的最后环节，通过总结、培训、改革，达到提高成员素质、提高管理者自身的能力，增强整个组织的发展潜力。提升是每一个管理者都应当努力完成的必要职能。这一职能的实践背景以及理论价值，在本书第三章已经作了较为充分的论述。此处不再重复。

三、管理者的七大主要职能

1. 计划

是指为实现组织的目标，制定和执行决策，对组织内的各种资源进行优化配置的行动方案与规划。计划一直都被认为是管理的重要职能。它是对组织行为的谋划和估计，既是行动的指导，又是组织行为控制的标准。计划的具体职能为：

（1）预测。指为了开展计划编制工作，对计划目标实现的概率等进行预先测评的职能。预测一般要根据预测的难易程度，适用的科学方法，依靠专业人员来完成。

（2）决策。指对多种计划方案进行优选，择其最优予以执行的职能。在计划职能中，决策的职能最为关键，最为重要。

（3）计划编制。即狭义的计划职能，又称为计划制订工作。指确定组织的行动目标和程序的职能，其主要任务是制订书面形式的计划。

（4）计划执行。计划执行与管理者的其他职能是紧密关联的。一个管理的实践过程其实就是直接或者间接地执行计划的过程。

2. 组织

是指为实现组织目标，执行组织决策，对组织内各种资源进行制度化安排的职能。在组织的众多资源中，人是最重要的资源，所以组织职能实际上解决的主要是人力资源的组合问题。它的具体职能包括：

（1）进行组织设计，建立一定的组织结构，即按照组织目标要求和实际情况，建立合理的组织结构，对人员进行权责分工、角色定位。也就是根据组织运行和实现组织目标的要求，对组织进行分层、分权、理顺直线与参谋的关系等。

（2）建立组织的规章制度，保障组织的运行。

（3）建立组织内部沟通机制，保障组织内部信息畅通。

（4）塑造组织文化，即在管理的过程中，管理者必须建立其明确且优秀的文化，形成清晰明确的价值观，以便规范组织整体行为与成员个体行为。更进一步讲，管理本身就是一种文化行为的体现，管理不仅是在一定的文化环境中开展的活动，而且应当也必然推动一定的文化发展。对于一个成功的管理者来说，塑造优秀的组织文化是其分内的任务。

3. 用人

是指为保证组织目标的实现，对所需要的人力资源进行开发、管理、培训等工作。这一职能具体工作包括：

（1）用人，根据成员个人的能力、经历、个性等进行岗位安排，做到人尽其才，才尽其用。

（2）管理人员的选任。管理人员是组织人力资源中最为重要的资源，选任合适的管理人员是用人的首要任务。

（3）培养人才。一个组织要基业长青，自身必须能够培养出大批人才。

4. 领导

是指领导者带领和指导组织成员完成组织任务，实现组织目标的职能。领导的内容可以分为：带领，它的意思是在实现组织目标，完成组织任务的过程中，领导者不仅要明确方向，更是要身先士卒，以身作则；指导，指领导者有指导下属完成任务的责任。领导的具体工作包括：

（1）增强组织凝聚力。凝聚力是指群体成员之间为实现群体目标而自愿实施团结协作的程度，用现实中最容易理解的表述就是集体主义精神和行为。凝聚力的外在表现为人们的个体动机行为对群体目标任务所形成的信赖性、依从性乃至服从性。领导首先就是要全面增强组织的凝聚力。

（2）鼓舞士气。士气是组织员工愿意努力工作的愿望、积极负责、创新和团结合作的态度。旺盛的士气是组织成员的潜力得以充分发挥、凝聚力不断提高、战斗力得于增强的重要催化剂。领导就需要运用各种方法鼓舞与维持员工高昂的斗志、旺盛的士气。

5. 激励

管理者在掌握了被管理者的需要之后，为了充分调动他们的积极性，必须运用合适的激励手段与方法。这就是激励的职能。

6. 控制

控制指为了保证组织目标实现，决策得以顺利执行，对组织行为过程（包括下级的工作）进行的监督、检查、调整等一系列管理活动。控制一直是管理的重要职能。因为制订计划时无论考虑得多么周密，无论投入多少人力与物力，也难以保证计划的绝对准确，决策万无一失。况且，许多外部因素的变化还是组织的管理者根本无法控制的。在计划执行的过程中，外部环境的变化、执行人员的疏忽，都可能使计划执行偏离预想的轨道或者是目标。管理者通过控制职能及时发现偏差，采取措施纠正。具体实施过程中的主要工作包括以下几点：

（1）建立控制体系。

（2）发现问题与纠正偏差。

（3）严格进行重点控制，保证重点部位、重点领域、重点环节不出偏差。

（4）培养员工的自律意识及其习惯。

7. 提升

指在管理实践中，在居于两个计划周期之间所开展的一系列工作。具体实施过程中的主要工作包括：

（1）总结。指的是在一个计划周期结束之后，对所开展的工作进行思考，汇总，作出结论的工作。就其内容而言，工作总结就是把一个时间段的工作进行一次全面系统的总检查、总评价、总分析、总研究，尤其是要分析存在的不足，从而得出引以为戒的教训。

（2）表彰。指在总结的基础上，推选出在上个计划周期中表现优秀的先进分子，进行表扬、大力宣传，以激励广大成员更好地推动下个计划周期的工作。

（3）改革。指在分析形势与任务之后所展开的组织结构调整、职能完善、流程再造等改革工作，目的在于提升组织的整体效能。

第三节 管理者的素质要求

一、管理者应具备的知识

（一）文化科学基础知识

文化科学基础知识是指作为管理者应具备的必要的语言、文学、历史、地理、数学、物理、化学、天文、生物、美学、社会科学、逻辑学等基础学科的知识。它们是形成一般能力的基础。

（二）专业科技知识

专业科技知识是指与组织作业活动的目标任务有关的科学和技术知识，特别是专业知识。我们再次强调，管理者可以不是专家，但必须是内行。

（三）管理科学知识

管理科学知识是指管理者通过学习管理学所掌握的科学知识。管理科学的范围十分广泛，除了管理学原理之外，还包括许多专门的管理理论，如管理心理学、组织行为学、人事管理学、领导科学、人才学等，这些都是当代广义管理学的内容。当然，管理者应结合自己的工作性质，侧重掌握几门相关的管理学知识。

一个管理者要掌握必备的知识，必须靠平时的日积月累。活到老、学到老应是一个管理学者学习的座右铭。对于一个管理者来说，通过脱产学习丰富知识和提高水平是必要的，但这种机会对于大多数在职的管理者来说不多，最重要的是管理者自觉地努力学习，扩大知识面，提高管理水平。

此外，管理者在学习过程中，应注意形成合理的知识结构，管理者是在为从事管理工作，提高管理能力学习各种必要的知识，不是为了从事某一领域理论研究，这就要注意各种知识构成比例的合理性。形成什么样的知识结构最为合理呢？要视管理者的工作性质而定。一般来说，高层管理者知识面要广，所学的知识应尽可能丰富多样，所掌握的软科学方面的知识要广、要多；基层管理者专业知识则要求与达到一定的深度。

二、管理者的素质要求

管理学研究发现，能力比知识重要，素质又比能力重要。我国北宋著名人才学家李觏说过："人乎才，有德以为功，无德以为乱。"他的意思是说，一个人的才能越高，有德才能服务天下，建功立业，无德则可为天下之乱，祸害于社会。这里且不论李觏的德是什么标准，就其论人才的思想而言，他强调了德的重要性，或者说人才素质的重要性。管理者就是管理人才，做一名合格的管理者，仅具有广博的知识，高超的能力是不够的，还必须有较高的素质。

（一）管理者应有较优秀的道德素质

任何社会都会要求管理者应具有较高的思想政治素质，只不过是内容不同罢了。如日本企业界要求管理人员具备的基本品德就是对企业的忠诚，美国管理学家们则认为管理人员必须有献身事业的精神，为社会、为职工所敬仰的品德。我们认为，一名合格管理者的德行方面的要求具体有如下几方面：

（1）诚实守信。诚实守信是一个人立足于社会的基本品质，是其他品质赖于存在的基础。所以说管理者首要也是最为重要的品质即诚实守信。只有信守承诺，才可能具有奉献精神，才可能具有稳定的责任心。

（2）敬业。敬业是对管理者职业操守的要求。敬业精神存在，就可能有较强的责任心，事业心，才能够做到对工作认真负责，精益求精。对于管理者而言，敬业精神的要求要高于被管理者。因为管理工作在相当的程度上是弹性化的，很难逐一量化，工作积极性和工作热情需要靠管理者的敬业精神来支撑。

（二）管理者应具有良好的心理素质

管理活动同时也是一种很艰苦的实践活动。要成为一个合格的管理者，必须具备良好的心理素质。良好的心理素质主要表现为：

1. 意志坚强

北宋大文学家苏轼曾经说过："古今立大志者，不惟是超世之才，亦必有坚韧不拔之志"。管理者除了要树立远大的抱负，有事业心之外，在追求所确立的目标上，应有坚强的意志。在任何时候，都不盲从，不随波逐流，不受内外各种因素的干扰；遇到困难不气馁，取得成绩不骄傲；紧要关头沉着冷静，果敢坚决；名利面前，不受引诱。

2. 胸怀宽广

在管理活动中，人们具有不同看法，不同意见是不可避免的。管理者应当胸怀宽容大度，能求大同，存小异；在非原则性问题上能忍让，宽以待人；尤其是对反对过自己的同志，甚至后来被实践证明反对错了的人，能不计前嫌，不耿耿于怀则是宽广胸怀的主要体现，是能够团结大多数人的重要途径。要善于听取不同意见，特别是对立面的意见，绝不能认为自己的意见一贯正确，听不进不同的意见，听不得批评意见。要敢于承认自己的缺点、错误，不文过饰非，居功自傲。

3. 自信

管理者要相信自己的能力，相信自己能把下属的力量调动起来，能够把成员带到追求目标的高地。自信是积极工作和克服困难的前提，也是激励群体成员积极性的重要因素。特别是作为一个有个人影响力的管理者，自信更是素质的第一要求。

（三）管理者应有良好的身体素质

管理活动既是一种脑力劳动，又是一种体力劳动。尤其是处于纷繁复杂的环境之中时，管理劳动通常要耗费相当大量的脑力与体力。要成为一名优秀的管理者，特别是优秀的高层主管人员，健康的体魄与充沛的精力是必不可少的。管理人员应注重身体素质的锻炼，工作好、休息好、生活好。

三、管理者的性格要求

（一）性格对管理成功的影响

由于管理是与人打交道的工作，人际能力在管理成功中起着重要作用。因此，个人的性格对于一个人是否能够成为一个成功的管理者有着重要的影响。现代心理学已经证明，一个人的性格主要由先天决定，后天的社会实践虽然对其发展有影响，但是很难从根本上改变。如一些人天生性格外向，擅长与人打交道，人际关系能力强；而另一些人则天生性格内向，不擅长甚至害怕人际交往。实践表明，前一种人的性格适合从事管理工作；而后一种人则更适合从事专业性的作业工作。如果两种人具有同样高的智商，那么，具有外向型性格、擅长人际关系的人容易成为高层管理者，而具有后一种性格的人则更容易成为一名杰出的科学家。

（二）性格的分类

管理学中的性格概念与心理学中的气质概念指的是同一件事情，是人们所固有的一种典型而又稳定的心理特征，是人生而有之的心理特点。也就是人们通常所说的个人的性情、脾气。它具有先天性、稳定性。后天的社会实践可以使一些人的性格在一定程度上发生变化，但是多数人仍然会保持天生的性格特点。

最早对人的性格进行研究并分类的是古希腊的希波克拉底，他的性格分类理论今天仍然具有很大的影响。他将性格划分为如下四类：

1. 胆汁质

具有这种性格的人一般会表现为情绪容易兴奋，自我控制能力差，爱冲动，心境变化幅度大。这种人对环境反应迅速而且强烈，但是并不灵活。具有这种性格的人在日常生活中精力一般比较旺盛，不易疲劳；但是自制力较差，办事比较粗心。

2. 多血质

具有这种性格的人情绪兴奋性高，外部表现明显，反应迅速快且灵活；但是往往情绪不稳定，心境变化快，容易感受失败和不快。具有这种气质具有较大的可塑性、外倾性。他们的优点是语言敏捷迅速、活泼好动、待人亲切热情；不足之处是粗心浮躁，注意力和情绪都易转移或者变化。

3. 黏液质

具有这种性格的人常常情绪不容易兴奋，比较内向，不外露，反应速度慢但是稳定。这种人一般情况下情绪稳定，心平气和，不易激动，言语不多，处事踏实冷静，自制力强；不足之处是易于固执、拘谨。

4. 抑郁质

具有这种性格的人常常容易兴奋，对事物的体验深，不随意的反应性低，速度慢不灵活，具有明显的内向性。他们对人和事物观察细致；十分敏感，情绪体验深刻并且稳定，不外露也不活泼，在学习和工作中都容易疲劳，但是疲劳之后容易恢复。容易表现出多虑、不果断和缺乏信心，常常有孤独、胆怯的表现。

性格是人的自然属性的一种表现，必然会支配人的行为和思维。苏联有一位心理学家曾经通过实验提供了这样一份资料来证明不同性格的人在同样环境下所表现出的不同的行为方式。

四个"性情"不同的人去看戏，都晚到了，在这种情况下，急脾气的人与检票员争执起来，说戏院的钟走快了，打算推开检票员跑进去；比较灵活的人当即明白，人家不会放他到座位里面去，就打算通过楼厅进去；慢性子的人看到不让他进去，就想，第一场不会太精彩的，我先到小卖部休息一会，等中间幕闭休息时再进去，于是耐心地等待起来；敏感的人却说："我老是不走运，偶尔来看一次戏，就这样倒霉！"于是就闷闷不乐地回家去了。

性格是人的一种自然属性，无所谓好坏，只有是否与环境和所从事的工作相适应的差别。而且，每一种性格都有优缺点。不过，作为管理者，培养一定的外向型性格是比较重要的。

四、管理者的时间在传统四大职能上分布的经验总结

不同层次的管理者不仅技能结构的要求不同，而且在各种管理职能上花费的时间也不相同。因为管理者的管理活动总是要耗费一定时间的。管理者在某一职能上花费的时间越多，一般意味着所花费的精力也就越多。那么在时间和精力一定的条件下，如果管理者未能抓住主要的管理工作，在一些次要的管理活动上花费过多的时间和精力，管理效率将变得十分低下。有人以计划、组织、领导与控制这样四大管理职能为标准对管理者的时间分配进行了研究。得出的统计结论是，高层管理者花在组织工作和控制工作这两项职能上的时间要比基层管理者多一些，而基层管理者花在领导工作这一职能上的时间则要比高层管理者多一些。

五、成功的管理者与有效管理者的时间分布及意义

美国学者弗雷德·卢森斯（Fred Luthans）和他的助手对管理者的时间分布做了具体考察。他们一共研究了450多位管理者。研究发现，管理者所从事的工作都基本上相同，基本上是这样四大类：

（1）传统管理：决策、计划和控制；

（2）沟通：交流例行信息和处理文书工作；

（3）人力资源管理：激励、惩罚、调解冲突、人员配备和培训；

（4）网络联系：社交活动、政治活动和与外界交往。

他们在研究中发现："一般"意义上的管理者花费32%的时间从事传统管理活动；29%的时间从事沟通活动；20%的时间从事人力资源管理活动；19%的时间从事网络活动。在总体研究的基础上，他们将研究的对象进行了分类：划分为成功管理者（以在组织中晋升的速度为标志）和有效的管理者（以工作成绩的数量、质量以及下级对其满意和承诺的程度为标志），发现二者在不同职能上花费的时间有着显著差别。维护网络关系对管理者成功的相对贡献最大，这在一定的程度上证明了管理学家巴纳德的观点：协调是管理的中心任务。成功的管理者在这项职能上面花费的时间也最多，从事人力资源管理活

动的花费的时间最少。对有效的管理者而言，沟通上花费的时间最多，维护网络联系花费的时间最少。

我们认为，弗森斯等的研究是有普遍意义的。从一般意义上讲，管理者在传统管理即计划、决策和控制职能、沟通、人力资源管理和网络关系这四项管理活动中的每一项，所花费的时间在20%~30%。但是成功的管理者与有效的管理者工作的重点是不一样的，对一个组织来说，成功的管理者不等于有效的管理者。这也表明，在有人的地方，关系对于管理者的晋升都会起作用，甚至是很大的作用，这并非中国文化所特有的现象。

第四节　怎样做一名合格的管理者

一、合格管理者的基本标准

如何判断一个管理者是否成功？这是理论上必须回答的问题。我们有必要向韦尔奇学习，但并不是每个人都能够成为韦尔奇那样的管理者。笔者认为，一个管理者做得好，符合下面其中一条就是一个相对成功的管理者：

第一，做得比过去好，说明管理者有进步，只要不断地做得比过去好，管理者的变小胜为大胜就指日可待。

第二，做得比同行好，说明在横向比较中有成绩，居于突出地位。如果组织的管理一直居于同行领先的地位，自然是先进的。

第三，做得比期望的好。说明管理工作超过了所设定的目标，是应当予以肯定的。

这三个评价标准是从实际管理工作中总结出来的，具有易于理解和简单可行的特点，实用性很强。

二、合格管理者的一般要求

1. 经常自省和总结

一个优秀的管理者一定要学会自省和总结。实践出真知是需要认真体会的格言。没有总结的实践就如同熊瞎子掰苞米，掰一个丢一个。总结就是积累经验。没有总结就不可能有提高。

自省一是要对照优秀的同行身边的同事进行对比自省。三人之行必有我师。只有不断发现别人的优点、自己的不足，不断弥补自己的不足，才能够不断进步。自省二是要对自己的决策、管理不断进行再思考，虽然即使是正确的决策同样需要再思考、再认识，精益求精，优中选优。

学习自省另一个重要途径是积累经验。过去，我们在管理中错误地认为，科学管理不应当强调经验的作用。其实这是相当错误的。做出一项正确的管理决策，丰富的经验是相当重要的一个条件。在艺术性的管理工作中，经验更是不可或缺的。我们认为，经验也是管理者的综合素质构成中一个重要的组成内容。

其实，一切理论都是实践的总结，是实际工作者积累经验的总结与抽象。所以，在管理者的素质培养中，绝不能轻视经验的作用。我们不是经验主义者。但是，我们必须看到，包括实践在内的学习，一个重要内容就是对实践经验与教训的总结。通过有意识的经验积累，可以深化对实践的认识，也可以将理论与实践有机地结合。所以，我们认为，经历与经验是管理者素质重要的组成部分。

管理者的经验一是通过自己的实践获得，二是通过观察学习他人的实践获得。在强调管理经验作用的同时，我们要指出的是，只有对自己管理实践进行有目的的总结，对成功管理者的经验进行分析、研究、比较；经验才是具有积极意义，可以发挥作用的。

2. 不断学习，丰富自己

成功的管理者必须学会学习。这里的学习不仅指汲取书本知识的学习，更为重要的是在管理实践中向其他成功管理者学习。由于管理成功受制于众多的因素，尤其是环境因素。因此不同管理者之间优劣的比较是很难的。但是，一个愿意学习和注意学习的管理者是不会过于强调客观因素影响的。他们常常会选择正确的态度，就是向成功的管理者、身边的管理者学习。应当说走上管理岗位的绝大多数管理者都有自己的优点和擅长。譬如，有的管理者善于谋划，有的管理者擅长协调，有的管理者精于处理复杂问题，等等。这些都是一个寻求成功的管理者应当不断学习的。

3. 海纳百川，开门纳谏

要能够听得进不同的意见，尤其是尖锐的不同意见。对于优秀的管理者来说，不是在理论上与不同意见者辩个输赢，更多的是要用事实教育与自己意见不同的人。这是最有说服力的途径和方法。是否听得进不同的意见，一个基本的判别方法就是看能否让人把话讲完。尤其是不要在别人讲到中间就打断或者是批评。只要不是怀有恶意的不同意见就应当让别人讲完，之后是心平气和地解释而不是批评。

4. 不贪功诿过，公正诚信

从内心承认和赞扬下属的功劳。一些管理者常常认为组织取得的成就中自己所做的贡献最大，理所当然应当受到赞扬和肯定。的确，一个组织的管理者是决定组织发展和进步的关键。但是，离开组织其他成员的努力，要取得成功同样是困难的。所以团结调动组织的成员与自己共同努力，就是要从内心承认成员和下属的贡献，对其贡献给予更多的赞扬和激励，是一个成功管理者尤其时刻应当注意的。

5. 敢于创新

一个成功的管理者要敢于创新。创新是保证组织走在同行前列的唯一途径。创新既是一种手段和方法，同时也是管理者的一种品质。创新就是要遵循规律地打破常规、惯例，走在他人的前面。创新首先要求解放思想，敢于突破禁锢，敢于怀疑现行的做法和惯例；创新还要有坚定的信心与踏实的工作态度，有不达目的誓不罢休的韧劲和百折不挠的进取精神。

6. 富有激情

带领一个组织、一个团队干成一件事业，管理者的激情是绝对不可缺少的。热情和干劲都以激情为前提。所谓激情就是为事业、为任务、为岗位和团队表现出的一种持续高涨的工作情绪。现实表明，一个人潜力的发挥，相当程度上取决于在岗位上的工作激情。激情是事业心、追求成功的外在表现。激情还可以产生一种感召力，调动跟随者的积极性和热情。对于一个优秀的管理者来说，激情是必不可少的要素。

7. 作风踏实

管理者不是研究者，成败是检验和评价管理者能力水平高低的唯一标准。在管理中，知易行难是常见的现象，知行合一是必然的要求。对于一个管理者来说，不仅要知道干什么，还要能够带领团队怎么干；重要的是还要干成。想事、谋事、干事、成事，对于一个管理者来说都是必不可少的，但是最为重要的还是成事。没有踏实的工作作风，想干成事是不可能的。一个优秀的管理者必定是一位优秀的实践者。

第五节 直线主管再认识

一、直线主管在组织中的特殊地位

1. 直线主管的概念

直线主管乃组织管理者群体中最具特殊性的管理者。直线主管是组织的行政主管，或者说一把手，他是组织最高的决策者，是组织内权力终结者，位居组织内权力金字塔的顶尖。

因为在相当程度上，直线主管承担着比其他管理者要大得多的责任。与其他管理者相比，直线主管最突出特征是对其全面性的要求，这个全面性具体可以分解为：

首先是履行职能的全面性。直线主管需要对组织的各个方面负责，因此要全面履行职能。全面履行职能不是说直线主管必须做好每一件管理工作，而是指要承担所有管理职能的责任。

其次是影响的全面性。直线主管是组织内拥有最高权力的管理者，所以能够对组织运行的各个方面产生影响。因此直线主管的言行举止就应当十分慎重。封建时代皇帝之所以金口玉言，实际上乃皇帝为国家最高统治者，必须谨言慎行。

最后是能力构成的全面性，也就是直线主管具备较为全面的知识结构；有较为全面的组织协调能力；具有全局眼光和大局观；能够平衡眼前利益与长期利益，全局利益与局部利益；兼具管理者的权力行使与领导者的影响力，恩威并重。总体上讲，直线主管应当是综合素质与综合能力较强的管理者。

2. 直线主管角色

（1）组织代表。指在对外联络与交往中，常常要作为组织的合法代表。

（2）组织形象。直线主管是组织最有影响的形象大使。因为外界大多会通过直线主管代表组织的活动以及表现来认识组织、感知组织。

（3）组织核心。在组织中，直线主管居于权力金字塔的顶端，自然成为组织的核心，是组织运行的中枢。这也是责任与权力对称的结果。组织的核心相当于人们身体的心脏，工作的负荷自然是最重的。在管理团队中直线主管就是核心，是精神支柱，也是最后的决策者，更是失败风险的最终承担者。

二、直线主管最主要的职责

直线主管负责全面工作，如果事无巨细都揽在手中，事必躬亲，就难以成为一名优秀的管理者，优势甚至达不到合格的水平。因为具有一定规模的组织，每日的工作千头万绪。直线主管必须根据事情的轻重缓急正确授权，调动下级与专业管理者的积极性去完成各自应当完成的任务。那么，直线主管的主要职责主要是什么呢？主要有如下几个方面：

1. 掌控大局

也就是运用各种管理方式方法，保证组织的有序、稳定、良好地运行；向着既定的目标前进，完成各项任务。

2. 谋划发展

谋划发展是直线主管的特有或者说不可推卸的职责。因为谋划组织发展尤其是长期发展的难度大、风险高，普通管理者是不可能去思考和操心的。但是组织的发展又是不可回避的现实管理问题。因此我们说直线主管首先必须承担起谋划发展的职责。

3. 选准用好人才

人才在这里指的是组织的管理者。用对人、用好人是管理者的基本能力要求，也是管理者一项主要的职责。直线主管的工作要进行分解，下级应能够承担所分派的任务，并积极努力完成任务。在管理实践中这项工作很繁杂，但就其最主要的内容而言，直线主管就是要选对用好下一级的人员。这些人员对于高层管理者而言就是中层管理者，对于中层管理者而言就是基层管理者，基层管理者要选对用好的就是作业人员。当然，选对人用好人有时并非易事，因为现实的选择是有限的。所以培养好可用的管理者就是选对人用好人职能的必然延伸了。

4. 凝聚人心

直线主管必须能够凝聚人心，也就是要从思想上、价值观上真正把组织的成员团结起来，齐心协力奔向未来。

5. 对外协调

因为直线主管是组织的代表，对外协调是直线主管的分内职责。

三、优秀直线主管的品质要求

与一般管理者相比，对直线主管的素质要求自然更高。优秀的直线主管除了要做到一般管理者所能做到的之外，还应当在如下几个方面有更加优秀的表现：

1. 敢于负责

每一个管理者都应担当责任，但是在不同的管理岗位上，承担职责的要求是不一样的。在一个组织内部，直线主管是没有任何借口推诿责任的。同理，只有敢于承担责任才敢于决策，只有愿意承担责任才可能积极进取；只有不怕承担责任，下属才可能团结在自己的周围。所以直线主管必须敢于承担责任。

2. 善于决策

决策就是要抓住机会。决策需要胆识，更需要能力。只有善于决策的直线主管才能够带领组织顺利前行。对于组织来说，不仅要求直线主管敢于决策，更要求主管善于决策，能够把握机会，抓住机遇。

3. 精于用人

一个好汉三个帮，一个篱笆三根桩。直线主管再有能力，再有精力，也不可能直接完成所有的任务，必然就成为个体户了。分权授权、带领他人是直线主管完成组织任务，实现组织目标的主要手段和途径，所以要求直线主管选准人、用对人、带出人；笔者将这些要求统一归结为精于用人。

4. 勤于学习

直线主管要掌控大局、谋划未来、发现机遇、即时决策；这些都是在掌握知识、运用知识的基础上完成的。学习是掌握新知识，丰富知识，提高能力的基本途径。所以直线主管必须勤于学习。在一个学习型组织中，直线主管必须是学习的典范。

5. 身先士卒

任务布置之后，并不是工作就万事大吉，可以高枕无忧了。对于直线主管来说，不仅要让所有成员接受任务，更为重要的是还应当激发成员积极主动创造性地开展工作，只有这样，任务的完成才可能有保障。所以在管理中，鼓舞士气，激励鞭策下属员工的工作职责是直线主管的又一重要职责。因此身先士卒，带动示范是必需的。

参考阅读书目：

1. ［加］亨利·明茨伯格：《经理工作的性质》，中国社会科学出版社中译本 1986年版。

2. ［美］斯蒂芬·P. 罗宾斯：《管理学》，中国人民大学出版社中译本 1997 年版。

中　篇

第七章　计划

凡事预则立，不预则废。

——《礼记·中庸》

第一节　计划概述

一、计划的概念

在管理学中，计划具有两种含义：其一是指计划管理工作。管理学家一致认为，计划是最重要的管理职能之一。其二是指以战略、规划、预算以及方案等具体的计划形式。它们是实施计划管理职能的书面文件。其实，计划工作和计划形式是密切相关的。广义的计划管理的中心任务就是制订计划和执行计划。形式上的计划既是计划工作要完成的任务，也是计划执行的指南。

计划工作具体包括哪些内容，各个管理学者的看法都不一样。有的学者认为，计划包含决策职能；另一些学者则认为，决策职能是独立的，不应包括在计划职能中；还有学者认为，计划应包含在决策职能之中。笔者认为，究竟是计划包含着决策，还是决策包含着计划，关键在于看问题时所站的角度。如果将计划理解为制订计划的工作，显然不包括决策，但若理解为计划管理工作，那么就应当包括决策，反过来看也是如此。本书是从计划管理的角度来讨论计划职能的，那么在计划职能中就包含着决策，所以，本书的计划管理职能包含三项具体的职能：预测、决策和计划执行。要说明的是，做这样的安排丝毫没有贬低决策职能地位的意思。只是认为从管理活动的历史过程看，这样安排似乎更合理一些。

与其他管理职能相比，计划职能有如下特点：

（一）计划工作是着眼于组织未来的工作

虽然各项管理职能都必须考虑组织的未来，但都不是像计划那样以谋划未来作为主要任务。例如领导、激励和控制等职能，更多的是着眼于当下的工作。在计划管理工作中，无论是规划、预算，还是政策、程序，都是组织未来行动的有明确目标和具体方案指导。当然，对未来的一切谋划必须建立在过去和现在分析的基础上，只有这样谋划未来的方案才可能科学、合理和可行。

（二）计划职能是科学性要求最为显著的职能

我们在前面指出，管理具有科学性与艺术性。虽然每一种职能都带有科学性与艺术性的特征，但是在不同职能上二者的地位或者说显著程度是很不一样的。无论理论上分析还是实践感受，可以说计划职能的科学性要求最高。首先，制订计划必须依据科学的原理，每一件计划工作，都必须在一定的科学理论指导下完成；其次，制订计划要使用科学的分析工具和编制方法，艺术性在其中的作用有限；最后，计划的内容必须是科学合理的。正是基于以上几点，我们说相对于其他管理职能而言，计划的科学性要求最高。

（三）计划职能是一项综合性很强的职能

计划工作水平的高低决定于科学把握外部环境、事物自身发展规律，创新性地科学决策、艺术性地整合资源等一系列工作的水平和能力。组织有序高效地运行，能够顺利地完成阶段性任务和实现组织的目标，在组织各个方面都需要计划指导，按照既定的计划推进各个方面的工作。所以我们说计划职能是一项综合性的职能。

二、计划的形式

不少人思想上都存在着这样一种观念，计划只包含着预算和规划。这是片面的。现代管理学理论认为，组织中开展的一切以未来为工作内容的管理活动都包含在计划工作之中。同理，这些工作的形式化结果也就是计划形式。在一个组织中，常见的计划形式包括：

（一）宗旨

宗旨指社会赋予组织的基本职能和基本使命。它要解决的是一个组织是干什么的和应该干什么的问题。不同的组织有不同的宗旨。

宗旨不是目标。它是拟订、明确目标的最高原则。一个组织必须有明确宗旨，特别是最高管理层应牢记本组织的宗旨，并将宗旨灌输到每一个员工的头脑中去，贯彻到计划的制订和执行过程中。

（二）目标

目标是宗旨的具体化，表现为组织在计划期内要追求的结果。目标通常用一系列指标来表示。经济组织常用利润、产量、产值、利润率、成本等来表示。在一个书面计划中，组织要实现的目标常常有一组，它们构成一个由总目标领导的目标体系。诚如一些管理学家所说的，组织计划中的目标是分等级层次的，还会形成一个网络。由于目标的层次和网络特性，保证各级目标、各部门目标之间的协调统一是计划工作要予以充分注意的。

（三）策略

策略是计划的指导方针和行动方针。它表现为在计划中明确重点、程序；为计划提供基本原则；为考虑问题、采取行动指明统一思想的方向。比如企业是以大批量单一品种、低成本为生产原则；还是以小批量、多品种、供应齐备为生产原则？这就是企业生产和销售中可选择的两种不同策略。策略不是孤立的，是为实现组织的宗旨和目标服务的，同时又为重大政策和各种规划提供原则。

（四）政策

政策是一个组织行动的方针。用管理学的话来说，它是一种用文字表述的计划，主要作用是保证组织的沟通，规定行动的方向和范围，明确解决问题的原则。如有管理学家在讨论公司政策时所指出的："政策好比指路牌，它规定必要的，并为公司董事会或执行委员会所认可的活动范围。"一个组织中的政策可能是多种多样的。例如一个企业，需要制订招聘员工的政策；提级增薪的政策；鼓励职工提供合理化建议的政策；企业在市场上的价格竞争政策等。[①]

之所以将组织制订的政策也归入计划职能之中，乃因为政策的目的也是着眼于未来的。一个组织需要制订某一项政策的起因是因为当前出现了某种问题，但其作用则是为了应付未来再发生诸如此类的问题。如果不是着眼于未来，那就只是解决当前问题的方案，就不是政策了。

（五）规划

规划是最常见、最典型的计划形式，在一个规划中，组织的宗旨、计划期内要实现的目标、实现目标当采取的策略、执行策略需要遵守的政策、程序、规则等都会得到体现。也正因如此，人们才将规划与计划等同起来。从前面的论述可知，规划不能与计划等同。它只不过是一种综合性的计划形式而已。

规划的具体形式和内容弹性较大。如有的规划仅是粗线条的轮廓，或只是定性化的基本原则体系；有的则十分详尽，许多目标都已数量化、具体化、明确化。所以，人们也常将以粗线条勾画未来发展轮廓的设想称之为规划，如通常称之为战略规划的那种规划，而将比较详尽的规划称之为计划。从计划管理工作的角度来看作这种区分也有作用。

（六）预算

预算就是对组织活动从经济核算角度开展的计划工作。预算通常是用数字表示出来的。任何组织活动都需要付出代价。用经济学语言来说就是需要成本。经济性是人们对工作进行计划的客观原因之一。尽可能地节约开支，争取最大的投入产出效益是每一个管理者努力的目标。所以说，预算是一切组织中最重要的计划之一。

一个组织不仅需要预算，而且预算还必须做到科学、可行、合理。与其他计划形式比较起来，对预算的要求更加严格一些，因为每一个组织都需要合理地利用自己的财力资源。所以，每一个组织都要做好预算工作。

要接受上述有关计划的观点，对我国相当一部分管理者来说还有一个观念转变的任务。因为长期以来，我们一直都只将预算式的计划看作计划的唯一形式，而将程序、规则、策略等不视作计划。这一观念不转变，不利于做好计划管理工作。如一些企业和其他组织将完不成计划当作一件重要的事情来对待，但把违反程序、不遵守规则当作很平常的事情。这显然与科学的计划管理要求不相符。

三、计划的类别

组织的计划种类很多，组织规模越大，计划类型就越多。众多计划按照不同的分类标准，可以将其分为：

第一，按涉及时期的长短，可分为长期计划、中期计划和短期计划。长期计划、中期计划和短期计划的区分是相对的。对不同规模的组织，其标准是不一样的。如企业通常以一个自然年度作为财务决策的时限，在这个时限内，还必须进行分月、分季的核算。因

---

① ［美］亨利·西斯克：《工业组织与管理》，中国社会科学出版社1987年版，第99页。

此，月、季的计划可以看作是企业短期计划，年度计划就是企业的中期计划，一年以上的计划就是企业的长期计划了。而我国政府大多是五年一届。年度计划一般就是短期计划，五年计划为中期计划，十年以上的计划才称为长期计划。计划所涉及的期限越长，不可预见的影响因素越多，制订计划时就越难把握。因而长期计划多是组织粗线条的发展构想，短期计划则是很具体的实施性方案。

长期、中期和短期计划之间的关系是：长期计划起主导作用，中期计划、短期计划以长期计划为基础，是逐步落实长期计划的计划。

第二，按计划所涉及的内容，可分为总体计划、各职能部门计划和各管理层计划。一个组织不可能只有一个计划，通过计划编制工作会形成一个计划体系。在这个体系中，有规划组织全局发展的总体计划，也有规划组织各个方面的职能计划，还有按管理层次分别制订的各管理层计划。

在组织的计划体系中，总体计划居于主导地位，各职能计划、管理层计划都是围绕实现总体计划而制订的。整体计划体系应保持总体平衡，有机结合。

第三，按照计划内容的繁简，可以分为具体计划与指导性计划。具体计划指的是具有明确目标、实施步骤、执行方案的计划。指导性计划指的是只规定一般方针，指出重点或者是努力方向的计划。在这样的计划中，没有明确的实施方案，需要通过具体计划来明确和具体化。

具体计划与指导性计划是密切相关的。指导性计划是具体计划的方向，具体计划是指导性计划的落实。一般来说，在一个规模巨大的组织，战略计划、长期计划大多是指导性计划，战术计划、基层的短期计划一般是具体计划。

不同层次管理者在计划职能过程中承担的任务是不同的。高层管理者，要承担的是长期的、总体的、指导性的计划；基层管理者，要完成的是短期的、部门的、作业性的等具体计划。不同层次管理者在计划职能上的这种分工可以用图 7 - 1 表示：

图 7 - 1　不同层次管理者要完成的计划职能

四、计划的作用

我们知道，社会组织是一个人造系统，它与自然系统的本质区别就在于它是一群有意识的人们在一定目标支配下组成的。有意识、有目的的活动是组织活动的基本特征。有意识的活动首先表现为在活动之前，人们会自觉地进行规划、设想、安排。无论这种规划设想是简单还是复杂，都属于计划职能。可以说计划是人类组织所特有的管理职能。也是人社会性的基本特征之一。正如马克思在论述人的意识时所说的："最蹩脚的建筑师从一开始就比最灵巧的蜜蜂高明的地方，是他在用蜂蜡建筑蜂房以前，已经在他自己的头脑中把它建成了。"① 建筑师在头脑中建筑房屋的过程就是一个计划过程。我国古代思想家所说的"预则立，不预则废"说的也就是计划工作的重要性。

计划作为管理的第一个职能还指任何一个管理者，不论他居于什么层次，在什么样的部门负责，都必须做好计划工作。否则其工作就无法开展，即使展开了，也将会是一团糟。

（一）通过计划明确组织发展的阶段性目标

要将愿望变为现实，必须建立起一定的保障。计划首先从明确目标着手为实现组织目标提供了保障。组织目标有长远目标与近期目标、主要目标与次要目标、直接目标与间接目标之分。计划工作就是通过组织内外条件分析，明晰组织要实现的总体目标、各部门的目标、各阶段性目标；然后把各种目标协调起来，并制订出实施这些阶段性目标的方法、措施，使组织的各项活动为实现总目标服务。

（二）计划通过优化资源配置保证组织目标的实现

实现组织目标，需要调动组织内的各种资源。在最经济的条件下实现目标是市场经济体制下一切组织都应遵循的原则。换言之，任何组织都必须讲究成本核算，厉行节约，使投入产出效益最高。通过计划管理对组织的资源进行优化配置是最大的节约，也是最重要的节约。不做预算，不进行成本费用分析，即使组织目标得以实现，也会因成本失控而变得不合理、不合算。节约是从事现代管理的基本准则之一。任何组织，无论是企业还非企业，都必须重视投入产出的效益。认为只有企业才讲成本核算，讲节约的观点是片面的。

（三）计划通过规划、政策、程序等的制定保证着组织目标的实现

计划还为控制提供标准。实现组织目标的活动会受到多种因素的影响。在一些没有预见到的因素影响下，组织行动可能偏离计划轨道。这些偏差要靠管理控制来纠正。纠正偏差必须要有标准。这个标准只能是组织的计划。计划既是组织行动的标准，同时又评定组织效率的标准。没有计划就无法实施控制；没有控制，组织目标也就难以实现。

第二节　预测

一、科学预测的概念

预测是决策前提，是计划职能实施的第一个环节。预测具有悠久的历史。古人云：凡事预则立，不预则废。但是早期的预测与今天的预测有着本质差别。如远古时代就产生了预言、占卜等预测，它们几乎没有科学的成分。计划职能中的预测指的是科学预测。就是在科学收集、分析所掌握的一定材料基础上，运用合适的科学方法，对一段时间内事物发展的趋势与结果所作的事先估计，为决策者决策提供依据的活动。

从这个定义来看，预测活动具有这样几个特征：

第一，预测是为决策而开展的活动，都是为了一定的决策服务的，这些决策与预测结果的关系之间可能是直接的，如企业为下一年度的经营战略决策而开展的市场预测，但是

---

① 见《马克思恩格斯全集》第 23 卷，第 202 页。

有些预测却没有直接的目的，而是服务于不确定对象的，例如天气预报。不过，从本质上看，公众注意天气预报，应用天气预报也是为了个人生活工作中的决策的。例如用于出门是否带上雨伞或者穿多少衣服等日常生活决策。

第二，预测是有时间概念的活动，与未来一段时间关联。预测内容进一步讲就是影响决策的重要因素在未来一段时间内的发展变化趋势以及结果。所以我们说的有意义预测都是与确定的时间联系的。

第三，科学预测要采用科学合适的方法。现代预测的方法是比较多的，都具有相当的科学性；但是不同决策所要求采用的方法又是不同的。如经济活动中的预测，由于与大多数人的自发经济行为选择有关，所以运用大数据的定量预测模型方法有很高的价值，但是在军事领域、政治领域，定量预测模型的可信度就要打很大折扣。

第四，预测必须建立在所收集数据的基础上。无论是什么性质的预测，掌握事物过去发展变化的轨迹，以及影响该事物发展变化相关因素的数据是作出科学预测的关键影响因素。

在计划管理中要开展的预测活动很多，将其分为如下一些类别：

第一，按它包含的时间跨度可以分为：短期预测、中期预测与长期预测。具体到多长时间为短期、中期或者说是长期，要根据决策的性质和要求来定。如服务于国家某一个领域中长期发展规划（一般十年到二十年的时间跨度）所要开展的预测就是长期预测，而对于一个刚刚创办不久的小型企业来说，可能一个为三年期经营发展所作的预测就是长期预测了。由于万事万物都在时间长河中发展变化，所以，预测时间跨度越长，发展变化中影响的因素就越多越复杂，准确把握的难度就越大。因此对于长期预测的要求一般都是把握发展趋势，而不是精确的结果，对于短期预测而言，就应当有较为精确的结果。

第二，按照预测结果和使用方法的要求，可以划分为：定量预测和定性预测。所谓定量预测多依据有关事物发展的客观数据资料，运用一定的数学分析原理和模型工具，对事物未来一个时期发展所作的具有数量化描述的预测。如某一市场上一段时间内居民消费能力的预测就常常采取定量预测的方法，而某一领域科学技术创新突破方向的预测就不可能采取类似的方法，而必须依靠相关领域的科学家们依据个人判断来预测，我们说这样的预测只能是定性预测。

二、预测工作的步骤

1. 明确预测的目的

前面指出预测是为决策服务的，可是决策是多种多样的，因此开展预测活动首先必须明确预测是为什么决策提供依据，是短期还是长期，是战略性决策还是战术性决策，等等。这就是明确决策的目的。

2. 调查、收集预测所需要的资料，数据

预测必须建立在客观真实足够的资料基础上。这个过程是预测中工作量最大的环节。

3. 确定预测方法和工具

根据预测的任务、性质和要求，选择科学合理的方法以及处理数据资料的工具，尤其是一些数量模型。在现代预测中，常常将定量预测与定性预测结合起来，可以收到十分理想的效果。例如通过问卷调查获取的数据大多数都是描述性的，但是运用现代分析工具，对于这些描述性的数据进行量化分析，不仅可以掌握问卷调查中被调查对象的价值取向，而且在一定程度上还可以把握这些取向的强度，也更加有助于科学决策。

4. 评估预测结果

如果是纯粹的定量预测，就要验证预测模型。如果是定性预测，就要对预测的结果进行初步评估。如果方法、步骤、资料都没有问题，预测结果就可以采信使用。

三、常用的现代预测方法

（1）定性预测。定性预测属于主观判断，它基于参与预测的个人主观估计和评价。常见的具体方法包括典型调研法、历史类比、德尔菲法等。

（2）定量预测。方法主要有以下几个：

一是时间序列分析法。时间序列分析建立在这样一个假定基础上的，即过去需求相关的历史数据可用于预测未来的需求。历史数据可能包含诸如趋势、季节、周期等因素。常见的时间序列分析方法主要有：简单移动平均、加权移动平均、指数平滑、回归分析、鲍克斯·詹金斯法、西斯金时间序列等。

二是因果联系法。因果联系是假定需求与某些内在因素或周围环境的外部因素有关。常见的因果联系法主要有：回归分析、投入产出模型、先行指标等。

三是模拟。模拟模型允许预测人员对预测的条件作一定程度的假设。运用模拟模型对未来发展趋势进行预测。

四、做好预测工作要注意的问题

1. 预测成本与精度要求

预测的准确性又可以称为预测结果的精度。对于决策者来说，自然是希望预测的精度尽可能高。可是预测精度与取得的数据资料的全面性、完整性、数量等是相关的，这个工作又与成本关联着。所以说预测结果的精确程度与成本是关联的。而且还与时间要求相关联。我们只能在时间允许与可以承担成本前提下确定预测结果的精度。

2. 个人判断与接受预测结果

在管理中，管理者对于事物未来的发展变化无疑有自己的判断，或者说管理者自己的预测。这个预测结果可能与专门承担预测任务的专家、受托机构预测的结果一致或者说不一致。由于受托预测工作团队形成的预测结果是为管理者提供决策参考的，接受或者不接受这个预测结果是管理者的权力。在现实中，管理者应当处理好这个问题。当二者不一致时，比较合理的选择是，管理者应当仔细了解预测工作团队的工作过程、资料情况、选择预测方法的依据等。进而决定是调整自己的判断还是与预测团队共同弥补预测中存在的不足，最终达成一致的看法和意见。

3. 咨询机构的预测与决策层的估计相结合

一般来说，稍具规模的组织一般都会委托专业咨询机构进行预测，而具有责任心的管理者对于未来发展趋势也一定有自己的看法。专业咨询机构与决策层在判断未来发展趋势上可以说各有优势与特点。因此在预测未来趋势，最后选择决策与计划的前提结论时，应当注意二者意见的综合。

4. 方法与时间、任务相匹配

预测是基于历史，立足现在，面向未来的。现在与未来之间的时间就是预测的时间范围。不同的预测方法有不同的时间范围要求，因而在选用预测方法时应特别注意这一点。另外，时间范围越长，预测结果越不准确。同时，任何一种预测方法都不可能完全适用于某一预测问题，应根据实际需求不断检验预测方法。不同的任务要求对于适用的预测方法也有不同的要求。譬如比较综合性的预测任务，可能采取专家意见法进行定性预测就比较合适，而某一产品市场未来两年的变化采取时间序列预测方法可能就比较合适。

第三节　决策

一、决策的概念

决策是最重要的管理职能之一。以西蒙为代表的决策理论学派甚至认为管理就是决策。我们认为，决策是按组织目标的要求，在组织内外条件的约束下，对多个可行的行动方案进行比较选择并执行选择结果的管理活动。决策这一管理活动有如下特点：

（一）目标性

决策总是为实现组织的某一目标而开展的管理活动，没有目标或者目标不明确，就不可能作出正确的决策。如果决策失去了方向，就无所谓合理科学了。

（二）选择性

决策最显著的特点之一就是它是在多个可行方案中选择最优方案。如果只有一个方案，决策者没有选择余地，也就不存在决策困难，也就不需要决策知识和能力了。正是由于决策是在多个方案中择优，那么对方案的分析、选择标准的确定、方案优劣的判断等反映决策者判断力方面的素质就提出了很高要求。

（三）风险性

决策是一种带有风险的管理活动。因为任何备选方案都是在预测未来的基础上制定的，客观事物的变化受多种因素影响，加之人们的认识总会存在一定的局限性，作为决策对象的备选方案不可避免地会带有某种不确定性，即风险性。决策者对所作出的决策能否达到预期目标，不可能有百分之百的把握，都要冒不同程度的风险，所以说决策具有风险性。可见，正确的决策特别是重大的决策，不仅需要较高的决策水平，而且需要过人的胆略。

（四）非零起点

无论是一种什么决策，即使是一项全新的决策，都是在过去的基础上进行的。一些是对过去所执行决策的延伸，而另一些则可能是对过去所执行过决策的修正。无论属于哪一种情况，都表明决策不可能在与过去完全无关的状态下进行。因此决策带有"非零起点"的特点。

决策的"非零起点"要求决策者在决策中必须从现实出发，充分考虑组织过去的决策对当前决策的影响。

二、决策的原则

1. 及时

任何管理决策都是在一定时间约束条件下的决策，即使是非时间敏感性的决策，在时间上也不是无限期的。决策的及时性是管理决策首要的特点。决策的正确和错误总是与一定的时间界限相联系着的，"马后炮"、"事后诸葛亮"没有任何实际意义。决策必须具有较强的时间观念，在瞬息万变的现代社会经济中，每一个决策者都应牢记："机不可失，时不再来。"能否抓住恰当的时机作出决策、实施决策，也反映了一个决策者所具备的决策能力水平的高低。

时效原则要求决策必须当机立断。犹豫不决很容易贻误战机，丧失发展的机遇，甚至是重大的机遇。这一点对于市场中的企业经营决策来说尤为重要。因为市场如战场，商情如军情，成功的机会就那么一刹那，如果抓住了，企业就会顺利发展，一旦错过了发展的时机，就可能使企业步步落后。一个决策者能否做到当机立断，果敢决策，取决于决策者对环境和条件的分析。前怕狼，后怕虎，当断不断，坐等机会溜过，实际上是对决策条件研究不深，对决策实施结果没有把握的表现。

当然，执行时效原则并不等于搞盲动主义，问题没有摸透，措施不完善，就仓促决策，盲目上马，最后以失败告终。科学、合理是时效原则的前提。

2. 正确

这是管理决策的内在要求，也是所有决策的内在要求。

3. 可行

决策的成效在于执行。自然要求决策是可行的。

4. 责任

就是谁决策，谁负责。

（1）谁作决策，谁负责决策贯彻执行。作出决策是为了实施，决策的贯彻执行是决策全过程中不可缺少的一个阶段。在管理中，谁作出决策，应由谁负责贯彻实施，其理由是：①决策者最了解方案的优缺点和实施的措施、路线，能够较好地控制决策实施过程；②谁决策，谁实施是执行谁决策、谁对决策后果负责原则的前提。如果决策者不负责贯彻实施决策，一旦决策目标没有实现，或决策与实际不符，决策者就可能把责任推给贯彻执行者。

（2）谁决策，谁对决策的后果负责。决策具有风险，决策失误，组织会受到或大或小的损失。要减少决策的失误，避免损失，决策者必须对决策的后果负责。这是防止滥用职权、盲目决策，尽最大可能保证决策科学、正确、可行的基本前提，也是其制度保障。

三、决策的类型

管理过程中要进行的决策多种多样。按照一定的标准，可以对其进行分类。

（一）按决策的性质，可将决策划分为程序性决策和非程序性决策

程序性决策又称为常规决策，是指可按照既定的程序、模式和标准进行的决策。在实际生活中，无论是个人活动还是组织活动，有相当一部分属于程序性活动。这些活动通常多次反复出现，人们通过长期实践积累起经验，形成了一套解决这些活动中所遇到的一般性问题的方法、程序和标准，再遇到类似问题时，就按这些既定的原则和步骤行动。人们称这种决策为程序性决策。程序性决策的关键是日常活动的程序化。活动程序化有两个作用：一是作为组织控制系统的组成部分，可使控制更为容易，从而提高控制效率；二是作为组织协调系统的一部分，可提高组织的专业化水平。因为组织活动程序之后，标准化程度提高，内部的分工就可能更加广泛和深化。

程序化决策通用于解决一般性问题。其决策权一般由决策管理人员掌握，有时还可以授予作业人员。越是基层管理者，所掌握的决策权中，程序化决策权所占的比重越大。

非程序化决策是指不能按既定的模式和程序所做出的决策。它一般用于解决所遇到的重大的、不经常出现的问题。非程序化决策事实上要体现决策者的创造性，而且风险也比较高。所以，非程序化的决策权一般为组织高层管理人员所掌握。

不过要注意的是，这种划分不是绝对的，高层管理人员同样也有一部分程序性决策任务，基层管理人员也会有一些非程序性问题要自主解决，需要做出一定的非程序性决策。

（二）按决策问题的性质，可以分为战略决策和战术决策

战略决策是指由组织最高管理层做出对组织全局和长期发展有着重大影响的决策。战略决策一般事关组织全局，影响期长；其形式多是非程序化的，其正确与否对组织有着重大影响。

战术决策指的是在战略决策的指导下，为落实战略决策目标，针对具体问题而作出的决策。战略决策与战术决策是一个整体。没有战术决策，战略决策的目标、措施等就会落空；如果没有战略决策，战术决策就会失去方向，决策的合理与否就失去了判定标准。

一般来说，组织高层管理者应当将主要精力放在战略决策上，而中层和基层管理者则应当将精力主要放在战术决策上。

（三）按决策的环境约束条件，可分为确定性决策、风险性决策和不确定性决策

确定性决策是指决策的主要约束条件已十分明确和肯定，每个备选方案的预测期结果也比较确定，只要对不同的方案进行比较，从中选优就可以作出选择的决策。

不确定性决策是指影响决策因素存在着两种以上的情形，并且将来会出现什么样的情形也不能确定，其决策结果也不能确定的决策。不确定性决策在经济管理活动中也比较少见。

风险性决策类似于不确定性决策，不同的是在风险性决策中，对未来可能出现的各种情况可以大致地估计出发生的概率，决策的结果受概率估计值影响，因而方案的选择中有一个较确切的标准，但又带有一定的风险性，故将这种决策称之为风险性决策。风险性决策是经济活动中最常见的决策。

上述三种决策的类别与管理者在层级上是相关的，二者之间的关系可以用图 7 - 2 表示：

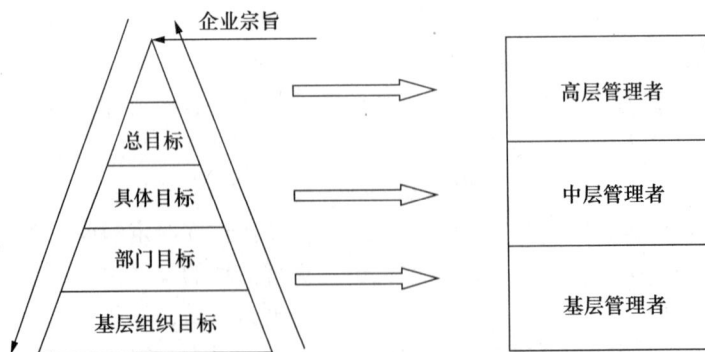

图 7 - 2　组织目标与管理层对应关系

（四）按照时间允许准备的充分程度可以分为时间敏感决策和知识敏感决策

时间敏感决策指的是那些必须迅速而且尽量准确的决策。知识敏感决策指的是对时间的要求不是那么严格，但是对决策的执行效果要求特别高的决策。这类决策要求人们充分利用知识，作出尽可能正确的选择。

一般来说，有关组织活动方向的决策多属于知识敏感决策。这类决策着重于抓住运用机会，而不是避开威胁；在时间上考虑的是未来而不是现在。时间敏感决策的重点则是要马上避开风险，解决组织面临的生存危机问题。

（五）按照决策的竞争性目的，可以分为竞争性决策和非竞争性决策

竞争性决策是指针对特定的竞争对手、为获取竞争胜利而作出的决策。竞争性决策是市场经济中企业经常要作出的决策。因为竞争是市场经济最本质的规定，是市场经济发挥优化资源配置积极作用的根本途径。关于竞争性决策的研究已经成为当今对策论研究的主要内容，运用的理论基础就是博弈论。在竞争性决策中，按照竞争之后的结果，还可以将决策分为零和结果的决策、双赢结果的决策、无胜利者结果的决策。在现代市场经济中，零和决策是最常见的决策。

非竞争性决策指的是不针对特定竞争对手的决策。如企业在完全垄断的市场上和完全竞争的市场上作出的决策就是非竞争性决策。当然，在垄断竞争市场上，包括在寡头垄断市场上，企业也有许多决策是非竞争性决策，如企业按照环境保护法律要求所做的环境保护决策。

四、科学决策的一般程序

（一）提出问题，分析问题，确定决策层次

决策不是做思维游戏，是为了解决一定问题所开展的管理活动，所以，决策必须围绕一定的问题来展开。当然，一个组织中总是有许许多多的问题。例如，在一个企业中，就有企业如何在市场竞争中发展自己、开发什么样的新产品、开发新产品的资金如何筹措等问题需要解决。在具有两个或两个以上管理层次的组织中，仅仅将问题提出来是不够的，还必须在提出问题的基础上，对众多问题进行分析，以明确各种问题的性质，并要弄清楚哪些是涉及组织全局的战略性问题；哪些只是涉及局部问题；哪些是非程序性的问题，哪些是程序性问题。由此确定解决问题的决策层次，避免高层决策者被众多一般性问题所缠绕而影响对重大问题的决策。

提出问题，并不是说决策者就坐等问题发生，等下级人员将发生的问题呈报在自己的面前。对决策者特别是高层决策者来说，清楚地认识到潜在的问题，对事物的发展作出超前的、正确的预计尤为重要。这就要求决策者必须主动深入实际调查研究，及时发现新问题，提出新问题进而解决问题，以保证组织的健康发展。

（二）明确目标

发现问题，提出了问题，对问题进行了定性，还只不过是弄清了组织中有哪些问题有待解决，以及应当在什么层次或部门解决，而对问题应解决到什么程度还不清楚。这就是明确决策目标的工作内容了。

决策目标既是制定决策方案的依据，又是执行决策，评价决策执行效果的标准。决策目标也就是决策必须达到的水平。因而，决策目标必须定得合理。一项决策目标定得合理

的标准应该是使该目标既能达到，但又必须是经过努力才能够达到。也就是日常工作中所说的"跳起来摘桃子"。目标定得太高，根本不切合实际，会使人望而却步，失去为之奋斗的信心与勇气，决策就会化为泡影。目标定得太低，不经过任何努力即可实现，人们就可能认为唾手可得而感到无所作为，随之丧失应有的压力和积极性。管理实践经验已经证明，保持一定的工作压力是必要的，而形成工作压力的主要途径就是决策目标和考核指标了。

决策目标首先必须正确，这是决策正确的航标，其次就是水平必须合理、可行。

（三）制定备选方案

实现同一个决策目标的方式或途径可能是多种多样的。不同的途径和方式实现目标的效率也就不一样。决策要求以费用最低，效率最高，收益最大的方式实现目标。这就要求对多种途径和方式进行比较和选择，所以决策的第三个程序就是在可以允许的程度内，将所有可能的备选方案都制定出来。

制定备选方案既是组织的一项管理活动，同时又是一项技术性很强的管理活动。无论哪一种备选方案，都必须建立在科学基础上。方案中能够进行数量化和定量分析的，一定要将指标数量化，并运用科学、合理的方法进行定量分析，使各个方案尽可能地建立在客观科学的基础上，减少主观性。

（四）评选、确定满意方案

对决策备选方案进行比较评价，确定满意方案，是抉择的关键环节。为保证这一关键环节的正确性，首先需要组织一个得力的方案评选班子，这个班子应包括各方面的专家。就企业决策来说，应包括有技术、财务、市场、公关、人力资源等各方面的专家，以便对方案在各个方面的合理性与科学性做出正确评价。其次要确定方案选择标准。经济组织决策中评选方案的标准一般是以经济效益为最基本的指标。如企业评价方案多以利润、成本、投资回收期等指标作为最基本的指标。要注意的是，经济活动不仅仅是纯经济性的，它会涉及许多方面。因此，必须深入、认真、细致；评价方案不是简单地根据评价指标从中选择最高的，还必须详细审查方案的可行性程度。如果没有可行的方案，绝不能迁就，草率抉择，而应该选择一些方案进行修改或增加备选方案，然后再进行评价选择。

（五）组织决策实施

用现代决策理论观点来看，决策不只是一个简单方案选择问题，它还包括决策的执行。因为决策正确与否，质量如何，不经过实践的检验，就得不到真正的证明，实践才是检验真理的唯一标准。而且，决策的目的也就是为了实施决策，以解决最初提出的问题。如果说选择出一个满意的方案是解决所提出问题成功的一半，那么，另一半就是组织决策的实施了。不能付诸实施的决策只能是水中之月，镜中之花。因此，决策必须将组织决策实施工作当作一个重要的环节来抓。

决策的实施首先要有广大组织成员的积极参与。为了有效地组织决策实施，决策者应通过各种渠道将决策方案向组织成员通报，争取成员的认同，当然最可取的方法是设计出一种决策模式争取所有的成员参与决策、了解决策，以便更好地实施决策。

（六）信息反馈和决策的修订、补充

实施是检验决策正确与否的唯一方法。在决策时，无论考虑得怎样周密，也只是一种事前的设想，难免存在失误或不当之处，况且，随着形势发展，实施决策的条件不可与设想的条件完全相吻合，在一些不可控因素作用下，实施条件、环境与决策方案所依据的条件之间可能会有较大的出入，这时，需要改变的不是现实，而是决策方案了。所以，在决策实施过程中，决策人应及时了解、掌握决策实施的各种信息，及时发现各种新问题，并对原来的决策进行必要的修订、补充和完善，使之不断地适应变化了的新形势和条件。

（七）总结经验，吸取教训，改进决策

一项决策实施之后，对其实施过程和情况进行总结、回顾，既可以明确功过，确定奖惩，还可使自身的决策水平得到进一步提高。

通过总结决策经验，往往可以发现一些决策最初看起来是正确的，但在实施之后却并不令人满意，如某些决策短期效益可能十分显著，而长期效益却很差，这些都是通过对决策实施的结果进行总结所得到的经验。

总结决策的经验教训不只是几个决策者的事情，有必要发动决策的执行者、决策方案的审评者和决策方案的制订者参加，从各自的观点、立场改进决策，以提高决策水平。

五、常用决策方法

（一）集体决策

1. 集体决策的优点

集体决策在决策理论中又称群众决策，它是相对于个人决策而言的。集体决策指由多个人组成的一个决策小组进行决策，该决策小组对决策后果负责的决策方式。当然，在这种决策集体中，也有一个组织负责人，但他不是最高决策者，只不过是决策小组的组织者而已。集体决策有如下几个方面的长处：

（1）集体决策能较好地保证决策结果的合理性和正确性。集体决策要求多人参与决策，这样使得群体的知识与智慧集中在一个问题上，对问题的认识和分析必然比某一个人的分析和认识要深刻、全面得多。国外的一些研究也表明，群体判断问题的正确率一般要比单人个体高出 5～6 倍。中国的古语"三个臭皮匠，顶个诸葛亮"也是对群体决策智慧与水平的形象描述。在有条件的地方，能够实行集体决策的应尽可能地实行集体决策。譬如，企业开发一项新产品，既要了解市场需求，又要了解同行企业的竞争状况，还要了解本行业、本企业的技术能力，最后，还要解决资金来源等问题。在这类关系企业前途命运的大问题上实行集体决策，就比较容易保证决策的正确性、合理性。

（2）集体决策具有较好的执行性。由于集体决策有多个部门、多个方面的代表参加，他们对决策过程中选择方案的理由，实施决策的路线、措施，要达到的目标等都有直接和全面的了解，在实施决策时，就不需要再向他们就上述问题进行解释、宣传。这些决策执行者参与了决策之后，不仅对决策有了一个全面、透彻的了解，而且还会加强他们执行决策的责任心，提高他们实施决策的自觉性和积极性。国外一些管理学认为，个体作出决策之后，决策者还需要把决策的有关信息与执行者沟通，要陈述方案的优点，要说明选择的理由、执行的要求等。这不仅会增加决策者的额外负担，而且还可能因沟通网络不完善使决策难以被执行者所接受，从而影响决策的执行。

"Z 理论"的创立者威廉·大内在比较美日两国的管理体制时发现，美国企业实行以个人权威为基础的个人决策体制，这种体制作出决定快，但执行决定却较慢；日本企业实行以集体协作为基础的集体决策体制，这种体制作出决定一般较慢，可一旦作出决定，执行起来就很顺利，也很快。日本企业的决策模式就是对集体决策的执行性较好的一个证明。

（3）集体决策往往更富于创造性。决策的创造性是指在决策过程中，通过对备选方案的评审、分析，从而发现更好的潜在方案的过程和结果。

集体决策的创造性是由决策者队伍结构所决定的。一般来说，参与集体决策的人都是各个领域的专家内行，他们之间的知识互补，能够形成单个人所不可能具备的智力、能力和知识结构。他们从各自的立场上对备选方案进行评审、分析，就容易使方案更臻完善，从而发现更好的方案。

集体决策的创造性还源于多个人在一起讨论。争论时可激发出新的灵感和新设想，这种灵感在共同讨论中还可以迅速得到论证和初步完善。群体的智慧和能力大大高于个人，其想象力也更丰富。在集体讨论过程中，许多人之间思想碰撞，创新火花也就会大量产生。要发挥集体决策潜在的创新性，必须遵循如下几个原则：鼓励自由讨论，言者无罪；完全禁止批评。

2. 集体决策的不足

（1）决策时间较长。集体决策有多个人参加，自然其意见也会纷繁多样，决策却又必须建立在意见基本统一基础之上。集体决策要达成统一的意见，一般要花去较多的时间来统一认识，这样就会使决策时间延长，在特别紧急的关头，长时间的讨论容易贻误良机。所以，集体决策时必须注意，讨论要深，争论要广，但最后的决策抉择要果断、迅速，不能拖泥带水，议而不决。

（2）决策无明确的负责人，容易造成无人对决策后果负责的局面。集体决策，其后果理应由集体共同负责。但在决策过程中，所有参加决策人的意见不可能完全一致，所持的主张也有差别，如果决策失误，追究责任就比较困难。因为平均地分摊责任，各打五十大板是不合理的；只追究赞成者的责任，排除反对者的责任也不尽合理，因为集体决策的结果是以参加决策的成员同意为执行前提的。集体是一个抽象的概念，缺乏人格化的代表。为避免无人负责的问题，集体决策在实践中不仅要有一个组织者，往往还需要指定一个最后的负责人。理论上所界定的那种纯集体决策在实际工作中是难以找到的。

3. 实行集体决策要注意的几个问题

总的来看，集体决策利大于弊。只要我们采取适当的措施，就可以充分发挥集体决策的优势，避免不足。搞好集体决策，应注意好以下几方面的问题：

（1）把集体决策与个人负责制统一起来。集体决策与个人负责不矛盾。集体决策是为了集思广益，充分发挥集体的智慧，而个人负责则是为了强化对决策的结果负责，所以，应把集体决策与个人负责统一起来，具体来说，即重大问题必须经过集体讨论，但方案的最终选择权仍归最高行政领导人掌握，他对决策的后果负最终和最主要的责任。只有这样才能防止集体决策中容易出现的争论不休，议而不决，决策后果无人负责的不良现象发生。

（2）根据问题的性质和决策条件确定决策的范围和方式。一般来说，参与集体决策的人数越多，范围越广，意见就越多，分歧也就可能越大，统一认识，作出一致同意决定所需要的时间就越长，决策过程的成本必然就越高。所以在实行集体决策之前，首先要分析问题的性质，明确应在什么范围内讨论。参加决策讨论的人都必须是直接有关人员，可参加可不参加的人员不应参加讨论；其次要分析决策的时间约束条件。如果时间允许，可以进行较长时间的讨论和争论，参与集体决策的人员范围就可适当大一些；即使如此，也要明确时间界限，防避无休止争论；如果时间紧迫，就应缩小范围，尽快统一认识，早做决策。

（3）做好组织和引导工作。做好集体决策的组织和引导工作是使决策中有分歧的意见统一起来，认识一致的重要途径。决策负责人应努力做好集体决策的组织和引导工作，特别在产生严重的意见分歧后，更要积极采取措施缓和矛盾，如暂时休会，让冲突双方冷静下来，同时做好双方的思想工作。帮助各方认识问题的本质，以及各种不同意见中所存在的共同点，使各方能够求同存异，消除分歧。

集体决策负责人有做好组织利益引导工作、协调各种不同意见的义务，但不是要做和事佬，放弃原则，搞一团和气。对于决策中出现的原则性矛盾，决策的负责人一方面要做好有错误一方的思想转变工作；另一方面要表明自己的观点，支持正确意见，促使正确方案尽快被接受并获得通过。

（4）做好对各种意见的分析、采纳工作。在集体决策中，等到意见完全统一再做决断常常是不可能的，决策负责人应能够从众多意见中分辨出正确意见、不可行意见中所包含的合理的、有价值的内容，这样，既有助于坚持正确意见，又有利于说服持不同意见的成员接受正确的意见。所以，决策负责人应认真分析各种意见，以科学、公正的态度对待各种意见，不带偏见，不搞先入为主，只有这样，才有助于将有价值的意见都采纳进来，做出最优的决策。

4. 集体决策的方法

（1）特菲尔法。特菲尔法又称专家意见法。它是由美国兰德公司的研究者提出来的。这种方法要求参加决策的人员都是专家或者是对要决策的问题有一定经验的内行。这种方法的主要步骤如下：

第一步，参加决策的每个成员单独地、不记名地写出自己对集体所面临的问题的意见，解决问题的办法。

第二步，将所有成员的意见及解决问题的方案在一个信息处理中心集中，进行系统化管理。

第三步，将除其本人以外其他成员的意见、方案，再送交每一个成员。

第四步，每个人对他人意见进行分析，提出新的意见。将意见集中起来送交信息中心处理。

第五步，信息中心对送交上来的信息再按上述步骤反复几次，直到基本取得一致意见。

特菲尔法有这样几个优点：其一，避免了集体决策中面对面的争论，有利于新的意见和看法讲出来；其二，避免了面对面的集体决策容易形成的崇拜权威，服从权威意见，拟制创造性思维的缺陷，有利于名不见经传小人物的新思想、新观念表达出来，产生有价值的方案；其三，能较好地使参与决策的每个专家畅所欲言。当然，特菲尔法也存在着一定的不足之处，决策时间较长，信息处理的工作量较大，不利于直接交流。

（2）名义集体决策法。名义集体决策法指的是参加集体决策的成员面对面地接触，在所有的意见还没有全部提出来之前，成员之间不进行讨论，而是等到所有的方案都提出之后，再进行讨论，直到达到一致意见。名义集体决策法按以下五个步骤来进行：

第一步，参与决策的每个成员进行面对面的接触，但每个成员都只记下要解决的问题，并独立地写出自己对解决这个问题的想法和意见。

第二步，每个成员依次详细地将自己的意见作一次公开阐述，在所有成员阐述完其想法之前，不作讨论。

第三步，大家共同讨论所提出的办法，并进行详细的说明和评价。

第四步，每个成员单独地，不记名地给这些意见方法划分等级，然后交给决策组织者。

第五步，以每个方案的决策评价等级进行统计，最高等级的方案将是最终的决策方案。

这个方法与特菲尔法的本质是一样的，其优缺点也基本相同。

（3）头脑风暴法。头脑风暴法是为了克服障碍产生创造性方案的一种简单方法。它的原则是鼓励一切有创见的思想，禁止任何批评。

在典型的头脑风暴法会议中，一些人围桌而坐，群体领导者以一种明确的方式向所有参与者阐明问题；然后成员在一定的时间内"自由"提出尽可能多的方案，不允许任何批评，并且将所有的方案都记录下来，留待稍后再讨论和分析。

要注意的是，头脑风暴法仅仅是一个产生方案的过程，不是对方案作出选择。

（4）电子会议法。这是利用现代的电子计算机技术手段改善群体决策的一种方法。基本的做法是所有参加会议的人面前除了一台计算机终端之外就什么也没有了。会议的主持者通过计算机将问题显示给参加会议的人。会议的参与者将自己的意见输入计算机，通过计算机网络显示在各个与会者的计算机屏幕上。个人的评论和票数统计都投影在会议室的计算机屏幕上。

国外的实践者认为，这种电子会议的主要优点是匿名、诚实和快速；决策的参与者能够不透露姓名地表达自己所要表达的意见，一敲键盘即刻显示在屏幕上，使所有的人都能够看到；这种方式还有利于人们充分地表达信息而不受惩罚；自己在"发言"过程中不担心被别人打断和打断别人；而且这种方式需要的时间短，据统计这种方式比传统的面对面的直接讨论的方式至少节省时间一半以上。

（二）非确定型决策的数学方法

非确定性决策指决策者知道哪些情况可能发生，但不知道各种情况发生的概率的条件下进行的决策。这种决策是比较困难的，影响决策的关键主要是决策者对决策标准的掌握。非确定型决策的标准一般有如下三种：

1. 最大最大标准决策法

最大最大标准指在所有的备选方案中，比较各种方案的最理想状态，以其中最为理想的状态为标准进行决策。这种决策标准称之为不确定性状态下的乐观主义者行为准则。

2. 最大最小标准决策法

最大最小标准决策法指在所有的决策方案中，比较各个方案可能出现最坏状况，以其中最小损失为标准进行决策，这种决策标准表现了不确定性状态下的悲观状态，悲观主义者的行为准则。

3. 最小最大遗憾标准决策法

这种方法的原则是：假定决策者在各种备选方案中做出了选择之后，在执行决策时发现，如果按当前的实际情况或称自然状态，不选择该方案，而选择其他备选方案，收益会更高或亏损之间的差，会使决策者感到遗憾，未被选择的方案与选择的方案二者之间的损益值，可以看作是决策者遗憾的程度，这个值就被称为遗憾值，最小最大遗憾标准法就是以最小遗憾值为标准对方案所进行的选择。

（三）风险型决策

风险型决策的具体方法比较多。在企业的经营活动中，比较常见的有期望利润标准法，期望损失最小化法，边际利润法和决策树法。下面仅仅介绍最为常用的决策树法。

决策树是一种形象的说法，它是利用一种形如树枝的图形，帮助决策者决策的一种方法。决策树法也是一种风险型决策方法。使用这种方法所需要的条件是决策者知道各种方案在各种不同状态下的损益值。以及每种方案在各种情况下发生的概率值。决策的基准仍然是期望利润最大化。

决策树的图形通常如图 7-3 所示。

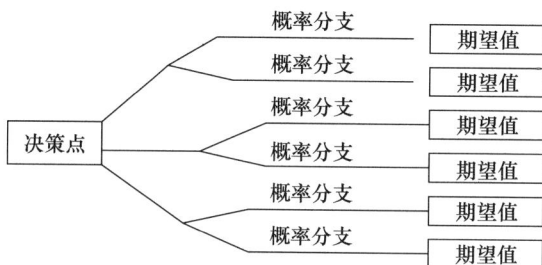

图 7-3 决策树图示

决策树法的程序一般是：

（1）绘制决策树形图，一般从决策点开始，向右展开，即首先绘出决策点，用符号 □ 表示，所后引出方案分枝，在方案分枝处绘出自然状态节点，用 ○ 表示，然后再绘出各种自然状态分枝，并标上概率值。

（2）计算期望值，将各方案的期望值相加。

（3）比较不同方案，选出期望值最大的那种方案。

（四）博弈论与竞争性决策方法

博弈是当今经济学和管理学中使用频率颇高的一个概念。博弈从字面上理解就是对局、斗智的意思。博弈论是当代发展特别快，在经济学、管理学中运用特别广泛的一门新兴科学。它是一门研究在一定决策主体相互作用的环境中，特定主体作出最优选择的科学。

博弈论在英文中是 Game theory，也可以译为游戏理论、对策论。博弈是现代社会中最常见的一种现象。在竞争性体育运动中，如足球、篮球等球类运动、棋类运动等都可以抽象为博弈活动。现代企业的经营也是博弈活动。一个企业必须参与市场的竞争，必须根据市场的竞争状况作出一定的决策。当该企业在这样思考和决策时，市场上其他的企业同样会如此思考和决策。因此，一个企业的决策可以说是时时刻刻在博弈，它要根据市场的竞争状况作出合适的决策。反过来企业的决策又会影响其他企业的决策，其他企业会针对这个企业的决策作出竞争对策，这样原来企业所面临的环境就又发生了变化。在这样的状态下，企业应当怎样决策才是最合理的？这就是决策论所要研究的问题。

博弈的类别划分：

（1）按照博弈方之间是否达成对各方都有约束力的协议，可以分为合作博弈与非合作博弈。在人们相互影响的活动中，如果参与方之间签订了一个对各方都有约束力的协议，这时的博弈就是合作博弈；如果没有，就是非合作博弈。例如在一个市场上，两个大企业之间结成卡特尔或者是定有其他协议，对于这两个大企业来说，要解决的问题就不再是如何针对对方决策，而是要考虑如何分享合作所带来剩余的问题。合作博弈又称之为非竞争性博弈。如果在市场上不存在类似的协议，每个企业都是针对竞争对手来作出自己的价格、产量决策，就是非合作博弈，非合作博弈也就是竞争性博弈。当前博弈论研究的主要是非合作博弈，在管理学中运用最广泛的也是非合作博弈。

（2）按照博弈的结果可以将博弈分为零和博弈与非零和博弈。零和博弈指的是参与方在博弈之后其总和不会发生变化的博弈。如在一个规模不变的市场上，一些企业市场占有率提高，必然伴随着其他一些企业市场占有率的下降。在这样的市场上企业之间的博弈就是零和博弈。零和博弈最基本的特征就是竞争双方的利益得失相等。非零和博弈是竞争之后的总结果与竞争之前总结果不相等的博弈。如存在潜在扩大的市场，竞争双方中有一方率先降价，导致另一方竞争降价，使得市场需求扩大。如果该产品的价格弹性充足，降价使企业销售额与利润都增加，则是双赢的博弈；如果该产品的价格弹性不足，降价竞争使得双方销售额与利润都减少，则是无赢家的博弈。

在竞争性的市场上，零和博弈的情况比较少见，因为从长期动态的立场来看，零和博弈更是不能存在的。非零和博弈的结局也并非仅仅只有上述两种，而是有多种。

（3）按照参与者行动的顺序可以分为静态博弈与动态博弈。静态博弈指的是在博弈中，参与者同时选择行动，或者是不同时行动但是后行动者并不知道先行者采取了什么样的行动，仍然是按照自己的决策行动；动态博弈指的是参与者的行动不仅有先后顺序，而且后行动者能够观察到先行动者所作出的决策，然后采取行动决策。在静态博弈中，决策过程是一次性的，在动态博弈中，参与方的决策是循环往复的。

（4）按照参与博弈的人数的多少，可以分为二人博弈和多人博弈。在管理决策中运用比较多的是二人零和博弈理论。

（五）竞争性决策模型的基本要素

竞争性决策的基本要素一般包括以下三个：

（1）参与者，指参与博弈的主体，在博弈论中，参与者是广义的。在企业的市场竞争中，利益和目的一致的参与者只能算作一个参与者。一般假定，博弈的参与者是追求自己的效用最大化的。在一定环境约束下，按照效用最大化的原则决策。

（2）行动与策略集，行动指参与者的决策变量或者是要作出的决策。全体参与者的行动构成的结合就称之为策略集。

（3）支付函数，指参与者从博弈中获得的收益水平。

参与者、策略集和支付函数是竞争性决策模型的三个基本要素，这三个要素确定了，竞争性决策的问题也就确定了。

六、管理者决策能力培养与提高

（一）提高决策能力的重要性

1. 决策正确与否关系组织存亡

管理的具体职能颇多，其中最为重要的是决策。因为决策是组织行动前必不可少的管理活动，决策的正确与否决定着组织行动的成败。决策的实质是对未来行动方向、路线、措施等的选择，正确的决策能指导组织沿着正确的方向、合理的路线前进；克服所遇到的困难和解决遇到的问题等；错误的决策就会使组织走上错误的道路，使组织正常发展受到影响，降低组织发展速度，严重的甚至可能使组织遭到毁灭性的打击而消亡。因此有人说，决策正确，行动就成功了一半。现代企业管理学就认为，企业管理的重点在经营，而经营的中心又是决策。

2. 决策贯穿于管理的全过程和各个方面

管理实际上是一个不断地做出决策和实施决策的过程。没有决策，也就没有管理。也正因为如此，西蒙才高呼：管理即决策。首先，一切管理职能中都渗透着决策职能，无论是计划、控制、组织，还是人事、沟通、激励，都离不开决策这一职能，每一个管理者都必须掌握决策职能和运用决策职能。其次，决策贯穿着管理的始终。在一次管理循环中，计划是开端，实施决策过程中的控制是终点，在这个循环中，自始至终都离不开决策。再次，一切管理人员都是决策者，都必须在自己的职责范围内作出决策，实施决策。决策是一切管理者都要承担的基本职责。公司的总经理、董事长是决策者，车间的班组长、工段长也是决策者，不同的只是决策内容的差别而已。

3. 决策能力彰显管理者的综合素质

管理离不开决策，管理人员首先必须具备的就是决策能力。一个人的决策能力是其各方面能力的集中体现。一个管理者所处的层次越高，所应具备的决策能力就必须越强，如果一个管理者决策水平高，能力强，一般来说各个方面的管理水平都会较高，能力都会较强，管理一定有效。因为一个优秀的工厂厂长或经理，也包括任何一个组织的领导者，虽然不必成为技术上的专家，但至少也必须是内行，很清楚、熟悉本行业科学技术发展水平和变化趋势，否则，他不可能就企业的技改、新产品开发等作出正确的决策和贯彻实施这些决策。所以说决策能力和水平反映着一个管理者的综合水平、能力以及素质。决策水平高、能力强的管理者通常是各个方面都优秀的管理者。但是，反过来就不一定了。如在工业企业中，一个人可以是一个优秀的工程师、发明家、计划制订者，如果他缺乏决策能力，就不可能成为一个优秀的管理人员。

（二）提高管理者决策能力的途径

决策能力与其他管理能力一样是可以培养提高的。一个管理者应当注意从如下几个方面来培养自己的管理能力。

1. 不断积累经验

笔者坚信，作为实践科学的管理者，经验有着重要的地位。在决策中，经验的积累更是重要。积累经验，一是要经常总结自己在决策中成功的经验和失败的教训；二是要学习其他管理者在决策中的好做法。

尤其要注意的是阅历也是积累经验的重要途径。多层次、多岗位锻炼，尤其是在一定的直线主管岗位上的锻炼，是提高决策能力的重要途径。

2. 完善知识结构

管理决策往往是一种综合性的决策，需要从多个方面考虑。尤其是决策实施之后可能引起多方面的反应。因此决策时要进行全面的考虑。作为决策者具备丰富全面的知识结构是十分重要的。对于组织管理者来说，除了要掌握与组织职能高度相关的专业技术知识之外，经济学知识、社会学知识、政治学知识、心理学知识等在管理决策中也时常用到，因此需要从这些方面丰富与完善自己的知识结构。

3. 有意识锻炼担当风险的胆略

前面已经指出，科学决策需要遵循责任原则。决策不仅是知道，而且还需要实施。决策不仅展示决策者的知识水平，发现问题、分析问题的能力；而且还展示着主动解决问题的胆略。在风险决策中，没有承担风险的胆略是不可能做出正确决策的。尤其是一些重大的决策，更是需要决策者的胆略。谨慎求证，大胆决策是对组织管理者，尤其是高层管理者的要求。

胆略的大小有先天因素的影响，也有后天锻炼的沉淀积累。经过大风大浪的人大多会成长为处变不惊、临危不乱、敢当风险的人。比较而言，同样一个类型的人如果在高校、科研院所工作，其魄力和胆略就比不上经过军队锻炼的。

当然，胆略与知识的积累，对决策风险的把握和事物发展规律的认识是相关的。"艺高人胆大"就是这个道理。我们鼓励敢冒风险，敢于决策，但是绝不主张蛮干。

4. 学会控制情绪

决策科学是在理智决策中实现的。对于一个管理者来说，无论时间多么紧迫、环境多么复杂、形势多么严峻，一个优秀的管理者在决策时都应当保持冷静与理智。"冲动是魔鬼"对于决策者来说确实是应当牢记的。

第四节　计划的编制

一、计划编制的原则

（一）系统性原则

前文已指出，计划的实质是对组织内的资源运用进行最优配置，以实现组织目标。因此必须全面、系统地分析组织内外条件，要求具有系统观念，运用系统理论开展计划工作。

系统性原则要求组织的长期计划、中期计划、短期计划三者构成合理的时间安排：全局计划、职能部门计划、各管理层计划形成有机的空间安排。在制订计划过程中，必须统筹兼顾，全盘考虑。

（二）平衡原则

无论是哪一个管理层次，管理部门的计划都必须做到自我平衡与全局平衡。平衡原理指出，事物的发展，无论时间和空间上都要保持一定的平衡。如果系统的各个部分不平衡，组织的功能就只能由产出能力最小的部分决定，这就是一个木桶的盛水量只能由最短的一块木板决定的道理。时间平衡要求事物在各个阶段上的发展保持一定的稳定性，不能大起大落、忽快忽慢。虽然不平衡是绝对的，但求得相对平衡是计划工作的基本要求。

按照平衡原则，计划工作就要考虑好不同部门，不同方面发展制约关系。各部门、各层次的计划应衔接好。在时间安排上，一定要注意计划的连续性、稳定性。

（三）发展创新原则

一切事物都是发展的，所有的组织也要发展。计划的本质规定就是着眼于未来。它更要注重组织的发展，按照发展的原则开展计划工作，要注意如下几个方面的问题：

1. 计划工作应力求创新

计划工作是一项需要创造性劳动的工作。计划工作人员应在组织发展的要求之下，创造性地提出一些新思路、新方法、新措施；使组织在发展中创新，既使未来的行动方案科学、合理、可行；又不保守、刻板，尽可能地发挥组织的潜能。

2. 计划应留有余地

从发展的角度来做计划工作，要看到未来众多的不确定因素。计划应留有余地，而不能留有缺口。当然，计划留有余地并不是要打埋伏，隐瞒本单位的产出能力，以便超额完成计划。而是要尊重科学和客观实际，避免盲目性。

二、编制一个好计划的前提

1. 各个方面高度重视

对于组织管理者来说，必须高度重视计划编制工作。谋划战略和未来一个时期组织发展的方向和目标，既是组织管理者的职责所在，也是其他组织成员很少思考的问题。组织管理者谋划所形成模式化的成果，表现就是计划。所以，对于一个管理者来说，高度重视计划工作是管理成功的必然要求。不过还要看到，仅仅只有管理者或者说管理层重视计划工作是远远不够的。应当通过沟通、宣传和任务要求，做到让组织的各个方面或者说各个层面都重视计划编制工作，为编制出一个科学合理可行的计划作出应有的贡献。

2. 全面准确地认识与把握外部环境的发展变化

笔者一直认为，组织与环境的关系是一个顺应与决定的关系。只有顺应历史潮流、适应环境变化发展、掌握变化发展规律并随之作出合理调整的组织才是能够生存发展的组织。在计划编制工作中，全面准确地认识与把握外部环境的变化趋势、发展规律是十分重要的。如世界上优秀的企业在进入新市场之前，无一例外地要花大量的时间和精力进行尽可能详尽的市场调查和分析。从本质上讲这就是为了全面准确地把握企业经营的外部环境。做到这一点，就是要在成本时间允许的情况下，开展好深入细致全面的环境调查分析，识别机会，认清挑战，掌握主动。

3. 全面把握组织的资源、能力和潜力，竞争中的优劣势

在充分调查研究的基础上认清形势，看到了机会和挑战，并不等于就能够展开计划工作。全面准确地把握组织自身的资源、能力和潜力同样重要。尤其是对潜力与优势的分析，是在认清形势掌握主动的前提下积极作为的必要条件。田忌赛马的故事昭示了知彼知己作出计划与决策的意义与价值所在。

4. 运用好正确的编制方法

虽然计划职能的科学性要求高，但是在编制计划中，除了运用一些定量的分析工具和方法之外，一些定性分析的方法也是必需的，如专家意见法。

三、计划编制工作的程序

（一）机会预测

未来是不确定的，但又是可以认识的。认识未来的办法就是要在现实的基础上对未来进行科学的预测。机会预测包括定性预测和定量预测两种。定性预测主要是对未来趋势的基本估计，如企业所面临的市场是坚挺还是疲软，竞争是会更激烈还是会趋于缓和等。定量预测是对定性的趋势预测做出确定性的判断。

机会预测是确立目标的前提，是一项十分重要的工作。需要掌握科学的预测方法，需要占有全面、准确的信息。

（二）确立目标和分解目标

目标是未来行动的方向和努力的标准。在预测的基础上结合组织的内部条件，合理地选择经努力后可以达到的目标。

组织在未来一个计划时期中的目标不止一个，而是一个目标体系。因此，组织的总目标确定之后，还要进行目标分解。譬如企业在未来 1 年的利润目标是实现税后利润 5000 万元，那么，这个总目标就必须分为主营业务收入和营业外收入各自要完成的税后利润两大目标，主营业务收入还必须分解到各个产品或各个分厂、分公司；目标分解也是确定目标的工作内容。

（三）制订方案

目标确定之后，就必须制订实施方案，将实施目标的条件、路线方法和可能出现的困难及克服方法、解决措施具体化。制订方案的过程不能闭门造车。方案制订人员一定要深入基层，与计划执行人员讨论实施计划的路线、方法和措施。

为保证目标得以实现，就应制订出最优方案、在制订方案时应该采取几个方案进行比较。

（四）计划评价与选择方案

在计划方案未交决策者选择之后，应对各方案进行评估。包括程序性评价和经济效果评价。评价的结果必须做出书面说明，供决策者参考。决策者在接到计划评价书之后，就可以着手方案的选择。

要注意的是，在实际工作中，计划编制工作不是单一层次的。往往在战略性的计划、总体计划制订好之后，先对这类计划进行评价与选择。在已经做出选择计划的基础上，再编制下一步的执行性计划或者说备选的执行性计划。

编制计划的步骤可以用图 7 - 4 来表示。

计划工作必须采用科学的方法，才能保证计划结果的科学性。一般来说，计划工作方法主要有两种：

（一）自下而上，层层平衡方法

这种方法的具体做法是由基层单位或各部门制订出自己的计划，然后交组织的计划职能部门进行综合平衡，进而形成总体计划。这种方法的优点是制订出的计划比较切合各部门的实际，执行起来顺利，缺点是制订计划的时间较长，平衡工作量大。

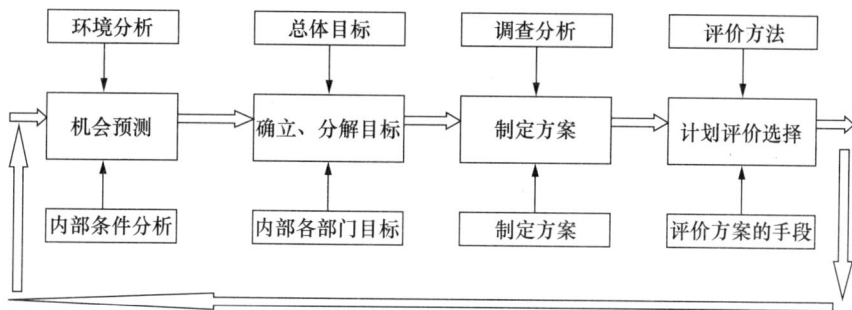

图 7-4 计划编制步骤框图

（二）自上而下，层层分解的方法

该方法是由组织的计划职能部门先制订出总体计划，然后分解到各级部门，各部门再按分配的计划任务制订本部门的实施计划。这种方法与自下而上方法的优缺点正好相反。

在实际的计划编制工作中，这两种方法经常结合起来运用。应当选择哪一种方法，与编制计划的层次、计划的类型、组织规模的大小、编制计划所规定的时间、预算等因素有关。战略性计划，长期计划，由于影响面大，影响时间长，编制时间和预算一般都比较宽松，因此可以将两种方法结合起来。而基层的短期执行性计划就可以根据实际情况选择一种。

四、计划初稿的评价与确定

计划评价是计划制订工作中十分重要的一环，关系到所制订的计划的质量、水平、可行性等。做好评价工作是计划制订工作中不可缺少的一环。

计划评价的内容包括两个方面：一是对计划工作本身的评价，又称程序性评价，指依照分析和评审制订计划的步骤，以及计划的结构等标准对计划进行评价。更进一步说，这一评价的重点是计划制订工作。因为计划工作的科学性与制订出计划的科学性密切相关，如同对产品质量评价那样，对生产产品的生产线、原料、材料、工人的劳动态度等工作质量的评价、检验也就间接地起到了评价、控制产品质量的作用。在质量是制造出来的思想指导下，对生产过程的控制更为重要了。这一原理同样适用于计划管理。二是对计划内容，特别是对计划执行之后的可能结果进行评价，这是一种事前评价。我们一直比较重视，并且与决策结合起来了。

（一）计划的程序性评价

对计划进行程序性评价，具体地又可分为如下三个方面的评价：

1. 评价计划的客观程度

计划的客观性程度是指计划制订时所依据的资料是否属实、考虑是否周到、分析是否合乎规律等。这是保证计划科学性所要求的，如果计划的客观性程度越高，计划的结果就容易为人们所接受，自然也就容易执行和实现。

2. 评价计划的结构完整程度

计划的结构是指计划的覆盖面、涉及的时间跨度、责任的明确性和控制特性等。评价一个计划结构完整程度首先要看到是否全面。这里的全面包括两层含义：一是计划对组织活动所涉及的重大方面是否都纳入了计划；二是计划对所涉及的问题是否都提出了解决方案。评价计划结构完整程度的第二个指标是计划的时间幅度，即完成计划的确切时间。评价计划完整程度的第三个指标是分工的明晰程度，计划任务必须落实到组织中各个成员的头上。完整的计划必须明确每一个部门、每一个员工的职责。评价计划完整程度的第四个指标是计划的控制操作程度。如提出的指标是否适用，是否可操作。

3. 评价计划的灵活性程度

计划要保持一定的稳定性。但由于外界环境的变动、内部条件的变化，计划不可避免地要进行修改。制订计划应考虑到这一点。所以，计划的机动性程度是对计划进行程序性评价的重要指标。

评价计划的机动性主要看不同计划的衔接协调程度。

（二）计划的经济效果评价

计划的经济效果评价指对计划实施效果的评价。它包括以下两个方面：一是计划执行前对计划方案实施结果的估计，即通过各种分析手段进行预先分析；二是在计划实际执行之后，将结果与计划进行比较。运用这个方法对计划进行评价是基于如下两项假设。

任何组织都以效用最大化为行为准则，都必须从一定量的投入中获得最大的产出，即使这个组织不是经济组织也不例外。经济学的原理和方法应该是可以应用并转化为管理的原则和方法的，组织投入产出行为以一定的货币为标准度量是可能的。

关于计划执行结果评价的程序和方法，在一定程度上也就是决策的评价过程。其中要论及方案的评价与选择问题，决策一节中已经有详细的论述。

五、计划审批

计划编制完成之后，应当按照组织内计划管理权限，经过权威部门审定之后，发布执行。这也是计划管理的重要一环。

六、计划执行中的调整

1. 计划调整与修正的必要性

如前文所述，计划是面对未来的工作。在当前基础上计划未来，无论工作多么细致，投入量多么大，计划中某些方面，甚至有些计划总会发生与未来不相符的情况。产生这种现象的原因不外乎两个：一是计划时对未来的变化因素考虑不周，因为智者千虑也难免一失；二是未来的不可控因素出现了，变化了。无论哪一种原因造成的计划与现实不符的情形，要调整的只能是计划，而不是客观实际。所以，计划的调整与修正就是计划管理不可缺少的内容了。计划的调整与修正是计划管理循环中的一个中间环节，是协调计划与实际情况的重要工作，也必须认真对待。

2. 计划修正的原则

计划修正应执行如下几条原则：

（1）严肃性原则。虽然计划执行过程中修正、调整是正常现象，但却不能看作是随随便便的事情。计划是行动的指南和控制的标准，修正计划，不论其程度多大，都是对行动指南、控制标准的调整，事关全局，必须慎重。按照严肃性原则，计划修正要做到：①严格规定计划修正的权限范围。一般来说，计划执行主体无权修正计划，计划属哪一级下达的，由哪一级修正。②修正后的计划应视同重新制订的计划，需要进行评价、选择。

（2）稳定性原则。在一个计划期内，如果多次或大幅度地修正计划，必然会给组织的管理和目标实现带来巨大的负面影响，所以在计划修正工作中，应尽可能地保证计划的稳定性和连续性，不存在重大的原则性问题，计划就不要推倒重来；只要与实际情况差别不大，就不要随便修改计划。

3. 计划修正方法与程序

最常用的计划修正方法是滚动计划法。滚动计划法实质上是在计划制订时就包含着修正准备的一种计划方法。它的具体做法是：将一个较长的计划期划分为若干个阶段，每执行完一个阶段之后，就将计划作一些修正，并将计划期延伸一个阶段。这就使得计划始终处在边执行边调整的过程中。滚动计划法有助于保持计划的连续性和稳定性，但不足之处是修正调整计划的工作量较大。

此外，计划修正还要根据计划与实际之间的偏差大小来进行局部调整或重新制订。后面这种情形属于推倒重来，可看作是计划职能重新开始。

计划修正是一件十分严肃的事情，必须要遵循一定的程序。这个程序也是管理中的控制程序，具体内容我们在本书控制一章中讨论。

推荐阅读书目：

1. 卢向南：《项目计划与控制》，机械工业出版社 2009 年版。
2. 李华、胡奇英：《预测与决策》，西安电子科技大学出版社 2005 年版。
3. ［美］赫伯特·西蒙：《管理决策新科学》，中国社会科学出版社 1982 年版。

第八章　组织（一）

正确的政治路线要靠正确的组织来保证。

——邓小平

第一节　组织结构设计

一、组织结构设计的概念与实质

组织设计简单地说就是设计组织的结构。因为组织职能的中心任务是要将组织成员连接成一个有机整体，能够为实现组织目标有序工作，让每个人都能够发挥出自己的能力和能动性，为实行组织的目标作出贡献。做到这一点，首先要有一个明确的组织结构，即组织的框架，有哪些分工，各种岗位需要完成什么任务，需要拥有什么样的职权和承担什么样的责任，与其他部门和管理者之间是什么样的关系等。这就是组织设计的任务。

做好组织设计工作，主要内容和程序包含如下三个方面：

（一）职务设计与分析

职务设计与分析是组织设计的基础工作。职务设计是在目标逐步分解的基础上，设计与确定组织内从事具体管理工作所需要的职务类别及数量，分析每个任职人员应当负起的责任以及应具备的素质。职务设计与分析既是组织内部进行人力资源管理的重要依据，也是控制人力资源成本的主要途径。

（二）进行部门划分

部门划分就是根据各个职务所从事的工作内容性质以及职务之间的相互关系，将同类职务组合起来形成一个个相对独立的内部单位的过程。部门划分应建立在职务设计的基础上。打个形象的比方，组织设计中的职务分析与设计是生产组织大厦的砖石原料，部门设计就是构建组织大厦的基本结构。部门一旦形成，就会成为组织目标任务分解之后的承担者，有独立的职能、任务和目标，由此产生与其他部门的协调问题。概括来看，部门划分中要解决好的问题主要有以下三个方面：

（1）部门与部门之间的职能尽量避免重复；

（2）组织所有的管理工作在进行部门划分之后不能有遗漏，即所有的工作都应当有人做；

（3）各部门的工作量应当基本相等，部门职数或者编制与部门的工作量要匹配。

（三）平衡形成结构

在职务设计与部门划分的基础上，还要根据现有的资源对初步设计的部门和职务进行调整，以满足前述三个方面的要求，形成合理的组织结构。

二、组织结构设计要考虑的主要因素

（一）战略

战略与组织结构之间的关系是理论界争论较多的问题之一。焦点集中在战略决定组织结构，还是组织结构决定战略。对企业的战略与结构之间关系研究有重大贡献的是美国的企业史学家艾尔弗雷德·钱德勒。他对美国100家大公司的发展进行了深入考察。在追踪了这些企业长达50年的发展历史之后得出了这样一个结论：公司的战略变化先于公司组织结构的变化。钱德勒发现：简单的战略通常只要求一种简单、松散的组织结构，也因此可以采取一种集权式的体制；当公司成长壮大之后，战略随之改变，变得更有雄心，组织结构也因此变得复杂。于是提出了战略决定结构的理论。但是自20世纪80年代以来，一些理论家认为企业内部资源对企业战略有决定性的作用，这些资源中自然也包括企业的组织结构。

我们认为，战略与组织结构二者之间没有决定与被决定的绝对固定关系，而是相互影响、相互作用的关系。如果我们考虑组织设计，就必须要考虑组织的战略，同时在制定战略时，就必须考虑既定的组织结构的影响。在这里，我们自然将战略作为组织设计的最重要影响因素。

这里的战略指的是组织重大发展决策、规划，对企业而言，就是企业的经营战略。战略选择不同，会在两个层次上影响组织结构：一是不同的战略对组织开展业务活动有不同的要求，直接影响组织设计中的职务设计和部门划分；二是组织战略重点的改变会导致组织的工作重点以及各部门与职务在组织中重要程度的改变，因此要求对组织结构进行必要的调整。

（二）规模

这里的规模指的是组织的人数。组织规模越大，组织结构就会趋于复杂和规范化。它表现在：第一，随着规模的扩大，在管理者管理幅度约束下不可避免地需要管理分层，因此形成多层次的组织结构；第二，随着组织规模的扩大，组织内部各种关系更加复杂，协作也更加困难，因此需要对员工进行部门划分，形成多部门结构。企业发展的实践也证明，小规模企业大多数是有机式的组织；而随着组织规模的扩大，企业就会逐步演变成机械式的组织。

（三）技术

任何组织的生存与发展都离不开所依赖的技术。因为组织总是需要将某些投入转变为产出，该过程需要一定的技术。这一点在企业中表现得十分典型。当然，非企业性的组织同样需要一定的技术来完成任务。如学校的老师就需要利用一定的技术来完成授课任务，这里的技术包括讲授方式、组织学生讨论、案例分析等辅助教学工具，如互联网课堂就能够使授课课堂的规模成倍放大。

技术类型多种多样。考察技术因素对组织结构的影响，需要对技术进行分类。在这个方面做出了开创性贡献的是英国的管理学家琼·伍德沃德。她为了寻找统一指挥、管理幅度等传统原则与组织结构、组织绩效之间的关系，对英国南部的近100家小型制造业企业进行了调查，但是没有发现带有规律性的结论。后来她将企业按照所采用的生产技术的差异进行分类，结果发现了技术对企业组织结构的影响。她将企业的生产技术划分为三类，第一类是单件生产的技术，第二类是大量生产的技术，第三类是连续生产的技术也是最复杂的技术。

伍德沃德发现：技术类型与公司的结构之间存在着密切的联系，有高度的相关性；此外，技术还与组织的绩效有一定关系。这种关系见表 8 - 1：

表 8 - 1 技术、结构与组织绩效关系

	单件生产	大量生产	连续生产
结构特征	低度纵向化	中度纵向化	高度纵向化
	低度横向化	高度横向化	低度横向化
	低度正规化	高度正规化	低度正规化
有效结构	有机式	机械式	有机式

资料来源：［美］罗宾斯：《管理学》，中国人民大学出版社 2008 年版中译本，第 245 页。

伍德沃德的研究对象主要是制造业企业，结论的应用范围受到了限制。查尔斯·佩罗认为，现代技术的分类不能仅仅局限于制造业企业的生产过程，不能以生产技术作为分类的基本标准。于是，他提出了新的技术分类标准，这个标准有两个：一是任务的可变性程度；二是问题的可分析性。

在第一类因素中，主要考察例外情况的多少。例外情况较少，技术就属于常规性的，其工作就可以高度规范化，由此可以采用机械式的组织结构；而当例外的情况较多时，往往会使用非常规技术，组织形式也就应当力争采取有机式组织形式。

在第二类因素中，问题可分析性是对探索过程的一种评估。一种典型情况是可分析性较少，问题非常的确定，人们可以使用逻辑和推理分析来寻找问题的答案。例如，一个成绩一直十分优秀的学生在一次考试中成绩突然表现得不理想，对这种问题就可以采用逻辑和推理的方法进行分析，针对情况采取解决问题的办法。另一种情况是具有高度的不确定性，过去从来都没有碰到过的新问题，如建筑设计师接受的一项任务是要求以往从来都没有采用过和听说过的标准来完成设计任务。这个任务就有很高的不确定性。

佩罗将这两种因素进行组合，并划分出了对组织设计有影响的四种技术，如图 8 - 1 所示：

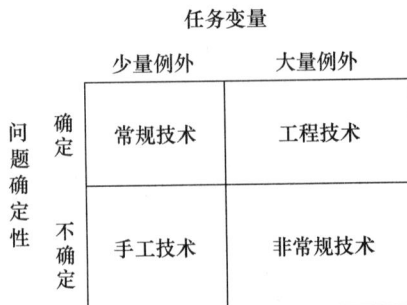

任务变量

	少量例外	大量例外
确定	常规技术	工程技术
不确定	手工技术	非常规技术

（问题确定性）

图 8 - 1 技术类别矩阵

资料来源：［美］罗宾斯：《管理学》，中国人民大学出版社 2008 年版中译本，第 246 页。

在常规技术下，组织结构可以高度的规范化，如钢铁、汽车、石油化工等行业的企业，技术都比较稳定成熟，大多建立这样的组织结构；受工程技术约束，一般要用理性、系统的知识来处理大量例外的事务，所以建立的组织结构有一定的灵活性，如建筑公司大多属于这一类；在手工艺技术下，问题有较大的不确定性，但是例外的问题也比较少，组织应当有恰当的分权，保持较高的灵活性；在采用非常规技术下，由于问题具有较大的不确定性，而且要处理的例外问题多，对组织的灵活性要求很高，组织应当是高度分权化的，并要保持较低程度的正规化。譬如在系统软件开发行业、文化创意产业中大多如此。

总之，技术对组织结构的影响是突出的。引起当今企业组织结构所发生巨大变化的主要原因就是信息技术在企业生产经营中的普及。

（四）环境

这里的环境主要是指组织外部的社会环境。一个组织结构必须与它的环境相适应。特别是应当与其所在地的文化价值观相适应。如在一个等级制观念较强的社会，建立分权、协商式的组织结构其运行效率就不会太高，而且还容易失控。下面是学者对几个文化不同国家的企业组织结构概括描述的一般简图，由此我们可以看到不同的文化环境对企业的组织结构产生的影响。

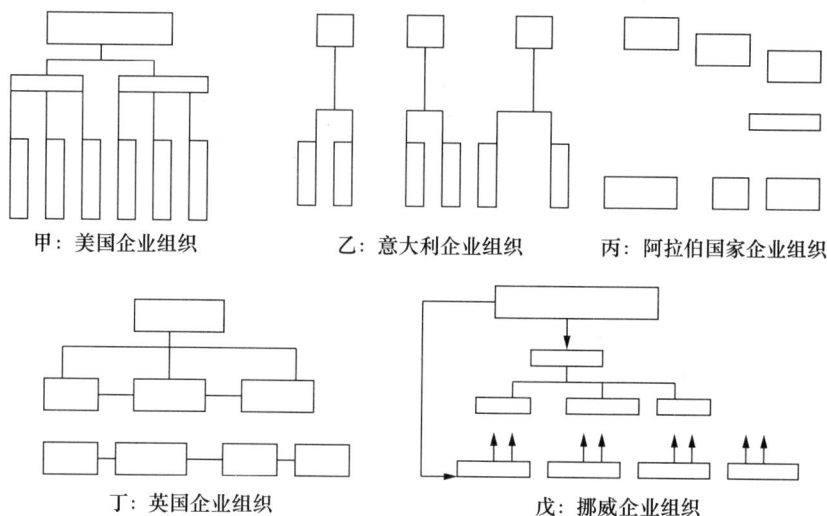

图 8－2　不同国家的企业组织结构

资料来源：江绍伦等：《企业的组织与效率》，复旦大学出版社 1995 年版。

由图 8－2 可知，美国企业的组织结构带有明显的科层制特色，规范化程度高，权责清楚；意大利企业的组织结构中有许多的横向交流；英国企业也有这样的特征，但是下级与上级的交流就比较少；而在挪威的企业中，最基层的人员可以直接向组织的最高层反映情况。而在阿拉伯国家，组织结构中人际交往就极少。

在我国，文化对组织结构设计的影响也是比较明显的。一方面，我国文化中等级观念比较强，容易接受集权的组织结构。另一方面，制度又规定工人可以参加管理，因此在组织设计中必须反映这一规定。此外，中国的传统文化特别讲究人和，不希望组织内部存在明显的冲突，内部竞争一般也摆不上台面，至少不会公开受到鼓励，机械式的组织比较常见。

三、组织结构设计的原则

前面指出，组织结构设计不能随心所欲，要考虑很多因素的影响。因此，在进行组织设计时，要遵循如下一些共同的原则：

（一）目标明确原则

每一个组织都有自己的目标，组织结构就是实现这个目标的载体，那么组织设计应当与组织的目标相一致，应当最有利于组织目标的实现。

（二）稳定性与适应性相结合的原则

组织结构是实现组织目标的载体，为实现组织目标服务。组织的目标会调整，组织本身也会发展，组织所处的环境也会发生变化，都需要组织结构做出适当的调整，以便组织结构能够与发展相适应。但是，组织结构与员工、主管的工作环境、工作能力的发挥明确相关。实践表明，相对稳定的环境有利于人们形成一个稳定的预期，从而安心地工作；变动的环境则容易产生不确定的预期，失去安全感，工作的积极性因此会受到影响。所以，组织结构的设计要注意稳定性与适应性相结合。既让组织保持一定的灵活性，能够适应组织本身以及环境的变化，又要保持相对的稳定。

（三）集权与分权相结合的原则

一般来说，随着社会生产力的发展，分工协作的深化，分权和集权的趋势都在发展。首先是技术发展，使协作劳动更加紧密，分工更加细致，协调更加重要，也就更加迫切需要集中统一指挥与管理，以保证组织各个部门的有机协调配合，最合理地利用组织的各种资源。集权要求不言而喻。另外，技术发展，环境变化频繁影响强烈，要求组织具有更大的灵活性和适应性，进而要求组织的权力适当分散，以增加组织的应变能力。这就是分权的趋势。

究竟是集权还是分权，没有绝对的答案。因为集权与分权各有利弊。组织设计如何将集权与分权有机结合起来，这是一个管理艺术问题。一般来说，环境变化大，组织生存问题突出，在组织设计时应当多考虑集权；而在环境较为宽松，组织发展问题放在首位时，可以较多地考虑分权。

（四）责权对等原则

责权对等原则又称之为责权一致原则。指的是在组织设计中，每一个职位的职权应当与职责相当，职权越大，其责任越大。

因为组织中的每一个部门和职位都是为完成一定的工作任务而设计的。完成一定的任务，必须有权支配一定的资源，这就表现为职权。在组织中支配的资源越多，职权也就越大，自然对组织目标实现的影响也就越大。要保证资源被合理、有效的使用，使每一件事情都能够做得最好，那么，每一个拥有职权的人也就必须承担相应的责任。以便对资源的支配形成必要的约束。实践证明，没有责任的权力就是没有约束的权力，最终会导致权力的滥用。

（五）统一指挥原则

形成一定的部门和分层之后，为了保证协调一致和权责对应，必须强调统一指挥原则。如果政出多门，下级处于多头指挥的环境下，一旦不同上级的指令相互矛盾，下级就将无所适从；另外，这种局面也会使一些投机者利用相互矛盾的命令推诿责任和工作。

四、绘制组织结构系统图和编制职务说明书

组织结构系统图也可以简称为组织结构图，是描述组织的所有部门以及部门之间的关系的框图。它描述了组织的职权分配、信息传递方式、部门划分，以及组织的集权分权程度。既是组织设计工作完成之后成文的结果，也是进行组织管理与调整的依据。图8-3是江苏沙钢集团公司的组织结构系统图。

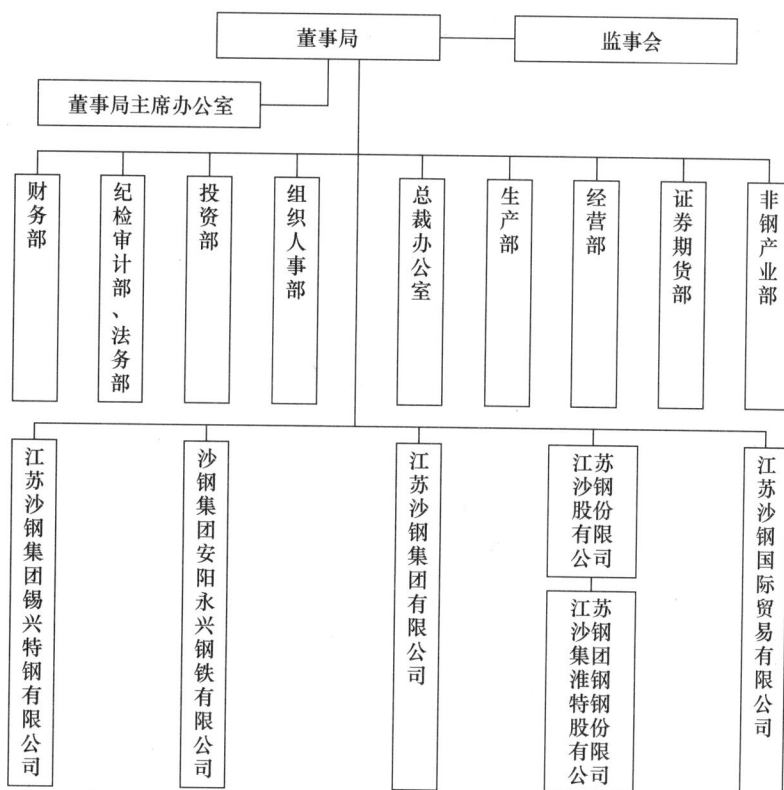

图8-3 江苏沙钢集团公司结构系统

资料来源：中国钢铁行业协会网站网页。

关于组织结构图的作用目前仍然存在一些争议。我们认为，组织结构图肯定是有积极作用的。通过组织结构图，管理者特别是最高管理者可以一目了然地看到组织的构架和信息传递的渠道、网络，各部门之间的关系在组织结构需要进行调整改革时，哪些部门需要调整，哪些应当加强等；对于新上任的管理者来说，可以方便地通过组织结构图了解本部门的位置以及与其他部门的关系。但是，组织结构图也不是十全十美的。一个最大的不足是对组织中非正式关系缺少描述，这恰恰又是组织结构运行中不可缺少的要素。

职务说明书是描述管理岗位上管理者的工作内容、职责权力、任务性质、与其他部门

以及管理者之间的关系、管理者应当具备的基本素质、学历、经历等内容的文件。职务说明书要求能够简单明了，清楚规范。任何一个管理者走上岗位，主要通过职务说明书来了解自己工作的性质、任务以及完成任务的权力、资源以及与其他部门关系处理的方式。当然，也要包括对该职位完成任务的考核指标，以及完成任务之后的激励以及未完成任务的惩罚。

编制职务说明书有很多的优点。对每一项职务经过详细、深入的分析，使得每一项职务变得十分清楚，重复或者是被忽视的问题浮现出来，有利于职务的完整、清晰。而且职务说明书对每一项职务应当做什么，应做到什么程度，完成任务之后有什么样的报酬以及奖励，没有完成任务将受到什么样的惩罚等都有明确的说明，这将对每一项职位上的管理者形成自我激励与约束。

明确职务这项工作一般情况下是比较困难的。国外目前常用比较法、职务系数法和时距判定法等具体方法来明确职务。

比较法的具体步骤是先确定几个关键的职位，如总经理、总会计师等，然后将其他的职位与这些职位相比较，来确定该职位的责任、权力和应达到的工作目标，以及应当获得的报酬。

职务系数法就是先选择好职务系数，然后确定它们的权数与分值，以一定的数值来表示。这些系数的确定与职位所需的学历、资历、经验、技能、承担的责任等有关。在确定分值的基础上，提出一个系列等级，来编制各个职务。

采用比较多的是由爱德华·海等提出的"指数图表"个人能力分析法。这种方法从三个方面对职务进行评价：一是所要求的技术知识；二是所要求解决的问题；三是所负责或职责的大小和范围。对每个方面都要进行权数和分值分析，提出具体的要求。

时距判定法是由英国著名的管理学家埃利奥特·贾克斯发明的。他认为一个职务的重要程度和价值可以用在这个职位上做出一定的正确决策所需花费时间的长短来确定，所花的时间越长，那么这个职位就越重要。这种方法从理论上讲是科学合理的，但要在现实中运用却比较困难。因为判断一个职位做出正确决策究竟需要多长的时间本身是不清楚的。决策的正确与否只有在执行之后才可能知道，而不同的人在完成同样一项决策上所花费的时间也是不同的。

第二节 作业部门设计

一、作业部门的含义

部门可以分为组织的作业部门与管理职能部门。前面我们讨论的主要是管理部门设计，这里主要讨论作业部门设计问题。

作业部门指的是组织中主管人员为完成规定的任务有权管辖的一个特殊领域，是组织设计的直接结果，是同类职位的集合。不过，在不同的组织中，部门的具体名称通常不同。如在军队中，部门是以班、排、连、营、团等单位形式出现的，而在企业中，则是以子公司、分公司、车间、分厂、各种职能部门等形式出现的，在各级政府中则有各种委、办、司、局等机关。

作业部门划分的目的，在于确定组织中主要职能任务的分配与责任的归属，以求合理的分工，做到职责分明，任务到人。法约尔早就指出，设置部门是"为了用同样多的努力生产出更多更好的产品的一种分工"。

二、作业部门设计的常用方法

1. 按照人数的多少设计部门

单纯按照人数划分部门是最古老的部门划分方法，曾经是种族、部落和军队等组织划分部门的重要方法。虽然在当今社会中这种部门划分方法已经不再像从前有那么重要的地位，但是在一些任务比较单一、主要依靠人力资源完成任务的领域仍然在使用。如军队、学校等组织中依然采用的是按照人数划分作业部门的方法。

按照人数划分作业部门是将工作职责相同的人员划归一名管理人员领导，以人员数量的多少决定部门的大小。这种划分方法考虑的主要是人力，在今天科学技术已经高度发达的社会，不同的人已经有不同的专业技能，人数多少已经不能代表组织生产能力的大小，所以这种划分部门的方法已趋于淘汰。

按照人数来划分部门的优点是简单，所以在组织的较低的层次使用较为普遍。

2. 按照时间划分部门

按照时间划分部门也是较早的一种部门划分方法。这是在正常的工作日难以满足工作需要时所采用的部门划分方法。如工厂在连续生产技术基础的制约下必须实行多班制就属于按照时间划分部门的方法。今天按照时间划分部门的现象比较普遍，如医院、消防等具有连续工作性质的组织都会采用按照时间划分部门的方法。

按照时间划分部门的优点是：第一，工作时间可以超过一天8小时的标准工作时间，最多可以达到整个自然时间；第二，使得一些不能中断并且需要往复循环的工作得以进行下去；第三，可以更有效的利用设备，特别是价值昂贵的设备；第四，可以满足部分人的特殊需要。

按照时间划分部门也存在一些缺陷。主要是：第一，夜班可能缺乏监督；第二，夜班的人员的劳动效率一般要低于白班；第三，存在较多的协调平衡工作。

3. 按照作业内容划分部门

按照作业内容划分部门是最为常见，应用最为普遍的部门划分方法。这种方法遵循的是专业分工的原理，以工作或任务的性质为基础，按照这些工作或任务在组织中的重要程度，分为各种职能部门。在这些作业部门中，大致可以分为主要业务部门和次要业务部门。主要业务部门处于组织的主导地位，次要业务部门处于辅助地位。在企业这种组织中，主要的业务部门是供应、生产与销售，其他的职能部门则是为这些部门服务的。在各种作业部门下又可以划分出更深一层次的部门。

按照作业内容划分部门是当今企业最常见的部门划分方法，几乎所有企业组织在某些层次都要按照一定的职能进行部门划分。

按照作业内容划分部门，优点是服从分工原理，有利于充分发挥专业职能，提高效率；同时使主管的注意力集中在专门的业务上，有利于任务的完成和目标实现。另外，还有利于控制。但是这样的部门划分容易产生部门观念，形成本位主义，给部门间的协调带来一定的困难。

4. 按照产品标准划分部门

在生产多种产品和提供多种服务的组织一般还可以按照产品标准划分部门。对企业而言，这种部门划分方法多见于大中型企业。按照产品进行部门划分是在按照职能划分的基础上发展起来的。因为随着公司规模的扩大，各个职能部门的主管都会碰到规模问题。管理工作随着规模的扩大变得日益复杂，而管理范围的规定又限制了职能主管增加下级管理人员的权力和范围。因此按照产品标准对组织的部门进行改组就自然而然了。图 8-4 是按照产品进行部门划分的示意图。

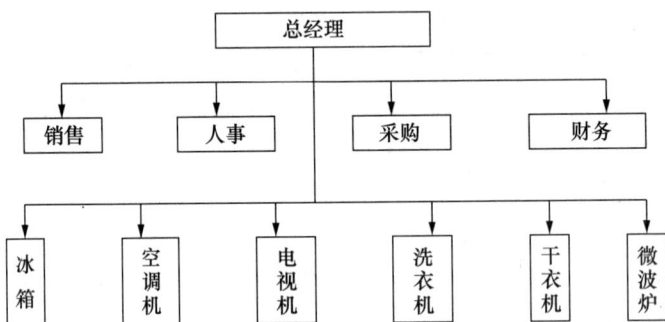

图 8-4 按照产品划分的部门

按照产品划分部门，优点是有利于专用设备的利用。有利于产品的开发，有利于独立产品的生产经营，保证经营效益。但是按照产品划分部门也存在缺陷，这就是对高层主管的协调能力、控制能力要求更高；在各个产品部门之间产生一定的竞争之后能够合理地进行处理；另外按照产品划分部门还可能使企业的整体研究开发能力削弱。

5. 按照地域标准划分作业部门

按照地域标准划分部门一般见于经营区域特别广泛的大公司，在今天的跨国公司中特别常见。譬如在国家国防体系构建中，按照战区划分部队的建制也属于这样一种方法。这样的划分是将同一地区（可大可小）的作业活动集中起来，委托给一个主管的部门划分方式。图 8-5 是一个大企业按照地区划分部门的示意图。

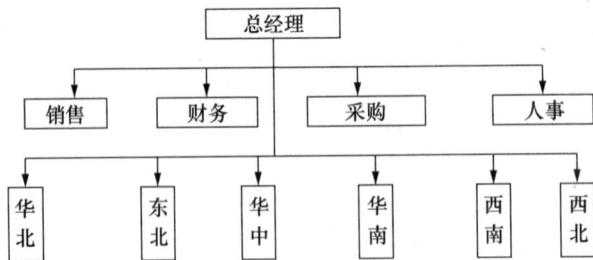

图 8-5 按照地域划分的部门

　　按照地域划分作业部门，有利于强化不同地域市场上的经营，根据各个不同的市场采取不同的经营方式和经营战略，更好地占领地区市场；以地区为标准的部门一般是全面管理部门，也有利于培养管理人才；对于多产品生产的大公司来说，按照地区划分部门还可以消除内部竞争。但是按照地区划分部门，缺陷是对管理人员的要求较高，对地区的控制困难，平衡不同地区的难度较大。

　　除了上述一些划分作业部门的方法之外，还有一些划分作业部门的方法，如按照服务对象划分部门，如运输公司划分为货运部门、长途客运部门、出租车部门就是按照服务对象划分的部门；以设备使用为标准划分部门，在电子计算机产业中一些公司就是按照设备的使用标准划分部门的。

　　应当明确的是，在一个规模较大的组织中，划分部门的标准不是唯一的，常常要将多种标准结合起来。在不同的层次往往使用不同的部门划分标准。如在按照产品或者是地区进行了部门划分之后，在已经划分好的部门通常还需要按照职能标准划分各个部门内部的职能部门，而在更低的层次，还可能要按照人数或者是时间对作业工作的部门进行划分。因此，上述有关部门的划分并非相互排斥，而是相互结合的。

第三节　建章立制

一、规章制度的重要性

　　组织架构形成并不能保证组织良好运行。组织的运行机制对于组织整体能力的形成是至关重要的。我们经常看到，在同样清晰的组织结构图下，有的组织运行顺畅，协调有序，有的组织则僵化呆滞。究其原因就是运行机制不同。形象地讲，组织结构如同人体的骨骼系统，而运行机制则相当于人体的神经系统。没有健全的神经系统，骨骼系统就只能是一副固定的组织僵尸。

　　前面已经指出，规则是正式组织不可缺少的特征，也是不可或缺的构成要素。它不仅是成员行为的准则，更是分工之后构成整体的重要保障。规章制度的建设对于一个成熟的组织来说是十分重要的。具体来看，规章制度的作用主要有：

　　第一，明确组织成员的行为规范。规章制度就是约束成员的行为的，哪些行为是允许的，哪些行为是禁止的；哪些行为会受到鼓励，哪些行为会受到限制甚至是制裁。

　　第二，协调合作的规范，保证组织效率。社会化的组织能够获得必要的效率，必须有合作的规范与规则。不能完全靠成员的自觉性来维持。因此必须有严格清楚的规范。

　　第三，明确成员的预期，调动成员的积极性和创造性。一个组织的活力和潜力根本在于成员的积极性与创造性的发挥。调动成员的积极性与创造性，重要的是要让组织的成员有一个稳定的预期，努力成功之后可以实现的个人目标。这些都必须靠制度明确来保证和实施。

二、常见的规章制度

1. 工作纪律制度

工作是成员为组织做出贡献的具体形式。单个人的工作可以不需要纪律约束，但是多人合作的工作需要规章制度保障，否则合作效率难以实现。需要指出的是，工作纪律制度不限于上下班的考勤制度，还包括工作的内容、标准、质量、协调合作规范等。

2. 奖励与惩罚制度

在一个组织中，人们之所以愿意接受组织的规则，愿意按照上级要求和分工安排努力工作，少数人是出于爱好和兴趣之外，绝大多数人是为了获得相应的经济回报，如在企业工作之后可以获得工资和奖金，解决自己的经济问题。前面已经指出，希望得到奖励，避免受到惩罚是大多数人的行为选择，因此组织的奖励制度就是十分重要和必要的。否则，干多干少一个样，干好干坏一个样，必然导致成员向落后看齐，逆向淘汰。公正合理、执行有力的奖惩制度是一个组织激发活力、调动积极性的基本制度。

3. 管理者选任制度

有一定规模的组织，需要的不只是一个管理者，而是一批管理者。在人们的需求中，以货币表现的经济收入只是人们价值追求的一个方面，受到尊重、得到承认、有更大的展现个人能力的舞台也是大多数人的合理追求。而成为组织某个方面、某个层级的管理者就是这种追求得以实现的一种具体形式。因此管理者选任制度在一个组织中，尤其是在调动有事业心、有能力、有潜力的成员的积极性方面就有着特殊的作用。管理者的选任就是让有能力、有责任心、愿意为组织发展做出更大贡献的成员有更加广阔的舞台，有更多资源管理的权限。

4. 绩效管理与评价制度

管理者的选任、员工的奖惩都取决于工作绩效的管理与评价。虽然绩效的评价最终决定权在管理者，但是要使奖惩结果产生学习先进、鞭策后进的效应，要使选任的管理者受到大家的拥戴，顺利地开展工作，其业绩应当在成员的评价中受到公认，绩效管理与评价制度就必不可少。

5. 有关决策的规章制度

组织内最为重要的管理工作是决策。决策也是管理权力的体现。决策制度实际上也就是组织内部权力配置的制度。一个组织应当有一个明确的决策规范，相对应的就是职责分工与责任制度。

6. 薪酬制度

薪酬是组织与成员之间经济合作的表现。既是组织人力资本管理和调动成员积极性的基本制度，也是所有组织都必须建立的基本制度。

三、建立规章制度的原则

（一）需要原则

对于一个正式组织来说，规章制度是必不可少的。但是制度的建设需要成本，相当一部分制度可以综合，也可以细分。过细过繁的规章制度会约束部门以及成员创造性与积极性的发挥。建立什么样的制度，制度细分完善到什么程度，首先是从组织的需要出发。例如一个初创期的小微企业，如果制度过于精细和复杂，不仅成本高，而且容易弱化小微企业最为需要的情感关系，所以在这种规模和发展阶段的企业，建立一些基本制度以维系企业的运行就可以了。但是对于一个颇具规模的企业而言，制度的完善就十分必要了。因为小微企业靠创业者的人格魅力和员工的情感链接，但是大企业则只能靠制度规范。

（二）便于执行原则

制度建立起来是需要执行的。无论哪个方面的制度，都面临一个执行问题。制度要得到遵守和执行，首先必须得到大多数员工的认可。制度应当容易理解，绝大多数人能够做得到，需要和可行是制度建设中应当结合和平衡考虑的关系。

（三）人性关怀原则

以人为本是一种现代管理理念。制度一旦制定就带有严肃性和无情性。但是制度的精神在当今时代应当尽可能体现人性关怀。制度建设的立足点向来有两种截然不同的立场，一种是将成员总看作是要钻空子的坏人，制度以防范和惩罚为主；只考虑组织的利益，不关心员工的合理需求。另一种是将员工看作是组织的合作者，制度建设必须兼顾组织的利益和员工个体的特殊利益。后一种就表现为制度建设中的人性关怀。实践表明，制度建设带有人性关怀，不仅使制度能够得到大多数人的认可，而且还能够使制度得到绝大多数人的自觉遵守。

（四）民主原则

制度只有得到广泛的认可才容易树立真正的权威，才可能发挥最大的效益。管理制度的制定建设过程中，一定要坚持民主原则，就是要充分听取员工的意见和建议体现大多数人的意志。如果大多数人的觉悟还达不到管理者所要求的程度，就不能强制性的推出，合理的做法是开展更为广泛深入的宣传教育，使广大员工能够接受新的理念和要求。进而理解新制度的精神实质，推进制度基础建设。

（五）系统原则

组织的活动各种各样，规范活动的制度必然涉及方方面面。因此组织的制度规章必须具有系统一致性。不能够相互矛盾，相互脱节甚至相互掣肘。防止这种现象发生，关键是要消除制度部门化的现象。

四、规章制度建设的途径与程序

组织内部建设一定规章制度，依照下列程序：

1. 专业人员起草

规章制度具有一定的专业性，必须由专业人员起草以保证制度的科学性。专业人员不一定非是专家学者，也应当包括熟悉制度规范业务工作领域的实际工作者，尤其是具有丰富实践经验的基层管理者。他们可以是外部的专家，也可以是本组织内有经验的管理人员。要注意的是，本组织的管理人员起草，一定要防止前面提到的制度部门化的现象，也就是将部门利益在制度中不恰当地强化，导致制度建设的系统性难以实现。

2. 征求管理对象的意见

无论什么样的管理制度，无一例外都是为了便于开展内部管理是针对特定的工作也就是特定工作人群的。在组织管理中，管理者与被管理者之间的矛盾可以说始终存在。反映在制度建设中，管理者站在管住的立场上考虑问题会不知不觉地表现出来，这样最容易加深与被管理者之间的矛盾甚至是冲突。因此在制度草案形成之后，征求被管理者的意见是必要的。

3. 公告征求意见采纳的结果

征求来的意见，经过分析，能够采纳的应当予以吸收采纳，并且予以宣传告知，让被管理对象知道所提意见和建议受到重视，合理的意见被采纳。对于不予采纳的不合理意见也应当做出必要的说明或者解释，以便提出意见的职工理解。

4. 完善修改

在吸收采纳群众意见的基础上，对于规章制度的草案进行进一步修改和完善。

5. 审定通过

经过修改后基本完善的制度草案文本交由组织内具有审定权的机构进行审定通过。审定之后的制度不应当再修改。除非环境条件发生重大变化。

6. 公示实施

经过审定的制度、规章制度实施的时间起点等应当以恰当的形式在组织内部进行公开发布，广而告之，尽可能做到人人知晓。

五、规章制度的实施

现代管理的要求是制度权威，而不是个人权威。经过公示的规章制度开始实施，应当建立起制度的权威。保证制度权威是发挥制度在组织的积极作用的重要前提。为此要求：

（一）管理者带头遵守制度规定

制度是否得到执行，是否能够树立起权威，管理者是否遵守尤为关键。"制度面前人人平等"不是针对普通员工的号令，而是对管理者、制度制定者的警示和提醒。管理者带头遵守制度，制度权威就容易树立起来，作用也就可以发挥出来。所以说，维护制度的权威是制度发挥作用的重要前提。

（二）制度执行不讲情感

制度建设中可以体现而且应当体现人性关怀，但是制度的执行则与情感没有关联。无论对谁，无论针对什么情形，制度都必须不折不扣地执行。自觉遵守组织纪律的习惯和氛围只能在严格执行制度的过程中形成。

（三）注重正面引导

制度实施不外乎是激励与惩处两种手段。就多数人而言是不可能愉快地接受因违反制度规定受惩处的现实。所以对于违反制度规定的行为进行惩处，一方面要严格依据制度的规定不能姑息迁就；另一方面对于受处理的成员要加强教育引导，使之口服心服，真正使制度规定内化于心。同时也要发挥正面的引导作用，引导全体成员自觉执行遵守组织的制度规定，维护组织的制度权威。

（四）在实施中完善

制度制定花费的时间再长，程序再细致，考虑再周全，实施之后由于时代、环境条件的变化，目标的调整，制度都会由合理变得不尽合理甚至是完全不合理。因此制度实施的一个重要内容是要根据组织发展和时代进步，根据组织宗旨任务的变化，对制度规范进行与时俱进的调整与修改。这也就是制度的完善。制度的完善修改应当谨慎，不能够随心所欲。制度修改一般要经过慎重的实际调查，征求各个方面的意见，经过科学评估，确实制度修改的确是更有助于组织的有效运行和发展才能够予以修改。

第四节　组织文化建设

一、组织文化的结构

从文化角度分析，一般可将组织文化的构成分三个部分：一是物化部分；二是制度部分；三是精神部分。我国学者基本上持有这样的观点。日本学者略有不同，他们认为组织文化可分为三部分，即物质部分、动态部分和心理部分。虽然中日学者对组织文化分法不一，但都认为组织文化的这些组成部分不是并列的关系，而是层次关系，这些层次以一定的规律相互制约、相互影响，从而构成一个有机的整体。

我国有些学者还认为，从管理的角度看，组织文化由两部分构成：一是组织文化的显性部分，即管理的对象、管理的手段、管理的结构等；二是组织文化的隐性部分，即隐藏在管理手段背后的管理思想，包括组织哲学、价值观、道德规范等。这种认识同样认为组织文化的两个组成部分是相互作用的，有着层次之分。

由此可见，无论是从文化角度，还是从管理角度去认识，组织文化各个组成部分之间都存在着相互作用，也都有一定的层次之分。认识组织文化的构成以及各个部分之间的相互关系，是把握组织文化内在规律，积极建设组织文化的前提。下面从组织文化的三个层面对具体的内容加以阐述。

物质层文化。它是以实体性的文化设施，如带有本组织文化色彩的组织环境、生产经营技巧、图书馆、俱乐部、公园以及组织其他实体性的物体，如建筑物、产品、组织标识等为载体，赋予或直接加载组织文化所形成的组织文化体系。物质层文化是组织文化中的最表层部分，组织内外的人们都可以通过这些实体性的载体直接感受组织的文化特色，是从直观上把握组织文化的一条基本途径。物质层文化是人们接受与认识组织文化的一个主要方式。

制度层文化。它是通过组织的各种成文的规章制度、工作程序、行为守则，以及在组织长期实践中所形成的不成文的，但是对员工行为具有约束作用的道德规范所表现的文化形式。制度层是组织文化的第二层或称中间层，它构成了各个组织在管理上的文化个性特征。制度层文化在组织文化的形成中起着十分重要的作用。

精神层文化。它主要表现为组织员工所具有的共同的价值观、经营理念。是组织文化中最深层、最稳定的内容，是组织文化发挥作用的源泉。同时也是组织文化建设的最终目标，自然也最为困难的。精神层次的组织文化一般要通过员工的行为方式分析才可能真正感受与把握。所以，精神层次组织文化的形成，就标志组织员工基本价值观的统一，就会自觉地在日常的组织行为中发挥作用。

组织文化的这三个层次，可以用图8-6予以表示。

我国学者认为：物质层、制度层、精神层由外到内的分布就形成了组织文化的结构，这种结构不是静止的，他们之间存在着相互联系和作用。[①]

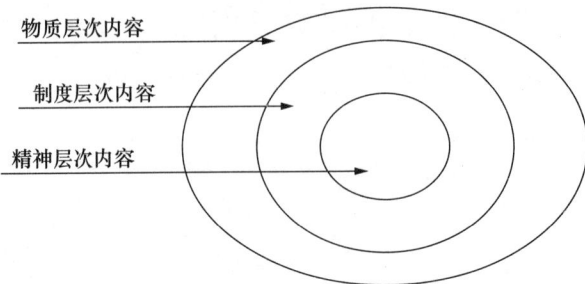

图 8-6　组织文化的层次结构

　　首先，精神层决定了制度层和物质层。精神层是组织文化中相对稳定的层次，它的形成是受社会、政治、经济、文化以及本组织的实际情况所影响的，如世界经济状况的影响、组织管理理论的影响等。精神层一经形成，就处于比较稳定的状态。精神层是组织文化的决定因素，有什么样的精神层就有什么样的物质层。举例来说，美国的埃克森公司的价值观是高度尊重个人的创造性，绝对相信个人的责任感，但同时，默认在做出一项重要决定前要达成一致。这就决定在制度层方面表现为随便的衣着和沟通方式：没有等级标志，相互之间争论等。而另一家总部设在欧洲的麦迪公司，它的价值观是尊重资历、常识和经验，注重通过服务时间的长短，整体工作情况和个人的教育背景来评价职工，因此在制度层和物质层就表现为：一切都是规范化的、正式的，大楼中各办公室都有正式标志；大厅中的静默气氛；人们在大厅中见面时周全的礼节；专门的经理人员餐厅；文件中使用正式的学术语，以及注意计划、程序和正式的会议文件等。埃克森公司和麦迪公司精神层的不同使他们的制度层和物质层表现为完全不同的内容。

　　其次，制度层是精神层和物质层的中介。精神层直接影响到制度层，并通过制度层而影响物质层，因此，制度层是精神层和物质层的中介。基于管理者和职工的组织哲学、价值观念、道德规范等，使他们制定或形成一系列规章制度、行为准则来实现他们的目的，以此来体现他们特有的精神层内容。可见精神层对制度层的影响是最直接的。在推行或实施这些规章制度和行为准则的过程中，组织的管理者和职工又会创造出一定的工作环境、文化设施等，从而形成独特的物质层。可见，精神层对物质层的影响一定是间接的。制度层的中介作用使得许多卓越的领袖人物都非常重视制度层的建设，使它成为本组织的重要特色。

　　最后，物质层和制度层是精神层的体现。精神层虽然决定着物质层和制度层，但精神层具有隐性的体现，它隐藏在显性内容的后面，必须通过一定的表现形式来体现。就管理者和全体职工来说，他们的精神活动也必须付诸实践，因此，组织文化的物质层和制度层就是精神层的体现和实践。物质层和制度层以其外在的形式体现了组织文化的水平、规模和特色，也体现了组织特有的组织哲学、价值观念、道德规范等方面的内容。因此，当我

[①]　孙成志著：《组织行为学》，东北财经大学出版社 1999 年版，第 376 页。

们看到一个组织的工作环境、文化设施、规章制度，就可以想象出该组织的文化精髓。组织文化的物质层和制度层除了体现精神层的作用以外，还能直接影响职工的工作情绪，直接促进组织哲学、价值观念、道德规范的进一步成熟和定型。所以，许多成功的组织都十分重视组织文化中物质层和制度层的建设，明确组织的特征和标志，完善组织制度的建设和规范的形成，从而以文化的手段激发职工的自觉性，实现组织的目标。

二、我国组织文化建设的基本原则

从中国的现实出发，建设组织文化，我们认为应当坚持如下几条原则：

1. 与社会核心价值观相吻合

一个社会的核心价值观是整个社会文化的引领，是文化随着时代进步的集中体现。组织文化不仅不能脱离社会文化的整体，而且还应当与时俱进，跟上文化前进的步伐。所以在组织文化建设中，应当坚持与社会核心价值观相一致的原则。只有这样一个组织才可能为全社会所接纳，较好地融入到所存在的环境之中。

2. 思想认识领先的原则

组织文化建设是以塑造个人以及群体的价值观为核心，以个人以及群体行为自觉长期地保持预定方向的管理活动。而人的行为都是在一定的思想意志支配下进行的。组织文化建设，首先必须解决人们的思想认识问题。当前，有不少人认为，市场经济时代，经济利益是调动职工积极性的主要手段，思想教育工作没有意义了，组织文化只不过是搞形式，赶浪潮而已，解决问题的根本还是要靠经济手段。我们认为这样一种观点是偏颇有害的。只要对现实进行考察，就会发现，无论是什么性质的企业，无论是履行什么职能的组织，只要追求长期发展，培养组织的凝聚力与向心力，思想政治工作都是不可缺少的。区别仅仅在于方法与主要的内容而已。

3. 目标明确原则

组织文化建设是一项系统工程而不是一件具体的工作。因此，考核评价其成果时目标比指标更加实用。一般来讲，指标是具体的，必须量化，而目标则是总体的，允许用非量化的手段去评价。然而，这种合理的解释往往被无限引申，使得企业文化建设的目标更加虚化。文化的功能是战略性的，价值不具备即显性，形态比较虚；但实施的过程必须是具体的、实在的。这就决定了组织文化建设的目标体系必须是宏观与微观、总体与具体的结合。大目标由小目标组成，小目标的实现完成了大目标的具体化过程，使组织文化建设的目标得以体现。

4. 全员参与原则

文化是一种整体现象，是一种群体的稳定的行为表现。一个组织是否具有某种文化特征，就要看组织的绝大多数员工是否具有那样的精神追求，行为价值取向。组织文化建设必须全员参与。在建设中形成文化选择——适应的留下，不适应的离开。因此，组织文化建设是组织各方面的共同任务。在工作中，各个部门、各个层次都要遵循组织文化建设的自身规律要求，明确工作任务，形成工作网络，做到纵向贯通，横向协调，组织文化建设才能够深入人心。

5. 管理者身体力行原则

组织文化是组织精神的体现，组织管理者必须首先带头，身体力行提出的组织文化要求。没有领导者的带头实践，组织文化难以建设，建设起来也难以稳定。领导者身体力行，不仅指管理者要按照组织文化的基本内容要求自己，而且要求在建设组织文化的工作中，像对待组织的业务工作那样，投入时间和精力。还有一点就是管理者对于组织的价值观要真信，真践行。对内对外说到做到、言行一致、表里如一。这样才能够在组织内树立典范，组织文化才能够真正建立起来。

6. 持之以恒，长期努力原则

组织文化的形成与发挥作用，特别是一种优秀组织文化的形成，不是一朝一夕、一蹴而就的事情。百年的企业靠文化支撑，而百年的文化又靠坚持不懈的百年努力。所以，在组织文化的建设中，应当如同其他的建设一样，一旦找准方向，明确了方针，就应当坚持下去。这可能需要几任领导者，几代员工的努力。这也是组织文化建设的艰巨性所在。

三、组织文化建设的主要措施

1. 深入研究，提出精练的文化核心

组织文化是一个庞大的组织价值系统。但是，在有目的的文化建设中，组织文化应当有相当精练的核心内容，便于组织内外了解和贯彻。这样一种文化核心的提炼是一个比较困难的过程。领导组织文化建设的管理者一定要从时代与组织自身实际出发，认真研究，提出能够凝聚人心、鼓舞人心、团结奋斗的文化核心。

2. 实施恰当的文化仪式

一种恰当的文化仪式在文化建设中作用是不可低估的。如一些企业的早会、升旗制度，职工值班管理制度等，都是强化文化建设的重要形式。但是，一种仪式发挥作用必须符合组织所在文化环境的习惯，特点，不能够追逐潮流搞形式。

3. 树立英雄

文化中的价值观在英雄的行为中体现最为充分。组织文化的建设要运用好树立英雄，学习楷模等方式。因为英雄人物、工作中的楷模是组织文化的集中体现。楷模、榜样以及英雄树立得好，鼓舞员工向英雄学习，是组织宣传文化理念不可缺少的途径。组织应当按照文化建设的要求，实事求是地在组织中发现英雄，宣传英雄。

4. 恰当的物化，树立形象

前面已经指出，组织文化具有物化层。物化层面的文化表现不仅可以在时时处处形成文化氛围，强化教育的作用，也有对外宣传，树立形象的作用。但是，组织文化的物化一定要恰当，不能够弄巧成拙。组织文化的物化一般请专业机构全面设计，以形成科学合理具有持久价值的 LOGO。

推荐阅读书目：

1. ［美］詹姆斯·G. 马奇、赫伯特·西蒙：《组织》，邵忠译，机械工业出版社 2013年版。

2. 关培兰：《组织行为学教程》，中国人民大学出版社 2015 年版。

3. ［美］亨利·西斯克：《工业管理与组织》，中国社会科学出版社 1985 年版。

第九章　组织（二）

管理者的最基本功能是发展与维系一个传统畅通的沟通管道。

—— ［美］巴纳德

第一节　沟通在组织中的作用

一、沟通的概念

沟通，简单地说，就是人与人之间进行信息交流的活动，沟通是人们社会生活的基本要求之一。因为人最鲜明的特点之一是他或她能够用语言来表达自己的感情、想法、意见和要求，一个人如果失去了正常交际，就不可能正常发展。具体来说，一个组织中的成员之间如果没有沟通，这个组织就无法正常运转。如果那样，上级的决策就无法传递给下级，更谈不上去执行。如果组织内部沟通不良，效率也会因此受到影响，缺乏良好的信息沟通，上级得不到下级执行决策的信息反馈，就无法改进决策，优化决策；部门之间缺乏沟通，其行动也就难以协调一致；组织成员间沟通不良，内部就难以建立起良好的人际关系，组织必然缺乏凝聚力。可见，沟通是组织得以生存，运行和发展的必备功能之一，自然也是管理的重要内容。

一个完整的沟通过程包括如下四个方面的要素：

（1）信息源，又称为信息沟通的发送者，在一个沟通过程中，总有一方是信息的主动发送者。

（2）信息内容，即沟通的内容，组织中沟通的信息内容多种多样，包括正式组织中上级下达的命令、指令、计划以及决策；下级按规定上报的报告、反映的情况，也包括在非正式场合员工之间的感情交流、谈心。作为沟通内容的信息，既包括书面的，也包括口头的。

（3）信息的接收者，即沟通过程中处于被动地接收信息的一方。在沟通的不断循环过程中，信息的发送者与信息接收者的身份会不断改变，特别是在双向沟通中，无论哪一方，都既要充当信息发送者，又要充任信息的接收者。

（4）沟通渠道，即信息交流的通道。不同的沟通渠道沟通效率是不一样的。对于一个组织来说，不仅要建立完整的沟通渠道。而且还要使沟通渠道保持畅通无阻的良好状态。

二、沟通的特点

人与人之间的信息沟通有其本身的特点，这些特点主要有：

（一）心理因素对沟通的效果影响很大

在人与人之间的信息交流过程中，其交流的效果必然会受到人心理活动的影响，由于人都具有爱与憎、喜好与厌恶等情感，同时人又具有丰富的想象力，因此人们在进行信息交流的时候，都会不由自主地受到这些情感及心理因素的支配，对沟通的效果产生很大影响。心理因素首先会影响信息发送者发送信息所选用的语言、表达方式、沟通形式；其次，心理因素也会影响信息接收者对信息的理解。同样一句话，在不同人口中，在不同的场合，以不同方式说出来，会代表不同的信息；与此相对应的是，同样一句话，不同的人听起来，会作不同的理解。其原因除了信息接收者个人能力水平差异之外，最重要的是心理因素在起作用。所以说，沟通不是简单的机械式语言传递，而是带有丰富感情色彩的人际交流。

（二）沟通过程既是一个信息传递过程，同时又是培养感情、交流感情的过程

由沟通的第一个特点可知，沟通中人的心理因素必然会起作用。所以，沟通就不只是简单的信息传递过程了，而是伴随着思想感情等交流的。如果沟通良好，信息不仅可以在组织内部进行准确、及时、完整地传递，保证组织运转顺畅，而且也有利于人与人之间进行思想感情交流，增进了解，建立良好的人际关系。这对一个组织来说具有十分重要的意义。所以组织内部在建立沟通网络，选择沟通方式时，应充分注意沟通对感情交流，人际关系创造的作用。

（三）沟通以语言为工具载体

在人与人的交流中，语言是最基本的工具，不过这里的语言指的是广义的语言，它既包括书面语言、口头语言，也包括体语。选择什么样的语言进行沟通，对沟通效果有着直接的影响。选择形式要恰当。例如，同样一项决策，领导者是用文件形式传达或用广播形式传达，还是开会亲自传达，其作用会不一样，领导开会亲自传达，信息接收者就可以从传达者的体语上，如态度、语气等感受，判断这一决策的重要性。

三、沟通的作用

在一个组织中，沟通起着如下几个方面的作用：

（一）通过与外界沟通，获得组织生存和发展所需要的资源和信息，使组织能够更好地适应环境

组织同外部的沟通是组织沟通的重要内容，通过这种沟通，组织可以从外界环境中获得生存和发展所必需的信息。这一点对所有处在信息化时代中的各类组织都是特别重要的。以企业为例，在市场经济中，作为市场主体的企业，要想求得生存和发展，就必须摸清市场变化的规律，及时掌握市场动态，生产出适销对路的产品。然后，还必须让市场了解本企业的产品，激发起用户购买本企业产品的积极性。这些都需要靠企业与市场的信息交流来解决。在过去计划集中管理体制下，企业闭门造车，对市场不闻不问，生产出来的产品积压滞销，如果今天仍然如此的话，其结局必然是将市场所淘汰。当今广告业之所以兴旺发达，就因为它是企业与用户沟通的主要手段之一。

组织同外部的沟通是沟通管理中要注意的重要方面，但外部沟通与内部沟通之间有着很大差别，本章要讨论的主要是组织内部沟通的管理，所以，仅在此强调外部沟通的重要性。至于如何做好外部沟通工作，本书不深入讨论。

（二）沟通是加强民主管理，保证科学决策的前提

吸收职工参加管理，这已是一个世界性的趋势，所谓民主管理，并非指经常召开职工大会，对众多事无巨细的管理问题进行决策。民主管理最本质的规定是职工的意见能够得到充分、及时的反映，并为管理者所重视，对正确的、有价值的意见予以采纳。显然，民主管理要求组织内部建立起良好的沟通关系。以企业为例，如果一个企业建立起了良好的上下信息沟通制度，并且企业领导者不是被迫而是自愿地乐于同职工沟通，职工对生产经营方面的意见和建议必然会得到及时、全面的反映，久而久之，自然就会加强职工在管理中的地位和作用。必然能培养起职工的主人翁意识和精神，进而会使职工发挥出更大的积极性。反之，如果一个企业上下沟通不良，职工的意见无处表达，领导也不重视他们的意见，这样的话，无论口头上将职工是主人的口号喊得多么响亮，职工也不会感到主人身份与地位的存在，当然也不会产生主人那样的积极性和责任心。

信息是决策的前提，这在前面已经指出过，及时、完整、准确的信息更是科学决策所必不可少的。决策者能否及时获得必要的信息，那就要看沟通的效率了。良好的沟通是科学决策的保障，这一点毋庸赘言，另外，沟通加强了职工参与管理的作用，自然也会对科学、合理决策产生积极作用。

（三）沟通是改善人际关系，鼓舞士气，建立良好的工作环境的基本手段

人无论在什么组织内工作，都希望人际关系良好，可以从其中获得一种归属感。这种归属感是人的感情需要之一，如果一个组织内人际关系良好，大家都能和睦相处，上下级之间相互信任，相互尊重，那么这个组织就容易做到上下一条心，团结成一个整体，职工的士气也就高昂。反之，组织内人际关系紧张矛盾重重。必然使组织成为一盘散沙，缺乏战斗力。怎样创造良好的人际关系呢？关键之一就是人与人之间的良好沟通。通过沟通，职工之间可以增进了解。增强了感情，化解了矛盾，互相配合，这样必然会给职工创造一个令人心情舒畅的工作环境，提高人们的工作积极性。

（四）沟通是转变职工态度、改变职工行为的重要手段

理解是接受的前提。在组织内部，一切决策都需要下级真正接受。主动行动才能得到切实地贯彻落实。怎样才能使职工真正理解、完全接受一项决策，特别是暂时还不能理解和接受的决策呢？例如改革中采取的一些改革措施。这就需要良好的上下沟通，使职工能够理解上级决策，支持上级决策，实施上级决策，如果做不到这一点，上下对立，职工违心地接受上级的指令，也只能是消极地执行，不可能有积极性和创造性。此外，上级对下级存在的错误认识，只要不是原则性的问题，就应采取沟通的方式，促使其认识到错误的性质、原因。做到了这一点，下级就能真正地转变立场，端正态度，改正错误。在一个组织中，如果上下级之间具有良好的沟通，无论对下级，还是对于领导，都可能使其在态度和行为方面发生好的转变。

第二节 组织沟通机制建设

一、沟通机制的基本模型

在信息沟通中，沟通的基本程序为信息的发送者将要发送的信息转化为言辞，随后经一定的信息沟通渠道传送信息，信息的接收者在接到信息之后，对信息进行理解，并按接收到的信息采取行动，其中包括发出反馈。信息沟通的过程可用图9-1概括：

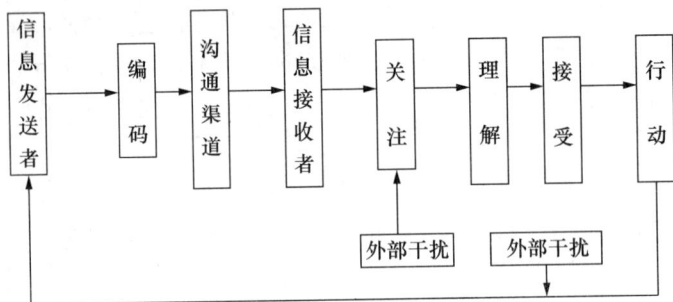

图9-1 信息沟通过程

由图9-1可知，信息沟通的程序可分为四个阶段：

（一）关注

关注指沟通对象对沟通内容引起关心。在沟通过程中，信息发送者必须注意信息接收者是否关注自己所发送的信息，如果不关注的话，就应采取措施。研究发现，决定人们对信息发送者发送的信息是否关心的因素主要有以下四个方面：

1. 沟通中信息接收者所接收到的信息量

如果信息接收者在一定的时间内接收到的信息量太大，必然有一部分信息会被信息接收者忽略，影响沟通的效果。在信息量过大的情况下，先接收到的信息一般较容易为信息接收者所关注，而后发送的信息就容易被忽略。因此，为了使发送的信息不致被忽略，重要的信息一般应单独发送或者优先发送，以便引起信息接收者的关注。

2. 人们在正式沟通中所处的位置，主要是权力和影响力

在正式组织中，由于上级拥有一定的权力影响力，因此，上级发送的信息就比较容易引起下级接收者的关注，而下级向上级发送的信息，就容易被忽略。当然，这主要取决于作为信息接收者素质的高低，下级在沟通过程中的信心以及选择的沟通方式。加拿大的休·丁·阿诺德博士通过调查发现，下级在与上级沟通中往往会信心不足。如在他所调查的八个公司中，大多数员工都认为上司不会对他们的问题感兴趣，并且如果下级将问题和盘托出反而引出许多麻烦，所以下级总是喜欢报喜不报忧，用好听的信息引起上级的关注。

3. 人们在非正式的网络中所处的位置

非正式的沟通网络是相对于正式沟通网络而言的。每个组织中都存在着弥补正式沟通

网络不足的非正式沟通网络。在非正式网络中居于核心地位的员工在沟通过程中所发送的信息常常能引起较多的关注。

4. 信息本身

不同的信息所引起人们关注的程度是不同的，当然这也因人而异。如有人比较关注人们的隐私，而另有一些人比较关注与自己有直接利益关系的事。所以，与自己利益关系越是密切的信息就越容易引起人们的关注。

（二）理解

引起信息接收者对信息发送者发送的信息关注仅是沟通的第一步，接下来的是信息接收者对接收到的信息作出正确的理解。如果信息接收者不能理解其含义，甚至作出与含义相反的理解的话，沟通也会失败。对信息的理解与对信息的关注不一样，影响对信息理解的因素主要取决于信息发送者的表达能力和信息接收者的水平及理解能力。具体来说，影响接收者理解接收到信息的因素主要有如下几个方面：

1. 表达信息的语义

语言是信息沟通的基本工具，但这个工具有简单、复杂之分。如果在沟通过程中，语言表达模糊，可作多种解释时，就会引起理解的困难。此外，如果在表达信息时，使用了较多的专业术语，对外行人来说就会引起理解上的困难。如何准确简要地表达出要发送的信息，是信息发送者必须认真考虑的问题。在管理中，决策的表达应尽量地通俗易懂，使下级能够及时，准确地理解。

2. 反馈的机会

如果信息接收者对接收到的信息不甚理解，但能及时地提出疑问，并请信息发送者予以解释的话，就会使信息接收者对接收到的信息作出准确、深刻的理解。如果信息接收者没有反馈的机会，理解就会碰到困难。如果接收者对上级的命令没有理解就加以执行的话，就有可能出现执行失误问题。所以信息发送者应在发送出信息之后，尽可能地给予信息接收者反馈的机会，及时了解信息接收者对信息理解的状况，以便帮助信息接收者较好地理解信息。

3. 信息发送者与信息接收者之间的关系

在信息沟通过程中，如果发送者与接收者之间关系不好，比如说有矛盾，在心理因素的作用下信息接收者往往不易正确理解发送者发送的信息。特别对一些容易引起联想的语言，还易作出与原意相反的理解。当然，这与沟通的方式有关。如果关系不好，采取间接沟通的方式可能比较好，有时采用直接沟通的方式也可能更有效。

（三）接收

沟通的目的是使信息接收者能够接收信息，并依信息的要求做出反应。因此，人们在理解了信息发送者所发送的信息之后要么接收，要么拒绝。在沟通过程中，信息发送者应预先估计信息可能被接收者拒绝的情况，并采取一切措施，加以预防，以使发送的信息能够被接收。

信息发送者发送的信息能否被接收，主要受下列因素影响。

1. 信息本身的真实可靠性

当人们怀疑某种信息的真实性时，就不会接收这一信息。因此，在信息沟通过程中，特别是多层次的信息传递过程中要注意防止信息失真，导致信息不被接收。

2. 信息发送者与接收者之间的关系

信息可能被主动地接收，也可能被强制性地接收，上级向下级发送的信息，由于有权力的强制性作用，所以，一般不易被拒绝。而下级向上级发送的信息，就比较容易为上级所拒绝。同样，关系好的同事之间发送的信息，比较容易接收，而关系不好的同事之间发送的信息，就容易被拒绝。

（四）行动和反馈

沟通的最终目的是对信息接收者产生影响，促使其行动。当信息被接收之后，一般会产生影响，促其行动，但信息接收者的行动还受下列因素影响。

1. 信息接收者的行为能力

如果一个人缺乏按要求行动的能力，即使他或她接收了信息发送者发送的信息，也难以产生信息发送者所预期的行动。因此，在信息发送之前，信息发送者就必须考虑信息接收者的行为能力，不能勉为其难。

2. 信息的保持性

信息能否产生影响，与信息的作用时间有着密切联系。而信息的作用时间，又与信息的保持性有关。如果一项信息反复作用，其影响就可大大加强，从而促进行动。如商品广告播放的时间越长，对用户购买的影响就越大。

二、沟通的类型

（一）按沟通是否具有正式的组织系统分类

（1）正式沟通，指通过正式组织的沟通网络（如组织层次联系、横向协作关系）进行的沟通。正式沟通是组织内部信息传递的主要方式。大量信息都是通过正式沟通网络传递的。正式沟通的优点是：沟通效果好、严肃可靠、约束力强、易于保密、沟通信息量大，并且具有权威性。缺点是：因靠组织层次系统层层传递，沟通速度一般较慢。

（2）非正式沟通，指在正式沟通网络之外进行的信息沟通。非正式沟通既是正式沟通不可缺少的补充，也是一个正式组织中不可能消除的沟通方式。非正式沟通的特点是：传递信息的速度快，形式不拘一格，并能提供一些正式沟通所不能传递的内幕消息。缺点是传递的信息容易失真；传递越广，失真就越多，容易在组织内引起矛盾；非正式沟通的控制也较困难。

（二）按沟通中信息流动的方向分类

（1）上行沟通，指下级向上级进行的信息传递。如各种报告，汇报等。上行沟通是领导了解实际情况的重要手段，是掌握决策执行情况的重要途径。所以，领导不仅要鼓励上行沟通，还要注意上行沟通的信息的真实性、全面性；防止报喜不报忧的现象。

对于一个管理者来说，掌握上行沟通的技能特别重要。做好上行沟通，既可以争取上级对自己工作的支持，有利于工作取得成就；又可以让上级了解自己，争取不断发展的条件。当然，上行沟通又特别困难。因为在上行沟通中，信息接收者处于支配地位，而信息发送者居于被支配的地位，信息发送者往往会信心不足而影响信息的传递。所以，有意识地锻炼自己上行沟通的能力，是每一个管理者都应当注意的。

（2）下行沟通，指上级向下级进行的信息传递。如企业管理者将计划、决策、制度规范等向下传达。下行沟通是组织中最重要的沟通方式。通过下行沟通才可以使下级明确组织的计划、任务、工作方针、程序和步骤。企业领导者必须做好下行沟通工作，其标准可以用一句俗语来概括：就是"家喻户晓，人人皆知。"通过下行沟通还可以使职工感到自己的主人翁地位，从而激发他们的积极性。

（3）平行沟通，指正式组织中同级部门之间的信息传递。平行沟通是在分工基础上产生的，是协作的前提。做好平行沟通工作，在规模较大，层次较多的组织中尤为重要，它有利于及时协调各部门之间的工作步调，减少矛盾。

（三）按沟通所使用语言的方式分类

（1）口头沟通，指采用口头语言进行的信息传递。口头沟通是最常用的沟通方式。其优点是：在沟通过程中，信息发送者与信息接收者当面接触，有亲切感，并且可以运用一定的体语、手势、表情和语气、语调等增强沟通的效果，使信息接收者能更好地理解、接收所沟通的信息。口头沟通通常还可以即时获得反馈意见，具有双向沟通的优点。但口头沟通也存在一些不足之处：一是沟通范围有限；二是沟通过程受时间限制，沟通完成后缺乏反复性，同时对信息传递者的口头表达能力要求比较高。

（2）书面沟通，指采用书面文字形式进行的沟通，如各种文件、报告。书面沟通的优点是：严肃、准确，具有权威性，不易被歪曲；信息接收者可反复阅读以增强理解、信息传递者对要传递的信息所采用的语言可以仔细琢磨，以便用最好的方式表达出来。但书面沟通也存在不足之处，主要是：应变性较差，只能适应于单向沟通。所以，一般需要反复强调，内容量大，涉及面广的信息，多采用书面沟通的方式。

（3）书面口头混合沟通，指在沟通过程中，既有书面表达的信息，同时又以口头沟通的方式加以阐述、强调，以使信息接收者加强理解。如一些重要会议中，报告人的报告既以书面形式印发给与会者，报告人又亲自作口头报告。

混合沟通这种方式兼顾了口头沟通与书面沟通的优点。其不足之处是沟通费用较高，只有一些特别重要的信息，才采用这种沟通方式。

心理学家戴尔曾对口头沟通、书面沟通、混合沟通的效果进行过测验调查。其内容是对大公司各部门员工得知消息的程度进行打分，结果见表9-1：

表9-1　各种沟通方式的平均测验数

沟通方式	员工人数	平均测验分数
混合	102	7.7
口头	94	6.17
书面	109	4.91

从表9-1可知，混合沟通方式得分最高效果最好，而书面沟通方式的效果最差。虽然这只是一个方面的实验结果，但它还是反映出了一定的问题。一般来说，在文化水平较低的人群中进行口头沟通，效果要好于书面沟通，而在文化水平普遍较高的人群中，就不尽然了。

（四）按沟通过程中信息发送者与信息接收者的地位是否变化分类

（1）单向沟通，指信息发送者与接收者的地位不改变的沟通。在这种沟通中，不存在信息反馈，其优点是：信息发送者不会受到信息接收者的询问，能保持发送者的尊严，信息沟通比较有秩序，速度较快；其不足之处是，信息接收者不能进行信息反馈，没有理解的信息只能是囫囵吞枣地强制接收。这样，容易降低沟通效果，严重时甚至可能产生对抗心理。只有在比较特殊，特别是时间紧迫，不允许采用耗时较多的双向沟通时才采取单向沟通。

（2）双向沟通，指在沟通过程中信息的传递者与接收者经常换位的沟通。在这种沟通中，存在着信息反馈，发送信息者可以及时知道信息接收者对所传递的信息的态度，理解程度；有助于加强协商和讨论，增强了解，和对发送信息的理解。但双向沟通一般费时较多，速度较慢，易受干扰，信息发送者的心理压力较大。如果时间允许，为了保证信息传递的准确性和提高沟通的效果，应尽量采取双向沟通方式。

（五）按照沟通使用的工具的先进性分类

（1）运用传统手段的沟通，指运用诸如口头交谈、书面文件、大会等传统方式进行的沟通。

（2）运用现代沟通工具的沟通，指运用现代的信息网络（包括闭路电视系统、电子媒体、微信、微博、QQ群等）进行的沟通。这种现代沟通工具在当代社会沟通中的运用越来越普遍。它的优点是速度快、传递面广，可以在同一时间将信息传递给多人，信息的储存也比较容易，成本低。

第三节　沟通网络建设

一、沟通网络的基本类型

在信息传递过程中，信息发送或直接将信息传递给信息接收者，或经过中间一些层次才能传递给信息接收者，这就产生了沟通渠道问题。由各种沟通渠道组成的结构形式称之为沟通网络。管理学家们研究发现，不同的沟通网络具有不同的沟通效果。常见的沟通网络主要有如下几种：

（一）链式沟通网络

链式沟通网络如图9－2甲所示，可以说它是分层领导体制下，最高领导者与最低执行者之间进行信息沟通的一种概括模式。

链式沟通网络就其本身的效率而言，信息传递的速度较慢，信息在中间被过滤的可能性较大，信息接收者的信息载荷量较小。

链式沟通网络对组织结构的作用则表现为：解决问题的速度很慢。因为从下到上经过的沟通线路太长。但容易形成领袖人物，组织化过程较慢。不过一经产生就比较稳定，但又不利于鼓舞士气。

（二）环形沟通网络

环形沟通网络如图9－2乙所示，它表示着一个由五人构成的沟通网络，在这个沟通网络中，组织分为三个层次，第一级主管与二个二级主管联系，第二级主管则与第三级联系，第三级之间存在着横向联系。

环形沟通就其本身的效率而言，传递信息的速度快，中间也可能发生信息过滤，但比链式沟通中发生的概率要小。第二级领导人的信息载荷量由分权的程度决定。

环形沟通的组织效率则表现为：解决问题速度较慢，不易产生组织化过程，也难以产生组织领导权威，但有利于鼓舞士气，在组织的执行层中，应鼓励这样的沟通。

（三）轮形沟通网络

轮形沟通网络如图9-2丙所示，可以说它是组织结构中领导与参谋机构、职能机构之间进行信息沟通的模式概括。轮形沟通网络中信息传递的速度较快，信息不容易被过滤，处于轮形网络中的领导者要接收较大的信息载荷量。

轮形沟通中的组织效率则表现为：解决问题的速度快，容易产生组织核心，并使这种组织化过程维持高度的稳定，但不利于鼓舞士气，工作缺乏弹性。

（四）Y形沟通网络

Y形沟通网络如图9-2丁所示，它是在链式沟通网络的基础上发展起来的，其效率特征与链式沟通网络基本相同。当然，如果上下级的沟通呈正Y形，一般来说，容易产生多头领导的局面，使同时面对两个上级的下级在行动中陷入左右为难的困境。所以，一般来说，正式组织的正式沟通，在传递命令、决策时，不能利用正Y形沟通网络，而倒Y形沟通网络就是十分正常的了。

（五）全渠道式沟通网络

全渠道式沟通网络如图9-2戊所示，它是环形沟通网络的进一步发展。在这个网络中，每一个人都与其余的人沟通，没有权力、地位的区别。环形沟通的效率特征在这里就得到了更进一步的强化，如有利于鼓舞士气，但不利于产生权威。

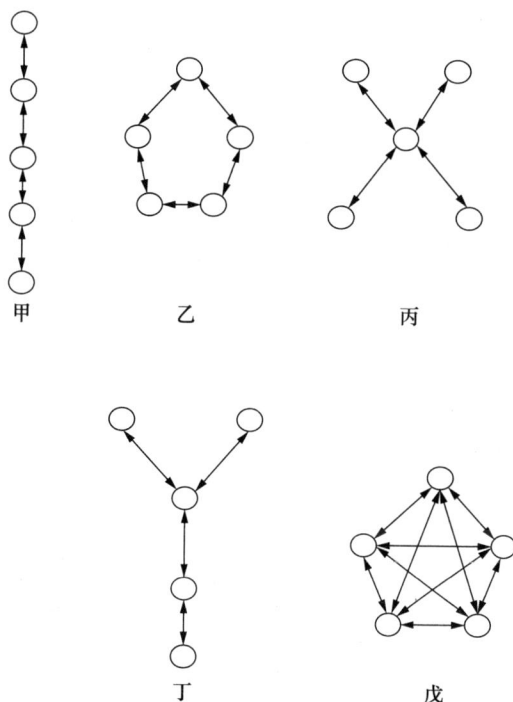

图9-2　常见沟通网络示意图

从以上对几种沟通网络的分析可知，没有一种绝对完美无缺的沟通网络。在不同的组织中，要根据组织的性质，成员特征，任务目标，时间限制等多种因素建立正式的沟通网络。并且，要根据条件的变化及时沟通网络。

二、沟通网络建设的基本任务

组织的管理沟通网络与组织的运行机制是高度关联的，但是又不相同。运行机制比较多解决权力配置与信息传递问题。但是沟通网络还必须解决反馈以及相应的载体、方式问题。

管理沟通网络的建设，要解决的是特定信息的传递与反馈、接受与理解的问题。一个正式组织在沟通网络建设中要完成的主要任务如下：

（1）建立有效的会议体系；

（2）建立有效的管理决策的传达贯彻体系；

（3）建立起有效的下情上传的体系；

（4）建立起有效的上下对话的体系；

（5）建立起有效的横向交流的体系。

上述的内容就是有效的沟通网络体系建设的内容。

三、选择合适恰当的沟通工具

传统的沟通工具有口头沟通的讲话、宣传；新媒体出现之后，应当尽可能应用现代化的沟通工具，如QQ、微信群、微博等方式加强沟通，还有特定的论坛。

沟通工具的选择主要看沟通对象最常用的是什么信息接收工具、信息反馈工具。例如，与年轻的成员沟通，现代化的沟通工具不仅便捷，还容易拉近与他们的距离；而与年长的成员沟通传统的方式，例如茶话会、年夜饭等方式可能更加有效。

沟通环境是十分重要的。说理内容的沟通必须环境严肃；调动感情的沟通则更多地应当选择宽松的环境；下达必须接收的任务形式则要庄重、庄严。

四、注意有关问题

沟通网络是保证组织良好运行、鼓舞士气和激励的重要的基础性工作。组织的管理者应当认真对待。建设一个有效的管理沟通网络，应当注意如下几个方面的问题：

（1）正式沟通网络应当完善、规范制度化。在组织的运行中，正式沟通应当是主要的信息传递渠道。应当制度化，并且要根据组织的发展不断地完善。

（2）注重沟通中的民主参与和反馈，特别是下级反映的意见，无论是什么样的处理结果，都应当及时反馈。能够公开的信息应当尽可能地通过正式沟通网络公开。应当将信息传递当作让员工参与管理的工作来抓。

（3）尽可能地利用现代化的沟通工具。特别是在正式沟通网络中，应当建立管理信息系统，运用先进的信息技术通过沟通的效率。

（4）符合知识经济信息共享的要求。充分发挥信息的价值，可以提高管理和组织作业活动的效率。

第四节 完善会议与文件沟通机制

一、会议沟通机制建设

(一) 会议在正式沟通中的重要意义

在组织的正式沟通方式中，会议可以说是最为重要的形式。所谓会议，就是指按照组织的规则，由有权召集会议的管理者将有关人员集中起来，进行有关情况的通报、讨论，并在此基础上做出有关决定的活动。

我们认为，会议的功能很多，其中沟通是最为重要的功能之一。会议发挥的沟通功能主要体现在通报有关情况，有关决定等。此外，还有通过会议开展讨论。例如各种座谈会、讨论会等。管理者与有关对象群体成员之间进行交流、讨论，统一认识，达成共识是组织常见的正式沟通方式。

以会议的方式进行沟通，其优点在于：

1. 正式

在组织的沟通中，一些最好放在正式场合进行的交流，采取会议的方式是最为恰当的。应当说，在会上进行充分的讨论，有助于更好地达成一致的意见，有助于有不同意见的成员能够以正式的形式全面准确地将意见表达出来。

2. 权威

如组织的一些重要的决定，采取会议的形式予以宣布、发布，给与会者一种十分准确、权威、受到重视的感觉。譬如表彰先进，采取大会表彰相比于其他的形式，会使受表彰者觉得更加光荣，更有价值，也会使其他参会者觉得意义重大，先进的影响力更深入。更加自觉地向先进者学习。

3. 快捷

会议是较为迅速的正式沟通方式。不论是传达上级新的决定、新的精神，还是就某个方面的问题进行讨论，有关的信息可以以最为便捷的方式传递给与会者，并通过与会者传递给关联的群体。

会议沟通的不足之处是费用一般较高，参加的人员受场地大小的制约，有时不可能很多。

(二) 会议的形式与类别

一个正式的组织不可能不开会。会议可以说是一个组织运行不可或缺的一种形式。一个组织的会议和类别可以划分为如下几种：

一是通报情况的会议。这种会议的主要功能是向与会者通报组织的有关决定、发生的重大事件、表明有关态度的会议。这种会议一般不进行讨论，由会议主持人及有关人员将有关情况通报清楚即可，所以这样的会议一般时间很短。目的是让有关方面与人员了解有关决定和情况。

二是讨论问题并做出决定的会议。这样的会议在组织当中一般都有规范的召开形式，如公司的董事会、经理办公会；政府机关的局长办公会等。这类会议要求与会者围绕一些重要的会议进行一定程度的讨论，并且在此基础上达成基本共识之后做出相应的决策。这种会议一般是比较重要的会议。参加会议的人员都是组织的管理者以及与讨论的议题密切关联的人员。这样的会议既是一个决策过程，也是一个沟通过程。通过讨论达成共识就是在管理者之间进行的深度沟通。

三是动员类的会议。这种会议一般议题比较简单而且涉及面比较广。所以会议的规模一般也比较大，常常与表彰、典型发言结合起来。这种会议大多在组织中实施某些重大工程、活动，需要全体成员积极参加的情况下召开。会议既是一个向全体成员通报组织将要开展重大活动的会议，又是与全体成员之间进行沟通，鼓励积极参加的工作。组织的规模越大，活动需要参与的成员越广泛，就越需要通过这样的会议形式来沟通、鼓励。

四是了解基层情况的会议。这种会议基本上以调研座谈会的形式开展。是管理者了解基层的情况，或者就开展某项活动了解基层态度的一种重要沟通方式。在这种会议上，参加会议的对象主要是基层的普通员工。会议时间安排应当比较充分。因为基层普通员工在反映有关情况时可能难以十分简练而需要花费较多的时间。此外，还应当注意，这种会议的气氛应当比较轻松，让有关参会者能够畅所欲言，反映出真正的现实和真实的情况。对于会议上提出的有关要求，会议主持者或者有关方面应当有所回应。

（三）如何开好会议

我们发现，一些组织的会议特别多，与文件多就形成了所谓的"文山会海"现象。更为重要的是，在这些会议中，相当一些会议没有任何效果，开成了所谓的"神仙会"。会议效率低下的表现主要有：

（1）会议时间拖得过长；

（2）会议难以形成任何结论；

（3）会议无法达成任何共识；

（4）会议过多讨论事前没有列入议程的议题，偏离主题；

（5）会议的费用开支过大等。

会议没有达到效果的原因主要在于：会议主持人对会议进程失去控制。在会议管理上，主持人应当控制会议的进程，包括主题、时间、内容、争论、结论。常见的问题是：会议准备工作不够充分，如争议很大的议题，在会议召开前会议主持人或者议题的提出者没有事前与有关参会者沟通并达成一致的意见，必然导致在参与者对议题感到突然，并且意见分歧太大而难以达成一致意见；一些没有列入会议议程的议题被个别参与者提出并被允许讨论。参加会议的人员范围确定不当，致使会议时间延长、讨论范围太广，使得会议难以取得预期效果。

在保证会议效果的问题上，会议主持人起着关键作用。大多数会议主持人都是组织的主管，因此必须掌握会议进程，保证会议成效。做到这一点，要注意如下几点：

第一，会议的准备要充分，会议主持人应当明确会议的主题，参加会议人员的范围，以会上拟解决的问题以及要达到的目标为原则确定。在这里一定要注意会前的沟通工作，对那些在会议上要取得一致意见并做出重要决策的议题，应当在会前与影响决策的关键参会者之间进行必要的沟通，达成大致认同或者共识之后再作为议题上会。否则应当暂时放下不上会。

第二，要注意控制会议的进程，控制讨论、争论的时间、范围、程度，防止在会议上争论不休。时间是衡量会议效率的一个重要尺度。如果在时间有限的情况下开展讨论，就必须严格控制讨论发言的时间，要求与会者的发言直截了当、言简意赅、坚决控制隔靴搔痒、空洞无物的高谈阔论，以提高讨论的效果。例如西方一些公司为了控制会议的时间，减少与会者高谈阔论的现象，与会者都站着开会。这样的目的也就是为了控制会议的时间。

第三，严格按照事前确定的议题进行，原则上不允许议程之外的议题纳入会议程序。控制会议按照既定的议题和议程进行是保证会议的效果和管理者权威的基本要求。所以在会议上，一般不允许计划之外的议题进入会议的议程。

第四，要及时做出决定。一些争议很大的议题，当讨论下去也不可能达成一致意见时，会议的主持人应当及时做出结论。如果主持人有权做出决定的决策，就应当按照决策的原则和组织授权做出负责任的决定；如果没有这样的权利，就应当行使会议主持人的权力，终止争论，搁置争议，等到会后能够再找到更好的解决问题的办法之后再决策。保证会议进入下一个议题。

第五，对于征求意见、在基层调研类的会议，会议的主持人应当就基层提出的问题或者是请求做出比较准确的回应。不能够置之不理。

重要的会议一定要形成会议纪要，会议纪要不仅是决策执行的依据，也是工作的记录，更是日后解决争议的法定依据。

二、文件形式的沟通

1. 文件的概念

文件是一个组织最为重要的正式沟通载体之一。文件与会议不一样，虽然是组织正式沟通的重要方式，但是它主要是单向的。即文件的制发者向文件的接受者传达某些要求、规定、条件等，并且以权威的形式。一个规范化的组织，文件作为单向沟通的方式同样是不可或缺的。

文件的范畴很广泛，电脑上运行的如杀毒、游戏等软件或程序都可以叫文件。广义的"文件"是指一个组织内部以公文书信的形式发布的有关文书。狭义的"文件"一般特指文书，或者叫做公文。文件是人们在各种社会活动中产生的记录。与文件概念最为接近的概念是"公文"。公文是指行政机关在行政管理活动中产生的，按照严格的、法定的生效程序和规范的格式制定的具有传递信息和记录作用的载体。那什么是公文呢？公文乃公务活动的产物和工具，是公府所作之文，是公事所用之文。换言之，公文是各级各类国家机构、社会团体和企事业单位在处理公务活动中起着特定的效能和广泛的用途的文书。如果予以借用，文件就是组织内部的公文。

2. 文件的类别与运营范围

（1）命令（令）。指有组织最高决策机构做出的必须执行实施的决定。

（2）决定。适用于对重要事项或者重大行动做出的安排，奖惩有关单位及人员，变更或者撤销下级机关不适当的决定事项。

（3）公告。适用于向国内外宣布重要事项或者法定事项。

（4）通告。适用于公布社会各有关方面应当遵守或者周知的事项。

（5）通知。适用于批转下级机关的公文，转发上级机关和不相隶属机关的公文，传达要求下级机关办理和需要有关单位周知或者执行的事项，任免人员。

（6）通报。适用于表彰先进，批评错误，传达重要精神或者情况。

（7）议案。适用于各级人民政府按照法律程序向同级人民代表大会或人民代表大会常务委员会提请审议事项。

（8）报告。适用于向上级机关汇报工作，反映情况，答复上级机关的询问。

（9）请示。适用于向上级机关请求指示、批准。

（10）批复。适用于答复下级机关的请示事项。

（11）意见。适用于对重要问题提出见解和处理办法。

（12）函。适用于不相隶属机关之间商洽工作，询问和答复问题，请求批准和答复审批事项。

（13）会议纪要。适用于记载、传达会议情况和议定事项。

3．文件的作用

与会议不一样，文件作为沟通的载体，具有权威、可以反复阅读理解、便于日后查询验证的作用。具体来看，文件在一个组织中具有如下作用：

（1）领导与指导作用。文件通常是上级部门对下级部门的工作进行领导和指导的重要工具，通过制发文件，要求下级按照文件精神，对所要求的工作任务，结合本级的实际，采取有效措施予以贯彻落实。

（2）宣传与约束。上级制发的文件对于下级工作的规范作出明确要求，包括所布置的工作意义的理解，工作目标的接受等，以便统一思想，提高执行力，确保目标任务得于完成。

（3）联系与沟通。文件包括有下行文件、上行文件。如上行文件其中就有关问题、情况进行上下沟通，使得下情上传，便于上级部门能够了解实际，准确决策。

（4）规范与凭证。下行文件中，一般都要明确下级执行的规范要求、任务标准、权利义务；这些都是下级开展工作的规范及依据。也是上级部门督办、检查与评估下级工作的依据。

4．作为内部沟通形式文件的要求

文件作为组织内部正式沟通的重要形式，必须建立健全制发、收阅、归档不管等制度和规范要求。主要有：

（1）发文的规范。发文的规范是文件权威性的保证。组织的文件发布，无论是上行文件，还是下行文件，平行文件，都必须按照制度所确定的权力和要求、范围发文。不能够随意发布文件。总体来说，在发文方面应当坚持"从严、从实、从少"的原则。

（2）文件写作规范。其基本的要求是：合法、求实、合体、简明、严谨、准确、规范、完整、清晰、耐久。语言的特点：庄重、准确、朴实、精练、严谨、规范。文件应当尽可能简练，控制篇幅（文件字数）是不少组织在文件制作管理的重要方法。

（3）文件的格式也应当规范。具有一定规模的组织，都有自己一套文件格式规范。是为了保证文件的一致性、准确性和权威性，上下级都应当遵守。

（4）收文管理规范。文件要发挥沟通作用，收文单位不仅要学习贯彻文件精神，还应当做好文件收文管理，一定按照规范办理。

第五节　非正式沟通机制

一、非正式沟通的概念

非正式沟通是指不按组织结构中的正式沟通系统和方式进行的信息传递活动。非正式沟通一般可分为两大类：其一是具有补充正式沟通不足作用的非正式沟通——谈心，这种沟通大多是积极的。其二是对正式沟通和组织有一定负作用的非正式沟通——传言。

在一个正式组织中，无论其沟通系统设立得多么精巧、严密，总还是会存在非正式沟通网络。非正式沟通网络传递的信息，通俗地讲就是人们所说的各种"小道消息"，理论上叫作传言。

美国管理心理学家戴维斯1953年发表了一篇题为《管理信息沟通与小道消息》的文章，文中公开了他在小道消息传递方面的研究成果。戴维斯以一家皮革公司的67名管理人员为对象，采用顺藤摸瓜的办法调查了小道消息的传递特征。他发现，热衷于传播小道消息的人只有10%。另有两位心理学家以政府机关为对象作了类似调查，也发现传播小道消息的人也只有10%左右，并且总是那么几个人，大多数人不大参与传播小道消息。可见，热衷于传言的人所占比重不高。

二、非正式沟通的类型

戴维斯还发现，传言式的非正式沟通网络可归纳为如图9-3所示的几种类型。

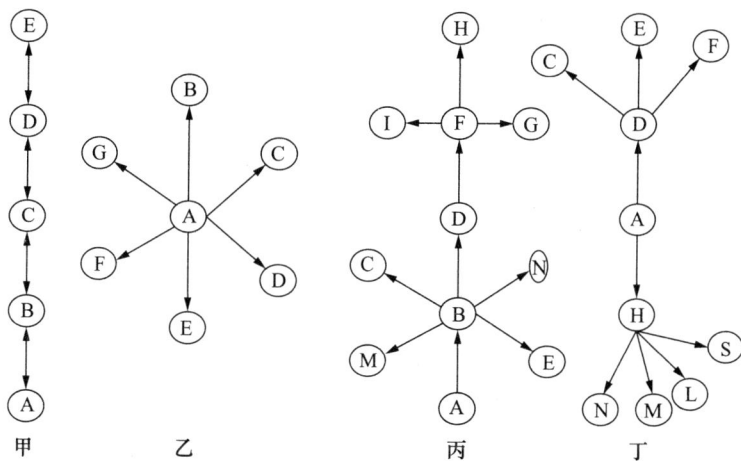

图9-3　非正式沟通的类型

（一）单串型

如图9-3甲所示，即小道消息由A传给B，由B传给C，C传给D……这比较常见的非正式沟通网络，多用于传播与人们工作有关的小道消息。

（二）饶舌型

如图 9 - 3 乙所示，由一个最喜欢传递小道消息的人将他所知的消息传递给他周围的人。这种网络在新鲜事的小道消息中最常见。从我国的情况来看，在同一个组织群体中，这种传播网络比较常见。

（三）随机型

如图 9 - 3 丁所示，由 A 将消息给一部分人，又由这些人随机地传递给另一部分特定的人。

传言的通用形式是口头传播，速度快、也易消散，传播中失真和添油加醋的现象十分常见。传言的信息发送者与收受者没有固定的结构和位置。

戴维斯指出，传言有以下特征：

（1）消息越新鲜，人们就说得越多。

（2）对人们工作有影响的，最为人们所谈论。

（3）最为人们所熟悉的，最为人们所谈论。

（4）人与人在工作上有关系者，最可能牵涉在同一谣传中。

（5）人与人在工作中经常接触者，最可能牵涉在同一谣传中。

三、处理传言的基本原则

传言的性质带有两重性，有利的一面与不利的一面。有利的一面是：管理者通常可从传言中了解正式沟通渠道中所不能了解的情况。如赫尔希曾对 6 家公司的 30 条小道消息做过分析研究，其中有九条是真实的，十六条完全没有根据，五条有些根据，但有歪曲。这说明"小道消息"不一定都是不确切的消息，因为在非正式沟通中，人们的真实感情常常不自觉地表现出来，管理者就可以通过非正式沟通来了解下属的心态。如因正式沟通不良，使职工信息不明，产生不安全感，甚至抵触情绪，此时就容易产生大量的小道消息。这些小道消息可能是下属的想法和忧虑心理的反映，应当引起组织管理者的重视。

非正式沟通既有补充作用，又有扰乱作用，因此，对传言既不能一概加以否认和制止，也不可忽视传言的负作用而听之任之。正确的态度是：

（一）要明确传言的性质

管理者在听到组织中的各种传言时，首先要区分它是属于政治性的传言还是社会性问题的传言，是会对工作造成消极影响的传言还是有一定促进作用的传言。对于会影响安定团结和工作积极性的传言应予以重视，摸清传言的来源，并采取有效措施加以消除。一般来说，在一个组织里小道消息盛行是不正常的，会破坏组织的凝聚力，不利于组织的管理。研究表明，小道消息盛行常常是大道消息不畅的结果。因此，完善和疏通正式沟通渠道是防止小道消息传播的有效措施。另外，由于小道消息常常是组织成员忧虑心理和抵触情绪的反映。所以管理者应该通过谣传间接地了解员工的心理状态，研究造成这种状态的原因并采取措施予以解决。

（二）用正式消息驱除小道消息

许多小道消息不胫而走，传播甚广，主要原因是正式沟通不足，使得那些热衷于传播小道消息的人有机可乘。此外，正式沟通不足使得一部分人只得凭空想象要知道的真实情况。因此，对于与真实情况不符的传言，应通过正式沟通渠道发送信息驱除传言。因为真相大白以后，谣言就不攻自破了。

至于危害性不大的小道消息，可以不予理睬，让其在非正式信息沟通渠道中自行消失。一旦有人知道事实真相，必然又会反馈给他人，不真实的消息自然就会消失。

（三）正确对待传言者

对于一般的传言者要加强引导和教育，提高他们正确区分真假消息的能力，提高抵制不正确小道消息的自觉性。

对于饶舌型小道消息的传播者，因其所传播的消息会引起严重后果，应予以重视，视情节轻重加以处理。对于有意制造谣言并大肆传播者，则应严加处理以严肃纪律。

闲散和单调乃是造谣生事的温床。为避免发生这些不实的谣言，扰乱人心士气，主管者应注意，不要使组织成员工作过于轻松，休息时间过多或者工作过于单调枯燥；在这些情况下人们就容易东家长、西家短的议论与工作无关的事情，形成传言。

最基本的做法乃是培养组织成员对组织管理层的信任和好感，这样他们更愿意听取组织提供的消息，也更相信组织提供消息的真实性与可靠性。

四、利用非正式沟通

管理者也可以通过非正式沟通，如基层走动，与员工在非正式场合的交流，到职工公寓和他们沟通等。精明的管理者会发现这种非正式沟通非常重要，可以得到许多从正式沟通中无法得到的信息，而有时候这种信息起着比正式沟通还要大的作用。许多时候我们要了解一个组织的内幕，仅通过正式沟通有时达不到管理者所需要的效果。

在非正式沟通中可以注意以下技巧：

以询问替代命令。美国的心理学家雷德，以他多年的管理经验告诫管理者："对下属不能用命令的方式，而要用询问的方式"。喜欢下命令的管理者似乎很少考虑这个问题，他们理所当然地认为下属一定能够做好他们所要求的事情。但实际上，命令一个人做某件事情是容易的，但接受命令的这个人是否愿意做好某件事却是不确定的。作为管理者，最好能够采取询问的方式对待下属，这样既可以了解下属内心的真实想法，又可以让下属感觉更舒服一些。

态度要平等。一般来说，人们在与自己同等级、同层次的人讲话时，行为举止都会比较自然、大方，而在与比自己地位高的人交往时，就可能会感到紧张，表现比较拘谨，并且自卑感增强；相反，在与社会地位低于自己的人讲话时，就会表现得比较自信，甚至比较放肆。只有留意这些细微的言行举止，才能消除上下级之间的隔阂。

在与下属交谈的时候，平等的态度是很重要的。除说话本身的内容外，还可以通过语气、语调、表情、动作等细节体现出来。所以，不要以为是小节，纯属个人的习惯，不会影响到上下级的谈话。实际上，小节往往关系到下属是否敢向你靠近。注重平等待人的修养对于一个优秀的管理者来说也是十分重要的。

推荐阅读书目：

1. 冯云霞、沈远平：《管理沟通》，中国人民大学出版社 2015 年版。
2. 张振刚、李云建：《管理沟通：理念、方法与技能》，机械工业出版社 2014 年版。
3. ［美］彼得·德鲁克：《卓有成效的管理者》，机械工业出版社 2009 年版。

第十章　用人

把我们顶尖的 20 个人才挖走，那么我告诉你，微软会变成一家无足轻重的公司。

——［美］比尔·盖茨

第一节　普通人力资源管理

一、树立现代人力资源管理观念

现代人力资源管理，管理者必须树立如下四个基本观念：

1. 人性尊严观念

建立人性尊严观念，首先强调管理以"个体"为根基的重要性。这里所说的"个体"是指在组织管理结构中，必须把人当人。因为人与人之间、人与群体之间，都有着合理的界限。可以说，没有健全的个体，就不可能有健全的群体或组织。因此，必须对人性尊严赋予应有的尊敬。著名哲学家康德认为，人是有道德行为的，并且具有理性，人所具有的价值不依赖于任何特殊环境；因为人，并且只有人才具有目的的价值，所以像对待动物和自然物（它们只具有工具的价值）那样对待他们，永远是错误的。如果那样就是把一个具有目的价值的、有尊严的种类与只有工具价值的种类混淆在一起了。换句话说，是把人和动物混同在一起了。人性尊严是员工创造力的基础。员工潜力的充分发挥必须基于员工的自主或自觉自愿。

2. 个体差异观念

人与人之间存在差异是一种不可否认的事实。承认与理解个体差异是极为重要的。因为要达到人尽其才的理想状态，必须承认、接受、尊重个体差异，然后才能因材施用。人的个体差异，包括智力、人格、能力、生理等。在组织的人力资源配置上，是求"人"与"事"的密切配合，以发挥人在工作中的潜在效能。基本前提首先是了解"人"与"人"的差异性，寻求员工与工作的密切配合。要了解人的行为，必须分析人的个体差异。只有在工作分析的基础上了解事情的特性、在分析个体差异的基础上认识每一个人的特殊能力，人与事的匹配才可能达到合理的境界。

3. 相互作用观念

人际关系的建立基于人类行为的相互作用。人不是孤立的，而是社会化的。在人发展的过程中，既受外部环境的影响，又受人与人之间相互关系的影响。马克思指出："人的发展取决于直接和间接进行交往的其他一切人的发展。"我国儒家学说中"仁"字的含义也体现了管理的基本原则，所谓"己所不欲勿施于人"，"己欲立而立人，己欲达而达人"，就是人与人之间互利的行为规范。一些社会学的研究成果还表明，在一个健康的社会里，人与人之间的亲密性是必不可少的因素。亲密性使信任得到发展。人们之间的相互关心，相互支持来自密切的社会关系。社会亲密性一旦瓦解，就会产生恶性循环，人们对社会，对组织将失去责任感。

4. 激励观念

管理的目标之一是促使员工把工作尽力做好。人类行为总是有原因的，而一切管理措施，不仅直接刺激员工的行为，而且间接地影响群体的行为。管理者应尽量了解是什么因素在引导员工工作，在激励他们做得更好。要把握员工行为的原因，就要掌握激励的法则、了解激励的因素。强调对激励因素认识和利用的重要性，不是要像业余心理学家或业余精神分析专家那样，研究如何"操纵"员工，而是为了满足员工希望实现个人价值的动力，并引导他们能按照组织所要求的方式与目标努力工作。

二、做好人力资源规划

（一）人力资源规划的作用

人力资源规划就是按照组织发展的要求，对所需要的人力资源的数量、质量、结构、时间等进行全面的规划与设计。人力资源规划在一个组织中的作用是十分重要的。下面结合企业这种组织来讨论人力资源规划的作用。做好人力资源规划工作，对于组织当前生产经营的正常运行及其长远发展有着如下重要的作用。

1. 人力资源规划是组织作业活动有计划、按比例进行的重要保证

按适当的比例关系拥有人、财、物各种资源，是组织开展作业活动的重要前提。其中，人力资源又是获取和推动其他资源的先导。随着科学技术和社会经济的发展，组织作业活动分工越来越细，协作关系也越来越复杂，用于人力资源上的费用如个人报酬、人员培训、集体福利等，从总水平上看也是日益提高。因而，依据组织发展的需要，通过科学规划合理地确定组织各类人力资源间以及与其他资源间的比例关系，并预测其未来的变化，保证按质、适时、适量地从人力资源上支撑组织作业活动的正常进行，并节约地使用人力资源，都有着十分重要的作用。

人力资源是组织最为重要的资源和财富，也是组织健康快速发展的前提。有计划、有目标的发展，必须依赖科学的人力资源规划的支撑与保障。

2. 编制合理的人力资源规划，有助于改变组织人力资源分配不合理的状态

因为人力资源规划是建立在对现有人员分配使用状况具体分析的基础上，着眼于发掘现有人力资源的潜力。一般人力资源规划期较长，它所考虑的改善方案不受现有条件的限制，视野宽阔，便于谋求改善人员配置的措施，使现有人力资源发挥更大的作用。

3. 做好人力资源规划可以促进人力资源的开发

人力资源规划所规定的人力资源开发目标，需要经过有关主管人员深思熟虑和集思广益，有一定的群众基础；组织广大员工明确人力资源开发的目标、政策、程序和实现这个目标的意义，就会促使人们自觉地为实现目标而努力工作。这样，人力资源规划就成为开发人力资源的一种激励手段和措施。

（二）人力资源规划的内容

人力资源规划工作的根本目的和任务，是要按市场经济规律的要求，并依据组织的整体发展规划，保证组织人力资源的素质与数量同组织的其他资源之间维持动态平衡。由此而决定了人力资源规划工作的基本内容。

1. 人力资源更新规划

在人力资源规划中，首先要做好人力资源更新规划工作。人力资源更新是组织发展的必要条件，任何一个组织的职工队伍都有新增、成长和淘汰的交替过程，这是组织发展的一种自然现象。人力资源更新的实质就是"吐故纳新"。"吐故"有三种情况，一是自然减员，如死亡、退休；二是故障减员，如因工和非因工致残；三是技能不足被淘汰（一般通过职业转移来实现）。人力资源规划的任务之一，就是根据对现有人员状况的分析，预测各种类型"吐故"人员的数量和时机，以及由此而造成的职位空缺，据此拟定人员的增减、调整与培训计划。

2. 人力资源使用与保护规划

人力资源保护规划的内容，随着组织规模、行业特点、地理位置以及经济效益的不同而有别。一般来说，下列各项是需要重视的内容：

（1）安全生产规划。规划目标是防止意外灾害伤害职工。规划的要点是控制和改善不安全的设备和环境以及安全教育与训练。

（2）作业卫生规划。规划目标是防止职业病。规划的要点是改善工作环境及其采取必要的措施。

（3）职工的保健规划。规划的目标是加强和完善保健服务，增加职工体质。规划的要点是消除或改善不利于职工身心健康的工作环境和生活条件。

（4）职工福利规划。规划目标是消除或减少职工的后顾之忧，维护旺盛的士气。规划的要点是在可能的条件下，逐步增加和完善职工的集体福利设施，以及休养、娱乐等各个方面的福利服务。

3. 人力资源质量提升规划的主要内容

（1）规划期内的人力资源需要量。劳动定额与定员标准分期核定。

（2）效率提高。预测效率自然提高幅度和在规划期内各项技术改造项目投产和改善经营管理的措施实施以后，各年效率可能提高的幅度。

（3）人力资源增补。分期列出由于人力资源更新和业务发展所必须增加新职工的人数和时间，以及改善人员结构，提高整体素质的对策。

（4）全员培训。目的是提高职工文化科学素质、劳动技能素质等，以及具体的目标、措施和实施方案。

（5）专案培训。主要是为新产品、新设备、新工艺的采用而必须提前培训的专业、人数、目标、措施以及培训进度的安排。

（6）职业转移培训。也称作新职业培训，即结合组织新开展的业务与领域进行的员工培训。

（7）重点培训。对个别有发展前途的科学技术人员和经营管理人员开展的重点培训和深造。

（8）人力资源的增补与培训经费的预算。

三、普通员工招聘

普通员工招聘是组织人力资源形成的主要途径，必须认真对待。招聘的员工素质高、能力强，组织的实力就强；反之，组织的实力就弱，目标任务就难以实现。其主要工作有：

（一）编制招聘工作计划

人事部门应根据要完成任务的需要，编制招聘计划。招聘计划包括招聘人数、条件要求（主要是文化水平、专业技术、实践经验、年龄、性别等）、招聘的人员组织、招聘工作的负责人、考核方式、经费预算，完成时间等。

（二）培训招聘人员

招聘人员自身的素质、能力、水平如何，决定着受聘者的质量。因为只有伯乐才能相出千里马来。一般要求在招聘之前，对招聘人员进行政策、专业、招聘方法等方面的训练，使之能准确地掌握招聘标准和能力测试方法，正确地执行国家与组织已经明确的劳动人事政策。

（三）确定招聘方式

常见的招聘方式有两种：一种是定向招聘，即由招聘单位确定应聘对象，主动去招聘；另一种是社会公开招聘。公开招聘一般要发布招聘广告，做好宣传工作。定向招聘目标明确，但范围有限；公开招聘范围广，效果较好，但费用一般较高，费时较长。

在公开招聘中，一定要注意做好招聘广告的拟订与发布工作。

（四）接待应聘者的来信、来访和报名

这是一项十分细致的工作。一要认真做好登记工作，二要尽可能地回答应聘者所询问的有关招聘方面的问题。

（五）测试

测试是保证招聘到合格人员的重要工作。测试的方法可分为笔试和面试两种，无论招聘什么样的员工都应进行笔试和面试。从测试的内容来看，可分为能力测试、性格测试、水平测试、心理测试等。鉴于普通员工一般都有十分明确的岗位及其技能要求，还可以采取可操作性的测试方法。

面试主要指招聘人员同受聘人员面对面地谈话，通过谈话来测试受聘者的知识能力和水平的方法。面试的特点是可以直接检验受聘者的应变能力、仪表、口头表达能力。面试是一种经济有效的考试方式。所以当代发达国家都把面试作为甄选员工的重要手段。并且认为，如因人力、物力或时间的限制，致使其他考选方法不能实施时，可专用面试一法。

普通员工招聘面试的方法采取模式化的方法比较理想。模式化面试又称定型化面谈。这种面试的基本做法是：

面试考官可以分为主考官与参考官，提问主要由主考官掌握，参考官仅仅根据面试者的回答予以评分。

主考官根据预先准备好的询问题目和有关细节一一发问。为保证面试的公平，所有受试人员要回答的问题相同，一般不进行提示。如果第一个面试者没有提问，后面的同类面试者也不提问，如果第一个提问，其他的也提同样的问题。

为了消除人为因素影响评分的准确性，一般在考官所评出的分值中，去掉一个最高分，去掉一个最低分之后计算平均分。这个平均分即为面试者的得分。

面试问题的设计应当尽可能地覆盖要测试的内容，如面试者的综合分析能力、应变能力、表达能力、计划组织能力等。并且在面试之前要向考官讲述评分的参考答案。

这种面试可用于一般管理岗位上员工的测试。

准备面试时，主考官准备应充分，首先要明确面试的目的，确定面试的问题以及面试的方式，选择好面试的场所，作好面试记录。

操作测试。招聘可操作性要求较强岗位的员工，则应当进行操作技能的面试。面试可以在现场进行，如驾驶员通过实际驾驶车辆测试驾驶技能，修理工则可以通过在规定的时间排除故障等实际操作来测试应聘员工的技能。

（六）录取

在测试和其他方面考评的基础上，录取合格人员并签订聘用合同，确定聘用的期限、待遇、解聘法律手段等。

四、员工培训与能力开发

培训是指有计划、有目的地对组织成员进行培养训练，不断提高他们素质的管理活动。

培训是保持和提高职工队伍技术水平，思想水平的重要手段。当今社会，生产力在不断发展，科学技术不断进步，文化知识飞速更新，无论什么组织，要想跟上时代步伐，使自己的员工及时掌握新技术、新知识，必须切实抓好员工培训工作。

培训是组织进行人力资源开发的主要途径。人力资源既是组织内最重要的资源，也是潜力最大的资源。能否把这部分资源的潜力挖掘出来，对完成组织的任务具有十分重要的意义。有计划、有组织地进行人才培养和员工培训，不仅可以保持他们的技术水平，而且还有利于强化职工的归属感、认同感，使员工感受到组织看重他们，从而激发他们努力学习，积极工作的热情。普通员工培训应当注意如下几个方面的问题：

（一）培训必须制度化

对员工的培训应当成为一种制度。只有成为一种制度，培训才能自始至终。如在西方发达资本主义国家组织中，培训已成为一种制度，不经过上岗前培训就不能上岗；对职工每隔一定时期（一般 2~3 年）都要进行一定时期的离职培训。培训制度化有利于培训的全员化、规范化，培训制度化还有利于严格考核。

（二）培训必须与实用相结合

组织的员工培训不是普通教育，它是为组织目标服务的。因此，培训必须紧密地联系组织的目标任务、岗位技能要求展开；不能让职工仅为文凭和学历去参加培训。培训的内容必须结合组织要完成的任务，如组织开展职工培训，只有结合组织的作业活动才是合理的。特别是普通员工的培训，应主要放在技能的提高上，而不应是学历水平的提高上。

（三）培训方式多样化

从实际出发，培训就不能搞一个模式，有些员工组织可以送出去学习深造，有些则可在组织内采用师傅带徒弟的办法。根据各自培训的要求不同，一般可采用下面几种培训形式：

（1）脱产培训，即员工脱离生产（工作）岗位，由组织派到其他单位或学校进修的一种培训方式。这种培训方式能使受训的职工集中精力学习；但不足的是受训者当前负责的工作得派人顶替。所以，脱产培训一般用于对重点培养对象的培训，特别是送到普通高校培训，成本一般较高，更应注意这一点。不过脱产培训又是一种十分必要的培训方式。

（2）不脱产培训，即边生产边学习的一种培训方式。这种方式又叫师傅带徒弟的方式。在组织中，这种培训方式主要用于提高工作的生产技能和操作技巧。具体方式还可以分为师带徒、巡回教育、技艺传授、技术讲座、示范表演、岗位练兵、技术表演等。

（3）组织业余教育，即组织职工在业余时间参加文化补习班、业余中专、电大、函大的学习。这种培训主要利用员工的业余时间，来提高员工的专业文化教育基础知识。

（4）鼓励自学，即依靠职工个人的自觉性，自己制订学习计划，并自觉地按计划进行学习。自学成才，所在组织成本费用少，但员工的学习目的可能会与组织的生产不一致。所以，要设法引导职工的自学方向，使职工自学成才的目标与服务组织结合起来。

五、普通员工考评

（一）员工考评的含义

员工考评主要是指对组织员工在组织中各方面的表现以及结果（绩效）进行考核与评估。在一般人力资源管理中经常提到的是绩效考评。由于绩效主要指工作结果。所以绩效考评可能大多只针对工作结果进行考评。的确，工作的结果可以在相当的程度上反映工作者能力与素质的高低，但是并不完全。所以，我们认为员工考评与绩效考评二者不能完全画等号。员工考评的内容应当更加全面丰富。

员工考评的目的主要有以下四点：

（1）检查和评估员工完成所承担任务的情况，为公平合理地确定薪酬提供依据。

（2）评估员工的素质，为员工的晋升提供必要资料。

（3）了解员工的现状，为改善组织员工结构和素质能力提供依据。

（4）调动员工的积极性。通过考评，准确全面地评价每一位员工，运用恰当的形式将结果予以公布，在组织内部形成一种有益的竞争，从而调动激励全体员工奋发向上的积极性。

（二）员工考评的内容

1. 绩效考评

虽然绩效考评不是员工考评的全部，但仍然是员工考评最主要的内容。因为完成组织目标任务是组织存在的基本依据。员工绩效在相当程度上决定着组织的绩效。而且员工完成绩效的大小是组织确定薪酬高低的主要依据。所以在员工考评中，绩效考评是最为主要的内容。

2. 态度考评

态度考评是指对员工在工作中、在组织中所表现出来的态度的考评。态度是员工对待工作、组织的基本倾向。当员工的素质与能力一定时，态度就决定着员工工作的积极性与绩效。因此在员工的考评中，还应当对员工的态度进行考评。

3. 能力与素质考评

在任何组织中，员工都有实现自己价值的需要。而实现个人价值的重要途径就是获得晋升。员工晋升的主要标准是员工的素质与能力。所以在员工的考评中，还必须注重对员工素质与能力的考评。

六、报酬与福利

（一）员工个体的报酬

报酬是人力资源管理工作的重要内容，十分具体实在。管理学意义上的报酬是为完成工作所支付的货币。合理地确定工作报酬，是调动员工积极性的重要手段。现阶段人们进入组织内工作，可以说收入是其最主要的考虑因素。做好报酬工作，执行按劳分配原则，处理好职工与组织的分配关系，保障职工合理的物质利益，既是一个政策问题，又涉及职工个人的积极性。因此，人力资源管理必须认真做好报酬工作。报酬工作的主要内容有：

（1）确定工资标准，即确定组织内员工单位工作量应得的工资报酬。这不是一件容易的事，需要根据多种因素来决定。这些因素主要有：组织的经济效益、地区或行业的平均工资水平、组织所处的人文环境、社会的分配观念等。

（2）选择支付方式。这里的支付方式不是指按周、按月支付工资，而是指按工作的时间长短，还是按工作量的大小来支付工资，即是实行计时工资制，还是实行计件工资制。一般来说，计件工资比计时工资制要合理。但对于工作量难以定量测算考核的工作岗位，只能实行计时工资制。

（3）实施职工福利计划。任何时候，工资都只可能是保障人们生活所需要的经济来源的一部分，另一部分则是人们工作单位所提供的福利待遇。在竞争激烈、风险随时可能降临的市场经济中，职工福利计划如何，对职工工作积极性影响极大。在工业文明初期，由于资本家将劳动者当作与资本、土地一样的生产要素，只管干活后付给工资，对工人福利毫不关心，结果是劳资关系紧张，组织缺乏凝聚力。今天，可以说所有的西方企业都有了自己的职工福利计划，如给职工带薪的休假，支付部分退休保险金、免费午餐等，以此来加强组织的凝聚力，提高职工的工作积极性。

（二）发挥福利制度的特殊作用

这里所说的福利制度主要指组织提供给员工的福利，是组织通过举办集体生活设施和建立补贴制度等方式来为职工提供生活方便、解决职工个人难以解决的生活困难，改善职工生活条件，提高职工生活水平的一种内部福利事业。

员工的福利制度不仅是报酬制度的一种补充，实际上，福利制度还有报酬制度所发挥的特殊作用。主要包括以下几点：

（1）发挥福利制度的公平作用，调整以贡献为主的报酬制度的不足。组织的报酬制度一般都是以能力或者是贡献为基础的。因此，能力差异就必然带来报酬水平的差异。如果这种差异过大，即使在微观组织内部，也会引起一定的不稳定。福利虽然也是以满足员工的经济效用为目标，但是它的基础不是贡献，而是身份。所以，它在一定程度上有缓解因为报酬差异过大而带来的矛盾。

（2）福利水平高显示组织好的社会形象，给员工带来较高的心理满足。一个组织在社会上的形象可以通过多方面的要素表现出来，福利水平和福利覆盖面是其中一个重要因素。高水平的报酬可以给员工带来经济效用，但是不能直接带来心理满足，而高水平福利则可以做到这一点。

（3）福利的享受过程是一种集体消费过程，有助于培养员工的集体荣誉感和归属感。

与报酬不同，相当一部分福利都是集体消费。参加就可以享受，不参加就意味着放弃。共同的享受过程可以培养员工的集体认同，促进员工相互交流，增强集体的凝聚力，从而更容易形成团队。

福利的意义在于它采用工资以外的措施维护劳动者的健康，安定职工生活，鼓励集体活动。由此我们可以看到，福利具有报酬所不可替代的作用。

现代福利制度的主要内容如下：

1. 带薪休假

带薪休假就是员工在一定时间内所享受的有工资的休假。带薪休假具有双重性质，即具有薪酬与福利的双重性质。但是由于休假才能够享受，不休假也不予以同等的货币补偿，所以将其看作是福利制度的内容更为合适。

2. 住房补贴

即组织给予职工在购买个人住房所给予的补贴。同带薪休假一样，住房补贴也具有薪酬补贴与福利待遇的双重性质。说它具有薪酬的性质，是因为住房补贴的高低与个人的工龄、职位挂钩；仍然存在差别。但是，他同样是以实施为享受条件的，而且工作年限在决定补贴的高低中起重要的作用，所以也可以看作是福利制度。

3. 免费午餐

指组织为员工提供的各种形式的免费午餐。这是典型的集体消费，具有消费就享受，不消费不享受的福利制度特点，并且是高度平等。目前在相当一部分组织中，免费午餐都是重要的福利制度。

4. 免费的俱乐部

西方一些大公司还建有自己的俱乐部，免费或者以很低的门票价格向员工开放，是这些大公司实行的一种水平较高、更适应现代职业高水平生活需要的福利制度。

5. 免费的集体旅游

指由组织提供费用，员工参加的旅游。它的特点也是参加就享受，不参加就不享受，免费的集体外出旅游不仅是一种集体的福利，而且还是一种增强集体意识的有效方式。

第二节　人才的选拔与使用

一、人才的概念

什么是人才？这是一个容易意会但是很难下一个准确定义的概念，所以至今仍然没有统一的定义。譬如有人认为，"只要使用得好，人人都是人才"。笔者不同意这种观点。的确，只要使用得好，组织成员个个都是有用之人，都可以为组织做出一定的贡献。如果仅限于这样的标准，那人才的外延未免过于宽泛，由此在实际工作中，发现人才、选拔人才、培养人才这样一些工作就会失去应有的价值和意义。

本书认为，人才是人群中的少数，是人力资源中最为优秀的部分。虽然人才的判定具有相对性、主观性、时代性。但是理论上的描述应当是能够明确其内涵与特点的。大多数学者都认为人才主要指的是在某些方面具有超出一般人所具备的水平与能力，并能够为组织做出创造性贡献的群体。本章所讨论的用人，也是基于这样的人才概念。按照这个定义把握人才，笔者认为人才具有如下几个特点：

第一，人才是具有特殊能力的个体。能力也是一个应用极其频繁的一个概念，指的是一个人在一定的环境中完成指定任务的可能性，是对一个人能够做什么的一种事前评估。人们的能力可以划分为一般能力与特殊能力。一般能力指大多数人都具备，在日常生活中要经常运用，差别不是太突出的能力，如观察力、记忆力、注意力、思维力、控制力等。这些不仅是人们工作与生活所需要的基本能力，也是个体形成特殊能力的基础。特殊能力指的是个人超过一般人所具有的平均水平的能力。特殊能力一般都带有专门性。如优秀运动员在体育活动、文艺活动中的特殊能力就特别典型。即使是一般能力，如果某人在某个方面的能力十分出众，这个能力就成为他的特殊能力。例如阅读与记忆对于一个受过一定教育的人来说应当是一种一般能力，但是一个人如能够真正做到任何情况下都能够一目十行，过目不忘，他的阅读与记忆能力就成为特殊能力。实践表明，只有极少数的特殊能力是先天决定的，大多数的特殊能力可以通过后天的学习与持续不断的实践形成。具备特殊能力不仅是人才应当具备的基本特征，也是人才能够做出创造性贡献的前提。

第二，人才对于自己热爱的事业具有强烈的追求。前面指出，大多数特殊才能是在实践锻炼中积累起来的，因此，人才在某个方面的爱好就应当十分强烈。我们看到，成为杰出科学家一个必不可少的前提条件就是为自己热爱的事业奉献一生。这样，具有特殊能力，而且愿意为之奋斗，那么人才的现实价值就会表现出来，就能够结合实际创造性地开展工作。只要给予比较合适的工作条件，人才就会做出创造性的贡献。因为一个人对于自己热爱的事业具有强烈的追求，自然就会积极地学习与钻研，克难奋进。

第三，具有坚忍不拔的意志与品格。能够做出创造性贡献是判断人才的最根本特征。实践表明，做出创造性的贡献，仅仅具有一般意义上的能力是不够的，其坚强的意志与品格也是重要的决定因素。因为要做出创造性的贡献，就要开创新的事业，就要面临相当的风险，有失败的可能，需要人才具备做出创造性贡献的意志与品格。如积极进取、不屈不挠，不怕挫折，甚至不怕牺牲等意志和品格在做出创造性贡献中是十分重要的。

由此我们说，人才之所以成为人才，不仅在于其具有较高的学历，掌握了较多的知识，而且还具有出众的意志和品格。但是这些又是潜在的。人才的识别就是从其已经具有的表现的有关指标，例如学历、资历、在过去的岗位上已经获得的成就，遇到困难和挫折时表现出来的意志与品格等来判断是否为一个真正的人才。

二、人才的分类

人才有许多种，按不同的标准，可以对其进行适当的分类。

（一）按所具备的德、才、学、识、体的综合性程度分类

1. 全才

全才，是指在岗位所要求的各个方面都具有较高水平和能力的人才。全才适合于担任一个组织的高层管理人员，尤其是直线主管，负责全面工作。可现实中的全才比较少见，绝对的全才可以说没有。

2. 专才

专才，是指在某一方面具有较强能力的人才，如在企业中，有的人很擅长推销产品，有的人则精通生产技术。这些人都属于专门人才。专才适合担任专门性的技术工作或管理工作。专才在用其所长时，会发挥出较大的作用，用非所长时，就可能表现平平，甚至可能比一般人还差。使用专才时必须了解其所长，用其所长。

（二）按照作出的贡献来分类

1. 显性人才

显性人才，是指已经有业绩证明，并得到一定程度的重用，还存在较大潜力的内部成员或者是管理者。

2. 潜在人才

潜在人才，是指其具备一定能力，但还没有机会展示出其能力与才华，如果给予一定的机会，就会做出创造性贡献的成员。

管理者的用人职能不仅要将显性人才使用好，更为重要的是要将潜在人才发现出来，充分发挥其价值。

（三）按照人才与组织的关系分类

1. 内部人才

也就是组织目前拥有的人才，是组织的内部成员；用人首先是必须挖掘内部潜力，充分发挥内部人才的创造性和创造力。

2. 外部人才

也就是非组织成员，符合组织需要甚至重要的外部人士，可是要运用一定的方法和渠道（如通过人才引进），他们才可能成为组织的成员；或者虽然不成为组织的正式成员，但是可以通过其他的形式为组织工作。外部人才同样是组织用人职能的工作内容和职责。不求所有但求所用是现代人才工作的重要原则。

三、人才识别要考虑的因素

准确识别人才是一项困难的工作，可恰恰又是一项十分现实与重要的工作。按照前面的定义，人才是具有特殊能力，能够为组织做出特殊贡献的群体或者个体。选拔人才实际上是测定一个人能力高低的尤其是潜在能力高低的工作。这项工作的难度就在于能力是一个人内在的，或者说是非公开的信息。能力指的是个体完成某项工作任务的潜在可能性。如此依据结果判定是最为客观公正的，但是在现实中却往往是不可行的。因为用人工作就是要选拔出合适的人才去承担并完成既定的工作任务。在不可能直接测定某个人的能力高低时，人们就只能通过测定形成能力的相关因素来间接推断能力的高低。实践证明这样一种思路不仅是可行的，而且也是正确的。

科学研究发现，能力的形成主要由以下因素决定：

（1）天资。天资就是决定一个人潜在能力先天性的因素。虽然天资不等于能力，但是它在相当的程度上影响着人们后天的学习效率。为什么人与人之间的天资会存在差异，一些差异还很大，有关科学还没有给出确切的答案。不过不同人之间的天资差异是一种客观存在。研究已经表明，社会中众多的个体天资存在差别是一种客观实际。有些先天性因素的差异在后天几乎没有办法弥补，如不同个体在体育、艺术等所要求的天资之间存在的差异，绝大多数在后天无法弥补。天资又可以分为：智力天资，一般也就是人们所说的智商，它可以通过智商测验大致地进行评价。体力天资，是指一个人与生俱来的特定的体质能力。与智力相比，天资对体力优劣的决定性更大。

（2）学习经历与成效。学习在这里指的是个人后天的专业性学习。个人能力的提高，除了具有潜在的天资之外，另一个起决定性作用的是个人具备的专业技术知识以及相关实践经验等。一个人通过学习掌握的专业知识越丰富，实践就越多；尤其是进行过不断自我总结提高的实践越多，能力就会很快提高。我们常常看到这样的现象：同一个学校毕业，同一天进入同一个组织，理论联系实际能力强，能够不断总结提高的人进步就会快于其他同学。坚持不断的自我学习是人才的一个基本素质。这里要指出的是，学历不等于能力，但是人才统计学表明，学历是能力的重要决定因素，学历高的个体更容易成长为人才。用人中切忌以个别的例外否定学历教育在人才成长中的决定性作用。

（3）工作经历。经历对于一个人的能力提高具有重要意义。无论是技术工作还是管理工作，丰富的工作经历无疑都是宝贵的。与岗位需要相关的经历越丰富。人才在岗位上作出创造性贡献的可能性自然越高。如担任技术工作的人才在国外水平顶尖的相关实验室工作过，其接触该领域的前沿研究思维和方法就多，自然可以为他现在承担的任务的顺利实现奠定良好的基础。在管理岗位上，在不同管理岗位上工作的经历自然会锤炼其多维的管理艺术。

（4）已经取得的创造性成果，也就是一个人已经取得的成绩，尤其是创造性的贡献。大多数人是在平凡的岗位上默默奉献，将平凡的事情做得不平凡。这样的精神难能可贵，这样的员工也需要鼓励，这样的成员也可以称之为模范。这样的员工是好员工，但是不是我们这里所要求的人才。人才是要做出创造性贡献的员工。笔者认为，组织的稳定靠忠诚，而组织的发展靠创造。在将业绩作为评定标准时，一定要看业绩是创造性的业绩还是一般性的业绩。

四、管理工作对于人才的特殊要求

在现实中，对于任何一个组织而言，对于人才的掌握，除了了解前述关于人才的一般特征与特点之外，还要注意如下几个特点：

第一，人才具有相对性。人才有类别、层次之分。有的是高级人才，为社会发展，人类进步做出巨大贡献的伟人；有的则是一般人才，为本单位、本部门工作任务的完成，做出了超出他人贡献的普通劳动者。换句话说，人才没有绝对的标准，只有相对的衡量尺度。对于一个组织而言，只要是能够为组织作出更大贡献的人就是人才。

第二，职位关联性。组织的人才是围绕组织的职责功能来评价和判断的。能力的高低与个性的好坏，都是与一定岗位职责关联来评价的。一个人如果其某方面的能力很强，但是不能为组织作出贡献，这样的能力就不是组织需要的能力，自然其才能也不是组织所要求的人才才能。

第三，环境适应性。组织的社会性决定了任何一个成员都需要与组织的其他成员合作共事。区别只不过是多少与复杂程度而已。人才也一样。当代人才的价值实现也必须发挥团队的作用。合作共事的效率在大多数情况下不是取决于成员的能力，而是比较流行的个人所具有的情商要素。人才应当有适应环境的心理准备。作为管理者，应当尽量为人才发挥作用创造良好的环境，也应当注意不能够因此过多改变组织内已经形成的有效合作机制。

第四，有较强的心理能力。人的能力还可以划分为心理能力与体质能力。心理能力是个人从事心理活动所表现出来的能力。通常的智商测验实际上就是对个人心理能力的测验。科学研究基本上确定心理能力可以划分为七个方面，分别是计算能力、言语理解能力、知觉速度能力、归纳推理能力、演绎推理能力、空间的视觉与知觉能力、记忆能力。心理能力一般通过能力考试来检验其高低。体质能力是指一个人身体活动所表现出来的能力。主要有力量的大小，如动态力量、躯干力量、静态力量、爆发力等；灵活性；平衡性；耐力等。体质能力一般是从事与身体活动的事务所必须具备的能力。大多数体质能力可以通过实际测验来测定其高低。从管理的立场来看，因为人才在创造性的工作过程中，不可避免地会出现失败和挫折，如何对待失败和挫折，就由人才的心理能力决定。所以说，管理要求人才要有比较好的心理素质。

五、人才选拔

（一）做好人才选拔工作的重要性

在任何一个组织中，绝大多数成员无疑都希望受到重视，得到重用，实现人生价值。对于组织的管理者而言，发现每个成员的能力，挖掘出每个成员的潜力，最大限度地调动每一个成员的积极性与创造性，不仅是组织不断发展的前提，也是增强组织的凝聚力、向心力、影响力的主要途径。这就需要做好人才的选拔工作。通过人才选拔，典型引导与激励，创造人人成才的环境与氛围。具体来讲，做好人才的选拔工作具有如下重要的意义。

第一，有助于激励组织成员的进取心，鼓励成员在职业上前进。潜在的人才得到认可、尊重和使用，会使更多的成员感受到组织重视人才，自然会有更多的成员希望成为被重用的人才。所以说人才选拔工作也是调动成员积极性和进取心的工作。所以实际工作中有"用好一个人，带动一群人"的说法。

第二，有助于更深入地掌握组织的人才资源，做到心中有数，做好人才使用与培养的计划。在组织的人力资源中，人才是"关键的少数"。通过人才选拔，发现组织的人才，全面掌握组织的人力资源状况，才能够为使用、培养、引进等人才工作打下良好的基础。

第三，保证组织创新发展。人是组织最为重要的要素，而人才又是组织人力资源的精华，对于组织发展具有关键作用。选拔出人才，合理使用人才，让人才的创造力最大限度地发挥出来，组织必然获得快速创新发展。从另一个方面看，人才选拔工作不到位，人才得不到合理使用，对于组织而言既是最大的浪费，也是最大的损失。

（二）选拔人才工作的主要内容

（1）结合组织实际，做好人才规划；按照组织目标任务明确所需要的人才数量、来源以及获得的途径。

（2）结合组织实际，制定合适的人才标准；人才不能够脱离组织的实际要求。能够为组织做出实质性创造性的贡献是衡量人才的现实标准。在市场经济中，人才储备是越多越好，但是储备人才是需要支付成本的。因此必须从组织的实际出发选拔人才。

（3）明确人才选拔的原则。内部人才选拔应当遵循如下几条原则：

第一，标准适度原则。人才也同普通人一样，存在短处和不足。标准如果过于苛刻，过于求全，就可能使相当一部分人才被排除在选择对象之外，不利于人才脱颖而出，调动大多数人的积极性。看人应当看主流，用人应当用长处。制定出合适的选拔标准，选人的一个重要原则就是要看主流，即看人的主要方面。人无完人，金无足赤。也就是说，每个人都有这样那样的缺点。因此用人就是要看主要的方面，大多数时期的表现、大多数情况下的表现、长期以来的表现。

必须具体情况具体对待，如对于负责技术工作的专才，应着重考察其专业水平和技能。

第二，注重实绩的原则。选拔人才，最重要的是人才的才能，解决实际问题的能力。选拔人才，不能只看学历，过于注重名气，更不能先入为主。一切都必须从实际出发，坚持实践是检验人才的准则，注重考察人才的实绩，当然，有的人才因为用非所学或其他因素制约，才能没有发挥出来，这就需要通过适当的选拔方法加以测试、鉴定。真正把有真才实学的人才选拔出来。

第三，客观公正。应当客观地看待人才，评价人才。不能带有主观意愿，个人感情偏好。只有客观看待人才，人才才可能感到受到公正的待遇，才可能准确评价。人才是由人选择的，尤其是管理者选择的，选择过程中不可避免地会有主观的感情因素产生作用，作为一个管理者，选拔人才时应当提醒自己尽量少带主观感情因素，尽量避免先入为主，戴着有色眼镜看人。虽然做到这一点比较难，但是只要以事业为重，就可能减少主观因素的影响。

第四，广泛听取意见。偏信则暗，兼听则明。对于人才的全面认识，可以多听取各方面的意见，这样就可能最大限度地避免主观臆断。误判人才。尤其对存在争议的人才，更应当听取相关方面、不同层次的意见。

（三）人才选拔的方式

1. 考试选拔

考试选拔是一种竞争性选拔，也就是以岗位所要求具备的知识内容作为人才选拔的主要依据的方式。考试选拔一般将以注重知识为主的考试方式与考察相关素质的面试结合起来。

这种方式在形式上是最为客观公正的，人才在考试中获得的分数高低作为判断人才的重要依据，具有完全的形式公正性。因为分数高低具有客观性。但是这样一种方式更多的是看备选对象掌握知识的程度，即使有相当成熟的测试综合素质的面试，仍然不可避免存在考得好就是人才的缺陷。这样的选拔方式在初级人才、专业性人才选拔中可信度比较高。因为这些岗位需要的知识储备较高。在直线主管、综合性岗位上则可信度要差一些。

2. 群众推荐选拔

群众推荐也就是以大多数人公认作为人才选拔的依据。具体做法就是由代表各个方面的代表进行投票选拔的方式。这样一种方式选拔出来的人才容易得到大家的公认，工作中得到大家的支持。但是这样一种选拔是将人才的选择权交给基层群众，群众推荐选拔，由于受立场、价值观以及对有关要求掌握的标准等因素影响，效果不一定好，尤其对于专业性强的岗位采取这样一种选拔方式不一定能够将专业能力突出、但是群众关系较差的人才选拔出来。一般来说，基层管理岗位的人才选拔运用这样的方式比较合理。

3. 管理者为主选拔

所谓管理者为主选拔就是由管理者制定人才选拔的标准，由管理者按照标准去识别人才，确定人才。这种选拔方式速度快、成本低、目标指向明确。不足之处是少数人的价值判断，运用不好容易导致一些问题。一般来说，业务性的人才，也就是在作业活动中需要的专业性的人才，可以采取这样一种选拔方式。

4. 试用选拔

就是设置一定的岗位，让备选对象在岗位上开展工作，看哪一位在试用期能够在岗位上做出更好的成就。这实际上是一种以业绩论英雄，拼业绩的选拔方式，应当说这样一种选拔方式是最为科学合理的。但是由于做出实绩需要相当的时间，不同岗位的环境推荐之间存在差异，加之组织不可能拿出太多的岗位进行实绩选拔，选拔的对象受到限制，所以有周期长、备选对象少的不足。这样的选拔方式一般用在组织的重要岗位，具有重大影响，选择重要人才时采用。

由以上几种方式我们看到，没有一种十全十美的人才选拔方式，每种方式都有各自的优劣。所以人才选拔，要根据岗位性质、专业要求、使用方向采取相对合适的方式。

（四）管理人员选任

1. 管理人员选任的特殊性

由于管理人员在组织中居于十分重要的地位，所以选任合适的管理人员对完成组织的任务，实现组织目标有着十分重要的意义。

正确地选任管理人员是实施有效管理的前提条件。管理是靠人来完成的，更确切地说是靠管理人员来完成的，没有管理人员的行动，管理活动就只是一个抽象、空洞的概念，可以说，管理和管理人员是一个问题的两个方面，二者相辅相成。

正确地选任管理人员是提高组织管理效率的关键。管理效率的高低受两个重要因素的影响，一是管理体制，二是管理人员的素质。当管理体制一定时，管理者素质的高低就是决定性因素。正确选任管理人员，就是要把高素质的人才选任到管理岗位上去，合理地使用他们，当然，还包括在使用中对他们进行培养、训练，不断提高他们的素质和能力。

正确选任管理人员，是保证组织长期稳定发展的关键。对一个组织来说，要想获得长期稳定的发展，没有一支稳定的、素质高的、能力强的管理者队伍是不可想象的。一般来说，一个人的生命周期总是有限的，而组织的寿命可以是无限期的，一个组织要想长期兴旺发达，必须并不断吐故纳新，吸收新鲜血液，保证长期拥有合格优秀的管理人员。正确地选任管理人员，不断地获得优秀人才，就是一个组织必须解决好的重大课题。

2. 管理人员选任的具体要求

管理人员在组织中具有特殊的作用。提高组织效率的管理职能发挥需要有一批恰当合适的管理人员承担组织的管理职能。因此选择管理人员与选择一般的技术人才相比有一些特殊的要求。

第一，管理人员需要有较高的综合素质。与作业骨干不一样，管理人员需要更多地与组织的其他成员打交道，需要组织其他成员一起去完成任务，因此在其能力的综合性方面有着更高的要求。一般来说，管理人员除了需要有较强的专业技能之外，在人际技能等方面的要求也比较高。

第二，需要有比较好的群众基础，有一定的群众公认度。管理者是需要与管理对象打交道的，需要与组织其他部门的管理者打交道，这些与之打交道的成员对于管理者的认可程度对于其完成任务有直接的影响，甚至可能起决定性作用。因此选拔的管理者一般应当具有较好的群众基础，其他条件相同时，群众的认可度越高越好。

第三，管理人员需要有较为强烈的事业心和担当精神。这一点在本书的第五章中已经做了比较全面的阐述。这里需要强调的是在管理人员的选任时，应当将其责任心和担当精神放在突出的位置予以考虑。

六、人才使用

（一）发挥人才的创造性：用好人才的目标

人才的使用，就是要用对人，用好人。对于人才来说，就是要将其创造能力充分发挥出来，为组织发展做出创造性贡献。人才用对，就是工作安排能够将人才的长处发挥出来，人才的价值能够得到体现，为人才做出创造性贡献并提供工作条件；用好就是要将人才的创造性最大限度地发挥出来，就是充分调动人才创造性工作的积极性，发挥创造性就是要体现人才最大价值。

（二）用人基本的原则

选人是为了用人。用人是人才管理的最终目的。用好人必须做到如下几点：

1. 人尽其才、才尽其用

人的才能有大小，有高低。用人必须充分发挥人的长处，用人之长，避人之短。否则，哪怕是一个天才恐怕也难发挥作用。如清代诗人顾嗣协就曾写道："骏马能历险，犁田不如牛；坚车能载重，渡河不如舟，舍长以求短，智者难为谋，生才贵适用，慎勿多苛求。"他以骏马与牛，车和船的功能作比喻，说明了用才的道理。

要做到合理用人，一是要做到学用一致，避免出现用非所学的现象；二是要做到职能相称，即人的才能与其承担的任务相称，人尽其才、才尽其用。

2. 疑人不用、用人不疑、放手用人

用人不疑，这是我国古人在用人方面总结出来的经验。所谓用人不疑，指对所任用之人，必须信任，要放手让其负责，能在授权的范围内自主地行使职权。用人不疑的前提是疑人不用，所谓疑人不用，今天来看就是指那些品质不良、违法乱纪、以权谋私、拉帮结派、搞山头主义的人不能任用，否则将后患无穷。

要做到"用人不疑"并非易事。必须在领导者与下属之间建立起互相理解和信任的关系。领导者要作风正派，堪称表率；对下属要多关心，尊重下级，以诚相待，胸怀宽广，不嫉贤妒能，要为下级的成功和成长高兴。当然用人不疑并不是放任不管，而是在授权范围内让人才自主决策，自我约束。

3. 鼓励创新，宽容失败

人才就是能够做出创造性贡献的成员，创造性的贡献就是创新贡献。在人才的使用上，要鼓励人才大胆创新，首先要有宽容失败的环境与氛围。创新存在风险，存在失败的可能性。如果在创新之初就瞻前顾后，过于谨慎，担心失败，是不可能产生创造性成果的。当然鼓励创新、宽容失败并不是要鼓励蛮干，瞎折腾。在创新的动机、基本原则和大方向正确、创新过程思考相对缜密的前提下的失败应当被宽容。

4. 构建团队，助其成功

现代的人才既指单个有突出才能的人，又指一个团体。在当代社会的社会经济活动中，任何人都难以单枪匹马地打天下。人才之间的合作是充分发挥所有人才才智的前提。因而使用人才还必须注意在解决问题中形成合理的人才结构。人才结构互补，指应在年龄、知识、专业、性格、能力等方面形成相互补充，扬长补短，达到整体结构最优。

第三节 人才培养

一、培养人才工作的重要性

人才是一个动态发展的概念。人才也需要学习，以求发展；人才同千千万万的人一样，是一个活生生的人，应当在学习上、政治上多关心他们；主动关心他们的进步和成长。发现人才有落伍的苗头，就应积极帮助、指导、培养，以保证人才的才能不断得到提高。人才的使用不仅要让人才为组织做出贡献，同时也应当让人才在使用中得到成长。

人才的成长需要领导者的培养。一个胸怀宽广的管理者应当能够率领成员完成好组织的任务，同时还能够使成员与组织一起发展，尤其是一批人才能够得到成长。所以人才的培养是人才管理与服务工作的重要内容。

做好人才培养规划。人才是组织中最为宝贵的财富，是组织成功和发展的关键性、决定性因素。因此，人才培养要纳入组织的发展规划之中，有计划、分步骤、有目标地进行人才培养。要按照人才的类别、人才的梯次、人才的储备要求制定人才培养规划。按照规划任务进行人才培养。

二、人才培养的主要方式

1. 实践锻炼培养

实践是最能够锻炼人、培养人和促进人成长的方式。人才培养的一个重要途径就是要进行多岗位锻炼。只有在多个岗位上得到足够的锻炼，才能够从多个方面增长才干。多岗位锻炼必须是实实在在的锻炼，而不是镀金式地走过场。尤其是在多个艰苦的岗位上做出成绩的干部才真正是能力突出，能够担当重任的干部。只有在艰苦环境中成长，才能够培养出具有良好的素质和应付复杂困难情况的经验和能力。

2. 提供专业学习机会

多提供学习机会。在拓宽视野中培养。人才要经常学习，以更新知识，拓宽视野。要多为人才提供更新知识、拓宽视野、提升技能，总结经验的学习机会。在这个方面，政府的人才培养是形成了一套卓有成效的制度和做法的。在学习培养中，要本着缺什么补什么、干什么学什么的原则进行培养。当然，对于纳入长期培养计划的人才，学习培养的面可以更加宽泛一些。学习培养可以到专业培训机构学习，到高校等正规教学机构学习，也可以到其他组织挂职实践学习。学习的方式是可以多样的。

3. 跟随导师

也就是给需要培养的人才对象安排一名优秀的指导者开展传、帮、带，明确培养责任与目标。导师以身示范，潜心培养。

三、人才培养中要注意的问题

第一，不能"拔苗助长"。为了人才多出快出成绩，容易给人才工作创造更加独特的环境。这样虽然能使培养对象在短期内表面上取得不错的业绩，都是这样的业绩不一定能够让群众或者其他的管理者口服心服，也不一定能真正提高培养对象的水平与能力。所以在人才的培养中，不应当给予特殊照顾和优待，当然也不应当因为是作为人才培养就要求更加严苛，准确的方式应当是一个正常的环境和条件工作和锻炼，这样使得人才能够在正常的环境中成长起来。

第二，不能宽严失度。对于组织的人才，首先应当严格要求，因为只有严师才能够出高徒，也只有严格要求环境中成长起来的人才才能够承担重任。但是对于成长中的人才又不能够苛求，应当允许他们在创新中犯错误，在探索中有失败。对于在探索中失败的，应当帮助他们分析原因；对于在创新中犯错误的，应当帮助他们认识错误的根源，排除成长道路上的障碍。

第三，重点培养与普遍培训相结合。潜在人才与显性人才都是组织人才工作所不能够忽略的。已经在使用的重点人才要安排在更加重要的岗位、重点项目中予以锻炼；对于其他大多数潜在人才，也必须有相应的培养方式和渠道，以便潜在人才能够不断涌现为显性人才。

第四节　引进人才与集聚人才

一、集聚人才的含义与要求

对于一个组织来说，符合要求的人才是多多益善。随着组织的不断发展，人才不足是工作中必须逐步解决的问题。所以集聚更多的人才，是组织用人中的重要问题。所以一个组织应当形成良好的人才集聚机制。

集聚尽可能多的人才，应当做到：

第一，人尽其才，实现抱负。这是最为重要的。如果现有的人才都没有得到应有的重用，都没有将才能很好地发挥出来，却一心想去集聚外部人才，在一定意义上讲是一种舍本逐末的做法。外部人才也很难集聚起来。如果现有的人才用不好、留不住，引进的人才同样不容易用好和留住。所以在引进人才工作开展之前，应当仔细研究目前组织的人才环境、人才政策和人才作用发挥的情况。切实解决人才发挥作用所存在的困难和问题，真正重视人才，依靠人才。

第二，广揽英才，储用平衡。人才的引进储备都应当与组织的发展要求相一致。人才能够为组织的发展提供巨大的支持，在市场经济条件下，组织自然要为此支付相应的成本。如果人才的成本支出高于人才带来的收益，从经济上讲就是不合算的。因此人才集聚要从实际出发。人才的使用、储备之间应当平衡。

第三，事业聚才，事业留才。与其他一般人力资源相比，人才的事业心要强烈得多，人才在诸多的考虑因素中，将事业成长空间放在第一位因素。良禽择木而栖。对于人才来说，事业感召力最为强大，它常常会高于个人对经济利益的追求。展现事业发展的美好前景是聚拢人才的最好途径。

第四，注意平衡现有人才与新集聚人才的待遇和利益关系。千万不能够"招来女婿、气走儿子"。一些组织给予引进人才优厚的待遇，而原本就在组织工作的人才却待遇一般，这样一种格局势必产生矛盾，最终可能导致人才的流失。

二、获取人才的途径

1. 通过"猎头公司"获取高级人才

"猎头"在英文里叫 Headhunting，在国外，这是一种十分流行的人才招聘方式，中国香港和中国台湾地区把它翻译为"猎头"，所以引进大陆后我们也称之为猎头，意思即指"网罗高级人才"。猎头公司就是依靠猎取社会所需各类高级人才而生存的中介组织。与人才交流中心不同，猎头公司采取隐蔽猎取、快速出击的主动竞争方式，为所需高级人才的客户猎取人才市场得不到的高级人才。猎头公司的猎物对象是高级管理人才。一般来说，主要是举荐总裁、副总裁、总经理、副总经理、人事总监、人事经理、财务经理、市场总监、市场经理、营销经理、产品经理、技术总监、技术经理、厂长、生产部经理、高级项目经理、高级工程师、博士后、博士、工商管理高级人才、其他高级顾问及其他经理级以上人才等。

猎头公司和一般的中介公司有很大不同，猎头公司不对个人进行收费。猎头公司需要提供人才评价、调查、协助沟通的顾问咨询服务，中介公司往往仅仅提供非常简单的撮合；猎头收费很高，而中介服务收费往往比较低；猎头主要是主动寻找人才，中介更多的是在现有资源中撮合。另外，中介公司更多地为找工作的人服务，猎头公司更多的是为能力强、职业道德好的人才服务。

2. 建立常规化的招聘制度

对于一个不断发展的组织来说，人才总是不够的。除了在重点时段，针对重点人群采取特殊措施寻求外部人才之外，还应当建立常态化的人才招聘制度。随时准备好条件接收愿意加入的各种人才。

3. 重点对象上门争取引进制度

对于关键人才、特殊人才，往往是同一个行业、同一个领域具有竞争关系的不同组织竞相争取的对象。对于这样的人才，应当早发现、早做工作。而且要表现出真心诚意引进使用发挥人才价值的态度。历史上刘备三顾茅庐请诸葛亮出山的故事就是最好的范例。

三、引进人才要注意的主要问题

1. 要引进具有真才实学的人

在人才引进中，管理者一定要心中有数，主要是对所引进的对象的水平和能力应当有所把握，不能简单相信猎头公司或者是中间人的介绍。只有引进的人才具有真才实学，才可能为组织带来实际的价值。

2. 要引进能够融入组织的人

人才必须在组织内完成事业。因此一个主要矛盾就是人才能否适应现在的组织，能否融入当前的组织。联想集团的柳传志在"联想之星创业大讲堂"中讲道,"应聘者在以前的公司形成了一定的价值观,他的这种价值观跟求职公司的价值观是否契合也是很重要的一点。很多小公司,在引进人才的时候,由于资金不足,往往选择给予股份的方式,在这一点上尤其要注意。如果引进了一个不合适的人,最后很有可能造成吃不进吐不出的尴尬情况。所以,如何在现有的条件下吸引人才,并且协调好薪酬待遇与老员工的差距问题,都是需要考虑的。说到底,价值观必须相同"。

3. 要引进愿意克服困难的人

人才进入组织工作,面对的是一个全新的环境,对于引进的人才,应当尽可能创造一个良好的事业环境。但是对于一个生活在现实社会中的个体来说,一些困难总是要自己面对的,因此引进的人才对于组织目前没有能力解决的问题,人才应当有积极主动共同克服的意愿。

4. 要引进能够带动大家的人

人才引进之后,应当能够带动一个团队、一个群体共同前进,否则就失去了人才应有的作用。人才的带动精神应当体现在多个方面。这样,才能够实现"引进一个,带动一批"的效应,组织的发展才可能兴旺发达。

四、获取申请者真实信息要注意的问题

获取候选的人才能力、素质等方面的准确信息是保证选任合适人才的重要前提。采取什么方法才能保证所获取信息的准确性、全面性,一直是人才引进工作在探讨的问题。在人才的选任中,总是要采用一定的方法来测试、了解备选对象的有关信息。所选择的方法是否科学,直接关系所获取信息的质量。在选择这些方法时,应当注意方法的科学性和可行性,用行业术语来说就是所采用的方法的信度和效度都应当比较高。信度指的是测定方法的稳定性或者可靠性,指一个人在同一种测定方法中几次测量结果的一致性。如果结果越是接近,就表明这种方法的信度越高。效度指某种方法用于测量人的有关信息时,所获得的信息的准确性。这个准确性与测量的目的相关。效度是选择测量方法的决定因素。效度与信度二者是相关的。信度不高的方法,效度自然不会高,但是信度高的方法,效度却并不必然高。

(一) 申请表

指要求应聘者填写的申请表。一份详细的申请表可以反映出申请者的许多有关信息,如比较详细的申请表,要求申请者填上个人过去的学历、简历、成就、特长、性格等,就能够获得比较充分的信息。特别是学历与经历是选聘高层管理者十分重要的信息。

(二) 笔试

笔试的种类有多种。这是比较早地用来测试个人的智商、悟性、能力和兴趣的手段。笔试方法在 20 世纪 60 年代以前十分流行,但是在 20 世纪 60 年代之后就备受批判。认为笔试的成绩与个人能力的相关度不高。不过,到了 20 世纪 80 年代,笔试作为一种测试手段又受到了重视。不过,笔试的方法也有了极大的改进。当今流行于国内外的人才测评方法就是一种经过改进的以笔试为主测评备选者有关信息的方法。

(三) 绩效模拟测试

绩效模拟测试的具体方法又可以分为这样两种:

1. 工作抽样

就是给申请者提供一份缩样的复制物，让他们完成该项职务的一种或者是多种核心任务。申请者在执行这些任务时，将展示他们是否拥有必要的才能。一般来说，通过工作抽样来了解申请者的信息是比较准确的，比笔试要优越。

2. 人才测评

这是在西方运用较为广泛，我国近年来也在推广的一种获得人才信息的方法。最大的问题是这种方法的成本比较高，测评的结果也并非完全准确无误。

（四）面谈

在选聘管理者时，面谈几乎是必须使用的一种方法。一般认为，面谈是效度和信度都比较高的手段。当然，保证面谈的效度与信度的前提是面谈经过充分准备，并且程序是标准化的，面试者不带偏见为了使面谈得到改进，美国的罗宾斯教授提出了如下建议：

（1）对所有的应聘者设计一些固定的问题；

（2）取得对应聘者面谈的工作有关的更详细的信息；

（3）尽量减少对应聘者的履历、经验、兴趣、笔试成绩等方面的信息；

（4）多提问那些要求应聘者对实际作法给予详尽描述的行为问题（比如，给我举一个你需要惩戒员工的具体例子，告诉我你会采取什么行动，行动的结果会怎样）；

（5）采用标准的评价格式；

（6）做好笔记；

（7）避免短时间面谈造成的过早形成决策。

（五）履历调查

履历调查的形式有两种：对申请表进行复核和调查咨询。有人认为，前一种形式是行之有效的，而后一种形式没有什么作用。因为实践表明，申请者按申请表中所填写的内容多少有一些夸张甚至是虚假的东西，对这些内容进行核实，是获取应聘者准确信息的一条重要的途径。

推荐阅读书目：

1. 董克用：《人力资源管理概论》，中国人民大学出版社 2015 年版。
2. 顾增旺等：《员工培训与开发实务》，清华大学出版社 2011 年版。
3. ［美］弗雷德里克·赫茨伯格：《工作与人性》，中国社会科学出版社 2001 年版。

第十一章　领导

　　领导者不是只告诉别人怎么干的家伙，而是要激发团队产生一定抱负，并朝目标勇往直前。

——佚名

第一节　充分发挥领导者的影响力

一、领导职能再认识

　　"领导"（Lead）在英语中指领导活动，是一个动词；而"领导者"（Leader）则指从事领导活动的人，是一个名词。可在我国现实中一般没有做这样的区分，二者混用的现象十分普遍。并且在一定程度上，将管理与领导也看作具有同样含义的概念。我们认为，将领导作为一种管理职能看待，把领导和领导者从理论上作一个区分是很有必要的。

　　领导是管理的一项职能，组织中的领导行为仍然属于管理活动的范畴。从内涵上看，管理的职能范围比领导的职能范围要宽泛得多。领导在组织中的作用主要是为组织指出活动的方向、设置目标、创造态势、开拓局面，这些也都是管理要完成的职能。但是管理还有为组织建立结构、秩序、配备人员等一系列活动。更为重要的是，管理者总是被任命的，他们拥有合法的制度权力，以激励或者是惩罚来影响人们的行为。但是组织领导者有时可能不是任命的，没有合法的权力，只要这些人拥有个人影响力，同样有追随者，就会自动地成为领导者。可见，领导者与管理者是不同的。一个能够影响别人的人并不表明它同样具有完成其他管理职能的能力，如组织、计划等的能力。但是，在本书中，领导者与管理者指的是组织同一个角色，领导者指的是那些能够影响他人并且具有管理权力的人。

　　传统理论认为领导是组织赋予领导者的职位和权力，领导者通过运用这些法定权力带领下级完成组织的任务，并实现组织的目的。新兴的管理心理学理论则认为，领导是一种行为和影响力，不是指个人的职位影响力，领导就是领导者运用这种影响力引导和带领下级在一定条件下向组织目标迈进的行为过程。其实，传统管理理论和新兴管理心理学理论对领导的解释并不矛盾，前者强调的是领导的形式，即领导必须运用职位和权力，况且个人影响力与职位影响力是难以严格区分开的，因为在大多数情况下，职位影响力大的人也容易提高个人的非职位影响力。这一点管理心理学也不否认，职位和权力肯定是领导者影响力的重要来源。后者强调的是领导的实质，即领导虽然离不开职位和权力，但是有职位和权力并不一定能做好领导工作，做好领导工作还需要下属对职位的认可与权力的接受。将二者结合起来，可给领导职能下这样一个定义：在发挥领导者影响力的前提下，凝聚人心、鼓舞士气、影响带动组织员工不断前进的工作。

二、领导者影响力的概念和分类

所谓影响力，就是一个人在与他人交往中影响和改变他人心理和行为的能力。影响力人皆有之，但强度大小各不相同。并且，同一个人的影响力也会随着交往对象、交往环境等因素变化而发生变化。领导者的影响力就是领导者有效地影响或改变被领导者的心理或行为的能力。

领导者的影响力可分为两大类：

（一）权力影响力

权力影响力又称强制性影响力，它是由社会赋予个人的职务、地位和权力等形成的，带有法定性、强制性和不可抗拒性。这种影响力并非每个人都具备。组织中只有管理者拥有，如部队中只有军官拥有，家庭里为家长拥有。但在非正式组织中，一些非法定的权力拥有者也可能拥有一定的权力影响力。

权力影响力形成的基础主要是：

1. 奖励

即领导者因手中握有某种能满足别人需要的物质或非物质手段，从而形成对他人的影响力。本书前面已经指出，希望获得奖励是组织成员的行为假定。尤其在现实社会中，人人都有一定的利益追求。当利益能够得到满足时，人们往往愿意按照奖励者的要求办事，主要就是为了获得奖励的缘故。

2. 惩罚

即奖励的另一面。当领导者具有能使下级不愉快甚至痛苦的手段，便可获得这种影响力。因为趋利避害是人之天性。

3. 法定

指领导者在正式组织中，按组织原则获取的职务权力，规定下能必须服从领导者的指挥与调遣而形成的影响力。

权力影响力是领导者特有的影响力，也是领导者完成领导职能必须依赖的重要影响力。这种影响力的获得与职位和权力的获得是同步的，但其作用大小却与领导者是否具有第二种影响力及其强弱程度密切相关。

（二）自然影响力

自然影响力又称非权力影响力，与权力影响力不同，它是以个人的品德、才能、学识等因素为基础形成的。这种影响力人皆有之。品格、才能、知识和感情在自然影响力的形成中最为重要。

1. 品格

领导者的品格主要包括道德、品行、人格、作风等。它反映在领导者的一言一行之中。优秀的品格会给领导者带来巨大的影响力。因为品格是一个人的本质表现。好的品格能使别人产生敬爱感，而且能吸引人，诱使人模仿。如果一个领导者品格低下，无论其职位多高，他的影响力将会大大削弱。所以，领导者要提高自己的影响力，必须注意培养自己的优秀品格，注意自己的一言一行。

2. 才能

才能又称才干，是一个人解决问题能力的简称。作为领导者，才能是必须具备的基本条件。领导者的才能卓越不仅会有助于胜任工作，完成任务，而且还能够使其在工作中不断创新。这类才能卓越的领导者就会使人们产生敬佩感。从而增加领导者的影响力。一个人的能力是多方面的，各种能力对个人的影响力都有作用。但对领导者来说，决定自然影响力的才能主要是领导才能。如果这种才能越高，其他才能也不低，领导者的影响力就会更大。如果其他方面才能不错，但关键的领导才能不足，就难以形成较高的影响力。所以，领导者要注意提高领导才能和其他多方面的才能。

3. 知识

知识指一个人所掌握的知识。知识是能力的基础，才能出众的人一定是知识丰富的人。培根早就指出过："知识就是力量。"知识丰富的领导者，不仅可以提高领导能力，而且还容易与人接近，博得人们的信任，从而提高影响力。当然，对于领导者来说，决定其影响力的首先是专业知识，如果在专业上是门外汉，其他方面的知识再丰富，也难以做好领导工作。其次是与专业知识有关的各种知识。对于领导者来说，要充分注意更新知识、补充知识、丰富知识。

4. 感情

感情是人的一种心理现象，它是人们对客观事物（包括人）好恶倾向的内在反应。如果人与人之间建立了良好的情感关系。彼此便会产生亲切感，从而相互的影响力也就会增加。领导者与下属建立亲切的情感关系。同样会极大地提高领导者的影响力。反过来，上下级之间关系紧张，双方就会产生排斥力，抵抗力，领导者的影响力就会下降。因此，领导者必须注意同下级建立融洽的关系。对下级关怀、体贴、做好感情投资工作。

三、领导者影响力在管理中的作用

一个领导者，其影响力的大小对其实施领导职能，以及做好管理工作有着十分重要的影响。特别是非权力影响力，直接决定着领导效能。因为，即使一个领导者拥有了职位和权力，形成了强制性影响力，人们不敬重他，不信任他，执行他的命令必然是勉强消极的，有时甚至可能是敷衍冲突的。这种领导者就成了人们过去所说的那种"有权无威"的领导者。

领导者能否建立起真正的权威，有效地进行领导，主要不在于其权力影响力，而决定于非权力影响力。领导者的职务和权力可以通过法定方式取得，威望、威信却只能靠自己的努力建立起来。当一个领导者有了很高的非权力影响力，树立了很高的威望，下级对他真正地心悦诚服，他才可能做到令行禁止，其权力才能真正地发挥作用，这也就是人们所说的权力为下级所接受了，其管理效率才能达到最优的境界的原因。

四、提高领导者影响力

（一）公道正派，合理、合法地运用组织赋予的权力

权力是领导的象征，拥有了权力就拥有了一定的影响力。但一个领导者不能做到为组织的利益使用权力，而以权谋私，滥用权力，其非权力影响力必然建立不起来，并且其权

力影响力也会大打折扣更不要说形成领袖魅力。要想建立权力影响力，必须合理、合法地运用组织赋予的权力。为此要做到奖罚分明，一视同仁，人人平等，不能拉帮结派，打击异己。

（二）注重修养，以身作则

在一个领导者的非权力影响力形成的基础中，品格是第一位的因素。一个领导者具备了优秀的品格才能为下属所敬仰，为下级所尊敬。这就要求领导者必须严格要求自己，时时处处带头示范，以身作则。一些领导者在实践中体会到：要当好一个领导者，就应做到"要群众做到的自己先做到，要群众不做的自己绝不做"。这可以说是领导者树立非权力影响力的座右铭。

（三）努力学习，丰富知识，提高能力

在现代社会中，管理者必须具备丰富的知识和高超的能力，否则就完不成管理任务。从领导者非权力影响力的形成来看，领导者必须具备丰富的知识和卓越的能力，这样才能为下级所佩服、所信赖，才会相信其指挥的正确性，自觉地服从其领导。所以，领导者必须努力学习，不断地汲取新知识，增长才干、提高能力。

（四）充满自信，善于鼓动

著名心理学家豪斯认为，出色的领袖以其领袖气质指出下属前进的明确目标，帮助他们在情境不明的情况下明确方向，激励他们为实现目标而奋斗。一项有趣的研究表明，具有领袖特质的人常常利用他们的情绪表达能力来激励或影响他人，对那些具有领袖特质的领袖来说，一个典型的特征是他们能够唤起、激励、影响他人的情绪。另外，这些领袖还拥有吸引他人注意的能力，它们是由交往能力和吸引潜在追随者注意的能力所构成的。这些理论还暗示着这样一个观点，也即具有领袖气质的人能够触摸到他人的情感深处。

第二节　维护和增强组织凝聚力

一、组织凝聚力的含义

凝聚力是指群体成员之间为实现群体目标而自愿实施团结协作的程度，用现实中最为容易理解的表达就是集体主义精神和行为。凝聚力的外在表现，即人们的个体行为对群体目标任务所具有的信赖性、依从性乃至服从性上。当今世界，绝大多数活动都直接或者间接依靠一定的组织来完成。凝聚力对于组织的生存以及发展就具有极其重要性。

从管理学意义上看凝聚力具有如下特点：

1. 存在于群体性组织中

组织的凝聚力，是围绕组织的宗旨、目标任务和组织的大多数成员的要求形成的，不是相反的力量。

2. 组织成员的自愿表现

凝聚力需要组织的领导者发动、号召、采取一定的措施来推动形成，不过凝聚力的最终形成应当是成员的自觉，而不是管理者的强制。"人在曹营心在汉"是不可能产生组织凝聚力的。

3. 围绕组织目标的积极表现

组织成员表现出的凝聚力，不仅是一种态度上的响应，更为重要的是行为上的表现，常见的是一种积极行动。

二、组织凝聚力高的外在表现

（1）成员之间的信息交流、沟通。成员间意见沟通快，信息交流频繁，互相了解较为深刻，民主气氛好，关系和谐，凝聚力就高，反之就低。

（2）集体活动的主动参与程度。组织对每一个成员有较强的吸引力、向心力，成员愿意参加团体活动，无论是生产还是其他活动出席率都较高，反应组织的凝聚力强，反之就弱。

（3）责任心。组织成员愿意承担更多的推动组织工作的责任，时时关心组织，并注意维护组织的利益和荣誉。

（4）荣耀感。凝聚力高的组织，每个成员都有较强的归属感、尊严感、自豪感。如果个人以作为某个组织的成员自豪，必然也愿意为组织的强大而付出自己的努力。

三、组织凝聚力的影响因素

心理学家研究认为，组织凝聚力是个性心理特征中的整体配合效能、归属心理在为促进"共同责任利益意识"而形成的一种士气状态。可用公式表示如下：

凝聚力 = 整体配合效能 × 归属心理

在上面的公式中，整体配合效能是指组织成员实施整体配合的效率和能力。组织成员整体配合的效能是在成员整体配合能力的基础上，通过管理部门组织控制和组织调节而实现的。同时，在这一组织控制和组织调节中，由于必须有相应的物质条件作保障，才能使管理部门和组织中各部分真正实施和完成其整体的目标任务。所以，整体配合的效能可分为整体配合效能、组织控制效能、物质条件完备效能三个方面。

实际工作中，影响组织凝聚力的高低主要因素为：

（一）成员的同质性程度

组织的同质性是指组织成员之间的共同点和相似性。例如，组织成员有共同的奋斗目标、理想、信念；相同的需要、动机、兴趣与爱好；相同的民族及文化背景；相似的个性倾向及个性心理特征等都是群体的同质性要素。一般来说，同质性有相互吸引的作用，同质性越高，组织的凝聚力就越高。但是，有时组织成员之间工作性质相同，工作能力和水平相当，彼此不服气，可能出现嫉妒、同行是冤家等现象，这样会破坏组织的凝聚力，造成组织内部的不团结。把握同质性，关键是同质性不构成竞争性关系，而是推进相互依赖关系，就能够提高与增强凝聚力。

（二）规模的大小

组织存在的必要条件之一是组织成员间的相互交往和相互影响。组织规模小，彼此作用与交往的机会多，其凝聚力就强，但规模过小就会失去平衡，矛盾难以调解；相反，组织规模过大，容易出现意见分歧，信息交流不畅，就不可能有高度的凝聚力。因此，只有适当规模的组织可以增强凝聚力。

（三）外部压力的大小

一个组织与外界相对隔离、孤立，这个组织的凝聚力就比较高。如若存在外部压力，则压力越大，凝聚力就越高。例如，一个国家阶级矛盾尖锐，受到外来侵犯时，阶级矛盾便趋于缓和，会出现团结起来一致对外的局面。一个企业面临激烈竞争的威胁，为了在竞争中求得生存和发展，也需要团结一致、齐心协力，增强组织的凝聚力。

（四）成员对组织的依赖性以及受尊重的程度

个人参加某组织是因为他觉得该组织能满足其经济、政治、心理需求。因此，一个能满足其成员个人重大需求的组织，对成员才有巨大的吸引力，其凝聚力就高。进一步看，成员在组织中受尊重的程度决定真正的归属心理。只有向心力，没有归属愿望，也不可能有稳定的凝聚力。

（五）组织的社会地位

组织在社会中的地位、等级越高，其凝聚力也就越强。如组织被人尊重，有较快的升迁机会，有更多的经济报酬，有更大的发展可能性等，组织凝聚力就大。

（六）内部信息沟通畅通程度

信息沟通渠道越畅通，凝聚力越高；相反，相互间越缺乏联系，则凝聚力越低。

（七）领导者和领导方式

可以说组织凝聚力形成和提高最为重要的决定因素就是领导者以及领导方式。领导者是组织的核心，领导班子自身是否团结一致，齐心协力，是否坚强有力，会直接影响组织的凝聚力。如果领导班子自身不团结，互相扯皮、拆台，组织便失去核心，因而凝聚力将受到很大影响。如果领导班子团结、协调一致，主要领导者有较高的权力性和非权力性影响力，众望所归，那么组织成员就会紧密地团结在他们的周围，使组织产生较强的凝聚力。

不同的领导方式对组织凝聚力影响也不同。在民主、专制、放任三种领导方式中，民主型领导方式能使全体组织成员有充分表达自己意见的机会，组织成员有较强的参与意识，成员之间团结协作、互助友爱，因而有较高的凝聚力；而专制型和放任型领导方式则往往降低凝聚力。

四、提高组织凝聚力的途径

从组织凝聚力的影响因素我们看到，有些因素是一种客观存在的，与组织的其他目标任务相关联，不可能舍本求末，例如组织的规模，我们不可能因为凝聚力的考虑而放弃完成更高目标所追求的组织规模，又例如外部压力等。提高组织凝聚力，主要从管理上寻找办法与措施，尤其是前述的领导者个人以及领导方式上找出路。领导者必须意识到主要的职责之一就是不断提高组织的凝聚力。

（一）改善领导方式，提高领导者的向心力、感召力

学者们认为，凝聚力按组织成员实施团结协作的对象不同，可分为合聚力和向心力。合聚力是指群体成员之间以及群体各单位相互之间团结协作的程度。合聚力受个体价值追求的影响，形成一致的合聚力就需要对成员的价值追求进行引导，促使其与组织的目标一致。而向心力是指群体成员以群体领导为中心而实施团结协作的程度。简单地说，向心力也就是指群体成员对其领导者的服从与追随程度。

群体领导者的向心力来源于群体领导者的指挥权威和对待下属态度的对立统一体。以公式表示为：

指挥权威×对下态度＝行为榜样＝向心力

具体来看，领导者向心力的提高需要在如下几个方面做出努力：

（1）要提高道德上的感召能力。感召能力，实质上是一种感染、感动、召唤的能力，是凝聚力的一种重要表现。人们常说某个干部"振臂一呼，应者云集"，这就是一种强大的感召能力，这种能力并不是权力的强制力量，而是一种强大的道德、思想力量。只有提高感召能力，才能使周围的成员自愿地服从安排，听从指挥，接受建议，自觉地围绕组织的宗旨、目标、任务开展工作。

（2）要提高精神上的支撑能力。从某种意义上讲，提高凝聚力，就是要成为某一群体某一方面的凝聚核心，在特定时候能够支撑群体，做到信念坚定、意志统一、不会涣散。要能在关键时刻发挥中流砥柱作用、核心作用、精神支柱作用。

（3）要提高工作上的协调能力。凝聚力与综合协调能力息息相关，只有不断提高协调能力，才能正确处理各方面的关系，才能赢得大家的信任和支持，才能成为凝聚核心，从而产生和提高凝聚力，反之亦然。因此在现实工作中，提高凝聚力必须努力提高协调能力。

（4）要提高领导集体的团结能力。团结不仅仅是一种主观态度，同时也是一种凝聚力的标志。领导者要凝聚团结人，提高凝聚力，必须努力提高团结人的能力。要有宽广的胸襟，能容人之短，不嫉人之长。要有正直的品格，公正处事，公平办事。要有良好的修养，德行高尚，品行端正。

（二）完善组织的沟通机制，建立良好的信任体系

充分真实的沟通是以双方的信任为前提的。只有高度信任的成员之间才可能具有高度的自愿协作精神，而信任则是通过成员之间广泛真诚的交流实现的。领导者应当不断完善组织的交流沟通机制，保持成员之间的信息交流，维持高度的相互信任，提升组织的信任水平，这样就能够提高组织的凝聚力。

（三）适当的集体活动

组织开展适当的集体活动，尤其是广大成员喜爱、有益成员身心健康、颐养情趣的文体活动，娱乐活动，有助于成员之间更加广泛、深入的交流，建立友谊，相互信任帮助，是有助于组织凝聚力形成与提高的。组织的领导者不仅应当支持这样一些有组织的集体活动，还应当积极参与，发挥带头示范推动作用。

第三节　鼓舞士气

一、士气的概念

士气最早是用来描述军队的精神状态，包括军队的战斗意志和战斗精神，后被扩展到非军事组织的领域。在汉语中，士气是士与气的合成词，为任事之气，即做某件事情过程中的精神状态，这种状态包括内在的自身状态，也包括来自外界环境的影响。目前学界对

士气还没有一个普遍的、为大家所接受的定义。员工士气是人力资源管理的一个重要目标，是指组织员工愿意努力工作的愿望强度和工作积极负责、创新和团结合作的态度。旺盛的士气是组织成员的潜力得于充分发挥、凝聚力得以提高、战斗力得以增强的重要催化剂。

士气与我们过去常说的积极性相关但是又不相同。二者都是一种行为或者说工作状态，但是前者更多的是一种群体的状态，群体的士气比个体的士气更有意义。积极性往往是针对个体的描述与要求。当然，如果组织的士气高昂，大多数成员的工作积极性必然是很高的；如果大多数人的积极性都没有调动起来，组织的士气必然低落。所以说二者不同，但是又高度关联。个体的积极性是群体士气的前提之一，群体士气又是个体积极性迸发的重要环境因素。

二、士气的决定因素

心理学认为，士气是外在的意志过程和内在的具有积极主动性个性相结合形成的心理状态，士气外在表现过程可分为进取精神、毅力、责任心这三种形式。

（一）进取精神

进取精神是群体行动中个体意志所表现出的果断性和积极的态度、信心等具有积极性的个性心理特征，结合起来就形成士气。心理学又称之为勇气。现实中勇气与胆量相关但是又不同，胆量往往是人们天生就有的或是后天训练出来的，因而比较稳定，属于性格的范畴；而勇气并不像胆量那样总是会表现在各种情景与状态下，勇气只是具有暂时的稳定性。

进取精神是一种积极的士气状态，它可以焕发人们潜在能量，在明知有风险的活动中其作用尤其重要，它往往是"军人"和"警察"等高危险职业在执行目标任务时所必须具有的素质。在日常工作中，具有开创性要求的领域取得成果同样需要很强的进取精神。

（二）毅力

毅力是群体行动中个人表现出来的坚持性、自制力与积极的态度、信心等具有积极性的心理特征。

毅力也叫意志力，是人们为达到预定的目标而自觉克服困难、不懈努力的一种意志品质；毅力，着重表现为"心理忍耐力"。"心理忍耐力"与个体体质有关，但是又不同于体质耐力。它是一个人完成学习、工作、事业的"持久力"。当它与人的期望、目标结合起来后，它会发挥巨大的作用；毅力是一个人敢不敢自信、会不会专注、是不是果断、能不能自制和有没有忍受挫折能力的综合体现。在同样环境与条件下，都在向同样一个目标努力奋斗，当其他人遇到困难和挫折坚持不了时，自己继续坚持，在意志上焕发出来的一种意念与品质就是毅力。

毅力在心理学中称为耐性。耐性与刚强不同，刚强往往是天生就有的或是后天训练出来的，因而比较稳定，属于性格的范畴；而耐性并不像刚强那样总是会表现在需要进行忍耐的各种情景与状态下，耐性也只是具有暂时的稳定性。

刚强这一性格有很多表现方面，比如严守纪律的作风，处事的原则性，对外来打击和伤害反应冷静等，其中人们在对肉体伤害的忍耐上，特别能表现出刚强和耐性的区别。先就刚强来说，比如古往今来很多被称为"英雄好汉"的人，往往能对肉体的伤害不以为然。像《三国演义》中"关云长刮骨疗毒"的故事，就描述了当时神医华佗用刀为关公刮骨疗毒，悉悉有声，而关公反倒能饮酒弈棋，全无痛苦之色。

人们的耐性与刚强所表现不同的地方，也是在于它只具有暂时的稳定性。比如有些部队官兵在激烈的战斗中，由于自己的注意力高度集中到战斗行动上，所以这时往往对一些轻伤，甚至是较严重的创伤暂时毫无知觉。但战斗一结束，紧张心理解除，其仍会感到伤口的疼痛。所以说，耐性只是具有暂时的稳定性，是属于士气状态的范畴。

（三）责任心

责任心是群体行动中个人表现出来的敏感度、觉察力与积极的态度、信心等心理特征。责任心突出表现在个人对完成整体长远目标相关事物的警觉和注意力上，如果人们在行为中缺乏警觉和注意力，心理活动对外界的反应就会模糊不清。这如同学生对考试的反应一样，考试前学生的学习就会非常用心而考试后他们往往就会有所放松。

责任心是一种理智型的士气种类，它激发潜在能量，促使人们持久工作、认真工作、全力工作和主动工作。所以，它往往能充分调动个人的工作技能和领导才干，从而使群体行动具有机智灵活的性质。

三、士气的特殊作用

1. 相互影响

组织成员的士气状态是相互影响的。一个成员进入一个士气高昂的组织工作，绝大多数情况下都会受到这种气氛感染，进而调动自己的情绪，呈现一种高昂的士气。例如，在足球比赛的现场，一个不喜形于色的观众在现场热烈气氛的影响下也会激动起来。这就是士气的作用。

2. 调动个体的积极性，挖掘个人的潜力

士气是一种具有积极主动性的动机，而动机是行为的原因。任何心理活动对行为的作用都有驱动力和消减力的两面性，这种驱动力和消减力的两面性就是提高或削弱人们精力或体力乃至能力的发挥。也就是说，士气的驱动力作用也就是指激发出人们进行意志性行为的精力与体力。

就某个人而言，其在群体活动中发挥出的精力体力的大小代表行为的强弱，而行为的强弱又跟随动机的强弱而变。如果我们不愿意做某件事，那么我们就不会去做某件事，也就是说不会为此事付出一点精力体力；但相反，如果我们愿意做某件事，则为相应的事所付出的精力体力就越多。这也就是动机的强弱与精力体力的发挥呈现出的正比例关系。

3. 提高个体的工作产出效果

士气高的个人在群体活动中总是能付出较多较大的精力体力，而不知疲倦；相反士气弱的个人即使在群体活动中付出较少的精力体力，他们也可能会感觉到异常的紧张和疲劳。美国心理学家迈尔根据前人实验的结果提出一种疲劳动机理论，该理论将人们可用于某项工作潜在的精力体力称之为储存的工作能量，迈尔认为，人体的总能量是一个常量，每个人每天都在根据自己的需要和动机水平对这个总能量进行分配，把它们用于工作、学习、生活、娱乐等方面。不同的人在同一时期或者同一个人在不同时期，由于各人所具有的动机强度的差异，因此对个体所包含与储存的潜在能量在相关行为上进行分配比例是不同的。个体的某种动机强度高时，其在相应行为上能量分配就多些；个体的某种动机强度低时，其在相应行为上的能量分配就少些。

四、影响士气的因素

1. 领导者的工作情绪

领导者是组织的核心，领导者的工作激情、工作状态、努力程度等士气因素是决定组织成员士气的最为重要的因素。领导者工作士气高昂、充满激情，在一般情况下都会激发追随者的士气。

2. 成员追求目标的动力

成员的个人目标与组织目标高度一致，成员具有强烈的事业心，追求目标的动力强劲，士气必然高昂。所以在管理中，领导者要帮助成员树立人生奋斗的目标，并为其实现目标提供必要的条件，鼓励员工为之奋斗。

3. 宣传发动工作的力度以及合理性

士气靠带动、鼓舞。宣传发动工作到位对路，就能够激发成员的士气。所以组织要保持高昂的士气，必须高度重视宣传发动工作。当然，宣传发动工作也要张弛有道，不能够让员工长期高度紧张。

五、提升士气的主要方法

提高员工士气应加强以下几个方面的工作：

1. 深入了解员工的需求，调动大多数员工的积极性

人的行动往往基于某种需求，组织只有满足了员工的需求，才能够激发员工行动。组织的管理者要想促成员工行动，达到预期的效果，首先必须了解员工相关的需求是什么，需要多大程度的满足。组织的管理者如能根据员工个人的需求，采取相应的措施来满足其合理的需求，就容易引导员工的行为朝着组织需要实现的目标而努力。

2. 认可与赞美

希望得到别人的认可与赞美是人的天性。员工的微小进步都应该及时给予真诚的认可与赞美。在批评员工时也要适当注意技巧，不要伤害员工的自尊，一般状况下批评尽可能在私下进行。赞美比批评带给别人的进步要大。如果把赞美运用到组织管理中，就是人们常说的"零成本"激励。作为领导者，首先应该了解掌握员工的心理，其次学会赞美下属，经常赞美下属。

3. 帮助员工成长

在工作中不断得到成长，是绝大部分员工的期望，作为主管，帮助员工不断成长是我们的一项重要工作职责。关心员工利益可以激励员工，员工士气高可以降低流动率并促进生产效率的提高。一个不拒绝成长的员工，一定不会浪费组织资源和社会财富，敢于承担责任，拥有高敬业度和高执行力，在不断的成长中为企业贡献自己的力量，同时实现自己的价值。

第四节　塑造领导风格，培养领袖气质

一、西方领导风格分类理论

领导风格是创造组织气氛的主要因素。因此，西方较早地开始了对领导风格的研究。在这里对有关观点作一些介绍。

（一）按照领导者使用职位权力的趋向对领导风格分类的理论

这是较早的领导风格进行分类理论。这种理论是以职权运用为标准来划分的。其将领导风格分为如下三类：

1. 专制独裁式领导

特点是：领导者总揽一切权力，对下属授权少，运用权力推行工作，要求他人绝对服从，对下级影响依据的就是制度化的奖惩权力。这种领导风格的优点是令行禁止，缺点是不利于调动下属的主动性和积极性。

2. 民主式或者参与式领导

特点是：领导者在决策中接纳下属参与，允许下属发表意见，但是决策权力仍然掌握在领导者手中。这种领导风格的优点是能够发挥下属的积极作用。

3. 自由放任式的领导风格

这种领导风格的特点是：领导者对下属授权甚多，下属能在授权范围内自主地开展工作，领导者只是保留对下属工作加以检查和控制的权力，极端者甚至对下属是完全自由放任的。这种领导者认为自己的任务就是为下属提供信息，充当组织与外部环境的联系人。这种领导者是如果分权不当，容易造成权力失控。

（二）按照领导者与下属的沟通方式为标准对领导作风的分类

提出这种领导作风理论的是美国的管理学家伦西斯·利克特教授。他认为领导者与下属的沟通方式既是影响领导风格的重要因素，也是判定领导风格的标准。在这个假定基础上，他提出了领导风格的如下四种分类：

1. "专制—权威"式领导

采用这种领导风格的领导者非常专制，很少信任下属，通常采取使人恐怖与恐惧的方法，偶尔兼用奖赏来激励下属；与下属的沟通采取自上而下的方式，决策权也只限于高层。

2. "开明—权威"式领导

采用这种领导风格的领导者对下属怀有屈尊俯就的信任和信心，采用奖赏和使人恐惧并用的方法激励下属；允许一定程度的自下而上的沟通，向下属征求一些想法和意见；授予下属一定的决策权，但是牢牢掌握政策性控制。

3. "协商式"领导

采用这种领导风格的领导者，通常设法采纳下属的想法和意见；采用奖赏，偶尔用惩罚和一定程度的参与；形成上下双向沟通；在最高层制定主要政策和总体决策的同时，允许低层部门做出具体问题的决策，并在某些情况下协商。

4. "群体参与式"领导

这种领导风格的特点是对下属在一切事务上都抱有信心和充分的信任,总是从下属那里获取设想和意见,并且积极地加以采纳;对于确定目标和评价实现目标所取得的进展方面,组织群体参与其事,在此基础上给予物质奖赏;更多地从事上下级之间与同事之间的沟通;鼓励各级组织做出决策,或者,本人作为群体成员同下属一起工作。

"群体参与式"领导被认为是最有效的领导方式。

(三)按照领导者在领导中所关心的重点划分的领导风格理论

这种理论是由美国的管理学家罗伯特·布莱克与穆顿创立的。他们提出了划分领导风格的两个标准:对任务的关心和对人的关心。这样就构成了一个二维平面图。他们用这个二维尺度作出了一个称之为管理方格的图形,由此来划分不同的管理方格以及各种风格的特点。这就是著名的管理方格理论,如图11-1所示。

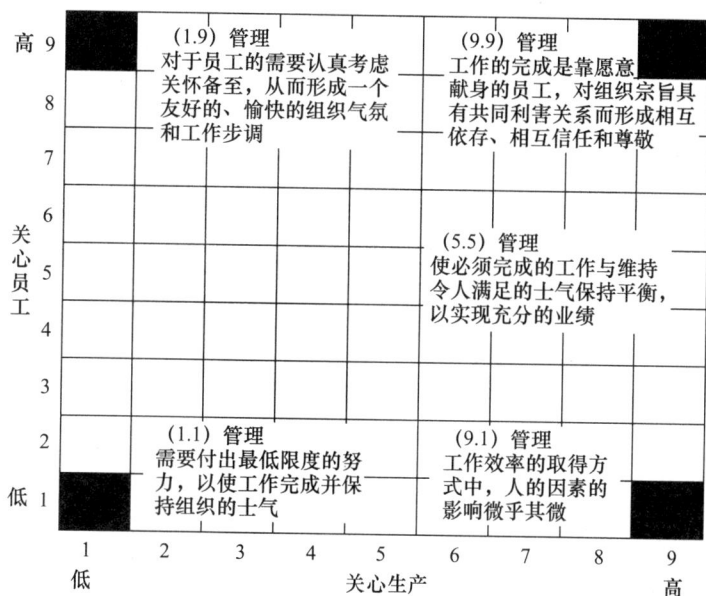

图11-1 领导方格理论

按照领导方格的划分,主要的领导风格就可以分为以下五种:

(1)贫乏型领导(1.1类)。在这种领导模式中,领导者对组织的任务和组织内的人际关系都不太关心,人际关系不融洽,生产任务难以完成。这种领导者实质上已经放弃了他们的职责。

(2)乡村俱乐部型领导(1.9类)。这种领导模式中,领导者力求建立起一种乡村俱乐部式的组织氛围,领导者深切关怀职工,注重组织内的人际关系,领导人缘好,但不关心任务的完成。

(3)任务型领导(9.1类)。在这种模式中,领导者只关心如何完成任务,不关心员工,组织内人际关系较差。

(4)战斗集体型领导(9.9类)。在这种领导模式中,领导者对组织的员工和任务都很关心，组织内的人际关系好，任务也完成得好。可以说这是最理想的领导风格。

（5）中间型领导（5.5类）。在这种领导模式中，领导者力求保持一般化的人际关系和对任务的关心，任务完成过得去，组织内人际关系不特别好，但也不特别差，领导者比较安于现状，缺乏进取精神。

（四）认为领导风格是连续分布的领导风格理论

这种领导风格理论是由美国管理学家罗伯特和坦南鲍姆提出来的。他们认为，一个截面上的管理者的领导风格不可能仅仅只用专制或者民主两个尺度来度量，而是多种多样，从集权到分权连续分布的。这种理论可以用图 11-2 来描述。

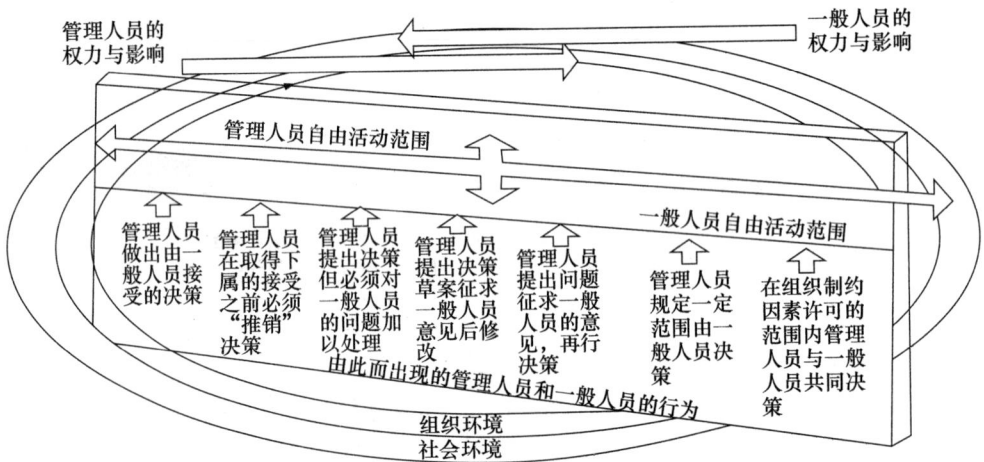

图 11-2　连续分布领导风格

二、领导风格的决定因素理论

现实中的领导风格是多种多样的。上面的理论给人们提供了一个观察领导风格的方法。但是，更为重要的是要清楚领导风格是怎样形成的，哪些因素在领导风格的形成中起着作用。对此，管理学家作了一些研究。

（一）菲德勒的情境决定论

菲德勒认为，领导风格由情境决定，与领导者的个性的关系不大。在情境因素中，最关键的因素包括以下三个：

1. 职位权力

指的是一个领导者所处职位的权力。职位高、权力大的领导者更容易博得下属的忠诚和追随。

2. 任务结构

指的是对任务明确阐述的程度和下属对此负责的程度。任务明确，下属愿意对此负责，工作的业绩容易度量，采取民主，或者是参与式的领导风格就有条件，否则就必须采取集权式的领导风格。

3. 领导者与被领导者之间的关系

如果领导者被被领导者追随和崇拜，被领导者有较高的忠诚，民主式领导容易实行。

（二）科曼的生命周期变化理论

这个理论由科曼首先提出，保罗·赫塞与肯尼思·布兰查德又进一步发展的。他们认为，领导风格是变化的，应当根据下属的心理成熟度和能力成熟度来决定。成熟度在这里被定义为：个体对自己的直接行为负责的能力和意愿。或者说是成就动机和承担责任的意愿、能力以及与工作有关的学识、经验。工作的成熟度与个人拥有的知识、能力和经验有关；心理成熟度指一个人做某事的意愿和动机。这两个维度有低有高，因此构成四种组合，在这四种组合中合理的领导风格应当是不同。具体可以用图 11 - 3 表示。

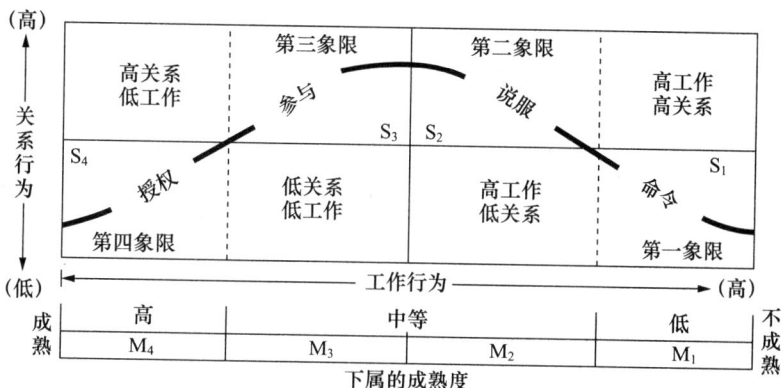

图 11 - 3 领导风格生命周期变化

注：工作表示对任务的关心，关系表示对人的关心。

从图 11 - 3 我们可以看到：

在第一象限，适合命令型领导。因为下属不成熟，没有能力承担责任，也不愿意承担责任，因此领导者需要采取"高工作，低关系"型的领导风格。

在第二象限，适合说服型领导。因为此时下属有承担责任的愿望，但是没有独立承担任务的能力。因此领导者既要关心任务，同时也要对下属关心和鼓励。所以此时合适的领导风格应当是"高工作、高关系"型的。

在第三象限，适合参与型的领导风格。在这个阶段，下属已经比较成熟，基本能够胜任工作，而且还不太满意领导者有更多的指示和约束。这时领导者应该通过双向沟通和悉心听取下属意见，发挥下属积极性。所以这时合适的领导风格是"低工作，高关系"型的。

在第四象限，适合授权型领导。此时下属已经高度成熟，有能力承担任务，而且也有热情从事工作，领导者应当赋予下属一定的权力，让下属自己决策、自己负责，领导者仅仅起一个监督角色。此时适合于"低工作、低关系"的领导。

（三）坦南鲍姆的个性决定理论

大多数管理学家都认为领导者的个性对领导风格的形成不起作用。但是坦南鲍姆则认为，除了下属的能力、责任心、组织文化和价值观等情境因素之外，领导者的个性因素对领导风格的形成也起着重要的作用。

三、注意培养领袖气质

(一) 领袖气质的定义

在领导风格中，受到普遍肯定的是领袖气质。实践与理论都证明，领导者的个人魅力与下属的高绩效和高满意度之间有着显著的相关性。员工最愿意追随有魅力的领导，他们会为有魅力的领导付出更多的努力，作出更大的贡献。

领袖气质为基本的交流技能和社会技能的一个集合，通过技术性的情绪交流来唤起或激励他人的能力。领袖气质来自于与人沟通，以及唤起和激励他人采取行动的出色能力。拥有领袖气质的关键是拥有情绪交流的技能，特别是情绪表现力。有关领袖气质和社会技能的研究表明，领袖气质在社会表现力、领导能力、人际关系，以及心理健康的培养等方面都扮演了重要的角色。人们可以通过改善交流技能和社会技能来增强自身的领袖气质，发挥自身的人际效应。研究领导能力的杰伊·康格（Jay Conger）把领袖气质定义为一系列行为特质的集合，这些行为特质能让他人感受到一种魅力，包括发掘潜在机遇的能力、敏锐察觉追随者需求的能力、总结目标并公之于众的能力、在追随者中间建立信任的能力，以及鼓动追随者实现领袖目标的能力。康格认为，追随者认为一个领袖是否具有领袖气质，取决于该领袖所表现出来的出色行为的数量、强度，以及它们与情境的相关程度。

(二) 领袖气质的特征

领袖气质的外在表现。具有领袖气质的人的社会效应如何，取决于他或她在别人眼里的可信度。为什么社会技能出色、具有领袖气质的人看起来更诚实、更善于游说呢？研究人员对被试者的言语行为和非言语行为进行了细致分析，发现具有领袖气质和不具有领袖气质的人相比，前者说话较为流利，语速较快，情绪丰富（表现为微笑次数较多，面部表情丰富），与听众接近的暗示较多（较多的眼神接触，使用包容性代词如"我们"的次数较多），以及较多表达情绪的手势，而紧张情绪表露较少（如抓耳挠腮、坐立不安等）。

不少学者认为，领袖气质是通过领袖魅力展现的。领导者的领袖魅力特征如表11-1所示。

表 11-1　领袖魅力特征

自信	有领袖魅力的领导者对他们自己的判断和能力有充分的信心
远见	他们有理想的目标，认为未来定会比现状更好。理想目标与现状的差距越大，下属约有可能认为领导者有远见卓识
口才	他们能够明确地陈述目标，使其他人明白。这种清晰的表达表明了对下属需要的了解，然后，它可以成为一种激励力量
奉献	他们被认为具有强烈的奉献精神，愿意从事高冒险的工作，承受高代价，为了目标能够自我牺牲
创新	他们的行为被人们认为是新颖，反传统，反规范的。当获得成功时，这些行为令下属惊诧而倍加崇敬
代表	他们被认为是激进变革的代言人而不是传统现状的卫道士
敏感	他们能够对需要进行变革的环境约束和资源进行切实可行的评估

资料来源：斯蒂芬·P. 罗宾斯：《管理学》中国人民大学出版社 2009 年版，第 427 页。

（三）领袖气质培养

1. 领袖气质的结构构成

了解领袖气质的结构构成是培养领袖气质的前提。理论研究发现，领袖气质的结构由三种基本的交流技能组成，它们分别为传递技能（即表达技能）、接收技能（即对输入的信息予以敏感处理的技能）和调控交流活动的技能。这三种技能的实施涉及两个领域：情绪交流领域和社会领域。因此，共有六种社会的和交流的基本技能：情绪表现力、情绪敏感性、情绪控制、社会表现力、社会敏感性和社会控制技能。

情绪表达能力包括通过面部表情、手势和音调来传递非言语情感的能力。

情绪控制力和情绪表现力把具有领袖气质的人造就成出色的情绪"演员"。除了情绪表现力和情绪控制力之外，一个具有领袖气质的人尚须具备洞悉他人情绪需求的能力。例如，他或她必须能够解读追随者的情绪，以便做出适当的反应。

在领袖气质中，社会表现力这一成分包括言语技能和在社会交往中吸引他人注意的能力。社会表现力与情绪表现力相辅相成，情绪表现力涉及情感的自发表达，而社会表现力则是如何把思想自发地转换成言语和行动的能力。

社会敏感性包括破译和理解他人的言语信息的能力，并与了解社会规范和准则的程度密切相关。一个具有领袖气质的人需要利用社会敏感性这一技能来解读各种社会情境的需求。

社会控制能力是扮演不同社会角色的基本技能。具有出色的社会技能的人是优秀的社会演员，能够胜任多种社会角色，在任何社会情境里都能如鱼得水。社会控制能力是与社会能力这个概念密切相关的一种基本技能。在某种程度上说，具有领袖气质的个体正是由于具有社会控制能力才使其表现出自信。

2. 培养途径与方式

有关证据表明，人们是可以通过改善社会技能来增强领袖气质的。由于领袖气质来自于与人沟通，以及唤起和激励他人采取行动的出色能力，所以可以通过学习来培养领袖气质。那些用来使人们成为更加出色的交际者的方案，例如戴尔·卡耐基课程、公众演讲课程、人际技能和社会技能训练方案，以及被称作"培养领袖气质"的方案，在某种程度上确实有助于改善参与者的社会效应和交际技能。

许多领袖气质要素通过有意识的实践锻炼也同样是可以形成的。比如在实践中，注意清晰地表达目标；向下属传达绩效的期望；对下属达到这些目标所具备的能力表现出信心；重视下属的需要；甚至包括学习模仿一些成功领袖的行为方式等。研究发现，经过这样的训练，效果十分显著。但是总体来看领袖魅力是领导者的一种综合素质，而且还是优秀领导者所具备的素质。不是简单地模仿就可以具备的，那样只能够是徒有其表，不可能真正展现出个人的领袖魅力与气质。

推荐阅读书目：

1. 吴维库：《领导学》，高等教育出版社 2006 年版。

2. ［美］戴尔·卡耐基：《卡耐基领导艺术与管理智慧》，天津社会科学出版社 2014年版。

3. ［美］约翰·P. 科特：《权力与影响力》，机械工业出版社 2013 年版。

第十二章　激励

利益是执行的原动力，企业文化是执行的持续动力。

——佚名

第一节　把握成员需求与行为规律

一、需要、动机与行为理论

（一）需要

人的一切行为都是由需要引起的。需要是一种人类心理反应过程，指人对于某种目标的渴求或欲望。潜在的需要一旦被意识到，就会以一定的行为动机形式表现出来，进而支配人的行为。所以说，需要是人的行动积极性产生的根源和原动力。正如马克思在阐述社会经济活动源泉时所指出的："没有需要就没有生产。"

形成一种需要必须具备两个条件：一是人们感到缺乏什么，有不足之感，这种不足之感可以由他人的引发而产生；二是人们对缺乏的东西有一种得到的渴望，主观上有求足之感。认识到缺乏的东西，若人们不需要它，也就难以产生对这种东西的需求，人的需要是发展变化的，总是表现为一种需求产生—满足—新的需求产生—再满足的过程。在这一过程中，人的需要带有事实的社会性，即人们除了由生存的天然特性所产生的需要之外，更多的是由所处的社会环境所引发的需要，并且，不同需要对人行为的作用力量是不同的。美国心理学家马斯洛对人的需要进行了结构分析，提出了著名的需要层次论。他认为，人的需要按其发生的次序可以分为五个层次，依次为：生理需要、安全需要、爱的需要、尊重需要和自我实现的需要。马斯洛认为：人的需要一般来说是依次产生的，只有当较低层次的需要被满足之后，才产生高一层次的需要。例如，一个生理需要都没有满足，肚子还未填饱的流浪汉，很难产生自我价值实现的需要。马斯洛的需要层次理论可以用图 12-1 来表述。

需要注意的是，对于大多数人来说，这五种需要不是并列的，而是从低到高排列的。只有当低层次的需要得到满足之后，才会产生高层次的需要。不过，需要的满足又是相对的，不可能是低层次的需要绝对满足之后才产生高层次的需要。研究表明，一般生理需要满足 85%、安全需要满足 70%、归属需要满足 50%、自尊需要满足 40%、自我实现需要满足 10%，就可以认为是需要得到满足了，从而产生下一层次的需要。

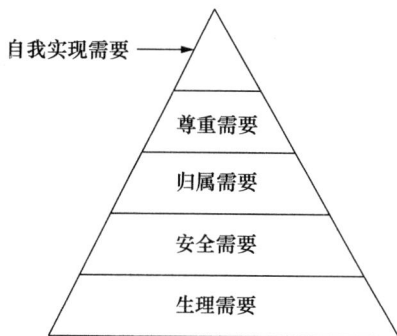

图 12 – 1　马斯洛的需要层次理论

另外，一个人一定时期的需要是多方面的，决定人们行为的是占主导地位的需要，即最为迫切的需要。

马斯洛的需要层次论在心理学领域产生了巨大影响，但最具实践意义的还是对管理学和管理实践的推动作用。以人为对象的各种管理活动，如果不能弄清人的需要是如何产生，如何发展，不能做到按需要的客观规律办事，是不可能获得良好管理效果的。马斯洛的需要层次论也存在不足，因为不同层次需要之间的界限并不明确，而且还会相互转化。如获得一个稳定的职业颇为不易时，那么这种职业就可能从满足人们安全需要变为能满足人们自我实现需要的东西。

（二）动机

动机是需要与行为的中介。需要为人所意识到就会产生动机，动机的产生就会激发人的行为。这三者之间的关系如图 12 – 2 所示。

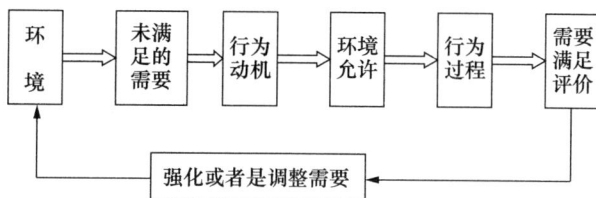

图 12 – 2　行为过程

简单地说，动机是推动人行为的原动力。它产生于被人们所意识到的需要。潜在的需要不产生动机。动机是人类行为产生的直接原因，但不是终极原因。动机受人的目的指引，目的则由需要决定。人的需要是客观现实的反映，对某个特定的个体而言，是工作生活环境的外部刺激产生需要。所以说，动机与目的是两个既相互联系，又有区别的概念。

动机是行为的直接原因，对行为具有如下几种作用：

1. 行为发动作用

需要产生动机，动机激发的行为却只能有一种，那么是哪一种动机在起激发作用呢？心理学认为，由最强烈的需要所产生的最强烈的动机激发行为，这种动机被称为主导动机。当由这种最强烈需要产生的动机所激发的行为使这种需要得到满足之后，它就会消失或者减弱，或者暂时退居其次，由原来并不十分强烈的其他需要取而代之，再产生新的主导动机，开始新的行为。

行为发动机制昭示着：管理过程中要引导人们的行为，就必须掌握人们最强烈需要的主导动机。

动机产生之后人们会不会马上行动，就取决于行动的条件是否成熟。这里的动机就是环境约束因素。如果环境条件不成熟，人们可能不会马上行动。如果想要被激励对象立即行动，就必须为其创造一个可以行动的外部条件。

2. 行为指向作用

动机一旦激发起人的行为，就会使人们朝着特定的目标努力，这就是动机的行为指向作用。因为动机激发的行为是执行决定的行为。一旦目标选定，人们就会向这个方向不断努力。

3. 强化作用

它指动机对行为的调节，具有加强和制止两个方面的作用。在一定动机支配下的行为结果，如果符合行为者本人的期望，这种行为就会得到强化，这种行为也常会反复出现；反之，行为就会减少，直到完全终止这种行为。

（三）行为

行为是人的主观对客观作出的可以观察到的反应，泛指人作为主体外观的各种活动。如动作、运动、工作，但不包括纯意识的思想反应过程。

心理学中"场理论"的创始人，德国心理学家勒温认为，人类行为既受外界环境的影响，又受个体心理的影响，人的内部需要和动机是行为的基础，是行为的驱动力，客观环境则是引发这种驱动力的导火线；人的行为方向是人的内部立场、观念、价值观念和环境共同作用的结果，但居主要地位的仍是人的需要和动机。

一般来说，人的行为具有如下共同特征：

1. 主动性

人的行为都具有主观能动性的特征。对于一个意识健全的人来说，外力可以影响一个人的行为，但无法发动一个人的行为，一切外力都是行动的外因，它只有通过内因才能起作用。简单地说，无论是强迫还是引诱，都必须在被行为者接受之后，才能激发人的行为。

2. 原因性

任何一种行为都是结果，都可以找到至少一种引起行为的原因。影响行为的原因有外在的，但主要是内在的。当然内在的动机、需要也会受客观环境的影响。

3. 目的性

恩格斯指出："任何事情的发生都不是没有自觉的意图，没有预期的目的。"人是有意识的，一切行为都是在一定动机支配下，为实现一定的目的而产生的，具有明确的行为目的是人类行为的基本特点。

4. 持久性

行为指向目标，一般来说，在目标没有实现之前，行为不会终止。当然，行为的持久性程度因人而异，主要受人的意志和实现目标的条件的影响。如果一个人意志坚强，一般在目标确定之后就会有不达目的誓不罢休的劲头，甚至会始终如一地努力为之奋斗一生。

对一个意志薄弱的人来说，如果在实现目标的过程中需要克服的困难太多的话，就有可能放弃结果半途而废。

5. 可变性

行为由动机激发，指向目标。如果动机变化，行为必然也发生变化。此外，如果动机不变，目标不变，行为自然不变，而实现目标的环境与初期估计相差太大的话，也有可能改变行为，重新选择目标。因此说，行为具有可塑性。

二、解释影响积极性因素的理论

双因素理论是由美国管理学家赫茨伯格所提出的。1959 年赫茨伯格出版了《工作的激励》，1966 年出版了《工作与人的本质》，1968 年他在哈佛的《商业评论》上又发表了《再一次：你怎样激励雇员》，1969 年在同一杂志上，赫氏与他人合作发表了《事实工作内容大有好处》一文。在这一系列著作中，赫茨伯格建立起了双因素理论。

赫茨伯格认为，影响人们工作积极性的因素可分为不可互相替代的两大类。赫茨伯格称其中之一为保健因素，另一类称之为激励因素。

保健因素又称为维持因素，它们没有激励人的作用，但有预防、保持人的积极性，维持工作现状的作用。换句话说，如果保健因素搞得再好，职工也不会因此增强积极性；但如果保健因素搞得不好，职工的积极性就会下降。赫茨伯格认为，这些因素不良可能造成不满意。这些因素主要有：企业政策和行政管理、工资水平、人际关系、工作条件等。

激励因素是影响人们工作积极性的内在因素，其本质为工作本身的内容，如果得当可以提高工作效率，促进人们的进取心，激发人们做出最好的表现。激励因素就像人们锻炼身体一样，可以提高身体素质，增强人们的体质。这些激励因素，赫茨伯格认为可以导致人们的满意，这些因素主要有五个：成就、认可、工作本身的吸引力、责任、发展。

赫茨伯格双因素理论的核心在于强调保健因素与激励因素不可相互替代，各自的作用不同。因为他认为，满意与不满意不是相互对立的，与满意对立是没有满意，而与不满意对立的是没有不满意。这种观点与传统观点的比较如图 12－3 所示。

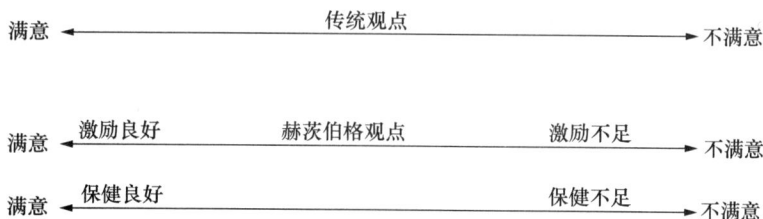

图 12－3　赫茨伯格的双因素理论

自 20 世纪 60 年代以来，双因素理论在管理界越来越为人们所重视，因为它指出了激励人的积极性，更重要的是提供使人感到具有价值实现意义的工作，工作内容具有挑战性，应让人们承担更重要的责任。而不仅仅是把眼光局限于提高工资水平、办好福利事业上。从这个意义上来说，赫茨伯格的双因素理论是与马斯洛的需求层次论相通的。激励因素就是人的高层次的需求，而保健因素只是人们在低层次上的需求，当然，赫茨伯格的理论是以美国企业工人为对象的研究成果，这些对象的收入水平已有很高，工人们对工作的内容越来越关注。如美国民意研究中心在 1973～1974 年调查表明，过半数的男士认为工作的首要条件是能够提供成就感。此外，把有意义的工作列为首位的人，要比把缩短工作时间列为首位的人数多 7 倍。如果将这个结论运用到我国，在一部分企业中，主要是外资企业、大型国有企业与大型上市公司等企业中还是具有相当的价值和意义的。可是对于众多小型企业的员工来说，就应当注意适应性。

我们认为，虽然保健因素与激励因素不能相互替代，但却紧密地联系着。如果保健因素缺乏，激励因素也不会为人们所考虑和关心，自然也不会激励出人们的积极性。在我国企业职工收入水平还低的现实中，更应注意到这一点。

第二节　建立科学的激励机制

一、激励的作用

激励的主要作用在于激发、调动人的积极性，从而使人们能够更加富有成效地努力工作，以取得最大的成效。管理学研究证明，个人的工作成效取决于个人的工作能力和工作积极性，用公式来描述即为：

$$M = F(A \times E)$$

这里，M 表示工作成效，A 表示工作能力，E 表示工作积极性。在决定工作成效的因素中，能力 A 自然是最基本的。如果通过有效的人事管理，使其能够胜任工作，人岗相适，那么决定工作效率的关键因素就是工作积极性了。况且，个人的能力变化是比较缓慢的，而工作态度、积极性的高低常常可能在短期内发生较大变化，从而对工作成效产生很大影响。激励恰恰就是要使人保持旺盛的工作热情和积极性。具体地说激励的作用包括以下几点：

（一）通过激励来挖掘人的潜力

人的潜在能力与平时所表现出的能力有时存在很大差别，前者会大大超出后者。人的工作积极性越高，潜在能力就越容易发挥出来。所以，挖掘人的潜在能力，关键就在于有效地激励制度和激励方法。

（二）通过激励可以为组织吸引优秀人才

有效的激励制度不仅可以充分调动组织内现有的人力资源发挥出创造性，而且还有助于吸引组织外的人才流向组织内部。因为人人都愿意自己的才能得到充分的发挥，并得到公正的认可。有效激励的实质就是能够合理地满足人们的需要，这样的激励自然会吸引那些难以得到的人才加盟。

（三）通过激励可以激发员工的创造性

有效的激励不仅可以调动职工的劳动积极性，而且还会促进职工在工作中发挥自己的创造能力。去努力克服工作中的困难并完成任务。这种创造性的工作态度和热情对组织任务的完成和组织的发展具有重大意义。

从管理学的立场来看，激励就是通过管理者的行为或组织制度的规定，给被管理者的行为以某种刺激，使其产生努力实现管理目标，完成组织任务的管理过程。通俗地讲，管理中的激励就是要解决如何调动职工积极性的问题。

二、激励过程与特点

从上面关于需要、动机和行为的讨论中可知，人们的行为产生于需要。那些人们已经意识到的潜在需要，但没有欲望的需要，就要采取措施提供实现需要的条件，从而强化人们的行为。所以，激励过程可用图 12 - 4 简单地来概括表示。

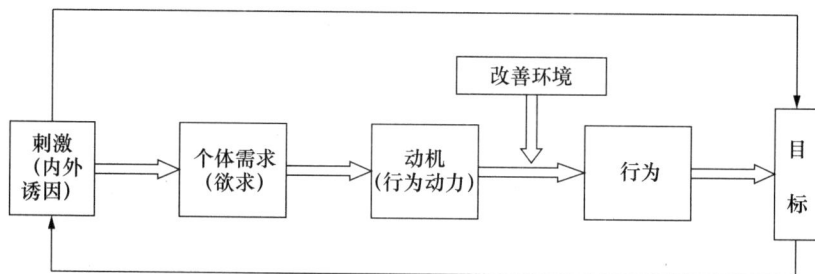

图 12 - 4　激励过程

从图 12 - 4 可知激励有如下特点：

（一）激励是一个循环过程

激励是一个循环过程，这一过程包括了这样几个阶段：第一阶段，刺激人的需要产生；第二阶段，在需要的作用下产生动机；第三阶段，在动机作用下引发行为；第四阶段，比较行为的结果，如果行为结果与期望的目标一致，就会产生一种满足感，从而产生新的需求，强化行为。如果行为未能满足目标期望，行为者就受到挫折，其反应通常有以下两种：一是调整目标；二是调整行为，在较低的程度上获得满足，然后产生新的需要。

（二）激励是管理艺术的典型体现

在组织行为中，这样的情形是十分常见的：行为相同，动机不同；或行为不同，动机却相同。相同的动机，由于在寻找方法上的差异，会造成行为上的不一致，有的人可以采取这种行为，另一些人可能采取另一种行为。反过来，相同的行为也可能是由于不同动机造成的。这些都说明，调动人的积极性，对不同的人以及其不同的情况，应当采用不同的方法。因此，不存在对任何人都适用的激励模式。所以激励体现着管理者将管理作为一种艺术加以发挥的能力和水平的高低。

（三）激励过程组成

激励过程由这样几个阶段组成，一是激励需求产生，如树立榜样，号召其他人学习，让人们产生成为榜样的动机和动力；二是在需要及其动机产生之后，优化行为的外部环境和条件；三是对行为的结果进行强化。奖励应当鼓励的行为，惩罚必须禁止的行为。

三、建设科学的激励机制的要求

（一）激励机制的含义

激励机制是通过一套理性化的制度来反映激励主体与激励客体相互作用的方式，在制

度建设上它包含以下几个方面的内容:

1. 整合激励要素

整合激励要素就是用于调动员工积极性的各种刺激因素。了解这些刺激因素,必须进行科学合理的个人需要调查、分析和预测,然后根据组织所拥有的奖励资源的实际情况设计各种奖励形式,包括各种外在性奖励和内在性奖酬(通过工作设计来达到)。需要理论是指导对激励要素整合的基本理论。

2. 行为导向制度

它是组织对其成员所期望的努力方向、行为方式和应遵循的价值观的规定。在组织中,由诱导因素诱发的个体行为可能会朝向多个方向,不一定都符合组织目标。此外,个人的价值观也不一定与组织的价值观相一致,这就要求组织在员工中间培养与组织价值观一致的主导价值观。行为导向一般强调全局观念、长远观念和集体观念,这些观念都是为实现组织的各种目标服务的。

3. 行为控制

它是指对由诱导因素所激发的行为在强度方面的控制。根据弗鲁姆的期望理论公式($M = V \times E$),对个人行为幅度的控制可以通过改变奖励与绩效之间的关联性以及奖励本身的价值来实现。根据斯金纳的强化理论,按固定的比率和变化的比率分别确定奖励与绩效之间的关联性,对员工行为的影响很不相同。前者会带来迅速的、非常高而且稳定的绩效,并呈现中等速度的行为消退趋势;后者将带来非常高的绩效,并呈现非常慢的行为消退趋势。通过行为幅度制度,可以将个人的努力水平调整在一定的范围之内,以防止一定奖励对员工的激励效率的快速下降。

4. 行为归化制度

行为归化是指对成员进行组织同化,对违反行为规范或达不到要求的进行处罚和教育。组织同化是指把新成员带入组织的教化过程。它包括对新成员在人生观、价值观、工作态度、合乎规范的行为方式、工作关系、特定的工作机能等方面的教育,使他们接受组织风格和习惯以及价值观,从而具有一个合格的成员身份。关于各种处罚制度,要在事前向员工交代清楚,即对他们进行负强化。若违反行为规范和达不到要求的行为实际发生了,在给予适当处罚的同时,还要加强教育,其目的是提高当事人对行为规范的认知和行为能力,即再一次的组织同化。所以,组织同化实质上是组织成员不断学习的过程,对组织具有十分重要的意义。

以上四个方面的制度和规定都是激励机制的构成要素,激励机制是四个方面构成要素的总和。其中激励因素起到激发行为的作用,后三者起导向、规范和制约行为的作用。一个健全的激励机制应是完整地包括以上四个方面。只有这样才能进入良性的运行状态。

(二)综合激励机制模型

前述的激励理论都是从人的行为模式的某一方面来研究激励问题的。虽然都有一定的科学性,但又不太完备。有必要集众家之长,形成一个比较完备的激励理论。这个任务由波特和劳勒共同完成了,他以期望理论为基础,建立起了称为综合激励模式的激励理论。

综合激励模式如图 12-5 所示。

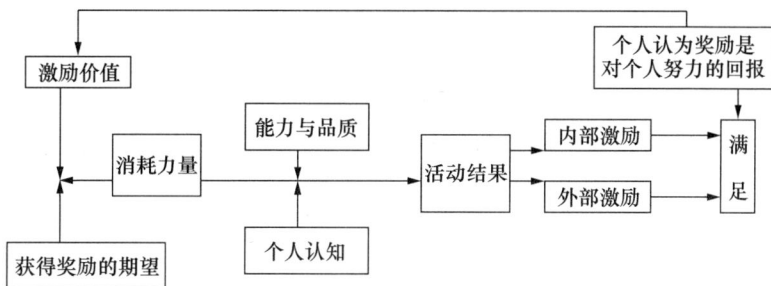

图 12 - 5　综合激励模式

从图 12 - 5 可知，激励可分为内激励与外激励两种。波特与劳勒指出：内激励的内容包括：劳动报酬、工作条件、企业政策等；外部激励的内容包括社会、心理特征等因素，如认可、人际关系等；激励过程是内部激励和外部激励综合作用的结果。

在这个模型中，尚可进一步分析如下变量：

1. 消耗力量

指的是工作者对完成工作所需作出努力的估计，而它的大小由组织所确立的激励价值和自己可能成功的概率决定。显然，这是期望激励理论的应用。但这里的努力程度并非活动的结果。活动的结果既受激励程度的影响，又受个人品质、能力以及和个人对自己工作作用感知的影响。最后一个变量指的是个人对完成工作任务的把握和对投入的意愿。

2. 满足

指的是个人从活动结果中所得到期望满足需要的程度。它由两个因素决定，即活动结果产生的内部奖励和外部奖励，它指出，一项活动结果只有在产生最大的外部奖励和内部奖励，才使工作者获得最大的满足。当然，这种奖励还应为个人所接受和承认。

3. 联系

在波特和劳勒的综合激励模型中，各变量之间都有着密切的联系，如果联系中断，特别是如果激励和劳动结果之间的联系中断，职工就会丧失积极性，激励就不起作用。因此，必须注重这种联系的不断加强。

罗宾斯教授认为：这个模型是名副其实的激励理论的综合，其中包括了需要理论、强化理论、公平理论等。要注意的是，因为高成就者不会因为组织对他的绩效评估和组织奖赏而受到激励，对这些人来说，努力与个体目标之间是一种直接关系。只要他们所从事的工作能够使他们产生个体责任感、有信息反馈并提供了中等程度的风险，他们就会产生内部驱动力。这些人并不关心努力—绩效、绩效—奖赏以及奖赏—目标之间的关系。（见《管理学》中国人民大学出版社中译本第 401 页）

（三）建立科学激励机制要注意的问题

1. 激励相容

所谓激励相容就是组织对员工的激励应当不仅仅只是员工为组织任务的完成贡献出更多的力量，而是在组织获得发展的同时，员工也因此具有同样的收益。也就是说，激励应当兼顾组织与成员双方的利益，而且尽可能同时得到实现。激励相容是经济学家在研究现代公司代理制问题时提出来的一种解决代理风险的思路，其实这样一种思维在所有的管理领域都是适用的。如果没有激励相容，激励就可能被成员看作是获取超额贡献的手段。

2. 公开透明

公正平等的要求是建立在公平理论的基础上的。公平理论是美国心理学家亚当斯提出来的。1963 年，亚当斯发表了他的论文《对于公平的理解》，1965 年亚当斯又发表了《在社会交换中的不公平》一文，从而提出了公平理论的观点。

亚当斯的公平理论认为：在一定的环境中，人们总会将自己做出的贡献和得到的报酬与一个与自己有关的人做出的贡献和得到的报酬之比相比较，来判断报酬的分配是否公平，从而决定自己下一步的行动。显然，如果比值相等，双方都会有公平感，因此，双方都可以维持原有的积极性，如果二者不能相等，比值较小的一方就会认为自己在分配中受到了不公正的待遇，进而会调整他自己的行为。

由此，亚当斯提出了著名的公平关系方程式：

$$\frac{QP}{IP} = \frac{QO}{IO}$$

式中，QP 表示比较者获得的报酬；IP 表示比较者作出的贡献；QO 表示被比较者获得的报酬；IO 表示被比较对象作出的贡献。

如果方程式没有得到满足，如 QP/IP < QO/IO，比较者就会产生一种不公平感，认为自己的贡献没有得到公平的报酬。由此可知，一个人对工作的报酬是否满意，不仅受报酬绝对值的影响，而且还受到报酬相对值的影响，更会受到这个相对值与可比较的范围内的相对值的影响。只有当报酬是公平时，组织结构才能保持稳定，如果不公平，矛盾就会产生。

亚当斯发现，一旦出现了不公平，感觉到不公平的人们一般会采取行动调整措施，这些措施主要包括以下几个方面：

（1）要求增加自己的报酬，以便提高自己的投入报酬率；

（2）要求降低他人的报酬，以便降低他人的投入报酬率；

（3）主动减少自己的贡献，以便提高自己的投入报酬率；

（4）要求他人提高贡献，以便降低他人的投入报酬率。

在这四种行动措施中，第（1）、第（2）、第（4）种措施都只有在得到管理者的认可之后才能实现。并且，管理者在进行调整时，将改变原有的报酬格局，一般都比较困难而不会接受。只有第三种行为调整方式不需要征得他人的同意而自主地进行。如果比较者的名义贡献不变，譬如劳动时间不能缩短，报酬按照劳动时间的长短支付，劳动者就会以磨洋工的方式减少自己的贡献；如果实行按照产量支付报酬的方式，认为自己受到不公平待遇的劳动者就会以降低产品的质量的方式来减少单位产品上的劳动投入。因此说，不公平的分配必然降低人们的劳动积极性，这也就是在我国过去国有企业中所存在的"大锅饭养懒汉"的现象。

如果当上述四种行为调整措施都不能奏效时，比较者的最后一招就是换一个比较对象，这种调整方式发展下去，就是比较者调换工作环境，造成组织内的人员流动，队伍难以稳定。

公平理论揭示了公平分配对激励的重要作用。这对我们今天来说是特别有意义的，激励制度必须包含公平分配的制度。当然，不仅仅限于公平分配制度。

3. 持续长久

我们希望员工的积极性是能够长久保持的。因此要通过对其行为的强化来做到这一点。这就需要运用强化理论指导。强化理论是由美国心理学家斯金纳提出来的。该理论认为人的行为是由外部因素控制的，控制行为的这种因素就是强化物。强化物是在行为结果之后紧接着的一个反应，它会提高行为者重复行为的可能性。因此，强化理论认为行为是结果的函数。管理中可以采取的强化手段及其目的为标准可分为如下四种：

（1）正强化。指鼓励行为重复发生的强化。一般表现为对某种行为的认可、奖赏、表扬、对行为者的晋升等都是正强化因素。

（2）负强化。指预先告知某种不合要求的行为或不良绩效可能引起的后果，从而减少或削弱所不希望出现的行为。

（3）自然消退。自然消退是取消正强化，对某种行为不理睬，以表示对该行为的轻视或者某种程度的否定。

（4）惩罚。是指用某种带有强制性、威胁性的结果，例如批评、降职降薪、开除等手段，来消除某种行为的重复发生。

4. 期望吻合

期望激励理论是由美国心理学家托尔曼最先提出来的，1964 年，另一位美国心理学家弗鲁姆在其基础上又作了研究发展，才正式形成系统理论。期望激励理论认为：个人的行为方式由个人的需要和实现这种需要的可能性决定。个人需要可能产生行为的动机，而实现需要的条件却决定着动机是否能激发行为。因为个人需要如要得到满足，必须付出一定的努力。如果某人已经意识到某种需要，实现这种需要的客观条件又已经具备，他或她就会立刻采取行动，以此实现需要。如果他或她觉得实现这种需要的客观条件不具备，或者要付出不值得付出的努力，那么他或她就可能抑制这种需要。这样，我们说一个人在行为之前，会对某一种需要进行估计，即实现这种需要对自己具有多高的价值，值不值得去努力；另外，在现实条件下，自己要经过多大努力才能实现这一需要，所以，激励的力量与受激励者对目标价值和实现的概率估计相关。

期望激励理论可用公式表述为：

$$M = V \times E$$

其中，M 表示激励力量；V 表示目标价值；E 表示实现概率。

由此可见，如果一件事的目标价值越高，实现的概率越大，所产生的激励力量也就越大。通俗地讲就是可以调动更大的积极性。反之，如果一件事情对受激励者来说缺乏价值，再加之实现概率小，就不会产生出激励力量。由此可推知，管理过程中的激励工作，要设定出人们确认其有较高价值的目标，同时又要创造出较大实现概率的客观条件，这样才能现实地调动广大职工的工作积极性。

目标价值的高低不完全由管理者决定，主要由受激励者的自我需要所决定的。显然，一个在经济上拮据的人认为货币收入的价值较大，而一个富裕的人可能认为荣誉称号的价值较高。管理者的重要任务之一就是要准确地把握职工对需要的价值评价，采取合适的激励方式。

四、注意边际效应递减，建立长效激励制度

（一）边际效应递减的概念和表现

边际效应递减问题是从研究消费者的满足过程中发现的一种规律。是指消费者在逐次

增加某种消费品，每增加一个单位消费品时，带来的单位满足效用是逐渐递减的（虽然带来的总效用仍然是增加的）。边际效应递减有时也称为边际贡献递减。

由此学者们推定，人们向往某事物时，情绪投入越多，第一次接触到此事物时情感体验也越为强烈，但是，第二次接触时，会淡一些；第三次，会更淡……以此发展，人们接触该事物的次数越多，人们的情感体验也越为淡漠，一步步趋向乏味。这种效应在经济学和社会学中同样有效，在经济学中叫"边际效益递减率"，在社会学中叫"剥夺与满足命题"，是由霍曼斯提出来的，用标准的学术语言说就是："某人在近期内重复获得相同报酬的次数越多，那么，这一报酬的追加部分对他的价值就越小。"

在管理激励中，这样的情况也比比皆是。例如一个成员受到晋升职务的激励，开始阶段会表现出很高的积极性或者是工作热情，随着时间的推移，相当一部分人的工作热情会减退，创造力和主动性都会下降。因此维持一种长效激励，减少激励的边际递减效应就是管理者必须做好的工作。

（二）注意激励机制的长期效应

激励机制一旦形成，它就会内在的作用于组织系统本身，使组织机能处于一定的状态，并进一步影响组织的生存和发展。激励机制对组织的作用具有两种性质，即助长性和致弱性，也就是说，激励机制对组织具有助长作用和减弱作用。

激励机制的助长作用是指一定的激励机制对员工某种符合组织期望的行为具有反复强化、不断增强的作用，在这样的激励机制作用下，组织会不断发展壮大、不断成长。我们称这样的激励机制为良好的激励机制。当然，在良好的激励机制之中，肯定有负强化和惩罚措施对员工的不符合组织期望的行为起约束作用。激励机制对员工行为的助长作用给管理者的启示是：管理者应能找准员工的真正需要，并将满足员工需要的措施与组织目标的实现有效结合。

激励机制的减弱作用是指由于激励机制中存在的削弱激励的因素，组织对员工所期望的行为并没有表现出来。尽管激励机制设计者的初衷是希望通过激励机制的运行能有效地调动员工的积极性，从而实现组织目标。但是，无论是激励机制本身不健全，还是激励机制不具有可行性，都会对一部分员工的工作积极性起抑制作用和削弱作用，这就是激励机制的减弱作用。在一个组织当中，当对员工工作积极性起减弱作用的因素长期居于主导单位时，组织发展就会受到限制，直至走向衰败。因此，必须将激励机制中的削弱性激励因素根除，代之以有效的激励因素。

第三节　激励艺术性的把握

一、一般原则

前文指出，没有适用于一切人和一切环境的激励制度和激励方法。在管理中，激励是充分展示管理者管理艺术水平的管理活动。因为管理过程中，激励必须因时、因人因地而异。但这并不等于说激励就没有一定的规律可循。同其他管理职能一样，激励也必须遵循如下一些基本原则：

（一）理解人、尊重人

激励的根本目的是要调动人的积极性。与其他管理职能相比较，激励是做人工作的艺术，激励得当，人们的工作热情高涨；反之，人们的情绪低落，组织目标就难以实现。做好人的工作，其前提必须理解人，尊重人。

人的行为具有多变性，多样性，创造性，但又遵循着一定规律。理解人就是要认识这种规律。一个人工作态度好、热情高；或者恰恰相反，工作积极性不高、效率低，都有一定的原因。了解人就是要认识人，抓住这种原因。另外，做好激励工作，还必须理解人。仅了解人，知道了事情是什么这样还不够，还应该站在当事人的立场上考虑问题，由此才能找到解决问题最有效的办法。最后，激励还必须尊重人。无论是正激励的表扬，还是负激励的批评，都必须考虑受激励者所处的情境，采取合适的方式。只有真正地尊重他人，激励才会为人们所接受，奖励不被人们认为是恩赐，批评不被人们当作是打击。

（二）注重时效，赏罚及时

时效原则指奖励必须及时，不能拖延。一旦时过境迁，激励就会失去作用。唐朝柳宗元在《断刑论》中就指出："赏务速而后劝，罚务速而后惩。"实践也一再证明，应该表扬的行为得不到及时的鼓励，会使人气馁，丧失积极性；错误的行为得不到及时的惩罚，会使错误行为更加泛滥，造成积重难返的局面。

把握好激励的时效是一种艺术，并非记住了这一原则就能做好。一般来说，正激励大多在行为一发生就给予表扬，以示肯定与支持。对错误的行为先应及时制止，不让其延续下来或扩散开去，批评与其他的惩罚措施，就应根据不同的情形分别处理了。因为在有些情况下，当场的严厉批评会使受批评的对象觉得面子上过不去，进而产生对立情绪，甚至矛盾冲突。在这种情况下，适当的冷处理或许是十分必要的。

（三）功过分开，一视同仁

我国传统文化在奖励问题上有一种将功补过，以功抵过的主张。这是不符合现代管理的要求的。奖赏与惩罚应当分明，这不仅指对该奖的人给予奖赏，对该罚的人给予惩罚；而且还包含着对同一个人的功过应当严格区分，分别处理，有功该奖，有过当罚，不能以功抵过，扯平完事。

（四）以奖为主，以罚为辅

奖励和惩罚都属于激励，最终目的是一样的。调动人的积极性，消除组织中存在消极因素，可根据个人不同的情况，在偏重赏或偏重罚之间适当地作出选择。但在建立激励制度时，应执行以奖为主，以罚为辅的原则。因为完成组织的目标，最终还要靠调动人的积极性和创造性，要激励员工努力工作。这一点，惩罚是做不到的。我国古代思想家们在论述奖赏问题上也认为应当坚持以奖为主的原则。《左传》中古人曰："善为国者、赏不僭越而刑不滥，赏僭越则惧及淫人，刑滥则惧及善人。若不幸而过，宁僭无滥，与其失善，宁其利淫。无善人，则国从之。"这段话的大意是：善于治理国家的人，赏罚都不可以过度。赏过度就担心邪恶者也能得到，罚过度就担心好人会受伤害。如果不巧出现了差错的话，那么宁可赏过而不要罚过，因为，宁可赏错坏人，也不能伤害好人，一个国家若没有了好人，那么这个国家也不可能好起来。古人这里讲的是治国立法的道理，同样也适用于一般组织的管理。

（五）实事求是，奖罚合理

无论是正向激励，还是负向激励，都必须实事求是，掌握好分寸。这也激励的艺术性所在。古人也指出，赏不当功，罚不当罪是十分有害的。

首先，要做到实事求是，奖罚合理。必须端正奖罚的思想。奖励不能唯奖励而奖励，不能借奖励来拉关系，培植山头势力；不能故意拔高成绩，树立虚假典型；也不能搞平均主义，人人有份。批评、惩罚，也应该从事实出发，对事不对人。不能无限上纲，更不能借机打击报复；也不能因为受罚者是与自己关系不错的人，文过饰非，大事化小，小事化了。

其次，还要掌握运用激励工具的艺术，特别是语言艺术。不论是奖励还是批评、惩罚，都要运用一定的语言表达出来。不同的语言或同一语言在不同的情形下，会表达出不同的激励强度。学会运用语言的艺术，一是要准确用语，用语要得体；二是要因时因地用语，注意形式和地点。同样的语言在大会上说出来和在小会上说出来，个别谈话时说出来，作用是大不一样的。掌握好奖惩的分寸，必须苦练运用语言艺术。

二、注意做好几个结合

（一）物质奖励与精神奖励相结合

物质利益是人们行为的基本动力，但不是唯一的动力。任何人都不可能只为物质利益而活着。在现实生活中，人们的需要是多方面的，既有物质性的，也有精神方面的，只不过对于不同的人而言，两种需要的强度有所不同罢了。所以，奖励必须注意物质奖励与精神奖励相结合。无论片面地强调哪一方面都不正确。

物质奖励与精神奖励相结合也是针对激励制度而言的。就某一件事、某一个人来说，一次奖励可能只是物质的，也可能只是精神的，或者是二者相结合的。

（二）注重整体与兼顾个体相结合

在现实中，有许多工作成果很难在员工个人中明确划分出贡献的大小，有许多工作可能与多个部门的工作相关联，尤其是一些突发性的工作、创造性的工作。所以在奖励中，一定要注意调动个体的积极性与发挥整体的作用有机结合起来。切忌奖励了少数人，挫伤了多数人的积极性。

（三）外部激励与自我激励相结合

激励效应要持久，一是奖励制度要健全、科学合理；二是组织的文化，价值观念和宗旨等要内化于职工内心。只有员工认同组织的宗旨与目标，以组织的发展为己任，以组织的成就为自豪，愿意奉献，这样才能形成真正持久的激励。因此内部激励与外部激励要有机结合。也就是物质激励与价值观教育、组织文化建设相结合。

三、准确选择激励方法

激励的方法指在关怀、尊重、体贴、理解的基础上，以诚挚的感情、入情入理的分析、实事求是的科学态度、恰如其分的手段，对受激励的对象以启发和开导，调动其内在积极因素，促使其振奋精神，积极向上，努力进取。

激励的方法分为精神激励法和物质激励法两大类。下面分别加以阐述。

（一）精神激励法

常见的精神激励法有：

1. 目标激励

目标激励就是通过树立工作目标来调动人们的积极性。在大多数情况下，人们都希望工作具有挑战性，能在工作中充分展现自己的能力，从而体会自我价值的实现感和成就感。在管理过程中，如果给每一个人能确立一个通过努力可以实现的、明确的工作目标，就可以起到调动积极性的作用。

2. 情感激励

古人云："感人心者莫先于情。"情感是人们对于客观事物是否符合人的需要而产生的态度和体验。它是人类所特有的心理机能。当客观事物符合人的需要，就会产生满意愉快欢乐等情感。反之，就会产生忧郁、沮丧等消极情感。激励工作必须注重"情感投资"，晓之以理，动之以情，鼓励人情、人爱、人性；要讲人情味，给人以亲切感温暖感，用真挚的感情去感染人，满足人的感情需要。

3. 榜样激励

所谓榜样激励，也就是典型激励。典型是公开树立起来的旗帜，典型的力量是无穷的，运用先进典型教育员工和带动员工。在实际工作中，应注意发现和及时正确宣传好的典型，发挥典型的导向作用，使好人好事得到大多数人的承认和尊重，使人们向先进看齐，以先进为榜样，培养健康、向上的情操。

4. 尊重激励

自尊心是一种高尚纯洁的内心品质。自尊心是人们潜在的精神能源，前进的内在动力。人们有自我尊重、自我成就的需要，总是要竭力维护和努力争取自己的面子、威信、尊严。一个人的自我尊重需要得到满足，就会对自己充满信心，对他人满腔热情，感到生活充实，人生有价值。反之，一个人的自尊心受挫，就会消极颓废，自暴自弃，畏缩不前。

要注意的是，不同文化环境中成长起来的人，对尊重的理解是不一样的。东方文化认为尊重人主要是给面子，不能伤面子；而西方文化则认为给面子不是真正的尊重，尊重是要实事求是地承认个人价值。类似这种差别在管理中是应当注意的。

5. 危机激励

危机就是潜在的危险。危机激励就是从反面激励，就是从关心人的立场出发，帮助分析问题和找出存在的原因，给人指明坚持某种观点、主张、做法可能会产生的不良后果以及危害，使人产生危机感，从而转变自己的态度、观点和行为，焕发精神，树立信心，鼓足勇气，积极进取。

6. 表扬激励

表扬激励就是对好人好事给予公开赞扬，对人们身上存在的积极因素和积极表现及时肯定、鼓励和支持。心理学研究指出，人们都喜欢接受表扬，不愿接受批评。从每个人的身上看，积极因素总的来说是占主导地位的，消极因素占次要地位。因为绝大多数人是愿意上进的。表扬激励有利于调动积极因素，把消极因素转化为积极因素，把大多数人的积极性调动起来，促进工作开展。

（二）物质型激励法

物质型激励法指的是通过满足人们对物质利益的需求，来激励人们的行为，调动人们的工作积极性的方法。物质利益是人们生存和发展基础，是基本的利益。当然，不同的人对物质利益的要求是不同的，有的强烈，有的淡漠。但总的来说，物质利益仍是现阶段最重要的个人利益之一。所以说，物质型激励方法也是管理中重要的常见的激励方法。

物质型激励方法主要有：

1. 晋升工资

就是指提高职工的工资水平。工资是人们工作报酬的主要形式，它与奖金的主要区别在于工资具有一定稳定性和长期性。工作有成效的职工如果获得晋升工资的奖励，毫无疑问是重大的物质利益。因此，晋升工资的激励方法一般是用于一贯表现好，长期以来工作成绩突出的职工。

2. 颁发奖金

奖金是针对某一件作出额外贡献的工作给予的奖赏。奖金与工资不同，它灵活性大，不具有长期性、稳定性。一件事情该奖，目标达到了，奖金发放了，也就结束了，所以说奖金也是一种重要的物质型激励手段。适用于特殊事情的激励。

3. 其他物质奖赏

除了货币性的工资与奖金之外，常用的还有住房、轿车、带薪休假等其他物质利益的激励手段。特别是有些激励方法是带有物质型激励与精神型激励相结合的特征，如高尔夫球俱乐部会员证，对个人来说，参加高尔夫球运动不仅是一种享受，而且在一定社会圈子中它还代表着一种地位和身份，给人以自尊需求的满足感。运用得好可以产生很强的激励效果。

推荐阅读书目：

1. ［美］亚伯拉罕·马斯洛：《马斯洛论管理》，邵冲、苏曼译，机械工业出版社2013年版。

2. 陈春花：《企业文化管理》，华南理工大学出版社2006年版。

第十三章　控制

如果强调什么，你就检查什么，你不检查，就等于不重视。

——［美］IBM 公司前 CEO 郭士纳

第一节　建立组织运行控制体系

一、管理控制的概念

控制指的是为实现组织目标，以计划为标准，由管理者对被管理者的行为、活动进行的检查、监督、调整等的管理活动。控制一直被管理学家认为是最重要的管理职能，不可能为其他职能所取代。

与控制关系最为密切的管理职能是计划，有些管理学家认为，计划和控制不过是同一个问题的两个方面而已。计划不仅是控制的标准，而且计划本身就是为使组织的活动得以控制。使组织的一切活动井然有序，能够经济、合理、顺利地实现组织的目标。正是从这个意义上说，控制就是保证组织按计划规定的路线、方法来实现组织的目标。

但我们认为，计划与控制又是有区别的，计划是控制的前提，可本身并不是控制，控制工作必须由掌握权力的直线领导来完成，但计划工作就不一定了。从这点来看，控制过程又是最为典型的权力实施过程。管理控制的特点包括以下几点：

（一）管理控制具有整体性

管理控制的整体性包括这样两重含义：一是指管理控制是组织全体成员的职责，完成计划是组织全体成员的共同责任，参与管理控制是全体成员的共同任务；二是指控制的对象是组织的各个方面。组织各个方面的协调平衡需要对组织的各个方面进行有效的控制。

（二）管理控制具有动态性

管理控制不同于机器设备系统中的自动控制，自动控制是高度程序化的，具有固定的特征，管理控制是在有机的社会组织中进行的，外部环境和内部结构都在不断的变化，从而决定了管理控制的动态性，以提高管理控制的适应性和有效性。

（三）管理控制是对人的控制和由人执行的控制

管理控制是保证工作计划顺利实施并最终完成的条件，在这个过程中，人一直都是活动的主体，因此管理控制首先是对人的控制，自然也是由人来执行的控制。

（四）管理控制是提高职工能力的重要手段

控制不仅仅是监督，更为重要的是指导和帮助。管理者可以制订纠正偏差的计划，但是这种计划必须靠职工去实施，只有当职工认识到纠正偏差的必要性并且有纠正偏差的能力时，偏差才会被纠正，控制的目的也才真正实现。所以，通过控制，管理者可以帮助职工分析偏差产生的原因，端正一个员工的工作态度，指导他们纠正偏差。这样在控制过程中，员工的能力就能够得到提高。

二、管理控制体系的类型

（一）控制系统的基本结构

一个控制系统有三个不可缺少的基本要素：一是施控者，在管理活动中则是管理过程中的管理者；二是受控者，即管理活动中的被管理者；三是施控过程，显然，居于施控者地位的管理者必须拥有组织所赋予的权力才能开展控制工作。这种权力包括监督、检查和纠正受控者的行为偏差等权力。于是权力分配结构决定了一个组织控制系统的结构和控制方式。分权化的组织必然采取分层控制方式，集权化的组织必然采取集中控制方式。

实施计划的组织从控制的角度来看就是一个控制系统。系统由施控者、受控者和施控作用过程、反馈作用过程构成。最常见的控制系统可用图 13 - 1 概括如下：

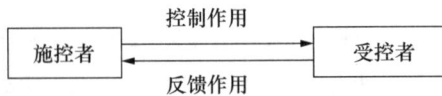

图 13 - 1　控制系统

由图 13 - 1 可知，在一个控制系统中，不仅施控者对受控者具有控制作用，受控者对施控者也有反馈作用。当然，只有施控作用而无反馈作用的控制系统也存在，但这种控制系统常常因缺乏反馈机制而难以提高控制效率，难以增强组织功能，推动组织发展。换言之，在管理活动中，作为施控者的管理者必须重视反馈机制是正确的，绝不能听不进下属的意见，堵塞言路。不然的话，发展下去必然导致控制失效和失误。

（二）主要类别

1. 按控制系统内部结构分类

（1）开环控制。开环控制也称开环控制系统。在这种控制系统中，控制者与受控者的作用关系是单向的，组织输出的信息不能反馈到施控者。开环控制系统如图 13 - 2 所示：

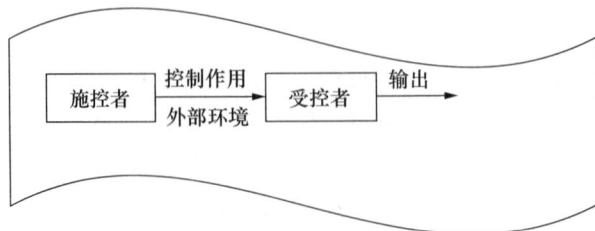

图 13 - 2　开环控制系统

开环控制系统没有反馈制度，因此结构简单。但是，由于在开环控制系统中施控者不了解受控者的输出信息，自然难以改进自己的控制工作以保证目标顺利实现。开环控制系统在经验管理阶段比较常见，在现代化管理中已不多见。

（2）闭环控制。闭环控制也称之为闭环控制系统。它是在开环控制系统基础，设置了反馈装置之后形成的。在闭环控制系统中，施控者与受控者之间具有反馈作用和控制作用，反馈是指将系统输出的信息发挥效用之后，形成新的信息再回输到原系统中去的系统活动，反馈是闭环控制系统的关键。一个闭环控制系统的框图如图 13-3 所示：

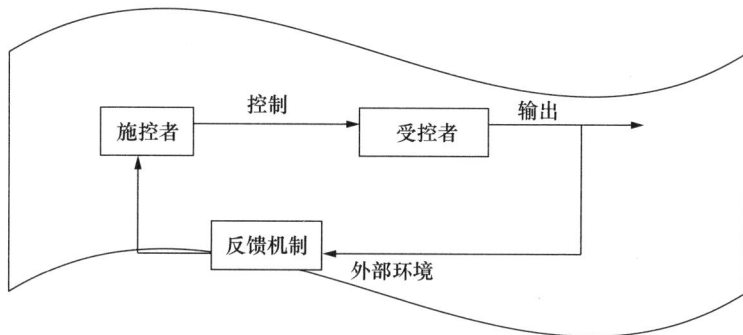

图 13-3　闭环控制系统

由于闭环控制系统加装了反馈装置，系统的输出可以再回到施控者手中，施控者可以据此比较系统输出与目标的异同，发现差别，从而采取措施，改进系统和控制过程，提高组织效率。显然，闭环控制比开环控制要先进得多。但闭环控制也存在着不足，主要是系统已经输出，如果在外部因素的干扰下没有达到目标的要求，虽然施控者可以通过反馈了解这一情况，并着手改进，但损失已经造成了。如在企业的生产经营活动中，企业仅在商品销不出去时才知道市场已经供过于求，并着手进行调整就为时已晚了，因为生产出无销路的产品已经给企业带来了经营损失。

（3）前馈控制。前馈控制也称前馈控制系统。它是在完善闭环控制系统的基础上形成的，最为主要的改进是在闭环控制系统中加装了前馈装置。前馈控制系统如图 13-4 所示。

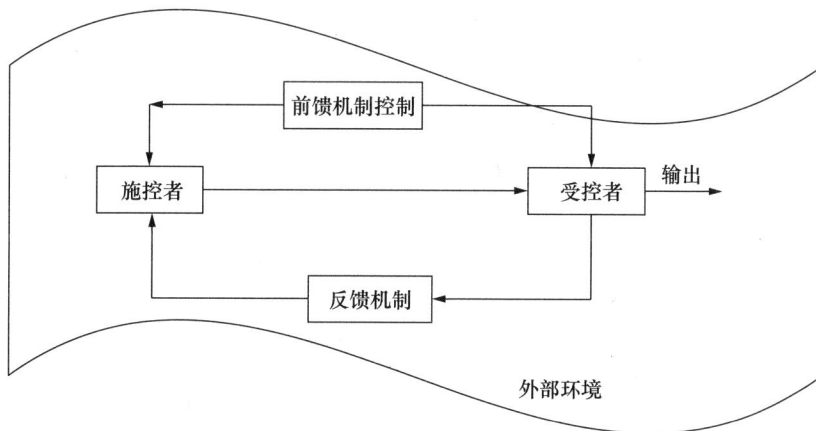

图 13-4　前馈控制系统

从图 13－4 可知，前馈是指对产生后果的干扰因素所用的反馈。这一反馈将干扰信号回馈施控者，施控者可及时采取对策排除干扰，保证目标得以顺利实现。因而有人将前馈控制称为事前控制，反馈控制称为事后控制。

带有前馈装置的控制系统也带有反馈装置，二者都是必要的，可以互相补充。因为即使系统设置了前馈装置，由于受多种因素的制约，系统中的前馈装置不可能将一切干扰都准确无误地反馈给施控者，施控者也有必要了解系统输出与目标之间是否存在着偏差；如有偏差，其程度多大，可见反馈装置同样是不可缺少的。

2. 按照控制的侧重点分类

（1）预先控制。预先控制是在工作开始之前对工作中可能产生的偏差进行预测和估计，并采取防范措施，将工作中可能出现的问题消除在产生之前。如在计划执行前，针对计划执行制定的一系列制度、规章就属于预先控制的形式。首先，预先控制的优点是控制在工作开始之前展开，因此可以防患于未然，避免事后控制对已经造成的损失无能为力的不足；其次，预先控制适用于一切领域的所有工作，所有的组织活动都可以采用；最后，预先控制对事不对人，是针对具体的条件设置的控制防范措施，避免了心理冲突，容易被员工接受。但是，预先控制对控制信息的要求比较高，对事物发展规律要求有比较透彻的了解，并且预防成本也比较高。

（2）现场控制。现场控制是在工作进行之中开展的控制。现场控制主要有监督和指导两项职能。监督是按照预定的标准检查正在开展的工作，以保证目标的实现；指导是管理者针对工作中出现的问题，根据自己的经验指导下属改进工作，或者是与下属共同商讨矫正偏差的措施以便使工作人员能够正确地完成所规定的任务。首先，现场控制具有指导职能，有利于提高工作人员的工作能力和自我控制能力。但是，现场控制的效率受管理者的时间、精力、业务水平等的制约，不可能事事都采取现场控制的方法。其次，一些工作无法运用现场控制。最后，现场控制容易给工作者造成心理压力，影响工作者的积极性和主动性。所以，现场控制不可能成为日常的控制方法。

不过，对不同层次的管理者而言，现场控制运用的频率是不一样的，高层管理者对现场控制的运用比基层管理者要少，因为高层管理工作许多无法进行现场控制，而大部分作业工作需要进行现场控制。

（3）事后控制。事后控制是在工作结束之后进行的控制。事后控制的重点是工作的结果，通过对前一阶段工作的回顾，对比计划或者是标准进行测量、比较、分析和评价，采取措施，矫正今后活动，避免出现问题的控制方式。针对性强，问题目标都比较明确。事后控制的最大弊端是在纠正偏差的措施实施前，偏差已经产生，人们通过事后控制是亡羊补牢。

三、建立控制体系具体工作

1. 明确控制的责任机构

（1）为完成组织管理的控制职能应建立起专门的司控机构，配备专职的司控人员，授予其权力，明确其责任，这项工作可解决由谁来控制的问题。

（2）控制应注意协调。在一个组织中，控制是多方面的，各方面的内容和目的都不一样，为了保证组织的根本目标得以实现，各个部门的步调必须一致。所以，控制中必须充分注意协调。

2. 制定控制标准

从逻辑上讲，制定标准是控制过程的第一步。标准是作为一种规范而建立起来的测量单位或者说尺度。没有标准，也就不能测定绩效，也就无法奖惩。简单来看，似乎计划应当就是控制的标准。但是并非如此，计划是控制的一个标准，可是计划并不等于标准。原因是计划正确，执行有偏差，计划就是控制的标准；而当计划制订与环境有偏差，需要对计划进行修改，那么，计划就不能够作为控制的标准。

而且，计划的详尽程度与标准不一样。有一些计划指标可以作为控制标准，而有一些计划指标是无法作为控制标准的。这样，控制就需要另外制定标准。

常见控制标准的类别：

（1）实物标准。指的是非货币标准，如耗用的原材料、劳动力，完成的产品产量等都属于实物标准。实物标准也可以运用品质或者说质量标准来表示。

（2）成本标准，指的是以货币衡量的消耗标准。

（3）资本标准，指的是组织的活动中所占用的自有或者是外部资本的标准。

（4）收益标准，指的是组织活动的期望结果，可以是利润，也可以是其他的标准，如亏损部门减亏的标准。

（5）时间标准，指的是活动完成所必须遵守的时间。

对企业来说，最常用的标准有四个，分别是时间标准、数量标准、质量标准和收入或成本标准。

控制标准应当满足如下几个方面的要求：

第一，便于控制，衡量工作，因此量化的程度要高。

第二，应当有利于组织目标的实现。因为标准有指导性，会引导控制对象的行为，因此标准应当与组织的目标一致。

第三，标准应当带有先进可行性；标准一方面要有先进性，鼓励人们努力达到或者超越，但是又应当是人们经过努力可以实现的。

第四，应当有一定的弹性，控制标准应当对环境变化有一定的适应性，特殊情况例外处理。

3. 选择合适的标准制定方法

制定标准的方法一般是如下三种：

（1）统计方法，是指利用历史资料，在统计分析的基础上，制定当前工作的控制标准。这些数据可以是本单位的，也可以是外单位的；运用这种方法，得出的标准可能是历史数据的平均数，也可能高于平均数或者是低于平均数。

这种方法成本低廉、简便易行。但是，这种方法存在的最大问题是不准确。因为历史与现实之间存在着差距，这种差距越大，在历史资料基础上制定的标准的准确性也就越差。此外，根据这种方法制定的标准可能并不是先进的标准。

（2）根据评估制定标准。这种方法主要用于那些无法根据历史资料制定标准的工作。对这些工作，可以组织各方面的人员和专家，运用评估的方法制定标准。这种方法的优点是运用面广，简单易行；不足之处是科学性不足，评估很大基础上是以经验为依据的。

（3）根据工作分析建立标准。这种方法的特点是对控制对象要进行全面、科学的工作分析，分析的方法是已经被证明是科学可行的方法。如对作业活动的动作研究、对管理工作的职务分析等，然后确定标准的方法。这种方法制定标准准确性高，但是一般成本高、耗时长。

4. 建立现代控制机制

（1）树立现代控制观念。虽然控制在管理科学的诞生初期就被确立为管理的职能之一，但今天的控制所包含的内容已远不是早期控制职能所包含的内容了。什么是现代控制观念呢？简单地说就是：

第一，树立新的控制者与受控者关系的观念。传统的控制管理观念认为：施控者处于绝对支配地位，受控者处于被支配地位。二者之间只有命令和服从的关系。现代控制观念则认为，控制者与受控者是平等的，施控者的权威只有被受控者承认和接受才有意义，施控者只有靠权力和威望才能施控，控制才能发挥作用。

第二，重视反馈。反馈是现代控制的特征之一，没有反馈，控制就不可能提高效率。施控者不是万能的，他必须依据受控者的反馈来判断和决策。建立反馈观念，重视反馈，不仅要建立制度化的反馈机构。更为重要的是要创造下级能够畅所欲言、敢讲、愿讲真话的氛围和环境。全面、及时地反映真实情况。

（2）合理分权。分权是控制中的问题，也是组织机构设置的中心问题，怎样才能做到合理分权，没有放之四海而皆准的真理，分权的合理与否只能根据实际情况来判定。一般来说，以下几条原则保证分权合理性：

第一，权力下放和责任落实相一致，保证权责对等。

第二，切忌越级授权，越级授权必然导致越级指挥，从而给中层管理人员的控制活动造成困难。

第三，从实际出发，分权是因人、因时、因地、因事而异的管理活动，管理者的分权必须从实际出发，不能盲目地照搬他人的做法。否则，分权不仅难以调动下层的积极性，反而会造成失控的局面。

（3）做好控制制度建设工作。控制制度建设包含着广泛的内容，在某种意义上来说，基本上与管理相等同。就狭义的控制制度建设而言，主要应做好如下几方面工作：

第一，建立精简、高效的控制机构，配备合格的司控人员；

第二，建立明确的控制责任制；

第三，完善组织内部的信息沟通体系，保证信息上下沟通顺畅，反馈及时；

第四，搞好协调工作，形成有机的控制网络。

5. 准确评价控制效率

控制作为一项重要的管理职能，必须是有效的。那么，怎么来评价控制的效率呢？一般来说，应着重从如下几个方面进行评价：

（1）计划的保障程度。控制的主要任务就是要保证计划完成。在正常情况下，如果一个组织未能如期完成计划，就表明这个组织的控制无效或效率很低了，无论是建立控制系统还是实施控制过程，都应保障计划完成作为基本准则。

（2）促进人们创新的概率。控制应努力促进人们创新，这一观点在本章的前面已经阐明。建立控制系统不能将下属变成棋盘上的棋子，应给予他们发挥创造性的空间和权力，促使人们创新。

（3）解决问题的速度。控制的一个基本环节就是纠正偏差，俗称解决问题。控制越有效，解决问题的速度就越快，如果一个组织中问题成堆管理者却仍然熟视无睹的话，就表明该组织已经失控了。问题久拖不决，则表明组织控制效率十分低下了。

第二节 发现问题，纠正偏差

一、确立控制重点

一个组织的运行控制，应当确定如下几个方面作为控制重点：

（一）组织运行信息

与控制过程密切相关的一个概念是信息。在一个控制系统中，施控者发出的指令是信息，受控者执行指令的反馈也是信息。控制是否有效的关键之一是看信息反馈是否灵敏、准确、全面、及时。对信息反馈灵敏是一个组织活力的体现。正确的信息反馈表明组织正处于有序和正常运行之中。控制系统必须有完善的信息传递机制。

控制必须以有效的信息为前提。如果组织内的信息不能顺畅流动，缺乏信息的传递和反馈，控制就无法进行。所以，信息通畅与否直接影响着控制效率。信息流通不畅的主要表现及原因有：

1. 下级取悦于上级，反馈不真实

下属受多种因素影响，不及时向上级报告新发生的问题，计划执行中产生了偏差的信息不能及进传递到施控者手中。下属不愿向上级如实汇报情况的主要原因常见的包括：①上级好大喜功，下级报喜不报忧；②下级故意隐瞒错误，逃避责任。

2. 层次太多，反馈不及时

如果一个组织的运行程序不科学，环节太多，程序烦琐，文牍主义，造成信息传递缓慢，待到情况递到施控者手中，问题已经成了堆且层次太多造成层层过滤，施控者接收到的是不完整的信息，无法据此做出判断与决策。

获得全面、准确、及时以及有价值的运行信息，建立完善的信息传递机制，是现代控制的重点工作之一。

在组织的运行信息中，尤其要注意明确重要信息作为主要控制重点。信息是控制的前提，同时又是控制的对象。现代组织研究表明，信息是一个组织生存、发展不可缺少的要素。正确、全面、及时的信息既是决策的前提，也是保证组织协调一致，构成一个有机整体的纽带。组织不仅要与外界进行物质能量交换，而且也要进行信息交换。例如一个企业，只有从外部获得有关市场需求，竞争对手，原材料供给等方面的信息，才能正确地作出经营决策，有准备地进入市场；同时还要向外部发布必要的信息，让社会、消费者了解企业，以及企业所生产的产品，另外，还要控制一些信息外泄，如企业的技术诀窍、发展战略等。在内部，信息的流量是否合理，传递的信息是否全面、真实、及时，是决定上下能否畅通，决策能否被接受并贯彻执行，左右是否能协调行动的重要因素，所以说，信息控制是组织控制活动的重要内容。

（二）工作与产品质量

质量控制。质量控制包括产品质量控制和工作质量控制。质量控制是保证企业所生产的产品达到质量标准，工作水平达到工作质量标准的重要管理活动。质量控制不仅在企业里十分重要和必要，而且就是在非企业类的组织中同样十分重要和必要。人们对此还缺乏足够的认识。因为每一个组织，无论是企业还是其他非经济组织，都要以不同的形式向社会提供自己的产出；只不过企业提供的是产品，政府提供的是服务，学校提供的是毕业生；文艺团体提供的是满足人民精神生活所需要的精神产品。每一种产品的消费者对该产品都有一定的质量要求，这是不言而喻的，提供高质量的产品是每一个向社会提供产出的组织的责任。能否提供满足社会需求的高质量的产品，关系到组织的生死存亡。质量就是生命的口号，适用于一切参加社会交换的组织。怎么才能提供满足社会所需要的合格产品呢？从管理的角度来看，就是要做好质量控制工作。正因为如此，我们才说每一个组织都有质量控制的任务。

（三）经费与预算

预算控制。即对组织活动所需的费用、成本、支出等进行事前安排，以及支出过程中的控制。在预算控制中，最为重要的又是财务预算控制。预算控制对每一种组织都是重要的。因为每一个组织在开展活动、实现目标过程中，都有费用和成本。对企业来说，要求通过预算控制使成本最低，利润最大，对非企业型的其他组织来说，同样要求节省费用、效果最佳，达到效用最大化。

（四）管理信息系统

在本书前面的有关章节中就指出，信息是管理的重要对象。建立管理信息系统，就是为了加权对组织信息的管理。所谓管理信息系统就是一种由人、机等要素构成的，收集处理、传递与组织管理有关信息的一种管理系统。管理信息系统并非只是在电子计算机和计算机网络出现之后才产生。在电子计算机产生之前，组织的管理信息系统同样存在，只不过当时使用的是手工工具而已。当然，今天所说的管理信息系统一般都是指建立在电子计算机和计算机网络基础上的管理信息系统。

一个组织中建立起以电子计算机和计算机网络为基础的管理信息系统，虽然可以起到一些沟通的作用，但是在人际沟通中作用是有限的，它最重要的作用是可以大大提高组织控制的效率。所以，我们没有将管理信息系统作为沟通的渠道，而是作为现代控制手段来看待的。

从管理学立场来看待管理信息系统，它应当包括如下内容：

（1）管理信息系统的目的是为组织的管理服务的，是为了使组织的管理更有效率。具体来看，是为了保证管理信息更为及时、准确、全面地在组织中传递，更好地保证组织的控制。

（2）管理信息系统的作用是承担管理信息发生源和使用者的媒介，从信息沟通的角度看它是一种沟通工具，从管理控制的角度看它是一种控制手段。

（3）管理信息系统形成与运行的基本条件是包括电子计算机以及有关的管理人员与作业人员在内的现代资本。

（4）一个组织的管理信息系统是一个分层次、分部分的大系统，需要注意有机协调。

在现代组织中，管理信息系统是管理手段现代化不可缺少的内容。但是，不能过分依靠这个系统来替代所有的信息传递和沟通。通过管理信息系统来收集、处理和传递信息，速度快、准确性高、规范、长期成本低是其主要的优点，但是这种以计算机和信息网络手段为媒介的人际沟通，缺乏传统的面对面沟通和信息传递所附带的感情交流的优点。而在知识经济时代与学习型组织中，人与人之间的感情交流不仅不可缺少，而且还需要"深度的会谈"，不仅要通过现代化的信息手段完成信息共享和知识共享，而且更需要通过感情交流。因为只有这样才有助于改善成员的心智模式，建立共同的愿望。

建立管理信息系统一般需要具备以下条件：

（1）建立必要的管理体系。缺乏必要的管理体系，管理的信息就无法输入信息系统，那就更谈不上对信息的处理与输出，发挥系统的其他作用了。

（2）配备专门的人才。现代化的管理信息系统要运用大量的高科技手段，使用这些手段需要专门的人才，充分发挥系统的作用，保证系统的高效运行也需要专门的人才。

（3）准备现代化的信息处理设备。在这个方面要从完成信息系统的任务出发，不能为建立管理信息系统而建立管理信息系统，建立管理信息系统也考虑执行投入产出比率。

管理信息系统发挥其应有的作用，关键是管理者的重视、使用者的参与。作为一种管理手段，本身是无法将其效率自动地发挥出来的。组织管理者的支持、运用是管理信息系统发挥作用的前提。管理者应当充分了解管理信息系统的功能、作用，积极恰当地运用管理信息系统，提高管理的现代化水平。

更多具体的内容将在本书第十八章中讨论。

二、监督检查，查找问题

检查考核就是对计划执行的实际情况进行实地检查，并作出判断。检查考核是控制的中间环节，也是工作量最大的一个环节。在这个阶段，通过检查，施控者可以发现计划执行中所存在的问题，以及存在多大的偏差，它们是由什么原因引起的，应采取什么样的纠正措施。可见，该环节的工作影响着整个控制效果。

做好检查考核工作应注意以下几个方面：

（1）必须深入基层，踏踏实实地了解实际情况，切忌只凭下属的汇报作判断，也要防止检查中走过场、搞形式、工作不踏实，走马观花，点到为止。

（2）检查考核工作必须制度化。通过制度建设，管理者可及时、全面地了解计划执行的情况，以便从中发现问题，迅速纠正，尽可能地将重大偏差消灭在萌芽状态，检查无制度，随心所欲，就可能等到出现了大问题，才手忙脚乱地仓促应付。

（3）检查考核评价的方法应科学。考核应根据所确立的标准考核，对计划执行中存在的问题，不夸大、不缩小，实事求是反映情况。

（4）确定适宜的衡量频度。有效控制要求确定适宜的考核频度。衡量频度不仅体现在控制对象、需要衡量的标准数目的选择上，而且表现在对同一标准的衡量次数或频度上。对控制对象的衡量频度过高，不仅会增加控制的费用，而且还容易引起有关人员的不满，影响他们的工作态度，从而对组织目标的实现产生负面影响；但是检查考核的次数过少，偏差不能被及时发现，不能及时采取纠正措施，同样会影响组织目标的实现。因此要确定合适的检查考核频度。

检查的目的是对计划执行状况作出判断，更进一步来讲，是判断是否存在偏离计划路线和目标情况的工作。实际计划执行中的偏差有两种，一种可称为正偏差，通俗地讲就是超额完成计划的情况。在大多数人的思想上，一直存在着这样一种意识：超额完成计划是好的，应该鼓励。其实，超额完成计划并非都是有利的。有些正偏差会加剧结构失衡。所以，在检查考核中发现存在着正偏差，也必须全面分析，然后再作出结论。另一种是负偏差，即没有完成计划和偏离计划的情况，显然，负偏差是不利的，施控者必须深入分析产生负偏差的原因，并及时采取对策加以纠正。

三、确定问题，分析原因

在这个阶段，主要的工作如下所述：

如果发现计划执行过程中已经出现了偏差，必须马上召集有关方面分析偏差产生的原因，偏差产生的原因不外乎两大类，其一是计划脱离实际，执行者无法执行。这种偏差产生的原因是计划制订得不合理，或是目标标准过高，或是目标标准过低，或者是不符合基层实际。自然，纠正偏差的措施只能是重新调整计划，修改标准。其二员工努力不够。这就需要坚持标准。同时分析员工努力不够的原因，排除消极情绪，督促其完成计划。具体来看，产生问题常常有如下几点：

1. 分权不当

分权和控制之间存在着因果关系，分权是控制的原因之一，控制是分权的保障。如果管理者有管理分权不当，权力失控，就会影响控制效率。管理实践中常见的分权不当有如下几种情形：

（1）将不应下放的管理权力不适当地下放给下级，如企业给非独立性的车间，分厂单独对签订合同的权力，就有可能造成经营失控。

（2）权力下放和责任落实不对称；下级权大责小，下放的权力失去约束，造成权力滥用，失去控制。

（3）因为分权造成内部竞争，组织内部各种矛盾变得更加复杂。这种局面使组织内的关系复杂化，控制变得更加困难。

2. 标准失据

标准是控制的依据，但控制标准必须实事求是，科学可行。标准不能太低，低的标准缺乏压力，不利于调动员工的积极性。更值得注意的是，标准也不能过高过严。若标准过高，下级和员工经过努力之后仍然不能达到，就会生产抵触情绪。如果过严的标准进行控制，施控者与受控者往往会产生对立情绪，控制也将失去作用。

3. 控制失度

控制制度决定着控制工作本身的效率。控制制度规定着组织内司控人员的职责，权力、工作内容和程序等。若控制制度不完善，控制效率肯定低下。控制制度不完善常常表现为以下几方面：

（1）缺乏完善的检查考核制度，不能及时获得信息；

（2）控制机构和人员无约束，缺乏责任制；

（3）缺乏明确的控制机构和人员，纠正措施不能及进落实，无法了解纠偏措施的执行效果。

4. 各部门之间的协调失衡

控制的最终目标是要保证计划顺利完成，实现组织的目标。在一个较大规模的组织中，组织的计划和目标往往要进行分解，再落实到各个部门中去。目标分解和执行过程中，稍不注意，就可能使各部门之间的工作不一致，甚至各部门的目标相互冲突，这会给司控人员的控制带来困难，降低控制效率。

四、拿出举措，纠正偏差

确定了问题，找准了原因，就要结合实际制定切实可行的解决问题，纠正偏差的措施，使组织在计划执行过程重新回到准确的轨道上来。在制定和实施纠正偏差的方法和措施过程中，要注意如下几个方面的问题：

（1）纠正偏差的措施应当双重优化。

（2）充分考虑原先计划实施的影响。

（3）注意消除组织成员对纠正偏差措施的偏见。

（4）纠正偏差一定要及时，发现问题马上解决，不能拖拖拉拉，等问题成了堆才去解决。

（5）纠正偏差的措施一定要贯彻落实，切忌将措施束之高阁。

五、注意做好几个结合

（一）原则性与灵活性相结合

控制是按一定标准进行的管理活动，目的是为了保证计划完成。受控者在控制过程中必须严格执行施控者的命令和决策。要达到的标准，不能有丝毫动摇。控制是一项十分严肃的管理工作。控制需坚持原则，必须严格按计划，按标准办事。对计划中存在的问题，必须及时反馈；对计划执行中存在的重大消极因素，必须坚决排除。但是，控制又是针对未来进行的管理，为了保护员工的积极性，对一些非原则性的缺点和错误，以及一些不影响大局的失误，应从正面给予帮助，积极引导，争取受控者自觉、主动地去纠正偏差。

在控制中做到原则性与灵活性的结合，需要较高的管理控制艺术水平。它首先要求管理者对哪些属于原则性问题，哪些属于非原则性问题有一个正确的判断；其次要求有与问题大小程度相适应的处理措施。做到这一点，施控者必须努力提高自己的政策水平、思想水平、工作水平，不断地总结管理中的经验教训，提高自己的管理调控能力。

（二）重点控制与全面控制相结合

重点控制是指在计划的实施过程中，应对关系全局的重点部门。重点环节进行的特别控制。全面控制指对计划实施过程中的各个方面进行一般控制。控制必须做到重点控制与一般控制相结合，以重点控制来带动一般控制，一般控制来保证重点控制。

重点控制在控制过程中是十分重要的。因为一项计划，无论多么简单，也会涉及多个部门的工作协调，也要经过多个环节。不同部门、不同环节在计划实施中的地位和作用是不同的，有的事关全局，有的则仅起配套辅助作用。控制首先必须抓住这些事关全局的部门和环节。这样控制才最有效率。例如，都是生产电视机的企业，有的面临是产品质量差，市场萎缩的困难，这样的企业，管理控制的重点当然就是质量管理部门和管理工作；

而有的企业则是产销两旺，但资金、生产场地紧张。这样的企业，控制的重点就是企业财务和基建部门及其工作了。如果控制中缺乏重点，平均使用力量控制就会打乱仗，其效果必然低下，顾此失彼，难以保证工作顺利完成。

同时，在控制系统中，全面控制也是十分必要的。如果只抓重点控制，放弃全面控制，一些部门就会放任自流，一些环节虽然它是非关键性的，在失去控制之后也会影响计划的完成。所以说，全面控制与重点控制是相辅相成的，缺一不可。

（三）事前控制与事后控制结合

事前控制是指在计划执行前的控制。就是在计划付诸实施前，应尽可能地将计划本身存在的不足和执行系统中所存在的隐患消除掉。事前控制不同于计划，它需要采取实际行动。更具体一点说，即它是人们通过对事实的观察和了解，对事物发展规律和趋势的把握，从而对未来可能发生或必须会发生的一些不利情况所采取的防范对策。事前控制通俗地讲就是将问题解决在萌芽状态，尽可能地减轻不利因素给计划带来的损失。由于事前控制具有超前性，所以又被称为现代控制方式。搞好事前控制，是做好控制工作，提高控制效率的重要内容。

但是，仅有事前控制又是不够的。因为计划执行受多种因素影响，人们不可能对所有的因素都知道得一清二楚，况且有些因素受各种条件约束在事前也无法采取措施予以完全消防。所以除了事前控制之外，还必须采取事后控制方式。事后控制指在计划执行结果反馈的基础上，从中发现偏差和问题，然后采取纠偏措施。加以纠正偏差的控制方式。事后控制的内容明确、问题清楚，也比较容易采取解决办法。但事后控制是在问题已经发生之后才去采取措施，属于亡羊补牢。

事前控制与事后控制互相补充。只要协调得好，就可以大大提高控制的效率。在管理实践中，事前控制与事后控制一般没有主次之分，二者在时间顺序上已经分开了。

第三节　培养组织的自我控制机制

一、自律与自我控制

自律也可以称为自我控制，它指的是在管理控制中，控制对象自觉地遵守计划和标准，主动地完成组织所规定的任务，也自觉地按照组织规则要求的表现。可以说，自律是管理控制的最高境界。因为自律具有如下的优点：

（一）自律的成本低

控制对象如果能够自觉地遵守行为规范，能够自主的努力工作，不需要控制者采取一系列控制手段进行控制，可以减少控制的费用。

（二）自律有助于发挥控制对象的积极性与创造性

因为自律是控制对象的自觉行动，是对自己的主动约束，不会产生被监督和管理的那种对立情绪，有助于控制对象最大限度地发挥工作的积极性和主动性。这是有利于计划的实行和控制的展开的。

（三）有利于提高控制的准确性和及时性

自律或者说自我控制是无时不在的。如果所有的控制对象都有自我控制的能力与要求，自我控制就可以达到很高的准确性和及时性。

（四）自我控制的效果持久

自我控制与外部力量的强制性控制相比较，具有效果持久的特点。在施加外部力量的控制中，控制对象如果不是自觉地执行计划和标准，一旦外部力量解除，控制对象的行为就会偏离。而自我控制是不需要外部强制力量的控制，它存在于控制对象的思想上，能够保持持久的效果。

（五）自我控制体现的是"以人为本"，信任、尊重人的管理思想

自我控制的特征就是员工自主自觉地管理，让控制对象自己安排自己的一切，这就是信任人、尊重人，以人为本的管理特征。也正是体现了这一特征，自我控制才能充分发挥控制对象的能动性和创造性。

二、自我控制的基础

建立起自我控制机制需要一定的基础，主要有：

（一）自我控制要建立在同一认知的基础上

自我控制是员工在接受所认可的价值观、行为准则的基础上产生的内在约束力。员工是否从内心产生这种约束力，最根本的一点就是员工对组织的认同、组织价值观的接受，愿意为实现组织的目标而努力。所以我们看到，在具有优秀文化的企业中，员工一般都具有较强的自我控制意识。因为在这种情况下，员工已经接受了企业的价值观和目标。所以，要建立自我控制的机制，首先要对职工加强教育，使全体职工都认同组织的目标和原则。

（二）控制者以身作则

控制对象能否形成自我控制的思想和意识，与控制对象能否自我控制密切相关。一般来说，控制者如果在自我控制方面做得十分突出，控制对象的自我控制意识也就比较容易形成并且树立起来。如果控制者要求控制对象遵守计划、标准、规则，而控制者本人却不能自觉地遵守，控制对象的自我控制意识是不可能建立起来的。这就是通常所说的正人先要正己的道理。

（三）不断强化

自我控制形成之后，如果不继续强化，自我控制的力量就可能削弱甚至消失。所以，要保证自我控制机制长期发生作用，不断地强化是必不可少的。强化的方式方法可以有多种，如培训、教育、奖惩等都属于强化的手段。

三、建立自我控制机制要注意的几个问题

（一）自我控制不等于对控制对象放任自流

建立控制对象自我控制机制是管理控制的最高境界，是在控制对象具有高度的自觉性和自主能力的基础上才可能产生的。所以，在控制对象还没有达到自我控制的条件时，不能借口自我控制而对控制对象放任自流。在自我控制效果比较明显的情况下，制度化的外在控制机制仍然是十分必要的。

（二）自我控制要有利于组织目标的实现

控制的目的是为了保证组织目标的实现。自我控制可以充分发挥人的积极性。但是在积极性的发挥过程中，要注意将组织的目标与员工个人的目标统一起来。

（三）自我控制应当与其他的控制制度有机地结合起来

自我控制虽然说是管理控制追求的最高境界，但这并不是控制制度的全部。即使一个组织建立起很好的自我控制机制，员工有自我控制的极强意识和能力，其他的控制制度仍然是不能缺少的。因为有许多不可预见的因素会影响组织的运行，这些影响靠自我控制有时解决不了。所以，自我控制必须与其他的控制制度有机地结合起来，使之相互支持，真正建立起完善的管理控制系统。

推荐阅读书目：

1. ［加拿大］亨利·明茨伯格：《经理工作的性质》，中国社会科学出版社 1986年版。

2. 卢向南：《项目计划与控制》，机械工业出版社 2009 年版。

3. ［美］亨利·西斯克：《工业管理与组织》，中国社会科学出版社 1985 年版。

第十四章　提升

名言：一切事物的趋于完善，都来自于适当的改革。

——［法］巴尔扎克

第一节　总结：提升职能的首要工作

一、总结工作与组织发展的关系

（一）工作总结的概念

工作总结指的是在一个计划周期结束之后，对所开展的工作进行思考、汇总，并做出结论的工作。就其内容而言，工作总结就是把一个计划执行周期的工作进行一次全面系统的总检查、总评价、总分析、总研究，尤其要分析存在的不足，从而得出引以为戒的教训。总结与计划是相辅相成的，要以工作计划为依据。下一时期计划制定必须在总结经验的基础上进行。二者之间关系可以用图14-1这样一种模式来描述：

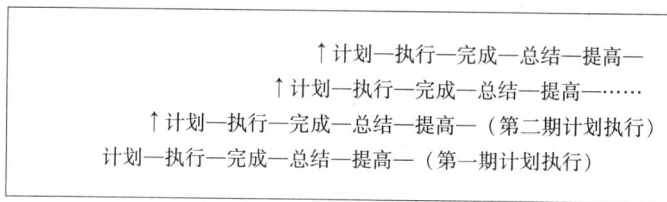

```
          ↑计划—执行—完成—总结—提高—
          ↑计划—执行—完成—总结—提高—……
        ↑计划—执行—完成—总结—提高—（第二期计划执行）
        计划—执行—完成—总结—提高—（第一期计划执行）
```

图 14-1　计划与总结关系

工作总结的过程既是对自身计划执行过程与结果的回顾，又是提高参与成员思想认识的过程，还是一个全面认识组织、群体、自身的过程。通过总结，可以把零散的、肤浅的感性认识上升为系统的、深刻的理性认识，从而得出更为正确的结论，以便发扬成绩，克服缺点，纠正错误，吸取经验教训，使今后计划更加合理，执行更加有力，工作少走弯路，多出成果。

总结从实质上看，是组织作为一个有机体的自我反省与提升。因为总结是对过去形成的经验与教训的分析、归纳、提炼，在此基础上，组织就能更好地适应环境的变化。

（二）工作总结的类别

根据不同的分类标准，可将总结分为以下不同的类型：

按范围分，有个人总结、班组总结、部门总结、行业总结、地区总结等。

按内容分，有工作总结、学习总结、科研总结、思想总结、项目总结、技术工作总结。

按时间分，有月份总结、季度总结、半年总结、年度总结等。

按性质分，有全面总结、专题总结等。

上述分类不是绝对的，相互之间也可以交叉。如《××大学×××年度工作总结》，按性质划分标准属于工作总结，按范围划分标准属于单位总结，按时间划分标准属于年度总结，按内容划分标准属于全面总结。同时，大学的工作总结不可能不涉及教学和科研，那么它也包含了教学总结和科研总结的成分。

二、总结的重要作用

（一）提高工作能力的重要途径

通过工作总结，全面、深入地回顾计划实施以来本单位和个人所取得的成绩，总结工作中的宝贵经验，培养、锻炼自己的思维方法、分析能力；对期初工作规划所安排的任务没有落实或落实不到位的原因进行深入、细致分析，并提出解决问题的办法，为做好下一个计划执行期的各项工作奠定更为坚实的基础。

（二）总结是寻找工作规律的重要手段

任何一种事物、一项工作都存在内在机理、外部制约，都有它自身发展、运动规律。遵循这些客观规律办事就能顺利达到预期的目的，否则就会受到惩罚而招致失败。要寻找、发现客观规律就需要不断总结，并且是科学总结。工作总结不仅仅是总结成绩，更重要的是研究问题，找出工作失误的教训。这些经验教训对于改进工作，摸索事物发展变化的规律是十分重要的。俗话说"实践出真知"，更准确地说应当是"只有不断总结的实践才可能出真知"，否则盲目实践就只可能是熊瞎子掰苞谷，掰一个丢一个。

（三）总结是推动组织发展的重要职能

做任何一项工作，不管是个人还是团队，都需要一种奉献精神和团结协作精神才可能取得成功。一个组织在计划执行过程中，由于各种因素的影响，不可能一帆风顺，有成功的经验，也会有失败的教训，及时总结取得经验吸取失败的教训，就可能不断进步。不断实践，不断总结，不断反思，经验就会越积越多，智慧也就越来越高，事业才会不断发展，组织也才会不断前进。

（四）总结是下个计划周期工作的基础

计划执行结束之后进行总结，是一项常规性的工作，也是对全过程工作的全面回顾、检查、分析、评判，并从中找出成绩与缺点、成功与失败、经验与教训，实事求是地正确评价，使大家认识统一，明确下一步努力的方向，以便在下一个周期工作中更好地发扬成绩，克服缺点，避免已经发生过的各种工作失误再次发生，员工与组织共同进步。

三、做好工作总结的要求

1. 留足时间

总结要起到作用，必须在计划期结束之前就进行布置，要求每个部门、每个成员都提前做好准备，计划执行结束，应当留有足够的时间开展总结工作。这样才可能保证全员参与，全面深入认真地进行工作总结，不走过场，不搞形式，确保取得实效。

2. 全员参与

在一个计划周期结束之后，每个部门、每个单位以及每个成员都有总结的必要，无论在上个计划实施过程中是取得了骄人的成绩，还是存在着突出的问题，未能完成计划任务，都应当参与总结。因为总结是组织管理职能链条中的最后一个环节，是提升自我的首要步骤。全员参与是保证总结成为提升组织素质与能力的前提。"木桶原理"已经指出，组织的整体能力是由能力最低的部门与群体决定的，所以提高能力与水平的总结，必须人人参加。

全员参与不仅形式上要求人人总结，还应当开展充分的讨论。一个部门计划执行结束，无论结果如何，每一个参与者肯定都有自己的体会、认识、收获。在一个部门或者一个班组围绕总结开展充分讨论，有助于人人贡献出自己的才智，共同分享获得的经验，共同查找分析失败的原因，并吸取教训，共同探讨预防与改进的措施，明确努力的方向。这些工作不仅有助于提高总结的水平，还有助于增强团队精神。

3. 客观准确

只有客观地进行总结，成绩不夸大，问题不缩小，实事求是地进行工作分析，才能够真正认识到问题以及原因所在，为解决问题奠定基础；才能够找准继续坚持的经验和做法，为进一步提高素质和能力找准方向。

总结应当进行必要的分析，不应是展示流水账。尤其是对计划执行中发生的重大失误，存在的突出问题，更要深入分析产生或者形成的原因，切实找出问题的症结，找到解决问题的方法和途径。对取得的主要成绩同样要进行分析，为什么这样做，效果如何，经验是什么？是否需要继续坚持与发扬光大。

4. 开展交流

这里的交流指组织内部各部门总结完成之后，在部门之间开展的总结交流活动。部门之间的交流有助于相互交流学习经验、启发思路、比较提高。部门之间的总结交流应当以正式的形式展开，不能是非正式的沟通。最好是以总结交流会的形式开展。会上可以让做得好的部门与单位发言，让他们贡献经验，相互学习；也可以让计划任务完成得不够好，存在问题，但是有深刻认识，知耻后勇的落后部门与单位发言，起到让与会者举一反三，吸取教训，引以为戒的效果。

5. 逐级归纳

总结一般都要分层次进行。上一层次的总结应当在下级层次总结完成的基础上进行，这样才可能将基层的工作全面、深入、正确地总结出来。上一层次的总结更应当客观公正。因为基层的管理者与员工很在乎上级总结中对其计划任务完成情况是否给予肯定以及肯定的程度。这些将直接影响基层各个单位在执行未来计划时的积极性。所以上一层次的总结，应当尽可能将各基层单位计划任务完成中出现的亮点、经验、好的做法等，应当予以充分肯定，给予恰当合适的正面评价，给基层单位以鼓励。

另外，对于存在的问题，尤其是深层次的问题，总结中绝不能回避，更不能表现出阿Q精神，正确的做法是直面问题，指出不足，分析原因；该批评的要批评，当处罚的要处罚；只有这样才能够鞭策后进，推动组织前进。

6. 注意几个结合

在总结中，应当做到个人总结与团队、单位总结相结合；重点工作总结与全面工作总结相结合；经验总结与问题分析相结合；阶段性工作总结与全年工作总结相结合等。

四、总结推进的具体工作方式

一个组织的工作总结，应当按照下列程序推进和开展：

第一，召开动员大会布置总结工作，提出有关要求，明确完成的时间节点；

第二，从基层开始，分层次推进，全员参与；

第三，如果条件允许，上级管理层应当派人参加基层重要的总结会议，共同讨论，总结经验，深化认识，解剖典型，找出规律；

第四，汇总下一层次的总结报告，完成本层次的总结；

第五，与表彰先进结合起来，召开全体成员参加的总结大会，肯定成绩，指出不足，提出改进的措施与途径。

第二节　表彰：树立先进提振信心

一、先进的概念

先进是现实工作中一个频繁使用，但是却很少有人追究其定义的概念。从语义上解释，先进指位于前列，可为表率的事情或者个人、群体。对于个人而言就是位于前列，可为表率；对于事情来说就是所做的事情可以为他人效仿。与先进相关的还有榜样、楷模和英雄等概念。在我国当前的现实中，这些概念目前都有特定的含义，相互之间都有一定的联系。这里就不一一列举了。笔者认为所谓先进就是在一个组织中，其符合组织要求的行为表现优于其他人，并且应当为其他人学习的个人或者群体。或者说先进是先进个人以及先进集体的简称。

一个组织的先进具有如下特点：

1. 先进是一个相对的概念

先进与落后是相对的。在一个计划期结束后评选出的先进，是通过与其他成员的表现比较产生的，是少数表现优秀的个体或者群体。一个稍具规模的组织，成员的表现肯定会存在差别或者差距。是否需要评选出先进，应当根据组织的具体实际确定。但是一般来说，为了鼓舞员工的士气，引导员工的行为，保护员工的积极性，在一个计划期结束之后是有必要评选出先进的。如果管理者将先进条件定得太高，认为所有成员的表现都不够先进，评选不出需要表彰的先进，就极有可能挫伤员工的积极性。所以说，管理者应当认识到，先进是相对的，是在组织的比较中形成的。

2. 先进主要以计划任务完成的水平为标准

先进评选应当与计划任务联系起来。因为评选先进并予以表彰的目的就是为了调动全体成员的积极性，引导组织的成员学先进、赶先进、超先进，更好地完成组织的目标任务。虽然一个组织需要评选出综合性的先进个人或者集体，都是绝大多数先进的评选都应当与计划任务联系起来。尤其是与计划中的重点任务、困难任务的完成与创造结合起来。这样才能够发挥评选先进与表彰先进的实际作用。

3. 先进是少数

先进是在比较中产生的，但是先进的评选标准其表现水平肯定要高于组织成员的平均表现水平才有意义。这样先进就是组织成员中的少数，而不是多数。为了照顾成员的情绪、面子，将组织的大多数成员都评选为先进的做法是不可取的，因为那样先进就失去了价值，评选先进也就起不到推动工作向高水平看齐，向高水平努力的意义。

二、先进的类别

一个组织中的先进可以有很多种。根据评选的目的不同，大致可以分为：

（1）按照评选先进的工作内容，可以评选出单项工作先进与综合表现先进。单项工作先进就是以完成单项工作的好坏为标准评选出来的成绩突出的个人或者群体。综合表现的先进就是将多项工作或者是多个方面的表现综合起来评定出的个人或者群体。

（2）按照评选对象可以评选出先进个人与先进群体。所谓先进个人就是以员工个人为单位选定的先进，先进集体就是以部门或者是团队为单位评选出的先进。

（3）按照评选的层次和组织范围可以评选出小范围的先进与大范围或者是更大范围的先进。一般来说小范围的先进就是在组织内部的构成部门评选出的先进个人或者先进集体，大范围的先进就是在部门层次之上，更大范围内评选出的先进。一般来说，评选范围越大先进的要求越高，例如全公司评定先进的标准必然要高于部门先进标准，因为公司先进通常是在部门先进的基础上再评选产生的。

三、评选先进的特殊作用

一个计划周期结束时，在总结的基础上，应当推选出在上个计划周期中表现优秀的单位、部门或者成员进行表彰。表彰奖励先进，目的是激励广大成员更好地推动下个计划周期的工作。通常来讲，榜样的力量是无穷的。树立典型，就是发挥榜样教育作用，引导广大员工学习先进的模范行为或英雄事迹，以激发受教育者的工作积极性、创造性。

1. 树立组织内部比学赶帮超的目标

通过先进评选，让其他成员看到差距，看到努力学习与赶超的目标，有助于其他成员与群体更加努力工作。

2. 培育先进典型，鼓励培植行为规范

无论是完成业务工作的先进，还是践行组织价值观的模范，都是行为规范的代表，有助于大家学习借鉴。

3. 培育集体凝聚力、增强集体竞争力

通过先进群体的评选，除了可以激励其他团队努力赶超之外，受到奖励的先进集体会有更强的集体荣誉感，会增强团队精神，会向着更高的目标努力奋斗，以保持先进的称号与荣誉，从而使集体的凝聚力会更强。

4. 有助于发现人才

细加分析我们看到，大多数先进个人，他们不仅工作责任心强、工作热情高，愿意为组织奉献，舍得投入；而且在业务上往往也具有很强的钻研精神，工作技能上大多会高人一筹。不然其工作绩效是不可能高于大多数员工的。这样的先进，如果培养锻炼得当，是很容易培养成为管理人才的。实践中，许多的从基层成长起来的管理者有相当一部分在基层工作时都是当选过先进的。所以说，评选先进不仅是维持组织士气，保护员工积极性的举措，也是发现人才的重要途径。

四、评选先进典型的要求

1. 评选出的先进必须真实可信

先进要发挥出带动引领作用，就必须为组织的成员尤其是参与比较的成员所公认。其在工作中取得的先进成就必须是真实可靠的，是获得先进称号的个人或者团体靠自己的工作努力取得的。绝不能为了树立先进典型而夸大成绩，甚至文过饰非。更不能将先进塑造的高大上，甚至近乎神一样的完美。脱离实际的先进是很难产生引领作用，为成员自觉学习的。

2. 评选出的先进必须有群众基础

先进应当是群体中的先进，而不是孤立的先进。所以先进应当具有群众基础。当评选标准确定之后，应当将先进评选的权力交给工作的群体。这样评选出的先进才可能为群众所信服。

3. 评选出的先进有助于推动工作

评选先进的目的不是为了表彰，而是为了推动组织的各项工作，引导成员向先进学习，更好地开展各项工作。评选先进应当从工作的要求出发，与工作结合起来，以完成工作的效果作为先进评选的标准。虽然在组织的成员比较中总会排出先后顺序，但是如果整体工作完成情况并不理想，就不应当勉强评出先进。因为这样的先进不利于推动工作。

4. 评选出的先进应当进行必要的公示

先进评选出来之后，考虑到参加推荐以及评选的人数有限，对于先进的评价可能会存在不准确、不全面的不足，因此只要有条件就应当在一定的范围内对评选出的人员进行公示，在更大范围内接受更多人的评判。在公示期结束之后没有受到质疑或者提出否定证据的人选才可能确定为先进。

五、表彰先进

评选先进的目的就是为了树立学习的表扬，工作追赶的标兵。因此对于先进要进行表彰。只要条件允许，应当大张旗鼓地对先进进行表彰。只有这样才能够扩大先进的影响。可以采取的具体表彰形式有：

1. 通报表彰

通报表彰就是在组织内部以通报的形式将先进个人或者是先进集体进行告知。一般要以正式的文件以及正式的公告形式予以通报。通报表彰简单快捷、成本低廉。其缺点是缺乏有影响力的形式，宣传的力度不够大，甚至还可能被忽视。一般来说，组织高层管理者采取通报表彰的形式表彰先进的效果要好一些，中层与基层的先进表彰一般不宜采用通报表彰的形式。因为这种形式在基层实施的效果不够好。

2. 大会表彰

大会表彰就是召开专门的表彰会议对获得先进称号的个人或者是集体进行公开表彰。

大会表彰形式隆重，受到表彰的个人与集体由此获得较高的荣誉感，与会者大多也会因此受到鼓舞，表彰产生的影响大、效果好。不足之处是表彰大会受时间、地点等限制，成本比较高。尤其是受到表彰的先进成员较多时，只能够在先进中选出代表参加表彰大会。一般来说，大会表彰要与通报表彰结合起来。

采取什么样的表彰形式，应当从组织的实际与表彰的目的出发。重要项目或者是重大工程完成的先进表彰，采取大会表彰形式就比较好。大会表彰给受表彰的代表披红戴花，会使他们产生强烈的荣誉感；因此也会在员工中产生巨大的影响力，如图 14 - 2 所示：

图 14 - 2　××单位表彰大会图例

就表彰的方法而言，对于先进的表彰，可以有精神奖励，也可以采取物质奖励，更多的是两者的结合。

六、大力宣传先进

发挥好先进的作用。评选先进不是目的，通过学习先进推动整体工作水平才是根本。要通过学习和推广先进的经验，努力形成千帆竞发、百舸争流的生动局面，从而推动各项工作不断迈上新台阶。大力宣传先进经验和先进事迹，积极营造崇尚先进、先进光荣的文化氛围，努力打造组织的进取文化。先进集体和先进个人是在创先争优各种活动中做出突出贡献、取得优异成绩的先进代表，他们的经验和做法具有很强的代表性和指导意义。要充分利用各种媒体，加大宣传工作力度，使先进的新观念、新思路、好经验、好做法深入人心，要努力营造学习先进、宣传先进的浓厚氛围。

七、评选表彰先进工作要注意的问题

1. 照顾情面，轮流坐庄

所谓轮流坐庄就是在一些基层组织，不按照标准而是照顾情面，推举每个成员轮流为先进的现象。这样的现象损害了评选先进的严肃性，使评选与表彰先进失去了应有的意义和价值。因此在先进的评选与表彰工作中，应当严禁轮流坐庄的现象。杜绝这种现象，管理者就需要对基层组织成员的平常表现有一个大致了解，发现评选结果与平常掌握的成员表现之间存在严重偏离情况时，应当采取措施中止评选，弄清楚原委和问题所在。如果确实存在评选不当的问题，就应当重新组织评选。

2. 过于苛求

在先进评选中还容易产生的一种现象就是对于先进过于苛求，不是看主要表现与成绩，而是纠缠一些枝节的不足，否定先进的贡献。在先进的评选中，尤其以完成单项任务为标准的先进个人评选中，应当以任务完成的水平和贡献为主，不能够过于苛求。否则就会打击任务完成得好，在其他方面存在这样那样一些不足的员工的工作热情和积极性。要看到，一些存在这样那样非原则性缺点的员工，如果单项任务完成出色被评选为先进，对其做出的贡献予以肯定，无疑会鼓励其继续努力，而且还能够促使其弥补自己的不足，改正其他方面的错误，争取全面进步。所以在先进的评选中不能够过分苛求，应当看主流、贡献。

3. 标准过于单一

评选先进，从理论上讲尺度是应当统一的，在一个组织内部只能运用一把尺子来度量谁先进，谁落后。但是在一个规模较大的组织中，各个基层单位、各位员工所处的环境条件可能差别很大，会严重影响同样一类计划任务完成的结果。例如在全国范围经营的企业，位于经济发达地区的销售公司与位于经济落后地区的销售公司相比，即使二者付出的努力相同，前者完成目标任务常常要容易些。后者有时付出更多的努力也可能难以达到前者轻易就能达到的水平。如果不平衡这种因为环境条件差异导致的结果差异，简单地运用一把尺子度量，就可能使处于较差环境条件下的单位和个人失去努力进取的动力。比较合理的做法是既注重计划任务完成的情况，鼓励成绩优异突出的单位和个人，同时也要鼓励争先进位的单位和个人，如设立位次进步奖，以位次前移为尺度进行评价，鼓励在较差的环境条件下工作的单位和个人努力获奖。这样就能够鼓励这些单位个人不甘落后、奋勇争先。

4. 标准调整过快，缺乏稳定性

评选先进是为了鼓励成员向先进学习，赶超先进。而赶超的方向就是计划期评选先进的标准。一般来说具有上进心的个人或者团队要赶上先进是需要一定时间的。在赶超的时间段内，他们会对准标准找差距，对准标准做准备，瞄准先进使劲追。如此评选先进的标准就应当保持相对的稳定性。不能够朝令夕改，否则就很容易使员工与基层单位不知所措，挫伤追赶先进的成员与单位的积极性。当然，随着环境条件的变化，尤其是组织使命的变化，评选先进的标准应当与时俱进，不过，即使调整也应当循序渐进。除非外部环境与组织使命发生根本性变化，评选标准才能够进行根本性的调整。

第三节 培训：全面提升员工的素质和能力

一、提升性培训的主要方向

提升性培训应当主要针对在总结所发现的不足、存在的问题以及面临新形势所要求的能力提高等方面。我们将这样的培训称之为提升性培训，它的特点是：

（1）针对性。培训更应当注重针对性，即针对存在的不足。

（2）结合性。即结合下一计划周期的需要。

（3）重点性。即突出重点，尤其是以存在解决的问题为主攻方向。

可见，提升性培训与入职新人的培训是不同的，后者的重点是适应性培训，即适应组织文化和岗位要求的培训。如果具体化，提升性培训的重点应当是员工的素质，尤其是员工的职业素养。

二、素质与职业素养的概念

素质是指先天的特点，与能力接近。素质一词本是生理学概念，指人的先天生理解剖特点，主要指神经系统、脑的特性及感觉器官和运动器官的特点，素质是心理活动发展的前提，离开这个物质基础谈不上心理发展。各门学科对素质的解释不同，但有一点是共同的，即素质是以人的生理和心理实际作基础，以其自然属性为基本前提的。概括起来，素质是个体在先天基础上，通过后天的环境影响和教育训练而形成起来的顺利从事某种活动的基本品质或基础条件。简言之，素质是先天天赋条件和后天习得才能结合的"合金"。也就是说，个体生理的、心理的成熟水平等因素共同决定着个体的素质。

职业素养是指员工具有能达到职业内在的规范和要求的表现，是在职业过程中表现出来的综合品质，包含职业道德、职业技能、职业行为、职业作风和职业意识等方面。职业素养是一个内涵十分宽泛的概念，专业是第一位的，但是除了专业工作之外，敬业和道德是必备的，体现到岗位上的就是职业素养；体现在生活中的就是个人素质或者道德修养。职业素养是人类在社会活动中需要形成的职业行为规范。个体行为的总和构成了自身的职业素养，职业素养是内涵，个体行为是外在表象。

高职业素养的基本特征为：

1. 遵章守制

任何组织都有保证组织有序运行的规章制度，每个成员只要自愿进入这个组织，不管你喜不喜欢，遵守组织内部的制度是最基本的职业道德。

2. 虚心与尊重

名言有：三人行必有吾师。一个高职业素养的员工必然是能够虚心向他人学习的人，尤其是能够发现周围同事优点并且认真学习，以助自己不断成长的人。会虚心学习他人长处的人就是聪明的人。尊重他人就是尊重自己。在一个组织中，注意尊重他人，就能够很好地融入到团队之中。

3. 负责

责任是一个人做人的根本，一个具有较高职业素养的员工要有强烈的责任感作支撑，对自己的决策和行为负责。既然选择了这个职业，就要具备强烈的责任心。

4. 忠诚

忠诚是指对组织忠诚以及对自己职业的忠诚。虽然忠诚不能等于从一而终，但只要在组织工作里一天，就要对组织忠诚一天，坚守岗位，认真履职。忠诚与职业素养之间具有紧密的联系，只不过是更高的要求。譬如在职业素养高的美国职业篮球赛场上，一个队员即使明天就要去比赛对手的球队打球，那么今天在比赛中他仍然像对待其他对手球队一样，代表今天所在的球队打好这场比赛。这就是职业素养，是对职业的尊重，对两个球队的尊重，也是对社会的尊重。这从另一个侧面看就是忠诚自己的职业。

三、强化员工责任心

在我国大多数组织中，存在最为突出的问题是缺乏持久、稳定的责任心。中国式管理之父曾仕强教授说过："中国人只做领导检查的事。"笔者认为在提升性培训中，针对问题和不足，除了技术问题之外，重要的内容就是要强化员工的责任心。

责任心不是与生俱来，而是后天教育修养得来的，这是与世不争的事实。实践表明，为提升员工的责任心，就必须经常性地对员工进行责任心的教育与培训。强烈的责任心，是做人最基本的准则之一，是一个人价值观的直接反应，是一个人能否做好工作的前提，也是一个人能力发展的催化剂。一个有责任心的人对自己认准的事情，只会有一个信念，那就是义无反顾地去拼搏，不达目的绝不罢休。

提升性培训要从两个方面进行：一是加强对员工的思想认识、人生观、价值观、主人翁意识、工作热情、生活态度、社会形势等方面的培训；二是要加强对员工敢于认错，承担责任意识的培训，因为只有敢于承担责任的人才能真正承担起责任，才能真正具备强烈的责任心。

要想提升员工的责任心，首先要让员工有任务、有目标、有压力、有责任，要做到人人有事做，事事有责任。科学合理地安排员工们的工作任务，人尽其才。只有让每一名员工充分发挥出他的才能，让他的才能在工作训练中得到充分的展示，使他产生很高的成就感，就会极大地促进其责任心培养。

四、必要的拓展训练

不少组织在提升性培训中都开展形式不同的拓展训练。这里对拓展训练做一下介绍。

拓展训练英文为 Outward Development，又称户外拓展训练（Outward bound），原意为一艘小船驶离平静的港湾，义无反顾地投向未知的旅程，去迎接一次次挑战，去战胜一个个困难。拓展训练通常利用崇山峻岭、瀚海大川等自然环境，目的是训练参训者的多方面的素质。

拓展训练起源于第二次世界大战。当时，盟军在大西洋的船队屡遭德国纳粹潜艇的袭击。在船只被击沉后，大部分水手葬身海底，只有极少数人得以生还。英国的救生专家对生还者进行了统计和分析研究，他们惊奇地发现，这些生还者并不是他们想象中的那些年轻力壮的水手，而是意志坚定懂得互相支持的中年人。经过一段时间的调查研究、了解情况，专家们终于找到了这个问题的答案：这些人之所以能活下来，关键在于这些人有良好的心理素质。于是，提出"成功并非依靠充沛的体能，而是强大的意志力"这一理念。当时德国人库尔特·汉恩提议，利用一些自然条件和人工设施，让那些年轻的海员做一些具有心理挑战的活动和项目，以训练和提高他们的心理素质。后其好友劳伦斯在1942年成立了一所阿德伯威海上训练学校，以年轻海员为训练对象，这是拓展训练最早的一个雏形。

第二次世界大战以后，在英国出现了一种叫做 Outward Bound 的管理培训，这种训练利用户外活动的形式，模拟真实管理情境，对管理者和企业家进行心理和管理两方面的培训。由于拓展训练这种非常新颖的培训形式和良好的培训效果，很快就风靡了整个欧洲的教育培训领域并在其后的半个世纪中发展到全世界。训练对象也由最初的海员扩大到军人、学生、工商业人员等各类群体。训练目标也由单纯的体能、生存训练扩展到心理训练、人格训练、管理训练等。图 14 - 3 是拓展训练常见的场景之一。

图 14 - 3　拓展训练（毕业墙项目）

拓展培训的特点：

1. 综合活动性

拓展培训的所有项目都以体能活动为引导，引发出认知活动、情感活动、意志活动和交往活动，有明确的操作过程，要求学员全身心的投入，如挑战极限；拓展培训的项目都具有一定的难度，表现在心理考验上，需要学员向自己的能力极限挑战，从而跨越"极限"。

2. 集体中的个性

拓展培训实行分组活动，强调集体合作。力图使每一名学员竭尽全力为集体争取荣誉，同时从集体中汲取巨大的力量和信心，在集体中显示个性。如高峰体验：在克服困难，顺利完成课程要求以后，学员能够体会到发自内心的胜利感和自豪感，获得人生难得的高峰体验。

3. 自我教育

教员只是在课前把课程的内容、目的、要求以及必要的安全注意事项向学员讲清楚，活动中一般不进行讲述，也不参与讨论，充分尊重学员的主体地位和主观能动性。

在拓展培训的过程中，员工在完成任务的同时，体验到成功来源于同伴的帮助与支持，这让员工在团体中体会到一种找到归宿的认同感，会为所在的集体骄傲。训练过程中产生了大量近距离的交流和身体接触，以一种非常原始，但却强烈刺激的方式增加彼此的了解和信任，这有助于减少团队内部的分歧和不良竞争因素。经过这样的团队建设后，员工的凝聚力会加强，员工流动率和流失率也会大大减少。

开展拓展训练最为重要的不是形式，而是从组织的实际出发，从培训要解决的问题着手，应从针对性和可行性两个方面选取合适的形式和内容，保证取得最为理想的效果。

第四节　组织变革管理

一、组织变革对提升组织能力的作用

1. 组织变革的概念

组织变革又称为组织发展，指的是组织根据外部环境、内部情况等方面的变化，及时地调整并且完善自身的结构和功能，提高组织的生存与发展能力的过程或者结果。由于组织的外部环境总是在不断地变化的，因此，任何一个长期生存的组织都必然要进行变革。在组织变革理论产生之前，组织仅仅是被动地适应环境的变化。后来人们发现，组织的变革应当由有准备、有计划、有步骤的管理来控制，这样组织在遇到内外的环境的变化而必须进行变革时就不会无以应对。因此，当代管理学领域组织变革理论已经发展成为一个主要的分支，并对组织的变革与发展起着重要的指导作用。

2. 组织变革的积极作用

任何组织结构经过合理的设计并实施后，都不是一成不变的。它们如同生物的机体一样，必须随着外部环境和内部条件的变化而不断地进行调整和变革，才能顺利地成长、发展，从而避免老化和死亡。任何组织都必须通过调整和变革组织结构及管理方式，使其能够适应外部环境及组织内部条件的变化，从而提高组织活动效益。

组织变革是不以人的意志为转移的客观过程。引起组织结构变革的因素通常是：外部环境的改变、组织自身成长的需要以及组织内部生产、技术、管理条件的变化等。实行组织变革，就是根据变化了的条件，对整个组织结构进行创新性设计与调整。

所以，作为领导者要善于抓住时机，发现组织变革的征兆，及时地进行组织开发工作。以企业为例，企业组织结构老化的主要征兆有：企业经营业绩下降；企业生产经营缺乏创新；组织机构本身病症显露；职工士气低落，不满情绪增加等。当一个企业出现上述征兆时，应当及时进行组织诊断，以判断企业组织结构是否有改革创新的需要。

3. 组织变革时间选择

组织变革一般选择在前后两个计划的结合时期比较合理。因为在这个时期，前一个计划已经执行完毕，总结与表彰已经完成，目标管理已经结束；组织变革不影响原定计划任务的完成。在后一个计划还没有开始前进行组织变革，可以根据计划实施的要求明确新的承担主体，明确其在新周期中的目标任务，便于开展目标管理。所以在现实中，组织变革大多数都在两个计划周期之间展开。因此也成为提升职能的重要内容。

二、组织变革的动因

引起组织变革的原因，可以分为内部与外部两个方面的原因。

（一）内部主要原因

1. 组织目标的调整

组织目标是组织前进的方向。组织目标的调整必然引起组织的巨大变化。

2. 组织结构的改变

组织结构的改变主要是指对组织现存的权责体系、分工模式、各个部分之间的相互关系的调整。组织结构的调整本身应当是组织变革的内容。

3. 员工构成的变化

员工是一个组织中最为重要与活跃的因素。员工构成改变，自然会引起组织的变革。如知识型员工的大量增加，他们将要求更多自主性工作的机会，因此必然要求组织的权责体系进行调整，也需要更多地实行分权体制。

（二）外部主要原因

1. 科学技术进步

科学技术不仅是组织提高效率的工具，也是组织结构以及整个组织得以形成的基础。组织所依赖的技术的发展，形成组织变革的直接的推动力。

2. 外部竞争压力的变化

任何一个组织都将面临一定形式与程度的外部竞争，外部竞争压力的变化，都将导致组织的变革。

（三）组织必须变革的征兆

从管理者的立场来看，组织的运行中出现下面一些现象，应当可以看作是对变革的提示：

（1）决策效率低，如不能够及时决策或者是决策失误频频；

（2）组织内部信息沟通严重阻塞，人际关系紧张，部门之间协调不够，无法形成一个有机的整体；

（3）组织的目标难以实现，特别是组织的职能难以发挥；

（4）组织地位持续下降，完成不了规定的任务。

三、组织变革的内容

1. 结构变革

结构变革就是对组织结构进行调整，重新划分权力与责任，部门之间的关系以及信息沟通的形式。如将组织从直线职能制结构转变为事业部制结构。结构变革将调整部门之间的相对关系，因此是一种比较重大的变革调整，容易受到抵制。

2. 规模收缩

自20世纪80年代以来，许多大公司都开展了形式力度不同的"瘦身运动"，也就是收缩企业的经营范围，这也可以看作是组织的一种变革，影响的主要是组织的规模。所以我们称之为组织规模的变革。

3. 权力再安排

权力再安排的变革主要是指在组织内部进行权力再分配。这种权力再分配可能涉及组织的结构调整，也可能完全不涉及组织结构的内容，仅仅只是在上下层之间进行权力集中与分散的改革。

4. 行为规范变革

主要是指管理体制变动。包括管理人员的重新安排、职责权限的重新划分等，各种规章制度的调整等。

四、组织变革的形式

（一）激进式变革与渐进式变革

有人认为，组织变革的形式首先可以划分为激进式变革与渐进式变革两种。激进式变革指管理者力求在短时间内，对组织进行大幅度的全面调整，以求彻底打破组织现状模式并迅速建立新的组织模式。如苏联在经济体制改革中推行的"休克疗法"方式就是一种激进式的变革。渐进式变革则是通过对组织进行小幅度的局部调整，力求通过一个渐进的过程，实现组织模式从现状向目的组织模式的转变。如我国在从计划经济走向市场经济过程中所实施的改革。

激进式变革能够以较快的速度达到目的，因为这种变革模式对组织进行的调整是大幅度的、全面的，所以变革过程就会较快；与此同时，容易导致组织的平稳性差，严重的时候会导致组织崩溃。这就是为什么许多企业的组织变革反而加速了企业灭亡的原因。与之相反，渐进式变革依靠持续的、小幅度变革来达到目的，但波动次数多，变革持续的时间长，这样有利于维持组织的稳定性。两种模式各有利弊，也都有着丰富的实践，企业应当根据组织的承受能力来选择企业组织变革模式。

渐进式变革则是通过局部的修补和调整来实现。美国一家飞机制造公司原有产品仅包括四种类型的直升机。每一种直升机有专门的用途。从技术上来看，没有任何两架飞机是完全相同的，即产品间的差异化程度大，标准化程度低。在激烈的市场竞争条件下，这种生产方式不利于实现规模经济。为了赢得竞争优势，该公司决定变革组织模式。其具体措施是对一个部门进行调整组合。首先，由原来各种机型的设计人员共同设计一种基本机型，使之能够与各种附件（如枪、炸弹发射器、电子控制装置等）灵活组合，以满足不同客户的需求。然后将各分厂拥有批量生产经验的员工集中起来从事基本机型的生产。原来从事各类机型特殊部件生产的员工，根据新的设计仍旧进行各种附件的专业化生产。这样通过内部调整，既有利于实现大批量生产，也能够满足市场的多样化需求。这种方式的变革对组织产生的震动较小，而且可以经常性地、局部地进行调整，直至达到目的。这种变革方式的不利之处在于容易产生路径依赖，导致企业组织长期不能摆脱旧机制的束缚。

（二）自上而下变革与自下而上的变革

组织变革的形式还可以划分为如下两种。一种是自上而下，由上级推动的变革。这样一种变革是从组织的管理层开始，由管理层发起的。因此，一般来说变革的进程要迅速一些。因为这样一种变革首先解决了领导层的问题。另一种是自下而上的变革，即由下级或者基层率先开展的改革。如我国 1978 年在农村开展的家庭联产承包责任制的改革，就是从安徽凤阳县小岗村开始的，后来成为在全国范围开展的农村改革。

五、组织变革的阻力与克服

（一）变革阻力的来源

在组织变革的过程中，不可避免地会遇到一定的阻力。组织变革的管理在一定的程度上也就是要克服这些阻力，为组织扫清障碍。从组织变革阻力的来源看主要包括：

1. 传统习惯

习惯成自然，改革往往需要改变这些传统的习惯。在一个组织中，工作的程序、方式、方法经过长期实践，可能已经形成比较固定的习惯，难以改变。特别是一些年纪比较大的员工，往往会反对改变这些习惯的组织变革。

2. 风险担心

变革往往伴随着一定的不稳定性。在组织中，一定的预期是人们安全的基本保障。管理变革需要消除人们的不稳定的预期。

3. 利益维护

变革在相当的领域中是权益分配格局的再调整。因此，在变革中权益受到损失的成员常常成为变革的阻力。

4. 价值观念冲突

变革中一般要引进一些全新的观念，这些观念与组织成员具有的传统观念发生冲突时，也容易引起这些员工的反对，形成组织变革的阻力。

（二）变革阻力的克服

在组织的变革中，克服阻力是必须认真对待的管理工作。如何克服阻力主要包括以下几个方面的工作：

1. 做好变革的舆论准备工作

一些人对改革的抵触、观望，在相当的程度上可能是对组织变革的不了解或者是误解所产生的。对于组织的管理者来说，做好变革的舆论宣传与准备工作就必不可少。组织的管理者应当运用多种途径、多种形式宣传变革，提高成员对于组织变革的正确认识，特别是对组织变革目标与可能产生的效益的认识。消除人们的疑虑、恐惧或者是不安，进而支持改革，参与改革。

2. 为组织成员提供参与变革的机会

组织的变革需要广大成员的参与。应当让组织员工成为变革的动力，而不是变革的对象和阻力。因此，需要在最大范围内动员成员积极地参与组织变革。提高支持变革的积极性。组织的变革的措施、方案确定都应当让尽可能多的员工参与，并且应当尽可能地听取他们的意见和建议，让他们感到参与不是一种形式，而是实实在在的依靠他们，相信他们。这样他们就会积极参与改革，与组织共渡难关。

3. 平衡利益，注意特殊的情况特殊处理

变革中不可避免地会带来一些人的利益损失。除了要做好这些利益受损成员的思想工作之外，还应当注意利益的均衡，使改革中利益受损的人员减少到最小的限度，受损的利益减少到最低程度。如在组织竞争上岗的变革中，就应当考虑为企业做出过巨大贡献、因为年龄等原因而竞争力降低的老职工利益的保护，对他们尽可能地妥善安置。

4. 改革过程做到公平、公开、公正

变革的过程是一个权益格局再调整的过程，因此对于这个过程应当坚持做到公平和公开。在公平公开的前提下，变革就会受到人们的理解和支持。

5. 巩固变革的成果

变革是否得到人们的最终支持，最为重要的是看在变革之后，组织是否能够获得更快的发展，是否能够获得更大的满足。因此，一项方向正确的改革必须尽快显现并巩固变革的成效。尽量缩短变革的不稳定阶段，使组织能够尽快地走上正轨。

组织变革是组织所进行的一项有计划、有组织的系统改革过程。它应当遵循以下基本原则：

（1）必须按照组织管理部门制定的规划来进行；

（2）应当使组织既能适应当前的环境要求和组织内部条件，又能适应未来外部环境要求以及内部条件的变化；

（3）应当预见到知识、技术、人员的心理和态度的变化，以及工作程序、行为、工作设计和组织设计的改变，并根据这些变化采取相应的措施；

（4）调整必须建立在提高组织效率和个人工作绩效的基础上，促使个人和组织的目标达到最佳配合。

推荐阅读书目

1. ［美］保罗·S. 麦斯那主编：《知识管理与组织设计》，珠海出版社 1998 年版。
2. 江绍伦等：《企业的组织与效率》，复旦大学出版社 1995 年版。

下 篇

第十五章　目标管理

伟大的精力只是为了伟大的目的而产生的。

——斯大林

第一节　目标管理模式的积极意义

一、组织目标的特点

（一）目标的含义

简单地说，目标就是要在一定的期间期望达到的最终成果。一个完整的目标首先有一定的时间限制。即完成目标任务的期限是明确的。

其次，目标应当是可明确度量的。通常可以用一个或者是一组数量指标来表示。如某个公司提出今年完成利润 5000 万元的口号就是一个目标。对于一个组织而言，由于内部不同层次、不同部门、不同群体的存在，组织目标就不再是单一的指标，而是一个体系。

（二）组织目标的特点

1. 组织目标是一个层级体系

一个组织的总目标需要靠组织所有的子目标和员工的共同努力来实现。为了鼓励员工去努力地实现组织的目标，就需要将组织目标在各个部门、各个层次以及组织的员工之间进行分解。这样组织目标就形成一个有层次的体系，范围从组织战略性目标到特定的个人岗位目标全覆盖。这个体系的顶层包含组织的远景和使命陈述。组织的使命和任务必须要转化为组织的总目标和战略，总目标和战略更多地指向组织较远的未来，并且为组织的未来提供行动框架。这些行动框架必须进一步地细化为更多的具体行动目标和行动方案，第二层次是组织的任务，在目标体系的基层，还有分公司的目标、部门和单位的目标、个人目标等。这样，组织目标就构成一个上下关联的目标体系。这种关联关系可以用图 15 - 1 来描述。

2. 组织目标要构成一个有机网络

巴纳德认为目标是一个组织最基本的要素。每一个组织都有自己的目标，并且其目标还都不是单一的，不仅在组织内部纵向层次上构成一个整体，在类别上也要形成有机整体，也就是一个目标系统。如企业的目标可能既有经济性的（即追求利润与发展），又可能有社会性的，在社区中发挥一定的作用，树立良好的形象。此外，同一性质的大目标也

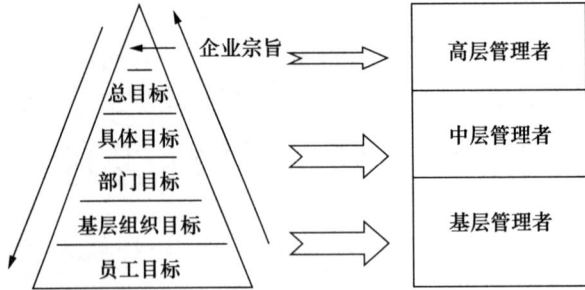

图 15 - 1　组织目标体系与管理层对应关系

由许多小目标构成，靠小目标支持；小目标由大目标统领。所以说，组织的目标又是一个网络系统，这个网络系统的目标必须有机地结合。如在企业新产品的开发中，就会形成这样的目标网络，这个网络系统可以用图 15 - 2 表示：

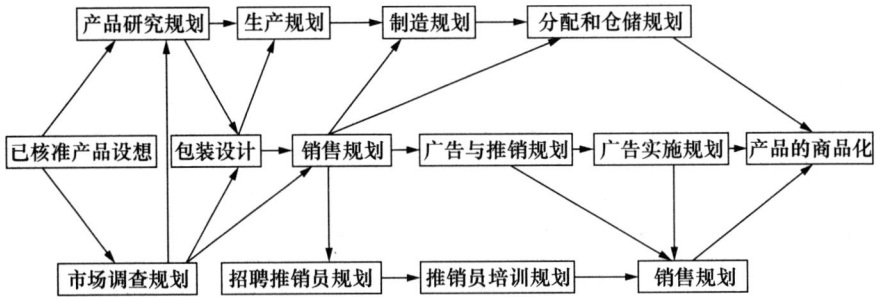

图 15 - 2　目标网络体系

3. 目标是多样的

无论是一个什么样的组织，其目标都不可能是单一的。因为组织在外部环境的制约下，必须适合外部环境多方面的要求。以企业为例，过去认为企业的目标就是利润。但是，今天企业的经营目标已经远不仅仅只有利润了。当代企业为了生存与发展，除了利润目标之外，不可避免地要制定并且实现许多的非利润目标，如员工的发展、承担必要的社会义务、为国家做出贡献等。可见，当今企业的目标已经多样化。

在一个组织中，众多的目标构成一个系统就会要求其保持一致性。但现实中还存在这样的现象，即组织中的有些目标相互冲突。如组织的经济目标与社会目标的冲突，企业资本增值目标与劳动者提高收入目标存在一定的冲突。管理者在拟定目标和目标管理中就必须注意尽量减少各个目标之间的冲突，如果存在不可避免的冲突，协调这些相冲突的目标就是管理者的一项重要任务。

4. 目标量化

目标考核的前提是将目标量化。目标定量化往往会损失组织运行的一些效率，但是有利于组织活动的控制、成员的奖惩。目标可考核的具体要求是："在每个阶段末，我知道我的目标任务完成得怎么样了。"比如获取合理利润的目标，最好用公司的盈利指标或是亏损指标来表述，不能用"合理"来表述。因为在不同人的概念里，"合理"的解释是不同的，对于下属人员是合理的东西，可能完全不被上级领导人接受。只有具体量化的指标，才能够做到客观、准确、真实。

二、明确目标的作用

在前面关于组织的分析中我们就指出，一个正式组织是为一定的目标而存在的，目标不仅构成组织前进的方向，而且构成组织发展前进的动力。但是组织目标的实现，不仅需要认识目标的重要性，还必须有恰当的管理方式保证目标的实现。现代管理实践的创造就是目标管理模式。

1. 导向作用

是指目标确定之后，就为组织的成员行动指明了方向。

2. 激励作用

由于人们都具有成就要求，合理的目标可以产生相当大的激励作用。

国外曾有人做过这样一次实验。组织三组人，让他们沿着公路向十公里以外的村庄步行前进。第一组不知道去的村庄叫什么名字，也不知道有多远，只告诉他们跟着向导走就行了。结果，这个组刚走了两三公里时就有人叫苦，走到一半，就有人抱怨，有的人甚至再也不肯走了，越往后人的情绪越低。第二组知道去哪个村庄，也知道它有多远，但路边没有里程牌，人们只凭经验估计需要走两个小时左右。这个组走到一半时开始有人叫苦，走到四分之三的路程时，大家情绪低落了，觉得疲惫不堪，路程太远了。当有人说快到了的时候，大家又振作起来，加快了脚步。第三组不仅知道路程有多远，去的村庄叫什么字，而且路边每公里都有一个里程碑。人们一边走一边留心看里程碑，每看到一个里程碑，大家心里便有一阵小小的快乐。当他们走了五公里之后，每看到一个里程碑，便爆发一阵欢呼声。这个组的情绪一直很高涨。走了七八公里之后，大家确实累了，但他们不仅不叫苦，反而大声说笑，以驱走疲劳。最后两公里，他们情绪越来越高，因为他们知道胜利就在眼前了，这个实验说明，明确的、为组织成员接受的目标是有极大的激励作用的。它会使人们自觉地克服困难，努力工作。

3. 控制作用

目标形成之后，就成为控制的标准。员工可以因此形成自我控制。

三、组织目标的类别

（1）根据目标确定水平，目标可分为突破性目标和控制性目标。所谓突破性目标是指使组织完成任务达到前所未有水平的目标，控制性目标则使组织完成的任务控制在现有水平的目标。

（2）根据目标的性质，可分为经济目标、社会目标。任何一个组织都要讲求经济效益，企业这一类经济组织自不必说，非企业性的经济组织也因为在开展活动中有耗费，要计算成本，考虑投入产出比，同样有经济目标。社会目标在每一个组织中也都存在。

（3）根据目标的范围，可分为总体目标、部门目标和个人目标。总体目标就是组织要完成的任务，要达到的水平；部门目标是部门要完成的任务。个人目标是组织中个人要完成的任务，在这三重目标中，总体目标起决定性的作用，部门目标和个人目标要保证总体目标的实现。

（4）根据目标的量化程度，可分为定性目标与定量目标。定量目标的控制性特征较好，容易把握，目标应尽可能地定量化，但定性目标又是必不可少的，因为并非所有的目标都可以量化。

四、目标管理的含义

最早提出目标管理概念的是美国管理大师彼得·德鲁克（Peter Drucker）。他于1954年在其名著《管理实践》中最先提出了"目标管理"的概念，其后他又提出"目标管理和自我控制"的主张。德鲁克认为，并不是有了工作才有目标，而是相反，有了目标才能确定每个人的工作。所以"企业的使命和任务，必须转化为目标"，如果一个领域没有目标，这个领域的工作必然被忽视。因此管理者应该通过目标对下级进行管理，当组织最高层管理者确定了组织目标后，必须对其进行有效分解，转变成每个部门以及每个人的分目标，管理者根据分目标的完成情况对下级进行考核、评价和奖惩。

目标管理提出以后，便在美国迅速普及。时值第二次世界大战后西方经济由恢复转向迅速发展的时期，企业亟须采用新的方法调动员工积极性以提高竞争能力，目标管理的出现可谓应运而生，遂被广泛应用，之后并很快为日本、西欧国家的企业所仿效，因而在全球管理界大行其道。

什么是目标管理呢？管理学家孔茨认为："目标管理就是用系统化的方式把许多关键的管理活动集中起来，有意识地引导他们并高效地实现组织和个人的目标。"我们认为，目标管理可以作广义和狭义的理解。广义的目标管理是整个目标管理过程，狭义的目标管理则指的是计划管理中的目标分解、落实、执行、协调、检查的工作制度。其实，怎样定义并不重要，重要的是目标管理的思想和内容。

目标管理实际上也是一种自我管理的方式，或者说是一种引导组织成员自我管理的方式。在实施目标管理过程中，组织成员不再只是被动工作，执行指令，等待指导。实行目标管理，组织成员因此成为有明确规定目标的单位和个人。一方面组织成员参与了目标的制订，并取得了组织的认可；另一方面组织成员在努力工作实现自己的目标过程中，除目标已定以外，如何实现目标则成为个人决定的事情了。从这个意义上讲，目标管理就是自我管理的具体方式，是以人为本的管理的一种具体体现。

目标管理是以相信人的积极性和能力为基础的，组织各级领导者对下属人员的领导，不是简单地依靠行政命令强迫他们去干，而是运用激励理论，引导职工自己制定工作目标，自主进行自我控制，自觉采取措施完成目标，自动进行自我评价。目标管理的最大特征是通过诱导启发职工自觉地去干，激发员工的生产潜能，提高员工的工作效率，来促进组织总体目标的实现。

对于员工而言，目标管理是带有如下积极意义的管理，只有通过宣传教育，让广大员工认识到目标管理对于他们的切身利益的作用，才可能积极投身到目标管理之中。

1. 目标管理是一种自主管理

目标管理是一种参与民主的、自我控制的管理制度，也是一种把个人需求与组织目标结合起来的管理制度。在这一制度下，上级与下级的关系是平等、尊重、依赖、支持，下级在承诺目标和被授权之后就会自觉、自主地参与到目标实现过程之中。

2. 目标管理是一种自我责任管理

目标管理要求各级管理人员和工作人员去承担完成任务的责任，从而让各级管理者和工作人员不再只是执行指令和等待指导，而成为专心致志于自己目标的人。他们参与目标的拟订，将自己的思想纳入计划之中，了解自己在计划中所拥有的自主处置的权限，能从上级领导那里得到哪些帮助，自己应承担多大的责任，自然就会把所承担的工作做得更好。

五、目标管理的优点

1. 有效激励

当目标成为组织的每个层次、每个部门和每个成员自己未来时期内欲达到的一种结果，且实现的可能性相当大时，目标就成为组织成员们的内在激励。特别当这种结果实现时，组织还给予相应的奖励以后，目标的激励效用就会更大。要让目标发挥激励作用，最好是组织每个层次，每个部门及每个成员都参与目标制订。

2. 自主创新

目标管理方式的实施可以切切实实地提高组织管理的效率。目标管理方式是推进组织工作，保证组织最终目标完成有效的先进方式。因为目标管理是一种结果式管理，不仅仅是一种计划工作。这种管理推动组织的每一层次、每个部门及每个成员首先考虑目标的实现，尽力完成目标，因为这些目标是组织总目标的分解，组织的每个层次、每个部门及每个成员的目标完成时，也就实现了组织的总目标。在目标管理方式中，一旦分解目标确定，且不规定各个层次、各个部门及各个组织成员完成各自目标的方式、手段，就会给大家在完成目标方面发挥创新潜力的空间，将有效地提高组织管理的效率。

3. 有效控制

目标管理方式本身也是一种控制方式，即通过目标分解后的实现最终保证组织总目标实现，其过程就是一种结果控制的方式。对高层管理者而言，目标管理并不是目标分解下去便万事大吉，撒手不管了，事实上组织高层管理者要经常检查、对比目标，进行评比，看谁做得好，如果有偏差就及时纠正。从另一个方面来看，一个组织如果有一套明确的可考核的目标体系，那么其本身就为监督控制提供了最好的依据。

六、目标管理的一般程序

由于各个组织活动的性质不同，目标管理的步骤可能不完全一样，但一般来说可以分为以下四步。

（一）建立一套完整的目标体系

实行目标管理首先要建立一套完整的目标体系。这项工作是从组织的最高行政主管层级开始，然后自上而下地逐级确定目标。上下级的目标之间通常是一种"目的—手段"的关系；某一级的目标需要用一定的手段来实现，这些手段就成为下一级的次目标，按级顺推下去，直到作业层的作业目标，上下左右构成一种锁链式的目标体系。

制定目标的工作如同其他计划工作一样，特别需要事先拟定和宣传。尤其是指导思想、指导方针、基本思路等。如果组织指导思想不明确、认识不统一，就不可能指望下级主管人员会制定出合理的目标来。此外，制定目标应当采取协商的方式，应当鼓励下级主管人员根据基本方针拟定自己的目标，然后报上级批准。

（二）明确责任

目标体系应与组织体系相吻合，从而使每个部门都有明确的目标，每个目标都明确有人负责。但是，组织结构通常不是按组织在一定时期的目标而建立的，因此，在按逻辑展开目标和按组织结构展开目标之间，有时会存在冲突。例如，有时从分工逻辑上看，一个重要的分目标却找不到对此负全面责任的管理部门，而组织中的有些部门却很难为其确定重要的目标。在这种情况下，如果目标任务是一次性的，就可以由工作性质相近的部门承担，如果这种情况反复出现，就需要对组织结构进行必要的调整。从这个意义上说，目标管理还有助于完善组织结构，使其更加合理，运转顺畅。

（三）组织实施

目标既定，管理者就应放手把权力交给下级，自己去抓重点的综合性管理。完成目标主要靠执行者的自我控制。如果在明确了目标之后，作为上级管理者还事必躬亲，便失去了目标管理的意义，不能获得目标管理的效果。当然，这并不是说，上级在确定目标后就可以撒手不管了。上级的管理应主要集中在指导、协调、督办，发现问题，纠正偏差，以及为下属实现目标创造良好的工作环境等方面。

（四）检查和评价

对各级目标的完成情况，要事先制订计划，定期进行检查。检查的方法可灵活地采用自检、互检或责成专门部门检查。检查的依据就是事先确定的目标。对于最终结果，应当根据目标进行评价，并根据评价结果进行奖罚。经过总结、提升，使得目标管理进入下一轮的循环过程。

第二节　确立与分解目标

一、组织的最高管理层酝酿总目标

这是目标管理最重要的阶段，可以细分为以下四个步骤：

第一，进行形势分析和基本目标比较，并在一定范围内开展宣传发动工作，以求统一思想，提高认识，积极参与。

第二，高层初步拟定目标，初定目标是一个暂时的、可以改变的目标预案。这个预案可以由上级提出，再同下级讨论；也可以由下级提出，上级批准。首先，无论哪种方式，必须共同商量决定；其次，领导必须根据组织的使命和长远战略，预计客观环境带来的机会和挑战，对组织的优势与不足有清醒的认识。对组织应该和能够完成的目标心中有数。

第三，重新审议组织结构和职责分工。目标管理要求每一个分目标都有确定的责任主体。因此预定目标之后，需要重新审查现有组织结构，根据新的目标分解要求进行调整，明确目标责任者和协调关系。

第四，初步确立下级的目标。首先给下级明确组织的规划和目标，然后商定下级的分目标。在讨论中上级要尊重下级，平等待人，耐心听取下级意见，帮助下级发展一致性目标和支持性目标。分目标要具体量化，便于考核；分清轻重缓急，以免顾此失彼；既要有挑战性，又要有实现的可能性。每个员工和部门的分目标要和其他的分目标协调一致，支持本单位和组织目标的实现。

二、确立组织的总目标

这里的总目标不是组织的宗旨或者使命，而是在使命、方向已经确定的前提下，结合阶段性条件约束确定的一个时期组织最高的具体目标。

（一）总目标确定的原则

（1）突出重点；

（2）抓住核心职能；

（3）体现进取精神；

（4）便于鼓舞士气；

（5）通过一定努力完全能够实现。

（二）确定总目标的方法

确定总目标可以采取如下方式：

组织在制订总目标时，应充分了解组织的实际情况和外部条件，从实际出发，定出合适的目标。千万不能凭主观愿望，好高骛远，好大喜功，使目标脱离实际，失去应有的作用；也不能过于保守，不敢创新，确定的目标缺乏挑战性，员工的潜力得不到应有的挖掘。

（1）对照先进定目标。总目标具有激励引导作用，必须具有一定的先进性。为保证确定总目标具有先进性，通常的做法是对照先进定目标。也就是在一定的区域范围内，同类组织中先进组织的水平就是本组织努力的目标。可以称之为对照先进定目标。这种方法适用于在同类组织中处于中上游位置的组织总目标的确定。学先进、赶先进，学有榜样，赶有标杆。组织前进的动力就会更加充足。

（2）对照标准定目标。标准有多种，如行业标准、国家标准、世界标准等。对照标准定目标就是还没有达到标准，以达到标准为目标。对照标准定目标多见于比较容易量化的工作内容。主要用于综合性发展的目标。如我国不少企业以进入美国财富杂志对全世界企业排位的做法，以进入世界500强作为目标，也就是一种对照标准（销售额进入世界前500名）确定目标。

（3）挖掘潜力定目标。立足于自身，在已经取得的成绩基础上，作进一步的自我分析，尤其是潜力分析，挖掘自身潜力，明确下一步奋斗的目标。这种确定总体目标的方法适用于业绩领先的组织。在可以比较的范围内，已经成为第一，要保持第一，就必须自加压力，自定标准，更上一层楼。

（4）赶超先进定目标。也就是以走在自己前面的组织为赶超目标。与学习标兵相比，赶超先进的要求更高，目标更加具有鼓舞激励作用，目标也更加明确。

（三）总目标的技术性要求

就所确定的目标本身而言，还应满足如下几点要求：

（1）目标应尽量简化、简单明确，便于职工了解、掌握。这是一条基本原则，越是总体性的目标，就应越简明。

（2）目标应尽可能量化，能够用具体指标表示的应尽可能用数量化的指标表示。

（3）目标应尽可能形象化，形象化的目标生动，容易深入人心，也好记、好理解。

三、组织总目标的分解

总目标一旦明确，管理人员就必须完成两项工作：一是通过计划工作将目标分解，将大目标分解成众多的小目标，形成一个目标系统，提供任务分解的前提。二是协调统一，使组织的各种愿望尽可能地与所明确的目标统一起来。组织的领导人要率先做到这一点：个人的愿望与组织的目标统一起来，带领全体成员去实现组织的目标。

总目标确定之后，必须在不同的部门，不同的层级进行分解，将分解的目标落实到每个部门、每个层级、每个组织成员岗位上，目标管理中的目标确定，工作才可以说是完成了。

进行目标分解，有这样几种方法：

（1）简单的数学分解法。也就是将量化的总目标按照数学方法——部分之和等于整体的方法进行分解。

（2）下级部门申报。也就是相信下级部门的责任心和主动性，由下级主动提出部门或者单位的目标。

在目标管理中，一个重要的环节就是上级管理者要与承担目标任务的部门和下级单位签订目标责任书。一般来说，签订目标责任书的形式应当庄重、正式、明确；以示对目标任务的重视；对于目标管理的重视。也促使下级部门高度重视，有助于目标实现。

四、分解总目标要注意的几个问题

1. 注意目标的可接受性

本文前面章节介绍，美国管理心理学家维克多·弗鲁姆（Victor Vroom）在期望理论中指出，人们在工作中的积极性或努力程度（激发力量）是效价和期望值的乘积，其中效价指一个人对某项工作及其结果（可实现的目标）能够给自己带来满足程度的评价，即对工作目标有用性（价值）的评价；期望值指人们对自己能够顺利完成这项工作可能性的估计。即对工作目标能够实现概率的估计。因此，一个目标对其接受者如果要产生激发作用的话，对于接受者来说，这个目标必须是可接受的、可完成的。因为对一个目标接受者来说，如果目标任务要求超过了其能力所及的范围，则该目标对其是缺乏激励作用的。

2. 目标应当具有一定的挑战性

同样，根据弗鲁姆的期望理论，如果一项工作完成所产生的价值对完成者没有多大意义的话，完成者也没有动力去完成该项工作；如果一项工作很容易完成，对完成者来说是一件轻而易举的事情，那么完成者也没有动力去完成该项工作。所谓目标设置应产生让执行者"跳起来摘桃子"的效果，说的就是这个道理。

目标的可接受性和挑战性是对立统一的关系，但在实际工作中，我们必须把它们统一起来。目标管理所设置的目标必须是正确的、合理的。所谓正确，是指目标的设定应符合组织的长远利益，和组织的目的相一致，而不能是短期的。所谓合理的目标，是指设置目标的数量和标准应当是科学的，因为过于强调工作成果会给人的行为带来压力，导致不择手段的行为产生。为了减少选择不道德手段去达到这些效果的可能性，管理者必须确定合理的目标，明确表示行为的期望，使员工始终处于正常的"紧张"和"费力"状态。

3. 注意听取目标任务承担者的意见

目标管理中的目标不是像传统的目标设定那样，单纯由上级给下级规定目标，然后分解成子目标落实到组织的各个层次，而是用参与的方式决定目标，上级与下级共同参与选择设定各对应层次的目标，即通过上下协商，逐级制订出整体组织目标、经营单位目标、部门目标直至个人目标。因此，目标转化过程既是"自上而下"的，又是"自下而上"的。

4. 加强宣传发动，鼓舞员工士气，为实现目标付出最大的努力

目标管理需要员工参与目标制定。在员工参与制定目标工作之前，应当向员工进行宣传鼓动，认清形势，挖掘潜力，提出经过努力能够实现的高水平的目标。只有这样，总目标的实现才有保障。

第三节　目标实现过程管理

一、各级管理者正确理解目标管理

综上所述，目标管理可能看起来简单，但要把它付诸实施，管理者必须对它有很好的领会和理解。

首先，管理者必须正确理解什么是目标管理，为什么要实行目标管理。如果管理者本身不能很好地理解和掌握目标管理的本质，那么，由其来组织实施目标管理也是一件不可能的事。

其次，管理者必须知道组织的总目标是什么，以及他们自己的活动怎样适应这些目标。如果组织的一些目标含糊不清、不现实、不协调、不一致，那么管理者要想让这些目标协调一致，实际上也是不可能的。

最后，领导者对各项指标都要心中有数；工作不深入，没有专业的知识，不熟悉生产，不会管理是不行的，因而目标管理对领导者的要求更高。尤其在目标管理中要注意，领导者与下属之间不是简单的命令和服从的关系，而是平等、尊重、信赖和相互支持。领导要改进作风、提高水平、发扬民主、善于沟通，在目标设立过程和执行过程中，都要善于沟通，使大家的方向一致，目标之间相互支持，同时领导者还要和下级就实现各项目标所需要的条件以及实现目标的奖惩事宜达成协议，并授予下级以相应的人、财、物的支配权和对外交涉等权利，充分发挥下属的个人能动性以使目标得以实现。

二、完善组织的管理基础工作

科学管理基础是指各项规章制度比较完善，信息比较畅通，能够比较准确地度量和评估工作成果。这是推行目标管理的基础。而这些基础工作是需要长期的培训和教育才可能逐步建立起来的。目标管理需要扎实的基础性工作，如目标的确定、分解。这项工作一定要做仔细和深入，因为目标分解到组织中所有成员，关系每一个人的切身利益。目标要能够为每一个人所接受，正确评价每一个人的业绩，没有科学合理的目标体系是不可能的。

所以，对这一项管理基础工作必须高度重视，认真组织。

三、目标管理要长期坚持

推行目标管理有许多相关配套工作，如提高员工的素质，健全各种责任制，做好其他管理的基础工作，制定一系列的相关政策。这些都是组织的长期任务，因此目标管理只能逐步推行，而且要长期坚持，不断完善，才能收到良好的效果。推行目标管理要注重信息管理。目标管理体系中，信息的管理扮演着举足轻重的角色，确定目标需要获取大量的信息为依据；展开目标需要加工、处理信息；实施目标的过程就是信息传递与转换的过程。信息工作是目标管理得以正常运转的重要基础。

四、下放权力，落实责任

目标即是责任。履行责任需要有相应的权力。在目标管理中，任务下达到各个部门的同时，应下放完成任务所需要的权力，下放权力也就是分权。但它与组织理论中的分权不完全相同，由于建立组织结构是一项长期性的工作。与此相对应的分权一旦形成就具有相当的稳定性。而在目标管理中，任务期限一般都比较短暂，所以下放的权力都不具有长期性。也就是，一项任务完成，权力就可以收回，除非有新的任务下达。也可以说，在组织理论中所讨论的分权主要是指基本决策权的划分。而这里的下放权力，除了包括那些基本决策权之外，还包括一些临时性权力的下放，或者说就是授权，尤其是临时授权。

五、保持目标的稳定性

目标管理要取得成效，就必须保持目标的明确性和稳定性，如果目标经常变动，说明计划没有经过深思熟虑，所确定的目标没有意义。不过，如果目标管理过程中环境发生了重大变化，特别是上级部门的目标已经修改，计划的前提条件或政策已变化的情况下，还要求各级管理人员继续为原有的目标而奋斗，显然也是不合理的。

由于目标是经过多方磋商确定，一般情况下不应当变动调整。因为修订一个目标体系与制定一个目标体系所花费的精力和时间是差不多的，一旦随意调整很可能不得不中途停止目标管理的进程。

目标管理重视结果，强调自主，自治和自觉。并不等于领导可以放手不管，相反，由于形成了目标体系，一旦一环失误，就会牵动全局。因此领导在目标实施过程中的管理是不可缺少的。首先进行定期检查，利用双方经常接触的机会和信息反馈渠道自然地进行；其次要向下级通报进度，便于互相协调；最后要帮助下级解决工作中出现的困难问题，当出现意外、不可测事件严重影响组织目标实现时，也可以通过一定的手续，修改原定的目标。

六、克服目标管理中存在的不足

哈罗德·孔茨教授认为目标管理尽管有许多优点，但也存在许多不足，对这些不足如果认识不清楚，那么可能导致目标管理失败。

（1）强化短期目标的不足。在目标管理中大多数基层单位的目标通常是一些短期目标：如年度的目标、季度的目标、月度的目标等。短期目标比较具体易于分解，而长期目标比较抽象难以分解，另外，短期目标易迅速见效，长期目标则不然。所以，在目标管理方式的实施中，组织容易强调短期目标的实现而忽视长期目标。这样一种现象若长期持续下去，深入组织的各个方面，将对组织发展产生副作用。

（2）强化部门目标的不足。部门任务就是部门的目标。但是不同部门之间的职能是存在一定的差异甚至是冲突的。如果各个部门过于强化部门目标，在运行中部门之间的冲突就难以避免。所以在目标管理中，一定要防止过于强化部门目标的倾向。此外，即使在目标制订过程中没有强化部门目标的倾向，但是目标分解之后，各部门都有了自己的任务、各自的利益，在执行中也可能产生不协调的现象，部门间可能产生矛盾，如一些部门为了保证自己的任务优先完成，不顾及总体计划的平衡性。这就需要做好协调工作，这是高层管理部门的责任和义务。在目标管理中，一个最容易产生的问题就是各个部门、各个层级承担目标任务之后，就会将完成自己的目标任务放在第一位。这是可以理解的。由此可能带来的问题就是不同部门、不同层级之间在特定的条件下，或者出现例外情况，目标任务发生矛盾冲突。因此管理者的一个重要任务就是要搞好协调平衡工作。

（3）无法权变的不足。目标管理执行过程中目标一般是不能改变的，因为这样做会导致组织的混乱。事实上，目标一旦确定就不能轻易改变，也正是如此使得组织运作缺乏弹性，尤其在基层，所处的环境变化较快，如果目标过于僵化，无法通过权变来适应变化多端的外部环境，就会约束基层的创造性和活力。所以在基层实施目标管理，要抓住重点和主要目标，非重点目标与任务，应当基层自己决定，给予其必要的发挥创造性的空间，这样就更有助于目标实现。

第四节　绩效考评与奖惩兑现

一、绩效考评在目标管理中的重要性

绩效考评是目标管理不可缺少的重要环节。虽然目标确定之后能够引导员工自我管理，但是并非所有员工都有如此的自觉性与主动性。绩效考评仍然是目标管理中不能缺少，并且是必须认真做好的工作。一定要明白，没有绩效考评就没有任务，也就没有目标以及目标管理。

绩效考评也是将目标管理的压力转化为动力的重要方式。目标管理有考评，就有比较，有比较就会产生一定的压力，奖励先进，鞭策落后，工作的动力就能够激发出来。

目标细分并不能保证目标必然实现，严格的考核、激励是必不可少的。在认真考核的基础上，对完成任务出色的员工给予物质或精神的奖励，会鼓励职工更好地去执行计划，实现分解到自己名下的目标；同理，对完成任务差的职工给予必要的行政或经济处罚，也是目标管理中必须采用的方法。

二、绩效考评的原则

绩效考评往往是各级管理者比较棘手的事情，因为涉及员工的切身利益，如果处理不好，很容易引起员工的抱怨，挫伤员工的积极性，甚至在员工之间造成矛盾。怎样使绩效

考评从正面发挥激励作用，应注意以下几点：

1. 严格原则

所谓严格原则就是要严格按照目标责任制所确定的任务，标准和完成的情况进行考评。对于目标责任书中已经明确的任务，没有任何理由能够改变。除非条件与环境发生根本性变化，不然没有完成任务就应当受到处罚；无论机遇多大，任务超额完成多少，都应当予以承认并奖励。绩效考评不严格，就会流于形式，形同虚设。考绩不严，不仅不能全面地反映工作人员的真实情况，而且还会产生消极的后果。绩效考评的严格性包括：要有明确的考核标准；要有严肃认真的考核态度；要有严格的考核制度与科学而严格的程序及方法等。

2. 公平原则

公平原则是确立和开展绩效考评的前提。不公平就不可能发挥绩效考评应有的作用。尽量保证考核的客观、公平性，以数据和事实为依据来对员工作出评价。做到公平，第一要点即要严格遵循事前确定的规则进行考评。因为遵守规则就是最大的公平。规则不符合实际情况，只要没有做出改变的决定，就应当按照规则进行考评。不能强调例外，否则，每种情况都可能找到例外的因素，考评无法继续下去，更别谈公平了。

3. 统一原则

考评机构统一、标准统一、时间统一和方法统一。这样才能够真正做到公平合理。这里应当注意的是同一类考评对象，应当由同一个考评机构考评。因为规则无论多细致，也会存在由考评者自由裁量的空间，不同考评者掌握自由裁量的松紧程度肯定会不一样。这样，对于同一类对象（也就是要放在一起比较的对象），要尽可能避免由不同考评者考评的情况发生。只要考评掌握同一尺度，被考评对象的相对位置就不会改变，结果就具有公平价值。

如果确实无法做到由同一个考评机构考评，就应当尽可能地保证标准、时间、方法等要素的一致，减少人为因素的影响。

4. 结果公开原则

绩效考评的结论应对本人公开，这是保证绩效考评民主的重要手段。这样做，一方面，可以使被考核者了解自己的优点和缺点、长处和短处，从而使考核成绩好的人再接再厉，继续保持先进；也可以使考核成绩不好的人心悦诚服，奋起上进。另一方面，还有助于防止绩效考评中可能出现的偏见以及种种误差，以保证考核的公平与合理。

5. 反馈的原则

考评的结果（评语）一定要反馈给被考评者本人，否则就起不到考评的教育作用。在反馈考评结果的同时，应当向被考评者就评语进行说明解释，肯定成绩和进步，指出不足之处，提供今后努力的参考意见等。反馈之后要保障员工申诉与解释的权利。透明度即指考绩标准与程度向员工交底，考绩结果要向员工反馈。通过上下级之间的沟通，管理者可以及时了解员工的实际工作状况和更深层次的原因，员工也可以了解上级对自己工作的看法、评价及要求，及时采取纠正措施。

三、选取适当的考评内容和方法

绩效考评的内容与方法应根据各部门的工作性质、标准而定。如企业营业部门以考核工作效果和业绩为主，职能部门以考核工作行为为主。考评内容要有侧重和针对性。根据考评内容不同，考评方法可采取多种形式，如上级考评、分组交叉考评、相互考评等。以减少考评误差，提高考评准确度。

四、坚决兑现奖惩

根据先进性、可行性、可量化、可考核等要求确定管理目标体系，会对各级管理人员产生一定的压力。为了达到目标，各级管理人员有可能会出现不择手段的行为。为了防止采取不合理手段去实现目标的可能性，高层管理人员一方面要确定合理的目标，另一方面还要明确表示对行为的期望，给合理的行为以奖励，对错误的行为尤其是给组织带来损失的行为以惩罚。引导员工以合理的行为和方式去完成任务，而不是投机取巧，钻制度的空子，偏离目标管理的基本方向。

五、做好总结和评估

一个目标管理周期结束，不论结果如何都应当进行总结。这是结合组织实际情况不断提升组织目标管理能力和水平的需要。

达到计划的期限后，下级首先进行自我评估，提交书面报告；然后上下级一起考核目标的完成情况，决定奖惩；同时讨论下一阶段目标，开始新循环。如果目标任务没有完成，应分析原因总结教训，切忌相互指责，以保持相互信任的气氛。

推荐阅读书目：

1. 周志轩：《目标管理与绩效考核》，成都时代出版社 2008 年版。
2. 卢向南：《项目计划与控制》，机械工业出版社 2009 年版。
3. ［美］彼得·德鲁克：《卓有成效的管理者》，机械工业出版社 2009 年版。
4. ［加］明茨伯格：《管理工作的本质》，方海萍等译，中国人民大学出版社 2012 年版。

第十六章　预算管理

> 企业管理者能否谨守预算，往往被视为管理能力大考验，但是当预算将企业各种不同的需求做了最佳调和之后，能否尽力达成预算，才是检验管理能力更为重要的指标。
>
> ——［美］彼得·德鲁克

第一节　预算管理的意义与价值

一、做好预算的重要性

现代社会中，任何一个追求效率的组织都不可能没有预算。在科学管理观念中，预算既是一种工具，还是一种理念。大到一个国家，小到一个家庭，没有预算是不可想象的。可以这样说：一个管理者，不注重预算管理，就不是一个称职的管理者；不开展预算管理，就不是一个合格的管理者；不懂预算管理，就算不上一个现代的管理者。

预算的核心是如何发挥组织资金资源的最高效率；从单位资金的角度来看，就是用最少的钱办成最多的事；从组织的总体立场来看，就是在资金总量一定的情况下，实现目标任务完成的最大化；从管理者的立场来看，预算就是让组织的每个成员树立投入产出比的意识。

组织的规模越大，预算的重要性就越突出。因为组织规模大，开支项目多，比较容易产生"跑、冒、漏、滴"等现象，加强预算管理，建立规范化的预算管理制度，编制详尽的预算，认真执行预算就具有特别重要的意义，其提高经济效益或效果也特别明显。

从管理的立场来看，做好预算，还有如下的价值与意义：

1. 有利于完善组织基础管理

预算编制必须依据组织内各项相关的定额，如人工定额、物料消耗定额等。要求定额合理并随定额条件变化而修正。预算编制与预算控制对信息要求面广量大、信息传递及时准确，必然推动管理信息化。这些都是一个组织管理中不可缺少的基础性工作。

2. 为考核工作效率、工作质量提供主要标准

预算是以数量化方式表现的管理工作标准，其本身具有可考核性，因而可以根据预算执行情况来评定工作成效，分析差异改进工作。

从预算的编制、执行、控制到业绩评价，完整地体现了管理上为实现预期目标而进行的协调活动。预算管理工作在整个管理工作中就像纲与网的关系，从运行过程来看，建立一套以预算为中心的管理体系是由预算在组织管理中的地位和作用决定的。

二、预算的概念

预算是现代管理中的一个重要概念。自从有了经济的概念之后，可以说就随之产生了预算意识。因为没有预算安排，组织活动就无所谓经济性可言。今天，小到个人生活，大到一个国家运转，都不可能离开预算。那么，什么是预算。有人认为，预算是市场经济对企业要求的一种计划管理方式。笔者认为这种认识过于狭隘。可以说，预算是在任何一种经济机制，在任何一个时代，在任何一种性质的组织中，只要它追求经济上的合理性，就必须实行预算管理。所以我们说预算是资金数字化的计划，更为直接地说就是运用货币或者其他价值标准的数量形式，保证组织活动经济上的合理性与先进性，为实现组织的目标与任务，对组织收入来源与支出去向等进行的计划安排。简单一点说，预算就是用财务数字表明的组织预期成本或收入。因为预算总是与财力、资金的使用关联着的，是一个组织就有关的收入与支出所编制与实施的计划。

三、预算的特点

1. 预算具有计划性

预算是一种特殊的计划，其主要构成内容是各种与资金运用有关的数字。作为一种特殊的计划，它要解决以下这样几个问题：

（1）"多少"，这是计划的目标，即数量目标。

（2）"为什么"，即对目标数字的说明，一项计划为什么应是这么多而不是那么多。

（3）"什么时间"，即预算是什么期间的，从何时开时，何时结束。

2. 预算具有预测性

预算从字面上来理解就是预先测算，因而它也属于预测的内容，只不过关于收入与支出方面的预测，具有相当的特殊性和专业性。自然，预算管理少不了预测方法的运用。

3. 预算具有定量性

预算就是对组织涉及收入支出的活动所拟定的数量化标准，它构成预算管理工作的第一步。用预算作为控制标准，比起其他控制标准来，具有更明确、更具体、更广泛的特点，更具有可控性。于是预算管理就成为组织管理工作的重要内容。

4. 预算具有货币尺度性

与其他的定量分析与规划不同，预算的计算尺度是货币。可以说这是预算作为一种计划形式最为主要的特点。我们认为，预算只是计划的一种，不能够取代计划。所以我们不同意将预算的外延无限扩大。预算主要是通过一定的价值尺度（如货币）对组织的活动的经济性进行的有计划安排。当然，由于在现实生活中，一切活动的开展都需要一定的资金作为前提条件，使得所有的管理都与预算有关。但是不能片面理解为所有的计划都能够归结为预算管理。我们认为的确应当重视预算，组织开展的一切活动都必须首先做好预算工作，但是并非做好了预算工作，什么问题就都解决了，做好预算工作仅仅是组织管理中不可缺少的一项重要工作。

5. 预算具有普遍价值

我们说预算具有普遍价值，也就是预算具有普遍性。所谓预算的普遍性是指任何一个组织都需要编制预算，执行预算。对于这一点，企业这类组织已经形成了共识。我们在这里要指出的是，即使一个非企业性的组织，如政府部门，非营利性的社会服务机构等形式的组织，同样有要做好预算管理的必要。因为任何一个组织的财力都不可能是无限的，是取之不尽用之不竭的。都必须用尽可能少的投入取得尽可能多的产出。要想做到这一点，就必须在资金投入的使用上做好计划，也就是做好预算。一个非企业性的组织，可能不会去创收，不为利润开展工作，但它开展工作仍然需要投入，因此要筹措资金，如政府机关有财政的拨款，非营利性的组织可能会有会员缴纳的会费收入，社会的捐赠收入等。用好这些收入，让其发挥最大的效益，是所有组织存在的经济理由。所以说，每一个组织都有开展预算工作，做好预算管理的必要了。

四、预算管理的原则

虽然各种组织的性质不同、功能不同、目的不同，但都有一个共同的特征，那就是在一定资金投入的前提下，获得最好的绩效，对于企业来说就是最大的经济效益，或者说利润；对于非企业组织来说，就是最大的工作成效。那么预算要遵循以下原则：

1. 贯彻组织使命

由于预算是货币化的计划，所以很多人将预算作为组织节约支出的一种工具或者说手段，我们认为，预算首先应当成为贯彻使命的工具，应当与完成组织的目标任务更加紧密地结合起来，尤其是在预算执行的评价中，不仅要看总支出是否突破预算，还应当看实现目标任务增长的幅度，如果支出超过预算，但是可以接受的目标任务完成情况增长更高的比例，那么支出的增加自然就是合理的。

2. 内部管理结构平衡

在一个组织内部，对于其中一个预算单位来说，预算管理的目标也是资金资源使用的绩效最大化，因此预算安排应当紧密地与绩效挂钩，而不是一味地控制资金的支出。当然在一个组织内部，有一个结构平衡的问题，即使一个单位完成任务的增长幅度远远大于支出增长的幅度，如果没有支撑整个组织目标任务的增长，就有可能导致组织内部结构失衡，因此需要进行控制。例如企业的销售部门在销售费用增长的情况下接到了更多的订单，但是大大超过了企业目前的供货能力，就可能带来违约风险，那么销售部门预期销售的业绩就不应当受到鼓励，预算控制就应当发挥约束作用。

3. 突出重点

预算是货币化的计划，专业性很强。执行控制成本应当尽可能简化。预算执行工作十分细致。但是应当突出重点，只有重点突出，预算控制才可能简化。如果事无巨细，开支部分大小多少，一律执行烦琐的控制程序，就可能失去预算管理真正的价值和作用。

4. 成本合理

精确的预算固然好，但是在一个具有一定规模的组织中，要在各个项目的编制中准确无误几乎是不可能的。应当采取的是执行之后的误差控制。预算执行的控制在误差允许范围内，应当被认为是预算执行得比较好的。由于未来环境任务变化，预算执行自然是不可能如预计的一模一样，比较合理的是实行误差控制。否则就不是实事求是的管理了。

5. 量入为出原则

货币总是不足的。在预算编制中，应当坚持以收定支、量入为出的原则。譬如政府有时也需要赤字预算，但是必须在可以承受的范围之内，组织年度预算可以是亏损的预算，但是从一个周期来看，年度的亏损在后面的年度内应当得到弥补，不然组织无法长期生存下去，更别谈发展了。

6. 自我控制

与目标管理相结合，预算管理同样需要建立执行者的自我控制机制。如果执行者能够自主自愿预算支出，预算管理的效果必然很好。所以，预算管理应当在自我控制原则下设计控制机制，能够包干的就不分项控制。

五、预算管理实施的思考

（一）避免目标置换

预算目标从属于、服从于组织目标，但在组织活动中常常会出现严格按预算规定，始终围绕预算目标，而忘却了首要职责是实现组织的目标。究其原因，一是没有恰当掌握预算控制力度；二是预算指标没有很好地体现组织目标的要求，或是经济环境的变化造成预算目标和企业目标的偏离。为了防止预算控制中出现目标置换，一方面应当使预算更好地体现计划的要求，另一方面应适当掌握预算控制力度，使预算具有一定的灵活性。

（二）避免过繁过细

有些管理者认为，预算作为管理和控制的手段，应对组织未来发展的每一个细节都做出具体的规定，实际上这样做会导致各职能部门缺乏应有的自主权，不可避免地影响组织运营效率，所以预算并非越细越好。预算究竟应细化到什么程度，必须结合给职能部门授权的具体情况进行认真酌定，过细过繁的预算等于让授权名存实亡。

（三）避免因循守旧

预算制定通常采用基数法，即以历史情况作为制定现在和未来预算的依据。这样一种方法有助于降低预算编制成本，提高编制时效；但是也容易带来"存在就是合理的"弊端。如职能部门用以日常支出作为预算编制的合理标准，职能部门就有可能故意扩大日常支出，以便在以后年度获得较大的预算支出标准。因此，必须采取有效的预算控制措施以此避免出现这一现象，如通过详尽报表内容，健全报表体系等方法减少人为的因素，提高精确性和科学性。

（四）避免一成不变

预算制定出来以后，预算执行者应当对预算进行管理，促进预算实施，必要时可根据当时的情况进行检查、修订和调整。尽管在制定预算时预见到未来可能发生的情况，并制定出相应的应变措施，可预算一方面不可能面面俱到，另一方面情况也在不断变化，总有一些问题是不可能预见的。故预算管理不能一成不变，要对预算进行定期检查，如果情况已经发生重大的变化，就应当调整预算或重新制定预算，以达到预期目标。

第二节 预算的编制与审批

一、预算的种类

（一）按预算管理的力度分类

（1）刚性预算，是指在执行进程中没有调整变动余地的预算。执行人在执行中无活动余地。一般来说，刚性预算不利于发挥执行者的积极性，也不能适应环境变化。这类预算就只能在重点项目上采用。常见的刚性预算是控制上限或控制下限的预算。如严格要求的重大项目财政支出预算等。

（2）弹性预算，是指预算指标有一定的调整余地，执行者可灵活性地执行的预算。这种预算的控制力度稍弱，但有较强的环境适应性，能较好地适应控制的要求，在预算管理中弹性预算比较常见。

（二）按预算的内容分类

1. 支出预算

支出预算指为完成组织活动对所需要支付货币的多少所作的预算。通常看作是组织预算中最为重要的预算。一个组织不可能没有支出预算。因为一切活动都有投入，世上没有不花钱的午餐。所以，做好支出预算对每一个组织都是一项十分重要的工作。经济一词最初的含义就是节约。预算的一个重要功能就是控制支出，节约资源，增加绩效。

2. 收入预算

收入预算指对组织活动可带来货币收入进行预算。一般来说，大多数组织都有自己的收入来源。对于现实中的组织而言，不仅企业性质的组织要做好收入预算，就是非企业性的政府以及其他组织同样要做好收入预算。没有收入，就不可能形成支出，组织也就没有办法开展业务。区别只是不同性质的组织取得收入的方式不同而已。所以说，收入预算是支出预算的对应预算，具有同样重要的地位。

收入预算与支出预算是密切相关的。一般的原则是：应以收定支，在收入预算的基础上确定支出预算。

（三）按预算的范围分类

（1）总预算，是指以组织整体为对象，预算要覆盖到组织的每个层次以及每个方面，由组织的最高管理机构批准的预算。

（2）部门预算。是指在保证总预算的前提下各部门根据本部门的实际情况安排的预算。

总预算与部门预算不是简单的总体与部分的关系，而是相互支持、相互补充的关系。有的部门预算是包含在总预算之中的，有的并不全包括在总预算之中。并且，不同的组织对预算的分类也不一样，如企业常常把财务预算称之为总预算。因为企业是一个营利性的经济组织，一切活动都应围绕利润这个中心来展开，各方面的预算也就都要与财务预算结合起来，以保证企业财务目标，或者说利润目标的实现。因此将财务预算称之为总预算。

二、预算编制的程序

（一）预算编制准备

做好预算编制准备工作具有重要的现实意义。预算编制准备就是在一个预算年度开始前，为编制下年度预算而开展的调研、宣传、明确指导思想、协调有关领域的矛盾等方面开展的工作。组织的规模越大，预算编制前的准备工作越是重要，越是要细致。

1. 明确下一年度预算编制的指导思想和原则

譬如在政府的年度预算编制前，要明确是实现一定规模的赤字预算，还是收支平衡预算，或者是略有结余的预算。对于一个企业来说，就是要明确按照企业发展的阶段，是可以接受的亏损预算，还是形成的营利预算。

2. 拟定支出与收入的基本规模

一个组织在计划期内，应当基本确定可以开支的总体规模以及各个部门的额度，收入应当达到的规模，保障组织的正常运行。

3. 召开预算单位会议

宣传贯彻年度预算的编制原则与指导思想，统一预算编制的思路、认识，提升编制单位和人员的责任心和创造性，为科学编制预算奠定思想基础。

（二）基本程序

1. 确立预算主体

组织预算管理有两项职能，即管理决策和管理控制，不同职能对预算管理体系的设计提出了不同要求。如在企业销售预算的制定过程中，由于专业分工带来的各专业部门之间信息不对称性，销售部门掌握着企业未来销售情况，如果预算仅仅是为了发挥管理决策功能（如以销定产），销售部门就会毫无保留地拿出其掌握的信息，与各部门共享；但如果预算的目标之一是发挥管理控制职能（如作为业绩评价标准），销售部门就可能会有意低估未来的销售收入，从而有利于其业绩评价。但是，低估会相应造成生产计划的减少，企业生产就不能达到效率最高的状态。再如在根据预算划拨各部门资金时，各部门为了在资金使用上有较大的自由，并且能控制更多的资金，可能会虚夸本部门的资金需求量，从而造成资金的浪费。

因此，为了解决上述职能部门之间的矛盾，在预算管理实践中，一方面应当让各部门参与到预算的制定中来，促进信息最大范围的交流，使预算编制的沟通更为细致，增加预算的科学性和可操作性。另一方面尽可能地让每个部门、每个层次都成为预算主体，承担预算编制与执行的责任，这样才可能形成全员预算。

2. 建立综合预算管理机构

预算委员会应由各重要职能部门负责人组成，由组织高层领导担任主席。预算委员会协调各部门信息的沟通，统一各部门认识。从根本上说，只有经过预算委员会的审批，否则不能接受任何预算或预测数据。这一预算管理机构的职能不仅仅承担预算编制，还包括预算的实施、调整、监督等后续环节。如解决预算实施过程中出现的各部门矛盾；随时发现组织活动与预算的偏差并分析原因，如果某些基本假设已发生重大变化，应尽快组织对预算的调整。

3. 选择合理的预算编制流程

（1）自上而下的流程。即由上级部门确定预算指标的总量，然后分解到各职能部门。这种"自上而下"的预算编制流程能够将组织目标直接体现到预算之中，体现了预算的强制性和权威性，但由于这种预算流程对基层信息的掌握有限，容易脱离实际，使预算难以发挥其计划、协调和控制作用。

（2）自下而上的流程。"自下而上"即由各职能部门提供相关信息，预算委员会（或上级部门）进行综合，确定预算总量，再分解到各职能部门，这种方式虽然在一定程度上克服了严重脱离实际的问题，但在信息的交流上仍然是远远不够的。

（三）具体编制流程

预算属于计划的一种形式，自然其编制的工作程序与计划没有太大的差别。主要有自下而上的编制与自上而下的编制两种程序。需要注意的是，预算工作中涉及的资金问题是一个组织各个方面都十分关注的问题，要处理的矛盾自然比其他计划编制要复杂。所以，预算编制人员在预算的编制中，一定要全面准确地掌握信息与进程，按照组织的战略要求、突出重点，做好平衡工作。

三、预算编制的方法

1. 固定预算法

固定预算法指的是以基期某一个时点或者某一个时间段的预算执行情况作为标准进行计划期的预算编制。因此又称之为静态预算。固定预算法的思想是假定组织在计划期的条件与基期相比没有什么变化，可以直接运用基期的预算执行数据。这种方法最大优点是编制简单，工作量小，在组织内部结构与外部环境没有太大变化的情况下，也容易被接受。不过在现实中，这种情况比较少见。一般来说，如果预算调整的幅度不大，也可以看作是采用的固定预算法。

2. 比例增长法

这样的一种预算编制方法即选定的组织预算执行情况，在确定一个比例之后，按照增长比例确定计划期的预算。这种预算编制方法的指导思想是：第一，确认基期的预算执行是合理的；第二，确认计划期的支出在基期预算或者是决算的基础上应当增长。比例增长法在现实的预算编制中比较常见。因为它符合以下几个条件：一是组织的各个部门和成员都有逐步增加预算的期望和要求；二是从一个长时期来看，支出总是要增加的；三是这样一种方式使各个部门，各项工作的预算都同样增加了，形成一个皆大欢喜的局面，比较容易为大多数人所接受。但是，简单地按照一定比例增加总预算与各个部门预算，肯定是不合理的，而且容易形成增长刚性。在现实的预算编制中，多数会做一些调整，即在部门之间进行增长率的调整，以保证重点工作。

3. 零基预算法

所谓零基预算法是指对基期的预算以及执行的情况进行评估，并对计划期的活动进行全面的评估与预测，重新确定预算的方法。美国学者维恩·刘易斯于 1952 年发表了《预算编制理论新解》，首先提出了零基预算的思想，其后，美国得克萨斯仪器公司的彼德·A. 菲尔于 1970 年将这样一种思想变为现实，创造了"零基预算法"并且获得成功。由于它的优越性，很快为许多组织所采纳，特别是在政府的预算管理中更是普遍推广。在这样一种预算方法中，各个部门、各项工作的基期预算与决算不再是确定计划期预算的标准，仅仅只用于评估分析。计划期的预算完全按照新评估的结论来确定。从这个意义上讲，好像一切又都在重新开始做预算。因此称之为零基预算。

实施零基预算法应注意如下问题：

（1）零基预算法的思想应贯彻到每一个预算编制工作人员、部门负责人、项目负责人的意识中，只有每一个有关的人了解了零基预算法，掌握了零基预算法，支持零基预算法，零基预算法才能发挥其积极作用。

（2）零基预算的主持者必须对组织目标有足够的了解。这样才能把握哪些活动是必需的，哪些是可进行的或不可进行的，哪些是要保证的重点项目，哪些是职能在可能条件下兼顾的一般项目，以便科学合理地分配资源与资金。

（3）发扬创新精神，从零开始本身就隐含着创新要求，实行零基预算法，无论是负责人，还是一般工作人员，都必须具备创新思想，那种既能够提高效益又能降低成本的方案并不存在于现行的方案中，只有依靠创新才能产生。

零基预算法在实行过程中，另一个需要注意的问题是应防止搞形式主义。名义上是从零开始，实际上是一切依旧，新瓶装旧酒。对此，主要领导人必须有较高的警惕，特别是最后审批预算的主要领导人要亲自主持参加重大项目的评价过程，真正科学合理地配置资金，将有限资金用于最高效益的项目和活动中。

四、预算审批

编制好的预算在实施前一项重要的工作就是预算审批，只能由预先确定的预算管理的最高决策机构负责，审批之后的预算才能够下发执行。

预算审批一定要严肃、认真、细致。因为预算审批是未来一个时期组织资金运行的依据，首先必须具有权威性；其次一定要认真，因为预算审批是一项琐碎的工作，尤其是对于关键部门、关键项目的审批，一定要认真细致；最后要严格。对于不应当不符合预算要求而列入预算的开支，该否决必须坚决否决。

预算审批的重点是预算的指导思想，重大开支项目，收入实现的可能大小，保障的目标与具体措施等。

第三节 预算的执行

一、预算执行的意义

预算执行是指经法定程序审查和批准的预算具体实施过程，是把预算由计划变为现实的具体工作。预算执行工作是实现预算收支任务的现实步骤，也是整个预算管理工作的中心环节。

预算执行过程中的控制主要有外部控制和自我控制两种形式。

外部控制是指预算执行过程中上级对下级的控制；自我控制是指每一个责任单位对自身预算执行过程的控制。自我控制的好处在于，在预算编制过程中，各级责任部门都已参与，在预算执行以前对预算就已经心中有数，有利于在执行过程中发挥主观能动性。所以，在管理过程中应以自我控制为主。预算目标的分解明确了各责任单位的目标和责任，并使他们拥有了相应的权力，与激励制度相配合，把责、权、利紧密结合起来，这样会更有利于责任单位在执行过程中对偏离预算控制范围的偏差进行自我纠正，调动责任单位实行自我控制的积极性。

二、预算执行的要求

1. 保持预算的一致性

预算一旦制定，执行人无权进行调整。因为管理者在预算规模以及结构都是建立在一定的假设基础上的，倘若所依赖的假设条件发生变化，那么就会导致预算产生偏差，所以预算编制在起始阶段就应当特别注意考虑预算的调整。如果在预算执行过程中所发生的事项属于编制预算时已经考虑的条件变化范围之内，则不应当进行调整。一般而言，管理者不应当轻易调整预算，除非发生重大的环境条件变化，严重影响原预算的执行，而且需要经过预算审批机构和决策部门认可之后，才可以进行调整。

2. 保持对预算执行的实时监督

预算执行过程中应当做好实时监督工作。一般而言，预算执行的过程或结果，反映了预算是否得到有效的贯彻与执行。因此，管理者对预算执行的评价和检查不能等到预算执行结束后才开始，而应当对预算执行全过程实施监督。在预算执行过程中，对整个过程进行监督应当力求及时，及时发现出现的偏差；分析偏差产生的原因，追根溯源，并探讨改进措施。只有如此，管理者才能准确地把握预算执行的效果，全面掌握各种方案的执行情况，及时解决问题，避免错误或损失积累起来难以解决。

3. 运用多种手段进行科学管理

在预算执行控制过程中，还应注意同时运用项目管理、数量管理、金额管理和计算机系统管理等方法。即把预算内容按项目分类，从数量、金额和与业务发生有关的部门等方面分别进行管理控制，并将预算方案输入计算机管理系统，利用计算机程序、计算机网络对预算指标进行严格控制。在计算机技术迅速发展的今天，运用信息化工具开展预算管理已经是大势所趋，也是势在必行。利用计算机管理信息系统（MIS）加强对预算执行过程的控制，具有较好的辅助管理控制作用；另外，通过系统实现网络资源共享，以便于各层次的管理者及时掌握预算信息，随时检查预算执行情况。

三、注意纠正预算执行中常见的错误认识

预算从形式上讲是一种计划，需要执行来体现价值。而严格执行预算是比较艰难的。做好预算执行工作，必须注意如下一些问题。

第一，克服预算是财务部门的事情的错误观念。在预算执行中最为常见的现象是业务部门与财务部门之间为预算支出发生冲突。业务部门开展业务要花钱，常常认为在管理上应当松一些，因为只有多支出才能够多做业务；而财务部门为了保证预算目标的实现则要控制资金的支出的，因此二者天然构成一对矛盾关系。要保证预算执行，减少这种矛盾，唯一的措施就是在实施预算之前，要扭转大多数业务部门的一种偏见——预算只是财务部门的事情、与己无关的错误认识。所以预算管理首先要在各层次管理者、各部门管理者的思想上树立预算是组织的预算，是每个部门，每个岗位都必须努力做好的工作的意识，此外，最为重要的是应当把预算的执行与岗位以及部门的业绩评价、奖惩科学地结合起来。

做好预算执行的宣传。有很多预算没有得到很好地执行，重要的原因之一就是对执行预算的严肃性宣传不到位、对预算的刚性约束缺乏足够的认识。

第二，严格控制超预算的行为。预算是否得到认真执行，在相当的程度上决定于执行过程中发生的超预算的行为是否得到控制。由于预算也是一种计划，建立在预测的基础上，在实际执行中自然会发生偏差。对于预算的执行来说就是超预算的问题。超预算的支出一定要严格控制。对于超出预算指标、超出预算范围的支出，应当严格按照预算管理的规定进行审批。其程序应当是先申请，经过审批才能够支出，绝不允许先斩后奏，将生米煮成熟饭，将支出变成事实。

第三，注意阶段控制。所谓阶段控制就是将预算执行的全过程划分为几个阶段，如

旬、月、季等长短合适的阶段，每到一个阶段，及时审查预算执行情况，不要等到预算执行到期，问题累积多了才去解决，这样会积重难返，导致预算控制流于形式。

四、认真做好预算执行绩效评价

预算执行绩效评价就是根据划分的阶段，对于各类预算、各个部门预算执行的情况，按照一定的标准进行评价。以确定预算执行的情况与组织的总体目标、发展要求是否一致。经过评估，如果需要进行预算调整，就应当进行预算调整。

五、预算执行中的调整

预算执行中要进行调整，这是不可避免的。坚持实事求是、严肃权威、严格按照规定程序和原则调整执行中的预算。预算调整一般要固定时间，例如中期调整，不能够遇到变化或者资金不足就进行调整。调整的工作程序要按照程序进行，只有预算审批机构才有权对执行中的预算进行调整，其他机构调整预算都是违背预算管理纪律的，是不允许的。在实际运行中的基本程序是：

（1）执行机构向编制机构提出申请；

（2）编制机构向审批机构提出有关议案，上报审批机构审批；

（3）审批机构根据情况审定，然后做出批复；

（4）编制机构回复执行机构，执行机构按照审批意见执行预算。

第四节 决算与审计

一、决算与预算的关系

决算是指根据年度预算执行结果而编制的年度会计报告。它是预算执行的总结。当一个组织例如国家预算执行进入终结阶段，要根据年度执行的最终结果编制国家决算。它反映年度国家预算收支的最终结果，是国家经济活动在财政上的集中反映。决算收入表明国家建设资金的主要来源、构成和资金积累水平，决算支出体现了国家各项经济建设和社会发展事业的规模和速度。

一般来说，只要有书面预算，据此开展预算管理的组织，预算执行到期之后，都应当开展决算和审计。对执行中的开支、收入、项目建设的规模、程序等进行审查、归类和总结分析，为下一个预算周期的工作积累经验，奠定基础。所以说决算工作是预算管理工作的最后一个环节，也是十分重要的环节。

二、决算前的准备工作

做好决算工作，首先要做好有关准备工作。主要内容有如下一些方面：

1. 财务凭证资料要收集到位

我国《会计法》的规定，单位的财物收发、债权债务的发生、各种款项的收付等，都必须取得原始凭证，并及时由财务部门进行会计核算。在年终会计决算之前，必须要求内部单位将所有财务凭证和资料收集齐全，及时送有关部门处理，以确保所有的财务收支活动能在年终的决算信息中得到全面的体现和反映。

2. 会计处理要及时到位

到了年终，有些部门为了掩盖其违规的支出，在决算前将相应的费用挂入往来科目，或索性不作会计处理；为了控制其年度的收入，就隐匿收入，或"压票"不入账，这样会严重地歪曲会计年度的收支情况，影响了决算信息的质量。对此，在年终决算前，应将会计手中的原始凭证全部纳入会计核算，否则就无法保证会计信息的真实与完整。

3. 财务制度执行要检查到位

组织内部发生的一切财务收支活动都必须严格执行财经纪律，单位的会计核算包括年终的决算，也只能是对合法的财务收支活动进行核算，会计人员不得核算非法业务事项，更不得以变通手段为虚假业务进行账务处理，对不符合国家财经纪律的收支，必须毫不留情地剔除，在年终决算前，对各项财务收支活动的会计原始凭证都要严格地审核、把关，以防有些部门为了逃避会计监督有意歪曲事实，大搞虚假会计核算。

4. 财务清查工作要落实到位

会计法和企事业财务制度都明确规定，在编制会计报表之前，必须要对单位的财产、物资、往来等严格实行清查盘点，以确保账账一致，账实相符。

三、决算报告编制

财务决算报告是决算工作完成之后的工作成果，是提交给预算审批机构的书面文件。是国家机关、企事业单位及其他经济组织某一年度或某一建设项目预算执行结果的书面总结。它的作用主要是总结一年来的收支情况、年度预算完成情况，或某一建设项目的进展情况、预算执行情况，以便做到心中有数，为做好下一步工作准备有关资料。

决算报告必须符合如下几点要求：

（1）真实，指将预算执行情况真实反映出来，不虚报浮夸，不打埋伏；

（2）全面，指将预算执行情况全面反映出来，不漏项，不掉科目；

（3）准确，指准确地反映预算执行情况，做到合法合理；

（4）合法，指按照国家的法律法规和组织内部的制度要求反映预算执行情况。

四、决算审计

（一）审计与审计报告的作用

预算执行之后要进行决算与绩效评估，这是提高预算管理水平的主要途径。是否对决算进行审计则是管理者根据管理的实际需要决定的。如一些小规模的企业由于收支项目少；投资者、管理者对于一年中收入和支出又十分清楚，决算是否符合预算以及计划管理的要求一目了然，加上国家的法律法规没有要求进行决算审计，为了节省成本，就可以不进行决算审计。但是对于一个规模较大的组织，例如对于负有外部责任的企业（如上市公司），审计就必不可少。

为了保证审计过程与结果的公正性、可信性；决算审计一般由具有审计资质的专业服务中介机构（例如具有审计业务资质的会计师事务所、审计事务所等）承担。这些机构承担审计任务，设计任务完成之后，会给委托人提交一份审计报告。财务决算审计报告是具有审计资格的会计师事务所的注册会计师出具的关于企业会计的基础工作，即计量、记账、核算、会计档案等会计工作是否符合会计制度，组织的内控制度是否健全等事项的报告，是对财务收支、经营成果和经济活动全面审查后作出的客观评价。基本内容包括资产、负债、投资者权益、费用成本和收入成果等。

审计报告一般来说应当客观、公正、准确、细致。审计报告反映委托方的最终要求，也反映审计方完成任务的工作质量，同时也是对被审事项的评价和结论的集中体现。审计报告是审计工作情况的全面总结汇报，说明审计工作的结果，具有如下不可替代的作用。

1. 审计报告是一份具有法律效力的证明性文件

注册会计师的审计行为是依法进行的，审计结果按照法律的规定既要对委托人负责，还要对其他相关的关系人负责。审计报告本身要对被审会计报表的合法性、公允性和会计处理方法一致性表示意见，各方面关系人以这种具有鉴证作用的意见为基础，使用会计报表进行决策。因此，在审计报告中的审计意见必须具有信服力、公正性和严肃性，具备法律效力，否则，委托人和各方面的关系人就无须使用审计报告。审计报告的法定效力体现在各方面关系人使用审计报告的过程中。

2. 审计报告是一种公开的信息报告

作为信息报告的一种，审计报告不仅可以被审计委托人和被审计单位管理者按规定范围使用，而且相关的债权人、银行等金融机构、财政部门、工商部门、税务部门和社会公众等都可以使用审计报告，并从中获得对有关项目公允反映程度的公正信息。

3. 鉴证作用

注册会计师是以超然独立第三者的身份对被审计单位会计报表所反映的财务状况、经营成果和资金变动情况是否合法、公允和一致发表自己的意见，这种客观意见得到政府及其各部门和社会各界的普遍认可，客观上起到了鉴证作用。

4. 保护作用

注册会计师出具不同意见类型的审计报告，以提高或者降低会计报表使用者对会计报表的信赖程度，能够有效地保护被审计单位的财产、债权人和股东的权益以及企业利害关系人的利益。

（二）审计报告的类型

1. 无保留意见的审计报告

无保留意见的审计报告是指注册会计师对被审计单位的会计报表，依照中国注册会计师独立审计准则的要求进行审查后确认：被审计单位采用的会计处理方法遵循了会计准则及有关规定；会计报表反映的内容符合被审计单位预算与相关制度执行的实际情况；会计报表内容完整，表述清楚，无重要遗漏；报表项目的分类和编制方法符合规定要求，因而对被审计单位的会计报表无保留地表示满意。无保留意见意味着注册会计师认为会计报表的反映是合法、公允和一贯的，能满足非特定多数利害关系人的共同需要。

2. 保留意见的审计报告

保留意见的审计报告是指注册会计师对会计报表的反映有所保留的审计意见。注册会计师经过审计后，认为被审计单位会计报表的反映就其整体而言是恰当的，但还存在着下述情况之一时，应出具保留意见的审计报告：个别重要财务会计事项的处理或个别重要会计报表项目的编制不符合《企业会计准则》和国家其他有关财务会计法规的规定，而且被审计单位拒绝进行调整；因审计范围受到局部限制，无法按照独立审计准则的要求取得应有的审计证据；个别会计处理方法的选用不符合一贯性原则。

3. 否定意见的审计报告

否定意见的审计报告是指与无保留意见的相反。认为会计报表不能合法、公允、一贯地反映被审计单位财务状况、经营成果和现金流动情况。注册会计师经过审计后，认为被审计单位的会计报表存在下述情况时，应当出具否定意见的审计报告：会计处理方法的选用严重违反《企业会计准则》和国家其他有关财务会计法规的规定，被审计单位拒绝进行调整；会计报表严重歪曲了被审计单位的财务状况，经营成果和现金流动情况，而且被审计单位拒绝进行调整。

五、决算与审计报告的运用

（1）高度重视决算与审计报告对于预算执行的分析、结论和建议。

（2）根据决算和审计报告提出的建议，结合组织的管理实际认真整改发现的问题，存在的不足，提高预算编制与执行控制水平。

（3）对执行预算中违法国家法律法规以及组织内部规章制度的行为，尤其是带来重大损失的责任人，应当追究责任，使广大员工接受教训，认真对待预算，执行预算，自觉维护预算的权威。

推荐阅读书目：

1. 温兆伦：《全面预算管理：让企业全员奔跑》，机械工业出版社 2015 年版。
2. 包丽萍：《政府预算》，东北财经大学出版社 2011 年版。
3. 李晓慧：《审计学》，中国人民大学出版社 2014 年版。

第十七章　质量管理

20世纪是生产率的世纪，21世纪是质量的世纪，质量是和平占领市场最有效的武器。

——［美］约瑟夫·朱兰

第一节　质量管理的普遍意义

一、质量的概念以及普遍意义

质量是人们在日常的工作学习乃至生活中接触最为广泛的概念，但是又是难以定义的一个概念。从管理学的立场来看，相当一部分人在质量概念上存在着两个严重误区。其一是只有面向市场的企业才存在质量问题，才有质量管理的工作内容；其二是将质量与具体的指标特性严格地对应起来，忽视了质量的广泛定义。我们认为，这样两个认识误区都是不利于质量管理和提高产品、服务以及工作质的的。

当今学者们给质量所下的定义是比较多的，主要有：

国际标准化组织（ISO）所下的质量定义：是指产品或服务所具有的、能用以鉴别其是否合乎规定要求的一切特性和特征的总和。

美国质量管理学会和欧洲质量管理学会所下的定义：是指产品或服务内在的特性和外部特征的总和，以此构成其满足给定需求的能力。

世界著名的质量管理学家朱兰博士所下的定义：主要是指产品或者服务所具有的顾客适用性。

美国另一位质量管理专家格鲁科克（J. M. Ggroocock）所下的定义：指产品所有相关的特性和特性符合用户所有方面需求的程度，用户需求受到他们愿意接受的价格和交货时间（交货方式）的限制。

从上述的概念我们可以看到，质量最为重要的特征是一个组织所提供的产品与服务中所具有的能够满足用户的特性之总和。不过这些经典的定义存在的一个不足就是其侧重点仍然是企业提供的产品和服务的质量。我们认为，有形的产品具有规定与标准要求，无形的服务同样具有质量要求。这就是都要满足用户的要求。

质量不仅是企业必须注重的重大问题，同样也是其他组织必须注重的重大问题。因为任何一个组织能够存在，具有价值，必须是有人需要它。他们需要的不是组织本身，而是组织提供的效用，这些效用，企业是通过提供产品和服务来实现的，其他组织也是通过提供一定的服务来实现的。如教会给人们提供的是宗教信仰服务，军队为国民提供的是国家安全服务，政府则提供社会稳定与发展服务，俱乐部为会员提供的娱乐服务。只要组织所提供的服务是人们所需要的，人们就会对其服务提出一定的标准，这就是质量标准。

今天，不仅企业必须为自己的客户提供优质的产品和服务，政府同样有为它的公民提供满意服务的压力。当今世界一个流行的理念就是：公共管理不再是管制，而是服务。政府作为公共管理的部门，不仅要不断地降低成本，而且还必须不断改善服务方式，提高服务质量。政府在公共管理中的服务质量也可以通过建立一套评价方法体系来评定。有人进而提出，如果政府提供的服务不如企业所提供的服务质量好，政府就应当将这样的服务领域让出来，由私人提供，公众购买。可见，在这样的原则指导下，企业在相当领域已经成为政府的潜在竞争者。所以说，质量是具有普遍意义的重大问题，任何一个组织，不论它是什么性质的，在现代社会中，都有解决质量问题的任务，都有不断提高质量的要求。只不过组织所处的竞争环境的不同，提高质量压力的大小不同罢了。

就现代市场经济中的企业而言，理解质量的含义，还必须注意如下几点：

（1）质量的本质就是要满足需要，首先是服务对象的需要，同时要兼顾其他受益者的利益。质量观从过去符合性能规范正在逐步转变为满足需要的顾客型质量观。

（2）市场竞争由价格竞争转向质量竞争，但是质量与价格是高度关联的，不可能脱离产品或者是服务的成本、价格来追求孤立的以技术指标等衡量的质量。市场经济中的质量，本质上是满足服务对象需要的效用与所必须支付的费用的比值，俗称"性价比"。这个比值越高，则表明质量越高。

（3）质量是企业生存发展的第一要素。企业要生存发展，首要条件是提供的产品、服务功能在市场中转变成价值，被顾客所接受。而顾客能否接受的决定性因素是质量。

（4）提高产品与服务质量是最大的节约，而且是对买卖双方的节约。在某种程度上，服务质量好等于成本低。

（5）质量的提高主要取决于科学技术的进步，其中包括科学的管理。企业也只有不断开发和利用新技术，提供新的产品、服务，给顾客更多的附加价值，才会具有真正的市场竞争力。

（6）质量不仅仅是质量检验或者说生产过程的事情，它与产品、服务、设计、供给、管理以及企业各方面的工作都有着直接联系，质量提高是企业综合能力与核心竞争力提高的表现。

二、质量的类别

1. 产品质量

产品质量是指有形产品的质量。简单来看，似乎所有的产品都是企业提供的，但是并非如此。许多非营利性的组织以及政府也提供相当多的有形产品。产品的质量特性一般由如下几个方面的因素构成。

（1）技术性或理化性的质量特性。例如，产品的硬度、光洁度、韧性、成分等。

（2）时间上的质量特性。主要表现为可靠性、耐久性、稳定性等。

（3）安全上的质量特性。如使用中的安全。

（4）心理上的质量特性。主要指能够为用户带来心理满足的质量特性，一般通过产品的外观设计、包装甚至产品的命名等来体现。

2．服务质量

是指组织提供给用户的服务所具有的质量特性。与有形产品不同，服务过程与消费过程是同一的。人们在消费过程中的心理感受对服务质量的评价就具有决定意义。所以，服务的质量一般有如下一些基本的特性。

（1）心理上的质量特性。指对接受者带来的心理上的影响，如高兴、反感等。

（2）伦理上的质量特性。如医院服务中的诚信、责任等。

（3）时间上的质量特性。主要指服务的及时，快捷等。

3．工作过程的质量

随着人们对产品和服务质量特性以及形成过程认识不断深入，人们发现，质量不是检查出来的，而是生产出来的。质量水平的提高不仅仅取决于质量制造过程，而且取决于组织的各个方面。因此，工作过程的质量管理也成为现代质量管理的一个重要内容。

三、质量管理体系

1．质量管理的概念

国际化标准组织对质量管理所下的定义是：为满足质量要求而使用的操作技术和活动。简单地说，质量管理就是为了使组织提供的商品和服务达到质量要求而开展的有关管理工作。质量管理是保证质量所不可缺少的管理工作。

质量管理既包括产品（商品和服务）的质量管理，也包括工作的质量管理。早期，人们对质量管理的概念仅仅局限于产品，质量管理也主要在检验环节，我们称其为检验质量管理。人们后来发现，检验只可能挑出不合格的产品，但不能杜绝不合格品。要杜绝不合格品，关键在于生产和服务的过程。于是，质量管理延伸到了生产过程。随着质量管理实践与理论研究的深入，人们进一步发现，质量不仅靠生产工艺与技术保证，更重要的是管理保证。因此，今天的质量管理已经走向了以管理过程为主的标准化质量管理。我们提出的质量管理，就是包括产品、生产过程、管理过程在内的全面的质量管理。质量管理可以说是当代组织生存与发展的保障线。

2．建立现代质量管理体系的重点

如何建立现代质量管理体系？解决这个问题的前提是要明确质量管理体系要解决的问题是什么。可以说，无论哪一个组织，质量管理的最终目的都应当是服务对象满意。管理者必须牢记这一点，并且将其贯彻到质量管理的实际工作之中。围绕这个目标，管理者应当注意抓好如下几个方面的工作：

（1）确立组织的质量方针。质量方针是对产品服务质量体系的要求和基本要素。产品服务质量体系是实施本组织质量方针的基本手段和根本保证。一个质量管理体系健全的组织，肯定都有明确组织的质量方针。编制并颁布本组织的质量方针，并通过产品服务质量体系的实施，保证本组织质量方针的实现。

（2）树立质量管理目标。质量方针的确定解决了组织质量发展的方向，但是并不等于质量管理问题因此彻底解决。在质量管理中，实现本组织的质量方针，还要识别建立质量目标的主要目的。建立质量目标的主要内容应当包括：顾客需要、职业标准和组织伦理、组织道德社会和环境方面的要求、提高服务的效率等。

（3）划分质量管理职责和权限。管理者的职责包括对由于其活动影响服务质量的所有人员，明确规定一般和专门的职责和权限。这些职责和权限包括组织内部和外部各有关方面的顾客与服务提供者之间有效的相互关系，职责和权限应该与为保证产品服务质量所采取的手段和方法相一致。

（4）严格实施质量管理评审。管理者对质量体系进行正式、定期和独立的严格评审，以便确定质量体系在实施质量方针和实现质量目标中是否持续稳定和有效。质量评审是质量管理中的重要环节，是质量管理目标实现与改进的保证。在质量评审中，应特别关注和强调改进的必要性和机会。

第二节 公共服务的质量管理

一、公共服务质量管理的难点

与私人部门相比，公共部门具有一些特殊的地位，提供的服务又具有相当的特殊性，这就导致公共部门质量管理有如下难点。

第一，公共部门的垄断性使其缺乏外部竞争压力。国内外的实践证明，充分的公平竞争是提高服务水平和服务质量的最有效动力。这是因为，竞争给消费者提供了选择的自由，消费者的选择决定着一个服务对象的生死存亡；正是这种生存威胁迫使企业提高效率和服务质量。相反，垄断意味着排斥和限制竞争，公共部门中的垄断排除了外部竞争压力，同时也就排除了提高效率和服务质量的内在动力。"只此一家，别无分店"、必然导致"皇帝女儿不愁嫁"、"门难进，脸难看，事难办"的局面也就不足为奇了。

第二，公共机构产出的质与量难以测定和量度。公共机构具有目标多元性和目标弹性的特点，许多公共机构的服务性产出往往不像企业的产品那样看得见、摸得着，产出的量和质难以测定和度量；公共机构的产出与最终社会效果之间存在时间上的滞后，这使得产出与实际效果之间的关系难以确定和度量；公共部门的产品缺乏价格信号和消费者的自由选择，因而也就缺乏检验和传递质量信息的机制和渠道。

第三，公众监督的困难。公共机构的垄断性质使得竞争机制难以发挥作用。于是，公众监督与控制就成为公共部门提高服务质量的主要途径。但公众对公共部门的监督和控制还难以做到充分和有效。产品质量测定困难使得公众难以对公共部门产出的优劣做出准确评判；公共部门在垄断服务的同时也垄断了公共服务方面的信息，公众由于缺乏信息而无法对服务质量和水平作出科学评判；所以说公众监督实际上难以很好地发挥作用。

第四，公共部门工作人员服务意识的不足。在公共管理部门尤其是政府部门，政府官员是以代表整个组织的权力和声望的身份行动的，官方角色授予了官员明确的权力，容易导致盛气凌人的态度。更重要的是，许多公共部门的服务是免费提供或以低于成本的价格提供的，这造成了对许多服务的过旺需求，而政府财力有限难以满足社会需求。其结果是：一方面，由于"客源"充足，工作人员不用担心服务态度和服务质量差失去"顾客"；另一方面，既然资源有限难以充分满足需求，失去部分顾客是必然的，甚至在个别情况下，工作人员会把服务态度不好作为减少顾客、控制开支的一种手段。

第五，公共服务领域顾客的劣势地位。市场竞争不仅会导致资源的有效配置，而且会形成消费者主权。公共机构的大多数顾客是被固定的，除非举家迁徙，他们对政府提供的服务几乎没有选择余地。公共部门中顾客的劣势地位集中表现在信息不对称和地位不平等；集中与分散的不平等——公共部门权力集中，组织严密，而公民作为个人则相对分散，难以有效组织起来争取自己的权益；强制与非强制的不平等——政府公共部门可以合法地使用暴力或暴力威胁手段来贯彻自己的意志，而公民个人则不可能使用强制手段来迫使公共机构达到特定的服务标准；明确与模糊的不平等——政府对公民的要求比较明确、具体，而政府单个机构对公民的责任和义务往往不那么明确和具体；时间上的先后差别——政府以税收来保证公共服务的资源需求，征税在先，服务在后，顾客缺乏"一手交钱，一手交货"的选择和控制手段，在保证服务标准和质量方面更为困难。

由上述分析可以推断，公共部门的质量管理与水平提升难度是比较大的，因此更要建立合理的机制与体制。

二、公共服务质量管理的重点

要保证公共管理的质量，我们认为，首先必须坚持公众满意这个基准。当今人们已经认识到，公共管理就其本质而言，不是管制而是服务。作为管理对象的社会和公众是公共管理机构运行的中心，公共管理机构的职能是满足社会和公众对管理的要求，社会和公众的意愿与要求的满足是公共管理的出发点和归宿点。与企业不同，公共管理的目的不是向社会和公众提供直接的经济价值，而是为他们追求利益和实现价值提供便利条件。因此，评价公共管理机构绩效优劣，主要不是看它投入了多少资源，做了多少工作，而是要考察它所做的工作在多大程度上满足了社会和公众的需求。我们将这样一个评价原理称之为服务对象或者说公众满意原理。

以公众满意作为公共管理机构绩效评估的基本尺度，不仅是社会管理权力来源于公众，必须用于为公众服务的本质要求，也是社会民主化进程的表现，更是公共管理改革与发展的客观要求。

如何理解和实现公众满意？我们认为，公众满意就是公共管理的绩效标准由公众确定，由公众评价，公共管理的一切工作必须围绕公众的要求展开。做到这一点，公共管理部门首先必须明确公共管理机构的具体服务对象。因为公共管理机构是一个笼统的概念，在现实生活中，每一个公共管理部门都是具体的，且服务于不同的公众群体。公共管理部门如果连自己的服务对象是谁都不清楚，要做到使服务对象满意是不可能的。

另外，要了解服务对象的需求结构。满意是指行为主体的内在需求得到满足以后而产生的内心愉悦，以及对满足需求的服务行为及其提供者表示认可的一种心理状态。要测评服务对象的满意程度，理应先了解服务对象的需求结构，并加以分析、综合、归类，据此设计能够准确标示出服务需求满足程度的具体指标体系。在我国的公共管理中，普遍存在着考核指标完成情况良好，而服务对象满意程度不高的矛盾现象。原因何在？一个重要的原因是评价公共管理部门绩效的指标大多数是上级确定和上级评价的。在这些评价指标中，一些指标如国民生产总值、经济增长速度、人均纯收入，看起来相当重要，但是与服务对象的需求结构不相契合、关系疏远；所以出现上级满意而公众不满意的部门就十分自然了！

三、公共部门质量管理的主要机制

从国际管理实践来看，公共部门质量管理的机制和途径可以划分为如下四种主要类型。

1. 政府部门质量管理的企业化

所谓政府部门质量管理的企业化，就是把工商企业质量管理的原则、方法和技术移植到公共部门。但质量管理的企业化是否适用于公共部门，目前尚存争议。不过探索也一直没有停止过。

企业化的主要形式有：

（1）质量认证。质量认证是"由可以充分信任的第三方证实某一经鉴定的产品或服务符合特定标准或技术规范的活动"。通行的有国际质量认证体系如 ISO9000，针对服务业的 ISO9004-2 等，区域质量认证体系如欧盟的 EN29000 和国家质量认证体系如英国的 BS5750 等。公共部门引进质量认证的有美国、英国、芬兰等国家，涉及社区管理、社会福利和医疗卫生等领域。我国目前也有地方政府部门尝试。

（2）全面质量管理（TQM）。全面质量管理是 20 世纪 60 年代出现的企业质量管理技术，随后在企业中得到广泛的应用。全面质量管理的步骤和实施程序在不断发展变化，但其基本理论包括全面对待质量，顾客至上，预防为主，用数据控制和指挥等。可以说，全面质量管理是国外公共部门应用最广泛的质量管理技术。

（3）基准比较。基准比较又称"最佳实践基准比较"，类似于通常所说的"对照先进（即基准），寻找差距，改进质量"，但在操作上有一系列严格的程序和规范。基准比较技术最初是由美国施乐公司发明的，在实践中取得巨大成功并在企业管理中得到广泛应用。欧洲 14 个国家也正在应用这一管理技术，建立适用于公共部门基准比较的"业务卓越模型"。

（4）业务流程再造（BPR）。业务流程再造的前提是把组织视为一系列与顾客相关的核心业务（或与顾客相关的核心业务的集合），而不是一个不同职能的集合。其特点是运用一系列技术和手段，围绕"与顾客相关的核心业务"进行组织工作流程的再造，而不是像过去一样，着眼于承担不同职能的下属组织之间的调整和协调。

2. 政府部门质量管理的专业途径

质量管理的专业途径即注重专家的知识和技能，发挥专家作用来提高质量。其具体方式包括：

（1）同行评审。专业性强的领域的工作质量需要同行评判，它适用于普通公民对质量优劣难以作出判断的政府管理和公共服务领域。同行评审在大学教育、医疗卫生等公共服务领域得到广泛应用。目前的发展趋势是：强调外部专家的作用而非依赖内部专家；评审过程尽可能做到"双向匿名"，保证客观公正；评审程序规范化并提供具体的、结构性的评审标准；评审结果公开。

（2）监察巡视。监察巡视在操作程序上与同行评审相似。两者的主要区别在于：监察巡视具有专门的机构和工作人员；监察巡视员完全独立于被巡视监察者且从资深专家中选拔；监察机构和人员要向上级或权力机关提交监察报告。从国际实践来看，监察巡视的主体是审计机关，主要形式是效能审计或效能监察。我国政府系统目前普遍采取督查制度，也有一定的效果。

（3）结果预算。结果预算又称结果导向的预算制度，它是利用绩效评估和财务管理方面的专业知识推进质量提高的机制。传统预算实际上奖励的是失败者和"能够证明开支合理性的人而不是节约的人"。结果取向的预算制度即按照管理活动的实际效果和顾客满意程度拨款，从资源配置上对成功者和赢得顾客满意者的奖励。

3. 政府部门质量管理的市场机制

鉴于垄断和非市场特性是造成公共部门出现质量低下的主要原因，市场机制就成为公共部门提供质量的有效途径。

（1）非管制化政府模式。这一模式的核心是限制政府部门的管制、审批和干预权力，从制度上减少官员"寻租"和侵害顾客的机会；限制官员的自由裁量权，强调义务和权力的统一——官员审批不仅是一种权力，而且是一种义务，当申请者符合条件时，拒绝批准要作出合理解释并承担责任。

（2）完善市场竞争机制。它主要针对公用事业单位。指导思想是打破垄断，给顾客自由选择的机会，靠顾客自由选择带来的压力来倒逼供给者提高服务质量。市场竞争机制的具体形式有建立新的竞争实体、经营范围分割、控制比例限制、开放基础设施、价格控制、标尺竞争和经营分散化等。

（3）公共服务竞争机制的引入。具体形式有公私之间的竞争如合同出租制、市场检验等，公共部门内部的竞争如客户竞争、内部市场制度等。

四、公共服务质量管理的关键工作

提高公共管理的质量与提高企业产品与服务的质量相比，可以说要困难一些。因为大多数公共管理部门都具有垄断地位，没有竞争的压力，也就没有改进服务质量的动力。但是，这并不等于公共管理部门就没有提高质量的道路与途径。当今提高公共管理部门工作与服务质量的一个基本的思想就是尽可能地引进市场或准市场的机制。如日本各级政府的行政改革就提出了全面引入企业的考核与评价机制。我们认为，将公共管理完全市场化是不可能的。但是，从各个方面引进企业机制还是具有一定价值的。就质量管理而言，应当重视建立如下三大机制：

1. 标准化管理

过去相当长一段时间内，人们都认为管理工作是难以标准化的。通过今天的实践探索，人们认识到这样一种观念是偏颇的。管理工作特别是政府的行政管理工作，程序化特点明显，基本上可以进行标准化的管理与控制。特别是国际标准化组织推出了 ISO9000 系列之后，管理工作的程序化、标准化有了规范的版本，行政工作质量管理的标准化就十分容易了。我国目前相当一部分政府部门在贯彻与推行 ISO9000 系列控制标准。笔者认为这是一个良好的开端。在公共管理与服务中，工作与服务质量的控制，同样可以应用标准化的质量管理体系。就我国今天的现实而言，就是要破除只有企业的产品与服务的质量管理可以应用标准化机制的偏见。在公共管理实践中积极探索标准化的质量管理方法。

2. 行业运营

公共服务除具有一般的服务特性外，还具有自己的特殊性：①公共服务的区域性供求矛盾特别突出（如能源、交通等）；②相关因素多，所涉及的竞争具有特殊性和复杂性；

③公共服务设施具有资产专用性，转换成本极高。这些一般服务特性和自身的特殊性使得公共服务容易漠视用户的需求，并使产品的用户需求导向弱化。产品特性及其组合与用户需求匹配的失衡造成用户利益的隐性损失，使得用户满意程度降低，从而削弱了公共服务的运营效率。为此，公共服务机构必须借助于用户满意理念来指导其具体的运营活动。

3. 文化驱动

公共管理组织与其他的组织一样，有自己的组织文化，而且管理者也应当注意运用组织文化促进公共管理与服务的质量提高。一个公共管理组织如果缺乏先进的组织文化，长期漠视公众利益，不仅对外难使公众满意，对内也将极大地涣散组织的凝聚力，破坏组织健康发展的正常机理。公共管理机构要想在市场经济条件下获得长期持续的健康发展，提高公众的满意度，就必须结合组织的实际创造能够凝聚人心、不断提高工作效率的组织文化。进而促进组织提高其市场适应能力。

五、公共服务质量管理的组织基础

1. 建立一支高素质的公共管理职员队伍

同任何有组织的活动一样，人是公共管理中最重要的资源，是决定公共管理服务质量最为重要的因素。特别是公共管理服务，与一般商业性服务不同，提供服务的公共管理人员与接受服务的公众事实上处于不平等的地位。因此，高质量的公共管理服务对人才的要求更为严格。他们除了要满足达到一般服务质量所必需的知识技能、服务技巧之外，还必须注意以下三个方面：

首先，管理人员的个性适宜。对绝大多数公共管理部门而言，大部分工作岗位需经常与公众密切接触，直接为公众提供各种服务。在具体的服务过程中，只有有限的规范是不可能满足各种服务对象的特定要求的。在公共管理的过程中，必须充分发挥工作人员的主动性和积极性，针对不同顾客提供有针对性的服务。此外，还要态度良好，能够为公众所接受。所以要求服务人员应当具有合适的个性特征。

其次，加强培训，不断更新公共管理的知识和技能。不断地、密集地和全面地培训是服务质量体系要素得以有效改进的前提。培训的课程要因职位不同而有所差异。与公众直接接触的员工所需的培训，与在办公室工作的人应当有很大的不同。

除正式的培训以外，公共管理部门还可以通过社会化过程来培训员工。如通过同事和上司示范工作诀窍，传授应有的价值观和服务态度等。不管是采用正式的或非正式的方式，对所有员工的培训都必须一以贯之，并要符合公共管理部门发展战略、经营策略、文化和人事政策。

最后，恰当的激励。服务质量体系要求对员工进行适当的激励。管理服务要求员工充满热情，艺术性地处理原则性与灵活性的关系。激励是一种正式的鼓励和赞美，可以通过激励鼓舞所有的员工。让员工维持持久的积极性，保持公共管理部门的服务质量，还要注意合理设计工作人员的职业生涯，让他们可以预期未来的发展。这样才可能使员工具有长期的积极性。

2. 服务手段现代化

大多数人认为，公共管理部门仅仅靠人的劳动，不需要太多的资本投入。其实这种看法是片面的。在公共管理中，由于个人行为受个人情绪、感情等多方面因素的影响比较突出，难以始终如一地保证高质量、高水平的服务。在一些可以利用其他手段替代的工作领域，应当尽可能采取这样一种替代。如当今发展迅速的电子政务、电子政府就是一种趋势。通过电子化的公共管理服务手段，不仅可以提高公共管理的时间效率、办理事务的准确性；而且还可以解决部分以权谋私、服务不规范，质量不可靠等一系列人为的质量问题。

此外，广义的公共服务还包括非特定的公共产品的提供，如公园、道路、消防等，这些更需要相当基础的物质条件保障。这些基础设施及设备建设需要投入大量的资金，这些基础设施及设备包括：基本的装修和服务工具、有关顾客的信息系统、管理的通信网络、备用物资的储备等。

六、我国提高公共服务质量的管理措施

近年来，我国十分重视提高公共服务质量，所要求的对象不仅包含政府的部门，也包括为公众服务的事业单位，具有天然垄断性的国有企业等。采取的措施主要包括以下几项：

（1）行业评价。

（2）标准化。

（3）巡视与督导。尤其是在提供服务的单位的窗口，采取技术监督措施。

（4）严格考核与奖惩，实行末位淘汰制。

第三节　企业生产经营中的质量管理

一、企业经营管理的质量含义

在企业经营管理中，质量具有两个方面的含义，一是产品的质量，二是指工作的质量。二者既有联系又有区别，产品的质量是工作质量的体现，工作质量是产品质量的保证。质量管理既包括管理中对企业产品或服务质量的控制，又包括工作质量（包括制度、标准等）的控制。

产品质量指产品适合社会和人们一定用途和需要所具备的特性。它包括产品的结构、性能、精度、纯度、物理化学性能，以及产品的外观、形状、色彩、手感、气味等，总而言之，可影响产品使用价值的一切方面。对产品质量管理是保证企业生产出合格产品，减少无效劳动的重要保障。在市场经济中，产品的质量管理应达到两个方面的目标：一是使生产出来的产品符合质量标准；二是使企业以最低的成本生产出的产品符合质量标准并能为市场所接受，而企业只有在低于社会平均劳动时间的条件下和产出合格产品，其产品才有竞争力。

工作质量就是企业为了保证和提高产品质量在经营管理和生产技术工作方面所要达到的水平。工作质量的好坏是通过企业内各单位、各部门以及企业每一个职工的工作态度、工作绩效、产品质量等方面体现出来的。工作质量是产品质量的保证，在一定意义上讲，提高工作质量比提高产品质量更重要。所以，在现代质量管理中，对工作质量的控制已经

占据重要地位。

二、企业产品与服务质量管理原则

1. 满足顾客需求的原则

从控制的基本原理我们已经知道，控制必须有标准。那么质量管理也就必须有质量标准。如何制定质量管理的标准？我们可以列出许多的依据。但是对于企业来说，最为重要的就是满足顾客需要的标准。一些著名的质量管理专家提出来的适用性标准，换句话说就是顾客满意标准。这一点应当放在质量管理的首位。当然，目前许多行业标准、国家标准、国际标准等也都是在了解顾客需求的基础上制定的，达到这些标准，就在相当程度上满足了顾客的需求。我们这里进一步强调的目的就是要让企业清楚，二者之间不矛盾，但是并不等同。因为无论什么标准，都不可能将顾客的需要全部囊括。如果在质量管理中不研究顾客的需要，仅仅满足于达到某个组织制定的质量标准，就可能在市场竞争中处于不利地位。

2. 效益原则

产品质量在全世界首屈一指的日本，价值工程特别风行。原因就在于日本的企业深深懂得，质量不是孤立的。企业追求质量，不是唯质量而质量，是为了取得市场份额，获取更大的利润。因此，脱离企业的利润目标，盲目地追求所谓的高质量，也就将本末倒置。质量管理中必须执行效益原则，根本原因也在于质量标准是由客户、消费者的需要决定的。对于消费者来说，质量永远不是一个孤立的概念，而是与价格高度相关的。性能价格比是消费者购买抉择的准绳。这也就决定了我们的质量管理，虽然是企业内部的管理控制工作，同样需要具有效益观念、质量成本观念、市场质量观念。

3. 突出重点原则

企业生产经营的全过程中，涉及质量的因素纷繁复杂。在质量的管理控制中，必须抓住关键点，突出重点。在质量的控制中，什么是重点，没有标准的答案。将因企业的实际情况决定。一般来说，在制造业中，购进材料的质量、工序能力、操作工人的技术水平等都是决定产品质量的重点；而在服务业中，服务人员的技能、态度等是决定服务质量的重点。

4. 责任落实原则

质量管理一定要实行责任制，也即落实责任。没有责任也就没有约束力。控制要到位，要能够发挥作用，就必须建立相应的质量管理责任体系，落实责任。

三、产品质量管理常用方法

产品质量管理运用的主要是数学方法。运用这样的方法进行过程控制，前提是可以获得足够的质量信息，即质量数据。在产品质量管理中，质量数据可分为计量值数据和计数值数据。计量值数据是指可连续取值的数据，计数值数据是可以用个数计数的数据，是非连续性数据。无论是计量值数据还是计数值数据，都具有波动性与规律性。波动性指的是质量数据不是一个固定数值，有大有小，数据分布有离散性；规律性指的是数据经过整理后，可以发现它们的分布具有一定的规律性，不是杂乱无章的。

由质量数据反映的质量波动因素可分两类：一类是偶然因素，这是造成质量正常波动的因素。这些因素在技术上难以消除，经济上也不值得消除的，在质量管理中是允许存在的。另一类是系统因素，这是造成质量异常波动的因素。生产中如果存在这类因素，质量数据就会出现异常大的散差，产品质量不稳定。因此，必须及时发现，加以控制和消除。

在无系统因素起作用的情况下，质量数据成正态分布，如图 17－1 所示。图中曲线为正态分布曲线，又称高斯曲线。

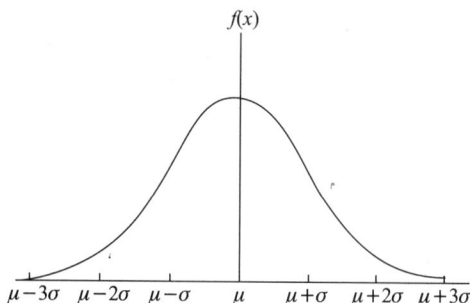

图 17 －1　质量正态分布曲线

在组织工作以及生产条件正常情况下，质量的正态分布有下列特点：

（1）以 X＝μ 这条直线为轴，左右对称。

（2）对 μ 的正偏差和负偏差（σ），其概率相等。

（3）靠近 μ 的偏差出现的概率大，远离 μ 偏差出现的概率小。

（4）以曲线与横坐标围成的面积为100%，表示在正常情况下，测得的数值都分布在范围内，其中落入各部分的概率分别为：

$\mu \pm \sigma 68.26\%$

$\mu \pm 2\sigma 95.45\%$

$\mu \pm 3\sigma 99.73\%$

$\mu \pm 4\sigma 99.99\%$

因此，在远离平均 μ 的一定范围以外（如 ±3σ 以外），出现的概率很小。一般在有限次的实测中，可以认为它不会出现。根据以上的数据分布特点，就可以分析是否有异常因素存在。

四、服务质量管理

（一）服务质量的确定

1. 服务质量的含义

服务商品一个最突出的特点就是与消费过程一起产生、一起完成。因此，服务质量的确定不可能脱离消费者来独立地定义质量。所以服务质量是对服务过程和服务结果两个方面的衡量，也就是服务是“什么”以及服务得“怎么样”。从这两个立场出发，西方一些学者研究了服务质量的内容。主要有如下六个方面的内容：

（1）规范化和技能化程度。顾客相信服务方，职员营运体系和职员有必备的知识和技能，能够做到规范作业，解决顾客的疑难问题。

（2）态度和行为。顾客对服务人员的服务态度（语言、心情等）、行为方式解决顾客困难的情况。

（3）可亲近性与灵活性：顾客对服务方在地理位置、营业时间、职员和营运系统的设计体现出来的服务方便的程度，以及根据顾客的特殊要求灵活调整的能力。

（4）可靠性与忠诚感。即顾客从服务中感受到，无论发生什么情况，他们都能够依赖服务的供应者、它的职员以及营运系统。服务的供应者能够遵守承诺，尽心竭力满足顾客的最大利益。

（5）自我修复，顾客知道，无论出现什么意外，服务供应者将迅速有效地采取行动，控制局势，寻找新的可行的补救措施。

（6）名誉和可信性：顾客相信，服务供应者经营活动可以依赖，物有所值。相信它的业绩优良，价值超凡，可以与顾客共同分享。

上述六个方面实际上可以分为三大类，即过程、结果以及企业整体形象。服务的质量在这六个方面的体现也就是对服务质量进行评价的标准。如果将上述六个方面的内容进行模型化，它们构成图 17-2。

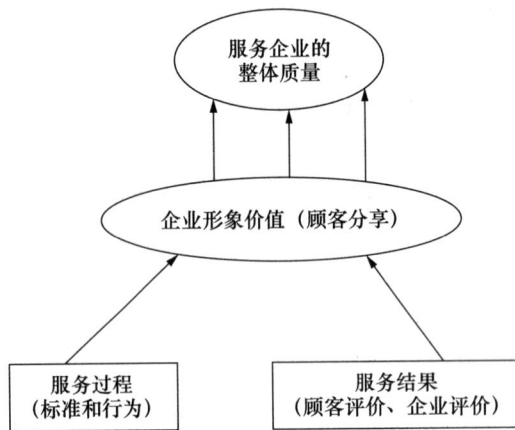

图 17-2　服务质量的整体构架

从图 17-2 我们可以看到，服务质量是以服务过程和服务结果为基础的，二者的努力形成企业的形象，最终构成这个服务企业的整体质量。

2. 服务质量差距的把握

仅有服务质量内容还难以进行服务质量管理。服务质量管理必须控制的是实际提供的服务与标准的服务之间的差距，也就是服务质量差距。由于服务产品的特殊性，其质量管理不可能简单地照搬制造业企业产品质量管理的方法。在服务质量中，由于缺乏主要的质量技术标准，因此服务质量管理更多的是通过寻找服务质量差距的方式进行服务质量管理。为了测度服务质量差距，国外一些学者进行了探索，提出了一些模型。这些在我国的服务企业的质量管理中还是有一定的借鉴意义的。下面简单地就服务质量差距模型略作介绍。

这个模型分为两个部分：第一部分是顾客需求部分，第二部分是服务企业部分。这个模型概括了服务过程中常见的企业与顾客脱节的环节以及内容，也就是质量差距。服务质量的控制就是要控制这些环节上企业与顾客要求的差距。

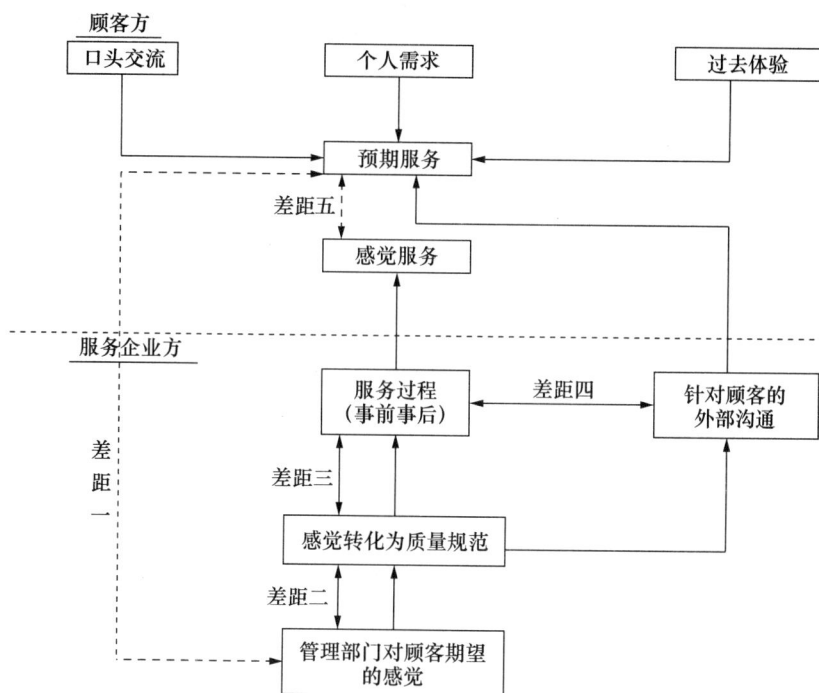

图 17-3 服务质量差距分析模型

（二）服务质量管理

1. 服务质量管理的原则

（1）顾客满意原则。服务生产是与顾客消费同时进行的，没有顾客的消费，也就没有服务的发生。所以，服务是否符合质量标准，首先必须以顾客的满意为标准。

（2）过程控制原则。服务的质量事故一般来说是很难完全补救的。要实现高质量的服务，就必须严格控制质量生产过程。在质量的过程控制中，服务人员的态度和行为又是重点。因此服务质量的控制中，必须把服务人员队伍建设放在重要位置。

（3）标准化原则。服务质量除了个性化的要求之外，也有相当普遍化的要求。服务质量管理，也必须尽可能将服务过程、服务态度、服务响应效率等标准化。实行标准化服务，不仅便于服务过程的质量管理，也有助于提高企业的形象，提升企业的整体质量。

2. 服务质量差距产生的原因

（1）管理者认识的差距。主要表现为管理者对顾客期望的服务质量把握不准确。主要的原因有市场分析不准确，了解的市场信息失真，没有进行市场分析等。

（2）质量标准差距。主要表现为企业制定的服务标准与顾客期望之间的差距，产生的原因可能主要有标准不明确，组织的目标混乱等。

（3）服务过程质量差距。主要表现为服务过程中服务人员的态度与行为不符合顾客的要求，产生的原因主要有标准太低；员工对标准的理解不够、责任不明确，服务人员缺乏必需的技巧等。

（4）营销沟通差距。主要表现为所做出的承诺与实际的不一致，产生的主要原因有营销与计划脱节，沟通不充分，市场营销与服务组织过程不协调。

（5）感知服务差距。主要表现为顾客评价，即顾客接受的服务与期望的服务不一致。产生的原因从企业的一方来看，是上述四个方面的必然结果。

服务质量管理的目的就是要缩小服务质量差距。

3. 强化服务流程的质量管理

在服务质量管理中，建立合理的质量管理流程是相当重要的。所谓流程就是工作先后顺序的模式化。与产品生产不同，大多数服务的流程与固定的技术关系不是特别紧密。而在现实中，大多数服务企业不重视流程。这往往是导致企业服务质量难以稳定的主要原因。而流程的明确和具体化，是控制工作的一个重要内容。它可以做到工作有序，易于抓住工作的重点环节，保证控制突出重点，在最短的时间内解决问题。

分析服务的流程，不难发现主要有三个阶段：其一是企业内部的服务准备阶段，包括市场调研、内部分析，标准制定和对外营销等；其二是服务过程，即为顾客提供服务商品的过程；其三是顾客的感知和评价。在这样三个环节中，相互作用明显。所以，我们提出的服务流程图也只是一个相对的概念。对于不同的服务企业来说，服务的流程图还应当结合具体的服务工作进一步细化。如在客机上的乘务员的服务程序与列车上的服务员的服务程序就可能有很大的不同。只有按照企业的经营规律建立起标准化流程，才能够确实保证服务的质量。基于上述分析，可以提出质量服务流程图，如图 17-4 所示：

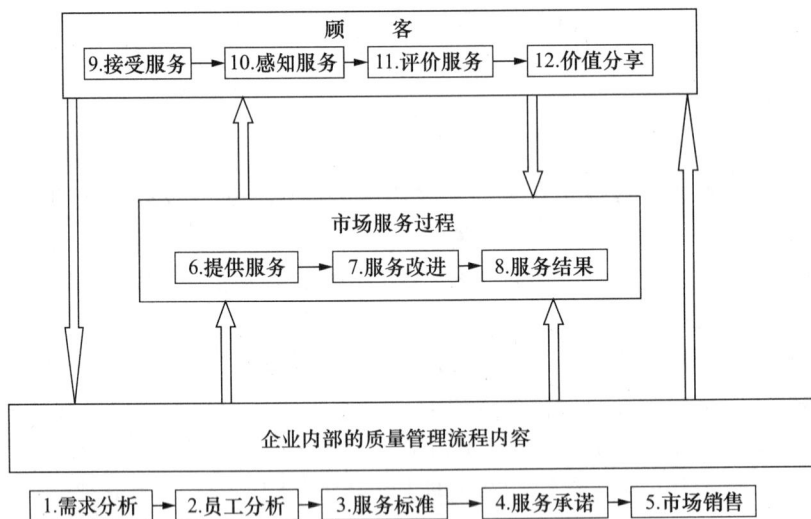

图 17-4　服务质量流程

五、全面质量管理

1. 基本观念

全面质量管理这个名称，是 20 世纪 60 年代初最先由美国的著名专家菲根堡姆提出。

它是在传统的质量管理基础上，随着科学技术的发展和经营管理上的需要发展起来的现代化质量管理，现已成为一门系统性很强的科学。全面质量管理 TQM（Total Quality Management）就是指一个组织以质量为中心，以全员参与为基础，目的在于通过顾客满意和本组织所有成员及社会受益而达到长期成功的管理途径。在全面质量管理中，质量这个概念和全部管理目标的实现有关。

全面质量管理是企业管理现代化、科学化的一项重要内容。它于 20 世纪 60 年代产生于美国，后来在西欧与日本逐渐得到推广与发展。它应用数理统计方法进行质量管理，使质量管理实现定量化，变产品质量的事后检验为生产过程中的质量管理。全面质量管理有三个核心的特征，即全员参加的质量管理、全过程的质量管理和全面的质量管理。

全员参加的质量管理即要求全部员工，无论高层管理者还是普通办公职员或一线工人，都要参与质量改进活动。参与"改进工作质量管理的核心机制"，是全面质量管理的主要原则之一。

全过程的质量管理必须在市场调研、产品的选型、研究试验、设计、原料采购、制造、检验、储运、销售、安装、使用和维修等各个环节中都把好质量关。其中，产品的设计过程是全面质量管理的起点，原料采购、生产、检验过程实现产品质量的重要过程；而产品的质量最终是在市场销售、售后服务的过程中得到评判与认可。

全面的质量管理是用全面的方法管理全面的质量。全面的方法包括科学的管理方法、数理统计的方法、现代电子技术、通信技术方法。全面的质量包括产品质量、工作质量、工程质量和服务质量。

另外，全面质量管理还强调以下观点：

（1）用户第一的观点，并将用户的概念扩充到企业内部，即下道工序就是上道工序的用户，不将问题留给用户。

（2）预防的观点，即在设计和加工过程中以预防为主为核心，变管结果为管不良因素，消除质量隐患。

（3）定量分析的观点，只有定量化才能获得质量管理的最佳效果。

（4）以工作质量为重点的观点，因为产品质量和服务均取决于工作质量。

2. 全面质量管理四阶段

质量管理一般分为以下四个阶段：

第一个阶段称为计划阶段，又叫 P 阶段（Plan）。这个阶段的主要内容是通过市场调查、用户访问、国家计划指示等，摸清用户对产品质量的要求，确定质量政策、质量目标和质量计划等。

第二个阶段称为执行阶段，又称 D 阶段（Do）。这个阶段是实施 P 阶段所规定的内容，如根据质量标准进行产品设计、试制、试验、其中包括计划执行前的人员培训。

第三个阶段称为检查阶段，又称 C 阶段（Check）。这个阶段主要是在计划执行过程中或执行之后，检查执行情况，是否符合计划的预期结果。

第四个阶段称为处理阶段，又称 A 阶段（Action）。主要是根据检查结果，采取相应的措施。

PDCA 管理循环是全面质量管理最基本的工作程序，即计划—执行—检查—处理。这是美国统计学家戴明（W. E. Deming）发明的，因此也称为戴明循环。

3. PDCA 循环管理的特点

（1）PDCA 循环工作程序的四个阶段，按顺序进行，组成一个大圈。

（2）每个部门、小组都有自己的 PDCA 循环，并都成为企业大循环中的小循环。

（3）阶梯式上升，循环前进。

六、ISO9000 系列标准简介

ISO9000 系列标准是国际标准化组织（ISO）1987 年发布的《质量管理和质量保证》系列标准的简称。其主要目的是为了适应国际贸易往来和技术经济合作，保证购买利益，规范厂商质量管理和质量保证行为，保证产品质量，从而避免风险。

（一）ISO9000

系列标准中的第一个标准。主要内容是质量管理和质量保证——选择和使用指南。它的具体内容有：

（1）阐述了质量方针、质量体系、质量管理和质量保证四个基本概念。质量方针的定义是：由组织的最高管理者正式颁布的该组织总的质量宗旨和质量方向。质量管理的定义是：制定和实施质量方针的全部管理职能。质量保证的定义是：对前一产品或服务能满足规定质量要求，提供适当信任所必需的全部有计划、有系统的活动。质量体系的定义是：为实施质量管理的组织结构、职责、程序、过程和资源。这些概念之间的关系如图 17-5 所示。

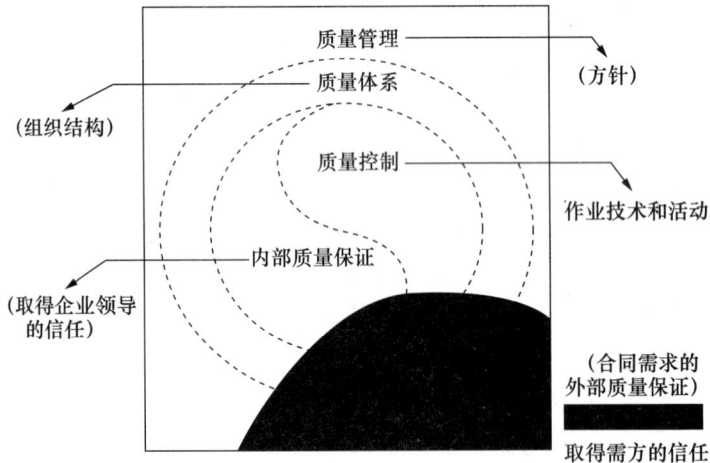

图 17-5　ISO9000 结构

（2）阐述了一个组织应力求达到的质量目标。质量体系的环境特点和质量体系标准的类型。

一个组织应力求达到的质量目标是：首先，应实现并保持其产品或服务的质量，以不断满足需方明确的或隐含的需要；其次，应使自己的管理者相信正在实现并能保持所期望的质量；最后，对所交付的产品或服务，应使需方相信正在实现或将要实现所期望的质量。当有合同要求时，这种信任可包括双方同意的证实要求。

(3) 规定了质量体系标准的应用范围，三种质量保证模式的选择程序和选择因素。

(4) 规定了质量体系证实和质量文件的内容，供需方在签订合同前应作的准备。

（二）ISO9001

适用于要求供方质量体系提供从合同评价、设计直到售后服务都能进行严格控制的能力的足够证据，以保证从设计到售后服务各阶段都符合规定的要求，并强调对设计质量的控制。

（三）ISO9002

ISO9002 适用于要求供方质量体系提供具有对生产过程进行严格控制的能力的足够证据，以保证在生产和安装阶段符合规定要求，防止和发现生产、安装过程中的任何不合格，强调预防为主，质量管理和质量检验相结合。

（四）ISO9003

ISO9003 适用于要求供方提供具有对产品最终检验和试验进行严格控制的足够证据，强调检验把关。

（五）ISO9004

ISO9004 阐述的是企业建立质量体系的原则，质量体系应包含的基本要素，各基本要素的含义，要素的目标，要素间的接口及所要求的文件、记录等。是指导企业建立质量体系的标准文件。

第四节　管理工作质量管理

在一个组织中，质量最为根本的保证是组织的内部管理。如果我们说产品的质量不是检查出来的，而是生产出来的，进一步来看，一个组织提供的产品、服务的质量都是管理出来的。要保证质量，管理必须到位。那么，对管理工作也必须进行质量管理。管理工作的质量管理，除了应当建立标准之外，还必须做好以下几个方面的工作。

一、建立管理工作质量标准

管理工作的质量虽然难以量化，但是并不等于不能量化。所以应当结合组织实际，将管理工作在成本允许的前提下，尽可能予以量化，便于质量控制。

二、推进管理工作的程序控制

（一）程序控制的必要性

前面指出，程序是一个组织中对某种活动处理流程的一种描述、计划和规定。凡是比较常见、带有重复性，由多个环节构成的管理活动都可以为其制定程序，以便管理者按既定的程序来处理这些重复发生的活动。组织中常见的程序很多，如决策程序、报告程序、施工管理程序、会计核算程序、费用报销程序等。

制定程序有助于管理活动规范化。在一个组织中，发生最为频繁的是例行的事情，处理这些事情，在规定了程序之后，管理人员就可以照章办事。不必事事请示，主管人员也就不必事必躬亲了，只要检查下级人员是否按程序办事就行了。

制定程序有助于节约管理活动的开支，提高管理活动的效率。程序中一般都明确了处理某项工作要涉及哪些部门和人员，按什么路线办理，各自有什么权责。这些明确之后，各个管理人员的责任也就清楚了，谁不履行职责，耽误了事情就由谁负责。按既定的原则办理事情，自然有助于提高管理活动的效率。

制定程序有利于提高下属的积极性。在管理过程中，规定了程序也就相应规定了涉及的办事人员的权责。在既定的权责范围内，管理人员可以自主地处理各项事情。事情办得好，圆满完成了任务，是其功劳，可以得到褒奖，反之，则会受到批评惩罚。程序所规定的管理人员的自主权，有助于管理人员发挥自己的主观能动性。

（二）管理程序的制定

1. 管理程序制定的原则

管理程序是在管理过程中处理例行事物的规范或计划。制订管理程序应遵守如下几条原则：

（1）尽量精简原则。从管理过程来看，程序越多、越复杂，信息传递所要经过的环节也就越多。它会增加组织的管理费用。例如，各个环节上设置管理机构和人员的费用；往外传递整理的费用及延时费用；协调费用。因此，在不失去控制或不影响控制效率的前提下，程序应尽可能精简。

（2）稳定性原则。程序代表着一种规范，要求人员适应。在某种意义上与灵活性是相互制约的。程序一旦确定下来，就应保持一定的稳定性。但程序稳定的前提是程序要制定得科学。只有科学的程序才能保证一定的稳定性。

2. 程序控制的方法

制定程序要认真分析管理工作的性质，管理工作的环节及其各个环节的必要性，然后确定管理的具体程序。其步骤可分为：

（1）分析工作过程。明确制订与控制的要求，确定重点与关键环节。

（2）确定每一个关键环节的管理范围。权利责任及其对各环节管理人员的奖惩标准。

（3）进行讨论、修改、完善程序。在这一个环节中，要注意充分发动群众参与讨论，鼓励民主评论，鼓励民主评论，使程序尽可能科学、完善。

（4）颁布程序，试执行。做好记录、评价，特别是程序在控制和处理活动中的效率评价。

（5）执行期间发现的问题加以处理。改正不合理的规定，弥补不足，最后确定为正式执行的程序。

三、建立有效的管理工作的报告制度

任何一个组织都必须建立起一套有效的报告制度。报告是用来向负责实施计划的主管人员全面地、系统地阐述计划执行进展情况以及存在问题与原因，目前已经采取了什么措施，收到了什么效果，预计还可能出现什么问题，希望上级给予什么样的支持和帮助的信息传递方式。报告一般比较规范，特别是文字化的报告，信息量大，反映情况全面，留存时间长，是主管人员掌握计划执行情况和实施控制的基本方式。

在一个组织中，建立起完善的报告制度，就应做到规范化。形成时间上定期、任务上定人、内容上定性、格式上定型的制度。此外，对重点活动、重要项目，应批准随时报告制度。报告方式应统一、规范，并且尽可能文字化。另外要注意的是，报告要突出重点，文字报告应言简意赅，简明扼要，防止文牍主义，八股作风。下面介绍世界著名企业美国通用电气公司的报告制度，希望能从中得到一些启示。

美国通用电气公司报告制度的内容：

（一）客户的鉴定意见以及上次会议以来外部的新情况

这个要求在于使上级主管人员判断情况的复杂程度和严重程度，以便决定是否介入以及介入的程度。

（二）进度情况

即报告工作的进度情况，将实际进展与计划进展相比较。这个要求在于使主管人员及时掌握下级的工作进展和计划的进度。

（三）费用情况

报告的内容是说明费用开支的情况。同样要将实际支出与预算相比较，如果超支，要报告超支的原因，并预计按趋势发展总支出可能达到的水平，以使主管人员采取措施。

（四）技术工作情况

主要是报告企业生产状况和技术性能状况，重要的是要说明产品、工艺设计更改的情况、理由、方案，现设计与原设计的比较优越点。

（五）当前的关键问题

这方面的内容要求报告者检查各方面的工作情况，并从中挑出认为最关键的三个问题，阐述问题的性质、原因、影响、后果等。解决问题的期限、负责人，希望上级给予的支持等。

（六）预计的关键问题

即预计还可能出现的关键问题，其具体要求同（五）一样。报告中列出的预计关键问题对主管人员来说十分重要。这是他们做出的长期的、战略决策必须注意的问题。

（七）其他情况

指与执行计划有关的其他方面的情况，如对组织及客户有特别重要意义的成就，上期的工作绩效与下期的主要任务等。

（八）组织方面的情况

主要是组织的管理人员的变动、机构的调整以及调整变动原因，影响、未来的状况。

美国通用电气公司的报告制度是根据本企业的经营体制制定的，并不一定适应于我国的企业和其他的经济组织。但它给了我们一个启示，报告要全面和重点相兼顾。其实，我国企业和非企业组织已经根据各自的组织目标和实际情况形成了一套报告制度，有的运行了几年甚至几十年，不少规定十分科学、有效。在新的形势下，只要我们结合新的客观实际认真总结经验，建立起完善的报告制度是不困难的。

四、做好对管理工作的监督与检查

监督检查可以说是一种最古老、最常见、最直接的管理方法。其具体形式是上级对下级执行计划、命令的过程和状况进行实地检查和评价，发现问题并立即采取措施予以纠正。这是一种直接的、面对面的控制。它是管理控制中不可缺少的控制方式。

监督检查的第一个优点是直接，由于面对面地实施控制，有助于监控人员获得第一信息。如在生产控制中,通过监督检查,可以使主管人员直接了解诸如产品质量、生产条件、生产者的责任心、原材料供应状况、均衡生产状况等方面的信息。由于这些信息是管理者亲自掌握的,具有相当高的真实性和及时性,有助于控制者的针对问题采取措施,有的放矢。

监督检查的第二个优点是容易做到、解决问题快。因为是面对面地直接控制,监控人员一旦发现问题,就可以立即做出判断,制定解决问题的方案并尽快地付诸实施。由于监督检查解决问题及时,可以防患于未然,将一些问题消灭在萌芽状态,以免造成更大的损失。

监督检查的第三个优点是有助于施控者与受控者之间的沟通,鼓励下属士气,及时排除困难,为下属完成好任务创造条件。

当然,如果监督检查未能为下属所理解,也可能被下属看作是上级对自己的不信任,自尊心受到伤害而产生消极情绪。

做好监督检查控制,发挥其积极作用,应注意这样几个方面的问题。

一是要抓住重点进行监督检查,特别是高层主管人员的现场检查,一定要抓住重点环节和重点部门。

二是要深入细致,上级的检查不能走马观花,不能浮于表面,更不能主观臆断,搞长官意志。

三是要有反馈,对下级反映的情况,在检查中所发现的问题,要采取措施,给予答复,对存在的问题及时尽快予以解决。

四是要形成制度,切忌心血来潮刮一阵风。监督检查制度化有助于控制充分发挥作用。

推荐阅读书目:

1. 尤建新:《质量管理学》,科学出版社 2015 年版。

2. 苏秦:《现代质量管理学》,清华大学出版社 2013 年版。

3. [美] 威廉·爱德华·戴明:《戴明管理思想精要:质量管理之父的领导力》,裴永铭译,西苑出版社 2014 年版。

第十八章 信息化管理

一个成功的决策，等于90%的信息加上10%的直觉。

—— ［美］S. M. 沃尔森

第一节 信息化管理再认识

一、社会信息化简述

当前信息化是一个应用极为广泛和频繁的概念，但是要给信息化下一个精确的定义却是十分困难的。我们看到的现象是：社会生产要素的基本性质没有变化，但是信息技术的不断发展和广泛应用，把信息以及不是信息的元素，通过数字化、编码化、文字化、图表化、音像化、标准化等信息化技术处理，将其全部转化成智力信息，再创建包括信息化工程系统、信息化库网系统、信息化服务系统，开展信息收集、处理、加工、储存、建库、联网、检索、研究、编译、咨询、交流、智能系统应用等信息化系统创建活动，对智力信息、信息资源、信息系统、信息用户实施和强化，促进社会的快速发展和进步，社会生产力得到巨大提高！这样的社会就是信息社会。不过，由于以信息技术为主的第三次产业革命还远远没有结束，信息社会的发展还在高速过程之中。

从更一般的意义上来看，我们可以认为，信息化就是信息要素成为社会或者组织最为主要的要素之一，信息资源的处理技术以及方式在组织或者社会的运行中发挥着革命性影响的过程与结果。可以说，信息化是一个不断发展的过程，即信息资源以及围绕这些资源的高效利用诞生的信息技术广泛且深入地普及应用的过程。信息化又是一个结果，每一个阶段都对应着不同的信息化水平。

信息化或者说信息社会具有如下几个主要的特点：

（1）现代信息技术在社会生产与生活领域广泛应用，并深刻改变着社会生产方式与社会生活规则。

（2）信息成为社会生产与社会运行中的主要资源，如同工业化时代的石油一样。"数据为王"是信息化时代的不败真理。大数据、云计算已经在社会管理与社会生产中发挥着决定性的作用。

（3）信息技术日新月异，已经展现出比工业革命时代更快的速度，技术进步的速率与成本降低的速率几乎是等同的。

在影响社会生产与生活的信息技术上，当前最为重大的信息技术，笔者认为主要是人工智能技术、大数据技术与移动互联技术三个方面。

二、信息化管理的概念

信息化管理就是运用现代信息技术，结合组织运行管理的特点，以提高管理的效率，将信息技术广泛应用于管理过程，为应用新的信息技术调整管理的基础、组织的结构、管理的程序，所形成的一套全新管理模式。更为准确地说，信息化管理是基于信息技术和信息要素，以全面提高管理效率而形成的一种全新的管理理念与管理模式。

与信息化管理最为相近的一个概念就是管理信息化。可能有人认为二者之间是没有差别的，或者说差别不大。笔者认为，管理信息化与信息化管理之间有着本质区别。二者的差别主要包括如下几点：

第一，信息化管理是在管理信息化的基础上发展起来的。虽然信息化管理是在管理信息化基础上发展起来的，现代信息技术在管理中的最早应用是管理信息化，但是随着信息技术不断发展和在管理中应用不断深入，信息技术推动管理发生了革命性的变化，信息化管理这样一种有别于传统管理的新方式、新方法也就应运而生，并不断发展完善。

第二，管理与信息化的关系不同。管理信息化简单地讲就是在现代已经形成的管理体制、机制、程序、结构等方面尽可能地使用现代信息技术，例如，以计算器代替算盘、以计算机的文档文字处理代替手工抄写；以计算机控制的作息铃声代替人工敲钟等都是管理信息化的形式，它的基本特点就是围绕管理信息的收集、传递、分析、使用、归档、调用、分享等方面所想采取提高效率的措施与办法都可以称之为管理的信息化。在这个概念中，信息技术仅仅只是一个工具，是提高某项管理工作效率的方法。当二者产生矛盾时，信息技术要服从管理需要，但是信息化管理则完全不同，它更多的是考虑管理与信息化二者的有机融合，在管理中怎样在保证管理效率的目标下尽可能运用现代信息技术，要按照信息技术的要求，优化管理的标准、工作程序、沟通方式、决策模式等。还是以上下班作息时间管理为例，如果通过应用现代信息技术，在提高效率的同时，还实现了弹性工作制度，工作时间得到了保障，上下班的时间约束也不再具有强制性，这就是信息化管理。通过现代信息技术的运用，不仅使管理方法发生改变，而且在管理模式、组织架构、运行机制等方面都随着信息技术的运用而不断调整。

第三，信息化应用的方法不同。在管理信息化中，信息化技术的运用是零散的。信息处理技术对于一个组织、一个社会具有极其重要的地位。信息技术包括信息收集技术、信息加工技术、信息价值挖掘技术、信息传递技术、信息储存技术、信息保密技术等。在现实生活中，原始的信息是泛在的，如果没有集中、没有加工、没有进行处理，就几乎没有太多的价值。信息的价值在于集中、分类、挖掘等。所以信息技术是相当重要的。分环节和局部的，应用到什么领域就是什么领域，而信息化管理则要求信息技术在管理中的应用是系统化的，是一个有机整体，不仅管理的各个环节、各个领域中应用的信息技术是一个系统有机的整体，而且与管理本身也有机结合起来了。

三、信息化管理的根本特征

信息化管理的根本特征是什么？笔者认为，信息化管理的根本特征是在不断发展变化的，因为信息技术的发展日新月异，在管理中的应用也不断地扩张范围和深入，对于组织结构、作业方式、管理的流程再造等不断产生革命性的影响。所以这里的根本性特征的总结仅仅只是对当前发展阶段的认识。

（1）高度的信息共享。信息化管理的技术特征就是全面运用信息技术，但是在管理信息化阶段，信息共享程度比较低，信息孤岛现象比较普遍；发展到信息化管理阶段，必须实现高度的信息共享，在组织内部至少完全消除了信息孤岛现象。

（2）实时自动控制，与智能化高度结合。在管理信息化阶段，信息技术仅仅是提高传统管理效率的工具，对于传统管理的模式没有根本性改变，发展到信息化管理阶段，大量智能化的设备与信息技术结合使用，可以在管理流程中实现实时智能控制，人的管理行为与智能化的设备之间不再是支配与被支配的关系，而是高度融合，实现智能化、自动化的管理控制。

（3）具备数据挖掘能力，为科学决策提供强有力的支撑。

四、实施信息化管理的意义

信息化管理水平无疑是体现一个组织现代管理水平高低的重要标志。全面实现信息化管理，在一个组织内部，可以产生如下一些积极作用。

1. 全面提高管理效率

信息化管理将推动组织从管理理念、管理方式、管理基础工作等各个方面进行变革与创新，做到了这一点，组织就将发生根本性的变化。例如信息化的精准要求必然推动管理流程中每一个环节工作的标准化、精细化。信息化的速度同样会提高管理工作的时效。

2. 全面推进流程再造

全面的信息化管理必将带来不同领域、不同部门工作的融合与创新。尤其是大数据、移动互联技术等，将整合过去手工乃至单台计算机操作完成的绝大多数工作，进而形成全新的工作模式。这就会推动管理流程再造。如扁平化、大部制等组织模式只有在信息化的基础上才可能良好运行。推进信息化管理也必须实行扁平化与大部制的模式，如此才能够发挥出应有的优势，因此流程再造势在必行。

3. 与作业工作联系更加紧密

前面指出，管理活动是为作业活动服务的。服务于作业工作的管理活动在信息化的推动下，将与作业活动的联系更加紧密。例如在企业中，过去与作业活动分离的管理活动，在实现信息化管理之后，就会直接融入作业活动之中了。

五、建立高效信息化管理体系的前提

在不少人看来，实现信息化管理需要资金、技术与相应的人才似乎是一个工程问题。的确，信息化管理少不了工程建设，需要较大的投资。不过信息化远不止是工程问题。如果仍然将其看做是一个工程问题，那就是仍然管理信息化的思想。要实现信息化管理，必须站在信息技术与管理体制、组织功能等有机结合的立场思考。因此需要在如下几个方面与信息化一并完善：

第一，组织基础管理工作扎实到位，尽可能提高工作标准化程度。在信息化管理中，运用信息处理技术来处理各种信息是其基本的特征。信息处理技术高效、快捷、准确，因此对于实际工作的标准化程度就有很高要求。

第二，工作程序必须科学合理。在信息化管理模式中，程序是按照计算机技术运行的特点确定的，具有很强的便利性和固定性。这样一方面强化了工作的标准化和一致性，排除一切随意性；但是也带来处理例外问题的困难。所以在开展信息化管理建设前期，必须对工作流程进行全面、深入科学的研究，按照科学的管理规律和合理的管理目标，完善工作流程。

第三，组织成员认识到位，应用信息化的积极性高。不论组织作业工作的自动化程度多高，运用信息技术的程度多广，其信息技术最终是为人服务的。系统是需要人来操作的，尤其是原始数据相当一部分要靠作业工作岗位上的员工来录入和传送。因此信息化的应用效率就与组织成员运用的主动性、负责精神有着直接的关系。因此，调动广大成员参与组织信息化管理的积极性就显得尤为重要。

第二节　组织行政事务信息化管理的主要形式

行政事务管理的信息化主要指组织日常综合性管理工作的信息化，如办公事务、后勤事务等。主要有如下主要的方法。

一、OA——办公自动化

（一）OA 的概念及其发展

办公自动化，英文简称 OA，即利用现代通信技术、办公自动化设备和电子计算机系统或工作站来实现日常行政办公事务处理、信息管理和决策支持的综合自动化。实现办公自动化系统（通常称之为 OA 系统）是建立在计算机局部网络基础上的一种分布式信息处理系统，所以又称办公信息系统。OA 系统是一种人机系统，是将现代化办公和计算机网络功能结合起来的一种新型的办公方式。一般认为，到目前为止 OA 已经经过了如下几个阶段：

第 1 代 OA：硬件配置阶段。

第 2 代 OA：数据处理自动化阶段。

第 3 代 OA：C/S 架构下的工作流自动化阶段。

第 4 代 OA：无障碍工作流自动化阶段。

第 5 代 OA：协同工作型办公自动化（KM1 代）。

第 6 代 OA：协同发展型办公自动化（KM2 代）。

第 7 代 OA：建立在移动互联基础上的移动 OA。

（二）组织行政管理对 OA 系统的要求

1. 实用性

因为 OA 的宗旨是要提高管理效率，应当具有较好的人机界面，易于理解和执行的操作指令，准确简洁的说明，操作流程缜密简练。只有这样 OA 才能够被全员所接受，被全员所喜爱。如果实用性不强，人机对话不友好，操作复杂，OA 就很难推广普及。即使强制应用，其效率也不可能很高。

2. 稳定性

信息化是每天都在使用的管理手段和工具，其效率高低和稳定性会影响全局。尤其是信息化水平越高，组织的各项工作对信息化的依赖性越强，对于信息化的稳定性要求就越高。一旦出问题，哪怕是小问题，都可能影响到全局的运行，甚至是组织的声誉。所以对于有些组织来说，信息化是运行中的一把"双刃剑"，保障稳定性要求很高。因为一旦出现问题就有可能造成不可估量的损失。例如医院、银行、政府的行政审批部门等。

3. 保密性

对于一部分组织，OA 提高了管理的效率，但是也带来了泄密的风险。因为 OA 形成的内部资料、数据、信息具有较高的共享水平，即使是专用的内部网，也大大高于传统的行政管理模式下的信息共享水平。如果跨地区的信息化管理要借用外部互联网作为通道，保密的难度就更大。所以一个完善的 OA 必须具有与组织运行要求相适应的保密能力。要在制度和技术两个方面采取必要的措施予以保障。

二、电子会议系统

电子会议系统是指使用电子辅助手段的会议系统，主要形式有电话会议、电视会议和通信会议等。

电子会议系统大体上可分为两类，一类是局部会议系统，另一类是远程会议系统。局部会议系统的对象是在一个会议室里召开的会议，它用电子化手段检索、显示会议资料，作会议记录等。使用局部会议系统可以少用纸，无须作备忘录，如果需要，还可将各种媒体（如计算机、缩微胶片、录像带、书画照片）上的信息检索出来，进行显示。

远程会议系统是用通信线路连接两个以上的会议室，同时召开会议的系统，一般俗称电话会议或通信会议。远程会议系统的形式和种类比较多，近年来发展也相当迅速。远程会议系统中的电话会议系统可以让几个人利用各自的电话机进行简单的会议，几个场所可以同时会话。而图形电话会议系统是一种在电话上附加书写盘，可以进行笔谈的系统。还有一种声音会议系统，也叫广播会议；这种系统将远程的会议室用专用线路连接起来，使用话筒和扬声器来召开会议，实现这种会议系统比较容易，因此成本比较低。

进入 21 世纪，功能多样、技术先进的多媒体电子会议系统已经问世。多媒体电子会议系统的终端设备、控制台以及图像传送控制设备已经实现多样化、小型化、智能化。通过信息高速公路网络的连接，多媒体电子会议系统将大大提高现代办公室的工作效率和办公速度、节省管理开支和差旅费用。企业决策者们已经可以通过多媒体电子会议系统在办公室、流动办公车或家中召开会议。尤其是 4G 技术的应用与宽带的普及，电子会议已经成为相当一部分大型企业的主要会议方式。

三、移动宣传工具——手机报

手机报是依托手机媒介，由报纸、移动通信商和网络运营商联手搭建的信息传播平台，用户可以通过手机浏览当天发生的新闻，内容通过无线技术平台发送到智能手机上，从而在手机上开发发送短信新闻、彩图、动漫和 WAP（上网浏览）等功能。因而手机报被誉为"拇指媒体"。它的实质是电信增值业务和传统媒体相结合的产物。随着移动互联技术的广泛应用，智能手机普及，目前许多企业或政府单位都在建设自己的手机报，常见的有政务手机报、组织内刊、行业手机报、客户手机报等，目前这些已经成为行政管理信息化的一种新方式。

手机报名为报，其性质却与传统报纸不同。如果说，传统的"报纸"意味着以"纸质"为媒介来报道信息、传播新闻，那么，"手机报"则是由电信、网络和传统媒体等多家产业共同合作打造的一种电子媒体，是以手机这种电子媒介报道新闻、传播信息，完全是从纸质飞跃为电子介质，其性质是多媒体。

手机报之所以普及如此之快，与其具备的特有的优点是分不开的。主要是信息传播速度快。智能手机与互联网联系构成的移动互联模式，传递信息具有及时性，是所有传统媒体都无法比拟的；信息传输成本低，相比于传统媒体，新型的移动互联技术的信息传递成本是十分低廉的，所以普及应用快；交互性强，是现代新型媒体的又一特殊优势。

四、组织内部行政管理信息化的基本理念与措施

（1）正确认识，把握实质，从实际需要出发，防止形式主义和形象工程。
（2）一次设计，分步实施，系统协调，注重运用效率。
（3）注意信息共享和信息价值挖掘，利用信息化管理为科学决策服务。
（4）领导带头应用，提高管理效能和效率。

第三节　企业经营管理信息化

一、ERP

（一）ERP 的概念

企业资源计划，英文简称 ERP，是由美国计算机技术咨询和评估集团 Gartner Group Inc 提出的一种供应链管理思想。企业资源计划是建立在信息技术基础上，以系统化的管理思想，为企业决策层及员工提供决策运行手段的管理平台。ERP 系统支持离散型、流程型等混合制造环境，应用范围很广，从制造业到零售业、服务业、银行业、电信业，以及政府机关和学校等事业部门。通过融合数据库技术、图形用户界面、第四代查询语言、客户服务器结构、计算机辅助开发工具、可移植的开放系统等对组织内部的资源进行了有效的集成。不过目前应用最为广泛的仍然是企业，尤其是大型制造业企业。

一个完整 ERP 的功能包括除了 MRP II（制造、供销、财务）外，还包括多工厂管理、质量管理、实验室管理、设备维修管理、仓库管理、运输管理、过程控制接口、数据采集接口、电子通信、电子邮件、法规与标准、项目管理、金融投资管理、市场信息管理等。运用现代信息技术，ERP 重新定义了各项业务及其相互关系，在管理和组织上采取更加灵活的方式，对供应链上供需关系的变动（包括法规、标准和技术发展造成的变动），同步、敏捷、实时地做出响应；在掌握准确、及时、完整信息的基础上，作出正确决策，能动地采取措施。与 MRP II 相比，ERP 除了扩大管理功能外，同时还采用了计算机技术的最新成就，如扩大用户自定义范围、面向对象技术、客户机/服务器体系结构、多种数据库平台、SQL 结构化查询语言、图形用户界面、窗口技术、人工智能、仿真技

术等。

（二）ERP 的发展阶段

一般认为，ERP 发展到今天，经历了如下几个阶段：

1. MIS 系统阶段（Management Information System）

企业的信息管理系统主要是记录大量原始数据、支持查询、汇总等方面的工作。

2. MRP 阶段（Material Require Planning）

企业的信息管理系统对产品构成进行管理，借助计算机的运算能力及系统对客户订单、在库物料、产品构成的管理能力，实现依据客户订单，按照产品结构清单展开并计算物料需求计划。实现减少库存、优化库存的管理目标。

3. MRP Ⅱ 阶段（Manufacture Resource Planning）

在 MRP 管理系统的基础上，系统增加了对企业生产中心、加工工时、生产能力等方面的管理，以实现计算机进行生产排程的功能，同时也将财务的功能囊括进来，在企业资源计划中形成以计算机为核心的闭环管理系统，这种管理系统已能动态监察到产、供、销的全部生产过程。

4. ERP 阶段（Enterprise Resource Planning）

进入 ERP 阶段后，以计算机为核心的企业级的管理系统更为成熟，系统增加了包括财务预测、生产能力、调整资源调度等方面的功能。配合企业实现 JIT 管理、全面质量管理和生产资源调度管理及辅助决策的功能。成为企业进行生产管理及决策的平台工具。

（三）ERP 的积极意义

1. ERP 是典型的目标管理手段，有助于实施目标管理

ERP 的管理思想是建立在目标管理思想上面的一种管理系统。它要求在企业内部建立完整的目标体系，要求全员参与，给每一个员工制定一个工作评价标准，并以此作为对员工的奖励依据，希望每个员工都达到这个标准，并不断超越这个标准。随着标准不断提高，生产效率也必然跟着提高。

2. ERO 较好地体现系统管理思想，有助于企业的整体运行

在 ERP 的管理思想中，组织是一个有机整体，要求形成完善的协作系统，严格实行与应用 ERP，各个部门、各个层次的协调就会更加紧密，协作更加顺畅。ERP 全面运用现代通信技术和网络技术，在组织内部建立起上情下达、下情上传；纵向到底、横向到边的有效信息交流沟通系统，这一系统能保证决策层及时掌握情况，获得作为决策基础的准确信息，又能保证指令的顺利下达和执行。

3. ERP 是典型的以"客户关系"为导向的管理手段

ERP 系统在以供应链为核心的管理基础上，增加了客户关系管理后，将着重解决企业业务活动的自动化和流程改进，尤其是在销售、市场营销、客户服务和支持等与客户直接打交道的前台领域。客户关系管理（CRM）能帮助企业最大限度地利用以客户为中心的资源（包括人力资源、有形和无形资产），并将这些资源集中应用于现有客户和潜在客户身上。其目标是通过缩短销售周期和降低销售成本，通过寻求扩展业务所需的新市场和新渠道，并通过改进客户价值、客户满意度、盈利能力以及客户的忠诚度等方面来改善企业的管理。

在以客户为中心的市场经济时代，企业关注的焦点逐渐由过去关注产品转移到关注客

户上来。由于需要将更多的注意力集中到客户身上，关系营销、服务营销等理念层出不穷。与此同时，信息科技的长足发展从技术上为企业加强客户关系管理提供了强有力的支持。

4. 更好地适应电子商务的发展

随着网络技术的飞速发展和电子化企业管理思想的出现，ERP 也进行着不断的调整，以适应电子商务时代的来临。网络时代的 ERP 将使企业适应全球化竞争所引起的管理模式的变革，它采用最新的信息技术，呈现出数字化、网络化、集成化、智能化、柔性化、行业化和本地化的特点。它支持敏捷化企业的组织形式（动态联盟）、企业管理方式（以团队为核心的扁平化组织结构方式）和工作方式（并行工程和协同工作），通过计算机网络将企业、用户、供应商及其他商贸活动涉及的职能机构集成起来，完成信息流、物流和价值流的有效转移与优化，包括企业内部运营的网络化、供应链管理、渠道管理和客户关系管理的网络化。

（四）实施 ERP 要注意的几个问题

1. 从企业的实际需要出发，确定应用领域和范围

一个完整的 ERP 系统是一个十分庞大复杂的系统，它既有管理企业内部的核心软件 MRP Ⅱ，还有扩充至企业关系管理（客户关系管理 CRM 和供应链管理 SCM）的软件；既有管理以物流/资金流为对象的主价值链，又有管理支持性价值链——人力资源、设备资源、融资等管理，以及对决策性价值链的支持。任何一个企业都不可能一朝一夕就可实现全面应用的。每个企业都需要根据自身实际情况确定实施目标和步骤。

2. 按照应用要求，优化企业的生产经营管理流程

应用 ERP 系统进行企业的现代管理，必须对传统的业务流程进行必要的优化。业务流程优化是对企业现有业务运行方式的再思考和再设计，应遵循以下基本原则：必须以企业目标为导向调整组织结构、必须让执行者有决策的权力、必须取得高层领导的参与和支持、必须选择适当的流程进行重组、必须建立通畅的交流渠道、组织结构必须以目标和产出为中心而不是以任务为中心。在优化业务流程的实际工作中，有些企业的做法是由管理咨询公司在 ERP 实施前进行较长时间的企业管理状况调研，提出适合企业改进的管理模型。我们认为，企业业务流程要优化什么，企业管理层与企业的员工最为清楚。因为他们是企业流程的直接操作者、应用者。所以在流程优化的过程中，企业必须组织人员参与优化工作。切忌完全委托给外部咨询机构。否则，流程优化的应用就容易产生问题。

3. 加强宣传与培训，保证全员参与

实施 ERP 会设计企业的方方面面，各个层次。况且，ERP 再先进，也是为人的活动服务的。ERP 要想发挥出应有的作用，必须全员熟悉、全员参与、全员支持。尤其在初次应用之前，一定要看到，实施 ERP 是一个循序渐进、不断完善的过程，只有员工素质的不断提高，才能确保系统应用的不断深入，成效不断提高。在推行初期，可以通过制定规章制度，把员工的经济效益与工作应用内容结合起来，这样员工的积极性可得到提高，熟悉业务 ERP 系统的自觉性也可得到增强。

4. 做好外部保障

ERP 实施一般都要由有关的管理咨询服务机构支持，因此在实施中，应当注意明确支持服务的管理咨询机构的职责和目标任务。对于 ERP 提供商，或者说解决方案提供商，

要运用合同、协议明确 ERP 应用、推广、完善、运营保障的有关责任，确保稳定有效运行。

二、电子商务

(一) 电子商务的概念

电子商务是互联网介入并支撑企业经营活动后形成的一种新的商务活动形式。电子商务是一个不断发展的概念。IBM 公司在 1996 年就提出了 Electronic Commerce（E - Commerce）的概念，到了 1997 年，该公司又提出了 Electronic Business（E - Business）的概念。E - Commerce 集中于电子交易，强调企业与外部的交易与合作，而 E - Business 则把涵盖范围扩大了很多。广义上是指使用各种电子工具从事的商务或活动。狭义上指利用 Internet 从事商务的活动。目前关于电子商务的概念是多种多样的。

联合国国际贸易程序简化工作组对电子商务的定义是：采用互联网上电子形式开展商务活动，它包括在供应商、客户、政府及其他参与方之间通过任何电子工具，如 EDI、Web 技术、电子邮件等共享非结构化商务信息，并管理和完成在商务活动、管理活动和消费活动中的各种交易。

笔者认为，电子商务是一个仍然在不断发展的新型商务领域，内涵在不断扩充。尤其是随着移动互联、大数据以及在这些技术支持下发生的行业跨界融合发展的现象，使得电子商务的发展日新月异。例如早期的电子商务主要是指依靠互联网开展的商务活动，但是到今天，它已不仅仅包括购物等形式，还包括了物流配送等附带服务。电子商务包括电子货币交换、供应链管理、电子交易市场、网络营销、在线事务处理、电子数据交换（EDI）、存货管理和自动数据收集系统等。

(二) 广义的电子商务与狭义的电子商务

广义的电子商务是指使用各种电子工具从事商务活动；狭义电子商务定义为，主要利用 Internet 从事商务或活动。无论是广义的还是狭义的电子商务的概念，电子商务都涵盖了两个方面：一是离不开互联网这个平台，没有了网络，就称不上电子商务；二是通过互联网完成的是一种商务活动。

(三) 企业电子商务的主要形式

1. 企业的门户网站

门户（Portal），原意是指正门、入口。现多用于互联网的门户网站和企业应用系统的门户系统。今天企业的门户网站又称之为企业官网。官网即官方网站，亦称官网（Official Website）。官方网站是公开团体主办者体现其意志想法，团体信息公开，并带有专用、权威、公开性质的一种网站。官方网站是指在互联网上，根据一定的规则，使用 HTML 等工具制作的用于展示特定内容的相关网页的集合。简单地说，站点是一种通信工具，就像布告栏一样，人们可以通过站点来发布自己想要公开的信息，或者利用站点来提供相关的网络服务。人们可以通过网页浏览器来访问站点，获取自己需要的信息或者享受网络服务。

构建企业网站是企业发展电子商务的第一个内容。因为企业网站首先就是提高互联网来宣传企业。首先企业要明白，建设网站主要是为了配合网络营销的进行，网站设计主要以方便用户、满足用户需求为原则，虽然华丽的网站可以吸引用户，但是对于没有实用性、满足不了他们需求的网站，用户只会在"欣赏"完网站之后便匆匆离去。在网站设计时除了要清晰地显示企业图像外，还应完善网站营销服务功能，注重产品和客户服务功能、用户交流、信息检索、客户体验等功能的显示，使网站更实用，能够满足用户的需求。但事实上，大多数企业网站并没有发挥出宣传推广的作用，起不到网络营销最初设定的效果。这是因为企业在建设网站时忽略了企业网站的实用性，而是一味地着重于网站的外观设计。如果企业在设计网站时，过于重视如何将网站做得更好更漂亮、页面创意设计、优美的 Flash 动画，忽略了如何将企业的经营优势展示给公众，如何使浏览者更愿意了解企业，如何有助于企业的网络营销的需要，这样就本末倒置了。

2. 网络营销

网络营销（On - line Marketing 或 E - Marketing）又称在线营销，就是以互联网络为基础，利用数字化的信息和网络媒体的交互性来辅助营销目标实现的一种新型的市场营销方式。简单地说，网络营销就是以互联网为主要手段进行的、为达到一定营销目的的营销活动。

在市场经济的大环境下，越来越多的企业在运用互联网开展经营活动。但是存在的一个误区就是觉得只要产品能在网络上展示，就一定会被消费者认可和购买，我们不能否认网络在营销中的作用，但并不是所有的产品在网络上都是畅通无阻的，网络只是一个渠道，市场已经过了"渠道为王"的时代，如果要想打开市场局面，占据市场的前沿阵地，没有精心的策划、缜密的规划依然是难以获得理想的效果的。

网络营销是一个系统工程，涉及很多方面，需要结合企业自身的实际情况，对市场进行需求分析，细致分析做好网络营销计划，最终才能够实现网络营销对企业宣传推广的作用。计划包括企业网站的建设、发布企业信息，营销预算，选择网络营销方式和推广产品，安排网络营销专业销售人员、客户服务等。

第四节　电子政务

一、电子政务的概念

所谓电子政务，就是政府机构应用现代信息和通信技术，将管理和服务通过网络技术进行集成，在互联网上实现政府组织结构和工作流程的优化重组，超越时间和空间及部门之间的分隔限制，向社会提供优质和全方位的、规范而透明的、符合国际水准的管理和服务。

电子政务的主要特征有：

第一，电子政务是借助于电子信息化硬件系统、数字网络技术和相关软件技术的综合政务服务系统。硬件部分包括内部局域网、外部互联网、系统通信系统和专用线路等；软件部分包括大型数据库管理系统、信息传输平台、权限管理平台、文件形成和审批上传系统、新闻发布系统、服务管理系统、政策法规发布系统、用户服务和管理系统、人事及档案管理系统、福利及住房公积金管理系统等。

第二，电子政务是处理与政府有关的公开事务、内部事务的综合系统。包括政府机关内部的行政事务以外，还包括立法、司法部门以及其他一些公共组织的管理事务，如检务、审务、社区事务等。

第三，电子政务是新型的、先进的、革命性的政务管理系统。电子政务并不是简单地将传统的政府管理事务原封不动地搬到互联网上，而是要对其进行组织结构的重组和业务流程的再造。因此，电子政府在管理方面与传统政府管理之间有显著的区别。

二、大力发展电子政务的积极意义

1. 电子政务可以使政府运作公开透明，更加有利于公众监督

电子政务可以在很大程度上遏制暗箱操作、人治大于法治等现象。公众增加了参政议政的机会，对政府的监督也更有效。电子政务将推动传统的政府由管理型向服务型转变，政府职能由管理控制向宏观指导与公共服务转变。

2. 电子政务可使政府信息资源利用更充分、更合理

电子政务使得政府各类信息资源数据库互联共享成为可能，也使得这些资源得到统筹管理和综合利用，从而避免资源闲置、浪费和重复建设。通过电子政务共享的信息资源更易存储、检索和传播，共享的范围和数量也更大，可以更有效地支持政府的决策。网上办公运用得当，能够提高办事效率，节约政府办公费用的开支。政府通过网络可以直接与公众沟通，有助于及时收集公众的意见，提高政府的响应速度，降低政府的管理成本。

3. 电子政务可以有效地提升政府监管能力

电子政务通过网络能够实现快速和大规模的远程数据采集和分析，从而可以实现跨地域信息的集中管理和及时响应，大大增强监管者的及时反应、监管能力。

三、我国政府部门电子政务发展的主要内容

电子政务的内容非常广泛，国内外也有不同的内容规范，根据我国政府所规划的项目来看，电子政务主要包括以下几个方面：

（一）政府间的电子政务

政府间的电子政务是上下级政府、不同地方政府、不同政府部门之间的电子政务。主要包括以下内容：

1. 电子法规政策系统

对所有政府部门和工作人员提供现行有效的各项法律、法规、规章、行政命令和政策规范，使所有政府机关和工作人员真正做到有法可依、有法必依。

2. 电子公文系统

在保证信息安全的前提下在政府上下级、部门之间传送有关的政府公文，如报告、请示、批复、公告、通知、通报等，使政务信息十分快捷地在政府间和政府内流转，提高政府公文处理速度。

3. 电子司法档案系统

在政府司法机关之间共享司法信息，如公安机关的刑事犯罪记录，审判机关的审判案例，检察机关检察案例等，通过共享信息改善司法工作效率和提高司法人员综合能力。

4. 电子财政管理系统

向各级国家权力机关、审计部门和相关机构提供分级、分部门历年的政府财政预算及

其执行情况，包括从明细到汇总的财政收入、开支、拨付款数据以及相关的文字说明和图表，便于有关领导和部门及时掌握和监控财政状况。

5. 电子办公系统

通过电子网络完成机关工作人员的许多事务性的工作，节约时间和费用，提高工作效率，如工作人员通过网络申请出差、请假、文件复制、使用办公设施和设备、下载政府机关经常使用的各种表格、报销出差费用等。

6. 电子培训系统

对政府工作人员提供各种综合性和专业性的网络教育课程，特别是适应信息时代对政府的要求，加强对员工与信息技术有关的专业培训，员工可以通过网络随时随地注册参加培训课程、接受培训，参加考试等。

7. 业绩评价系统

按照设定的任务目标、工作标准和完成情况对政府各部门业绩进行科学的测量和评估。

（二）政府对企业的电子政务

政府对企业的电子政务是指政府通过电子网络系统进行电子采购与招标，精简管理业务流程，快捷迅速地为企业提供各种信息服务。主要包括：

1. 电子采购与招标

通过网络公布政府与招标信息，为企业特别是中小企业参与政府采购提供必要的帮助，向他们提供政府采购的有关政策和程序，使政府采购成为阳光作业，减少徇私舞弊和暗箱操作，降低企业的交易成本，节约政府采购支出。

2. 电子税务

使企业通过政府税务网络系统，在家里或企业办公室就能完成税务登记、税务申报、税款划拨、查询税收公报、了解税收政策等业务，既方便了企业，也减少了政府的开支。

3. 电子证照办理

让企业通过互联网申请办理各种证件和执照，缩短办证周期，减轻企业负担，如企业营业执照的申请、受理、审核、发放、年检、登记项目变更、核销等；统计证、土地和房产证、建筑许可证、环境评估报告等证件、执照和审批等事项的办理。

4. 信息咨询服务

政府将拥有的各种数据库信息对企业开放，方便企业利用。如法律、法规、规章、政策数据库，政府经济白皮书，国际贸易统计资料等信息。

5. 中小企业电子服务

政府利用宏观管理优势和集合优势，为提高中小企业国际竞争力和知名度提供各种帮助。包括为中小企业提供统一政府网站入口，帮助中小企业同电子商务供应商争取有利的能够负担的电子商务应用解决方案等。

（三）政府对公民的电子政务

政府对公民的电子政务是指政府通过电子网络系统为公民提供的各种服务。主要包括：

1. 教育培训服务

建立全国性的教育平台，并资助所有的学校和图书馆接入互联网和政府教育平台；政府出资购买教育资源然后对学校和学生提供；重点加强对信息技术能力的教育和培训，以适应信息时代的挑战。

2. 就业服务

通过电话、互联网或其他媒体向公民提供工作机会和就业培训，以此促进就业。如开设网上人才市场或劳动市场，提供与就业有关的工作职位缺口数据库和求职数据库信息；在就业管理和劳动部门所在地或其他公共场所建立网站入口，为没有计算机的公民提供接入互联网寻找工作职位的机会；为求职者提供网上就业培训、就业形势分析、指导就业方向。

3. 电子医疗服务

通过政府网站提供医疗保险政策信息、医药信息、执业医生信息，为公民提供全面的医疗服务，公民可通过网络查询自己的医疗保险个人账户余额和当地公共医疗账户的情况；查询国家新审批的药品的成分、功效、试验数据、使用方法及其他详细数据，提高自我保健的能力；查询当地医院的级别和执业医生的资格情况，选择合适的医生和医院。

4. 社会保险网络服务

通过电子网络建立覆盖地区甚至国家的社会保险网络，使公民通过网络及时全面地了解自己的养老、失业、工伤、医疗等社会保险账户的明细情况，有利于加深社会保障体系的建立和普及；通过网络公布最低收入家庭补助，增加透明度；还可以通过网络直接办理有关的社会保险理赔手续。

5. 公民信息服务

使公民得以方便、容易、费用低廉地接入政府法律法规规章数据库；通过网络提供被选举人背景资料，促进公民对被选举人的了解；通过在线评论和意见反馈了解公民对政府工作的意见，改进政府工作。

6. 交通管理服务

通过建立电子交通网站提供对交通工具和司机的管理与服务。

7. 公民电子税务

允许公民个人通过电子报税系统申报个人所得税、财产税等个人税务。

8. 电子证件服务

允许居民通过网络办理结婚证、离婚证、出生证、死亡证明等有关证书。

四、如何加快电子政务发展

1. 领导重视

各级领导的决心、示范和领头作用，既是建立电子政务系统的关键，也是实施电子政务的关键。其中，领导班子里的"一把手"又起到了决定性的作用。信息化是一种必然趋势，不随管理者的喜好而发挥自己的独特作用。管理者唯一正确的态度就是积极适应信息化时代以及信息化技术对管理产生的巨大影响。并且这样一种适应不是被动地适应，而是要积极主动地适应。所谓积极主动地适应就是要积极主动地认识信息化的规律，大力推动信息化管理，提高管理效能和效率。

2. 转变政府职能

发展电子政务，将管理型政府转变为服务型政府是前提。在电子政务模式下，政府政务的运行更加规范、透明、准确、高效，过去常见的官僚主义、衙门作风、散漫拖拉的工作态度是不可能适应互联网电子政务模式的。此外，在移动互联、数据共享技术支持下的电子政务，政府部门的职能整合是提高效率的前提。所以转变政府职能，整合行政审批、市场监管等职能，是积极发展电子政务的前提与基础。

3. 高度注意信息安全

对于电子政务来讲，信息安全是十分重要的工作。因为政府的安全运行对于社会的安全、稳定具有关键的作用。其中最为重要的是政府以及部门的安全。其内容主要有如下几个方面：

（1）业务流程安全。主要是网站发布信息的准确性、采集分析和汇总信息的可控性，以及业务平台服务的稳定性等。在这个方面，应当保证电子政务系统能够抵抗网络攻击、越权、滥用、篡改、抗抵赖和其他的物理攻击。要通过技术手段严格控制业务流程中各个环节，包括采集、分析、汇总、分布等过程中的人员访问身份、访问控制、审核审批等方式，加强业务流程安全防范。

（2）软件安全。网站系统结构一般包括接入层、展现层、应用层、基础应用支撑层、信息资源层和基础支撑运行环境等多个层面。由于各个层面设计的主要功能和软件实现之间存在一定的差异，因此要通过分析不同层次可能面临的问题和威胁，以及可能存在的漏洞，采取相应的防范措施。

（3）数据安全。网站系统的数据主要包括互联网读取、录入、管理、审核的数据信息，以及前台的交互信息和后台的数据交换信息，针对这些信息流动的各个环节的访问关系不同，信息的敏感和主要程度不同，其面临的威胁也存在差异性，因此要通过一定的技术措施、管理措施，结合不同的成本分析，保证数据的安全。

（4）网络和物理安全，网络安全的内容主要是网络结构设计的合理性、如何布置冗余的网络设备、如何建立不同安全策略的安全域，确保网站在任何情况下都能够正常稳定有效运行。物理安全主要内容有环境安全（如防火、防水、防雷击等），设备和介质的防盗窃破坏等。解决问题的途径就是：选择合适的物理位置、物理访问控制、安装防盗窃、防破坏、防雷击、防静电等的技术系统和手段，确保机房的建设符合有关安全的要求。

4. 高度重视数据积累，结合实际运用建立多种共享数据中心

在互联网时代，尤其是大数据技术诞生之后，数据中心建设对于电子商务与新兴产业发展、全新更高效率的民生服务具有非常的价值与意义。在当代电子政务中，根据实际需要和可能建立相应的数据中心是其主要的内容之一。

5. 积极运用云计算技术

我国明确提出电子政务建设已经有 10 年的历史。从 1997 年的全国信息化工作会议发展至今，已经进入了全面实施阶段，核心内容涉及电子政务全面实施、实施的标准化、总体规划与协调、政务信息公开、政务信息资源开发利用与共享、电子政务绩效评估等，所有都需要电子政务系统的存储量尽可能的大而且能扩展。"云"的出现为其找到了新的解决办法。

云计算的诞生被称为是信息革命大潮中的第四次革命浪潮，云计算的应用已扩展到众多领域，"云"具有相当的规模，Google 云计算已经拥有 100 多万台服务器，Amazon、IBM、Microsoft 等公司的"云"均拥有几十万台服务器。"云"能赋予用户前所未有的计

算能力。同时，"云"的规模可以动态伸缩，满足应用和用户规模增长的需要。

它在电子政务领域的应用也被提上日程。在电子政务云环境中，利用云计算为用户提供更多服务，如一站式网络平台服务和各种在线软件的使用；利用云计算，电子政务系统对用户设备的要求降低，用户使用简单的终端设备，如 PC、笔记本，甚至是手机等无线通信设备，就可以随时随地地通过网络使用电子政务云计算系统中的资源；云计算还实现了电子政务系统中不同设备间的数据与应用共享，不仅能减少成本支出，更有效节约了社会资源。可以预期，随着大数据以及云计算技术在电子政务中的深入运用，新型的电子政府与电子政务将会全面推动服务型政府的建设，政府的服务与监管效能必将大幅度提高。

推荐阅读书目：

1. ［美］斯蒂芬·哈尔、梅芙·卡明斯：《信息时代的管理信息系统》，严建援译，机械工业出版社 2000 年版。

2. 张维明：《信息技术及其应用》，中国人民大学出版社 2002 年版。

3. ［美］肯尼斯·C. 劳顿、简·P. 劳顿：《管理信息系统》，清华大学出版社 2011 年版。

4. 周玉清等：《ERP 原理与应用教程》，清华大学出版社 2014 年版。

5. 吴爱明、何滨：《电子政务》，中国人民大学出版社 2013 年版。

参考文献

1. 卡尔·马克思：《资本论》，人民出版社 1982 年版。

2. 邓小平：《邓小平文选》，人民出版社 1993 年版。

3. 李兴山：《现代管理学（第三版）》，中共中央党校出版社 2010 年版。

4. 芮明杰：《管理学——现代的观点（第三版）》，格致出版社、上海人民出版社 2013 年版。

5. 赵丽芬：《管理学：全球化视角》，中国人民大学出版社 2013 年版。

6. 李彦斌：《管理学》，机械工业出版社 2011 年版。

7. 周健临：《管理学教程》，上海财经大学出版社 2011 年版。

8. 王瑞、杨喜梅：《管理学基础》，清华大学出版社 2011 年版。

9. 丁溪：《管理学原理》，中国商务出版社 2010 年版。

10. 王凯、蔡根女等：《管理学原理（第二版）》，高等教育出版社 2010 年版。

11. 尹少华：《管理学原理》，北京大学出版社 2010 年版。

12. 张智光主编：《管理学原理》，清华大学出版社 2010 年版。

13. 曹勇：《现代管理学》，科学出版社 2010 年版。

14. 龚龙、刘兴星：《管理理论与实务》，北京理工大学出版社 2011 年版。

15. 冯国珍：《管理学》，复旦大学出版社 2011 年版。

16. 潘旭华：《管理学原理》，立信会计出版社 2011 年版。

17. 徐乃臣：《管理学：理论与实践》，中国经济出版社 2011 年版。

18. 谷泓、张淑莲：《管理原理与实践》，经济科学出版社 2011 年版。

19. 余凯成：《组织行为学》，大连理工大学出版社 2006 年版。

20. ［英］亚当·斯密：《国富论》，上海三联书店 2009 年版。

21. ［意］马基雅维利：《君王论》，中华书局 2014 年版。

22. ［美］罗宾斯：《管理学》（中译本），中国人民大学出版社 2012 年版。

23. ［美］哈罗德·孔茨等著：《管理学》，经济科学出版社 1998 年版。

24. ［美］威廉·大内：《Z 理论》，中国社会科学出版社 1984 年版。

25. ［美］弗雷德里克·赫茨伯格：《工作与人性》，中国社会科学出版社 2001 年版。

26. ［加拿大］亨利·明茨伯格：《经理工作的性质》，中国社会科学出版社 1986 年版。

27. ［美］亨利·西斯克：《工业管理与组织》，中国社会科学出版社 1985 年版。

28. ［法］亨利·法约尔：《工业管理与一般管理》，中国社会科学出版社 1982 年版。

29. ［美］F. W. 泰罗：《科学管理原理》，中国社会科学出版社 1986 年版。

30. ［美］雷恩：《管理思想的演变》，中国社会科学出版社 1986 年版。

31. ［美］赫伯特·西蒙：《管理行为》，中国社会科学出版社 1986 年版。